HOLT ADVANCED SPANISH
Curso uno

Nuevas vistas

HOLT, RINEHART AND WINSTON
A Harcourt Education Company

Orlando • **Austin** • New York • San Diego • Toronto • London

CREDITS

ASSOCIATE DIRECTOR
Barbara Kristof

SENIOR EDITORS
Lynda Cortez
Janet Welsh Crossley
Jean Miller
Beatriz Malo Pojman
Paul Provence
Douglas Ward

MANAGING EDITOR
Chris Hiltenbrand

EDITORIAL STAFF
Hubert Bays
Nancy Bundy
Jeff Cole
Milagros Escamilla
Catherine Gavin
Martha Lashbrook
Zahydée Minnick
Carmen de la Morena
Jorge Muñoz
Todd Phillips
Brent Turnipseed
Todd Wolf
J. Elisabeth Wright
Mark Eells
Editorial Coordinator
Johanna Kimball
Department Intern

EDITORIAL PERMISSIONS
Amy E. Minor
Permissions Editor
Yuri Muñoz
Interpreter-Translator

BOOK DESIGN
Richard Metzger
Design Director
Marta L. Kimball
Design Manager
Teresa Carrera-Paprota
Cristina Bowerman

IMAGE SERVICES
Joe London
Director
Tim Taylor
Photo Research Supervisor
Terry Janecek
Elisabeth McCoy
Michelle Rumpf
Art Buyer Supervisor
Gillian Brody

DESIGN NEW MEDIA
Susan Michael
Design Director
Amy Shank
Design Manager
Czeslaw Sornat

MEDIA DESIGN
Curtis Riker
Design Director
Richard Chavez

COVER DESIGN
Richard Metzger
Design Director
Candace Moore

ELECTRONIC PUBLISHING
Robert Franklin
EP Manager
Heather Jernt
Project Coordinator
Lana Kaupp
Project Co-coordinator
Nanda Patel
Project Co-coordinator
Juan Baquera
Sally Dewhirst
Jim Gaile
Anne Johnson
Christopher Lucas
Kim Orne
Angela Priddy
Susan Savkov
JoAnn Stringer
Sarah Willis
Patty Zepeda

PRODUCTION
Amber McCormick
Production Supervisor
Diana Rodriguez
Production Coordinator

MANUFACTURING
Jevara Jackson
Manufacturing Coordinator
Deborah Wisdom
Senior Inventory Analyst

NEW MEDIA
Elizabeth Kline
Senior Project Manager
Jessica Bega
Project Manager

COVER PHOTOGRAPHY CREDITS
FRONT COVER: Don Couch
BACK COVER: Don Couch

ISBN 0-03-073692-7

3 4 5 6 7 032 08 07 06 05

CONSULTANTS

Ana Roca
Florida International University
Miami, FL
Dr. Roca assisted the editorial staff in developing the orientation, scope, and sequence of the program.

Isabel Schon
Center for the Study of Books in Spanish for Children and Adolescents
California State University
San Marcos, CA
Dr. Schon assisted the editorial staff in selecting literature for the program.

María Treviño
Northside Independent School District
San Antonio, TX
Ms. Treviño assisted the editorial staff in developing the orientation, scope, and sequence of the program.

CONTRIBUTING WRITERS

Matthew Bailey
University of Texas at Austin
Dr. Bailey wrote several author biographies.

José Antonio Cerna-Bazán
University of Texas at Austin
Dr. Cerna-Bazán wrote grammar and culture materials for several collections.

Jabier Elorrieta
University of Texas at Austin
Dr. Elorrieta wrote grammar and culture materials for several collections.

Irene LaRocca
Austin, TX
Ms. LaRocca wrote culture materials for Collection 3.

Gianna Martella
Trinity University
San Antonio, TX
Dr. Martella wrote culture materials for Collection 2.

Beatriz Malo Pojman
Austin, TX
Ms. Pojman wrote **Ortografía** materials for several collections.

Marcia Tugendhat
Austin, TX
Ms. Tugendhat wrote **Comunidad y oficio** materials for several collections.

REVIEWERS

Jesse Bernal
Garden City H.S.
Garden City, KS

Cristina Cabello de Martínez
University of Texas at Austin
Native speaker reviewer
Dr. Cabello, a native of Mexico, reviewed several collections.

Josefina Concha
El Paso, TX

Denise Córdova
South Lakes H.S.
Reston, VA

Louis Cornelio
Clairemont H.S.
San Diego, CA

María Soledad Díaz
Native speaker reviewer
Ms. Díaz, a native of Chile, reviewed cultural material.

Johnny Eng
Alamo Heights H.S.
San Antonio, TX

Dulce Goldenberg
Miami Sr. H.S.
Miami, FL

Bill Heller
Perry H.S.
Perry, NY

MAPA LITERARIO

CHINA RUSIA

COREA DEL NORTE

MAR DEL JAPÓN

JAPÓN

COREA DEL SUR

Donde tiene lugar «Posada de las Tres Cuerdas» de **Ana María Shua**

OCÉANO PACÍFICO

N

FRANCIA

PAREDES DE NAVA
Probable lugar de nacimiento de **Jorge Manrique**

BARCELONA
Lugar de nacimiento de **Jordi Sierra i Fabra**

ESPAÑA

SORIA, CASTILLA
Lugar donde **Antonio Machado** escribió *Campos de Castilla*

MOGUER, HUELVA
Lugar de nacimiento de **Juan Ramón Jiménez**

PORTUGAL

SEVILLA
Lugar de nacimiento de **Antonio Machado**

UTRERA, SEVILLA
Lugar de nacimiento de **Serafín** y **Joaquín Álvarez Quintero**

MAR MEDITERRÁNEO

OCÉANO ATLÁNTICO

FUENTEVAQUEROS, GRANADA
Lugar de nacimiento de **Federico García Lorca**

MARRUECOS

ARGELIA

N

BULGARIA

MAR NEGRO

GEORGIA

GRECIA

GERZE
Donde tiene lugar Aydin de **Jordi Sierra i Fabra**

ARMENIA

IRÁN

TURQUÍA

CHIPRE

SIRIA

IRAK

MAR MEDITERRÁNEO

LÍBANO

N

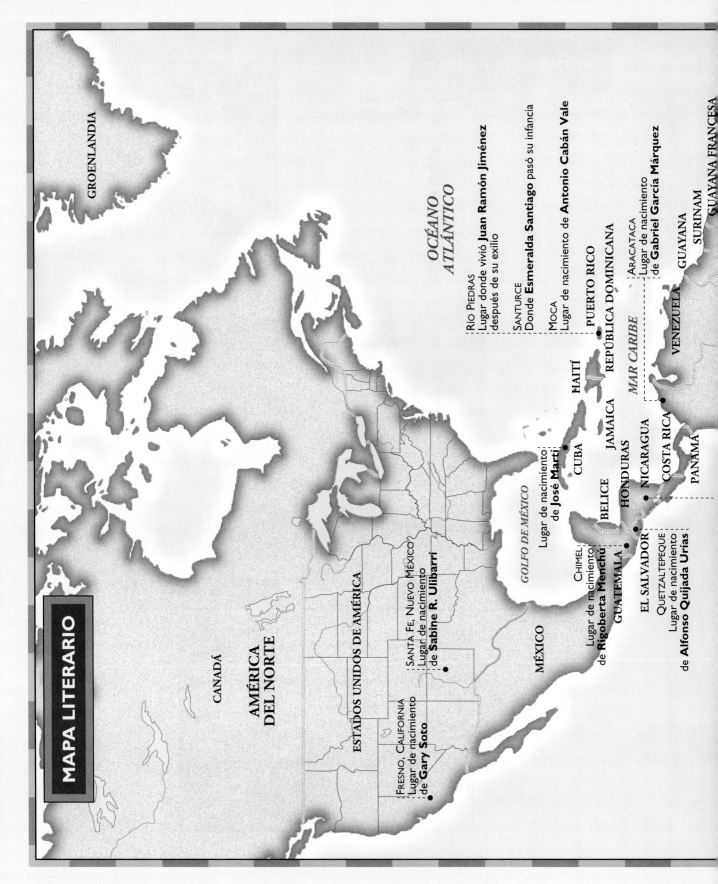

MAPA LITERARIO

AMÉRICA
DEL NORTE

CANADÁ

GROENLANDIA

ESTADOS UNIDOS DE AMÉRICA

FRESNO, CALIFORNIA
Lugar de nacimiento
de **Gary Soto**

SANTA FE, NUEVO MÉXICO
Lugar de nacimiento
de **Sabine R. Ulibarrí**

MÉXICO

GOLFO DE MÉXICO

OCÉANO
ATLÁNTICO

Lugar de nacimiento
de **José Martí**

CUBA

HAITÍ

JAMAICA

BELICE

CHIMEL
Lugar de nacimiento
de **Rigoberta Menchú**

GUATEMALA

HONDURAS

EL SALVADOR

QUETZALTEPEQUE
Lugar de nacimiento
de **Alfonso Quijada Urías**

NICARAGUA

COSTA RICA

PANAMÁ

MAR CARIBE

REPÚBLICA DOMINICANA

PUERTO RICO

RÍO PIEDRAS
Lugar donde vivió **Juan Ramón Jiménez**
después de su exilio

SANTURCE
Donde **Esmeralda Santiago** pasó su infancia

MOCA
Lugar de nacimiento de Antonio **Cabán Vale**

ARACATACA
Lugar de nacimiento
de **Gabriel García Márquez**

VENEZUELA

GUAYANA

SURINAM

GUAYANA FRANCESA

OCÉANO
PACÍFICO

AMÉRICA
DEL SUR

COLOMBIA

ECUADOR

METAPA
Lugar de nacimiento
de **Rubén Darío**

PERÚ

TRUJILLO
Lugar de nacimiento
de **Ciro Alegría**

BRASIL

BOLIVIA

PARAGUAY

ALTO PARANÁ
Donde tiene lugar
«La guerra de los yacarés»
de **Horacio Quiroga**

SALTO
Lugar de nacimiento
de **Horacio Quiroga**

URUGUAY

LOS ANDES
Donde tiene lugar
«Valle del Fuego» de
Alejandro Balaguer

SANTIAGO
Donde **Isabel Allende**
pasó su infancia

PARRAL
Lugar de nacimiento
de **Pablo Neruda**

ARGENTINA

BUENOS AIRES
Lugar de nacimiento
de **Ana María Shua** y
Alejandro Balaguer

CHILE

ISLAS MALVINAS

N

Introducción a *Nuevas vistas:*
Curso avanzado 1

¿Qué hay en una colección?

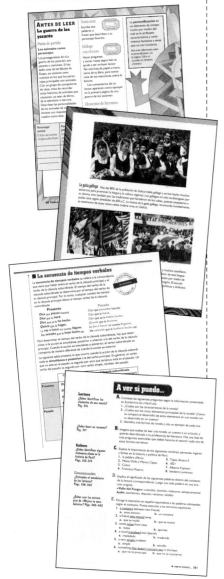

El libro se divide en seis **COLECCIONES.** Cada colección consta de varias partes. Generalmente, se incluyen dos o tres lecturas principales, acompañadas por información y actividades que facilitarán la comprensión del texto: **ANTES DE LEER, DIARIO DEL LECTOR, ADUÉÑATE DE ESTAS PALABRAS, CONOCE AL ESCRITOR (A LA ESCRITORA), CREA SIGNIFICADOS, ASÍ SE DICE** y **PREPARA TU PORTAFOLIO.** También hay una lectura suplementaria en cada colección, titulada **A LEER POR TU CUENTA.** En **ESTRATEGIAS PARA LEER** aprenderás cómo mejorar tu comprensión al enfrentar un texto desconocido o difícil de entender, mientras que en **ELEMENTOS DE LITERATURA** verás ejemplos y explicaciones de los varios géneros literarios tratados en el texto, como el cuento, el drama, la poesía y la novela.

Junto con el material literario de cada colección, encontrarás una gran variedad de material cultural. En **CULTURA Y LENGUA,** aprenderás más sobre la historia, la sociedad y el lenguaje de distintos países hispanohablantes. En **PANORAMA CULTURAL,** tendrás la oportunidad de ver y escuchar a jóvenes latinos hablar de temas actuales y estimulantes. Y en **COMUNIDAD Y OFICIO,** verás qué hacen y qué pueden hacer las personas hispanohablantes —ya sean hablantes nativos o no— en nuestra sociedad global del siglo XXI.

Como estudiante del español a nivel avanzado, ya sabes mucho del idioma. Las secciones de lengua en cada colección —**VOCABULARIO, GRAMÁTICA, COMPARACIÓN Y CONTRASTE** y **ORTOGRAFÍA**— servirán para refinar aún más tus conocimientos, proporcionando explicaciones, ejemplos y una gran variedad de prácticas.

Al final de cada colección hay tres secciones que sirven para cerrarla. En **TALLER DEL ESCRITOR** podrás poner en práctica lo que has leído y estudiado a lo largo de la colección y escribir tu propio texto, ya sea cuento, episodio autobiográfico o artículo informativo. **A VER SI PUEDO...** te ayudará a repasar los puntos fundamentales de la colección. La página de **VOCABULARIO ESENCIAL** te indica cuáles son las palabras escogidas de la colección que hay que saber para las pruebas y los exámenes.

¿Qué significan los íconos y símbolos?

En cada colección, vas a encontrar una variedad de íconos, sellos y cuadros, cada uno con un propósito específico.

 Este ícono indica que hay material relacionado en el video.

 Este ícono indica que hay material relacionado en los discos compactos.

 Este ícono indica que hay material relacionado en Internet.

  Estos íconos indican que la actividad se puede hacer en pareja o en grupo.

Este ícono indica que la actividad se puede hacer por escrito.

Este ícono indica que la actividad está relacionada con el **Taller del escritor** de la colección, o de una colección posterior.

 Este ícono te recuerda la estrategia de tomar apuntes y hacerte preguntas mientras lees.

 Este sello te remite a otras secciones del libro si tienes dudas o preguntas.

 Este sello indica secciones o actividades de especial utilidad durante la preparación para los exámenes AP de lengua o de literatura.

 Este cuadro señala información especializada acerca de un punto gramatical u ortográfico.

¿Te acuerdas?

Este cuadro repasa información gramatical u ortográfica.

¿Qué hay en las secciones de referencia?

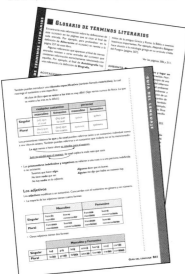

Al final del libro, se encuentran varias secciones de referencia. En **Así se dice** hay un resumen de todas las expresiones incluidas en dichos cuadros en el libro. El **Glosario de términos literarios** provee definiciones breves y claras de elementos literarios. El **Manual de comunicación** presenta información sobre cómo hacer trabajos de investigación, cómo utilizar diccionarios, gráficos y mapas, cómo tomar exámenes y cómo redactar una carta de negocios o un currículum vitae. El **Guía del lenguaje** resume los puntos claves de la gramática y la ortografía española, y el **Glosario de términos lingüísticos** ofrece definiciones y ejemplos de términos gramaticales comunes. El **Glosario** contiene glosas en español e inglés para todas las palabras del **Vocabulario esencial,** más otras palabras escogidas de las demás secciones de cada colección. Por fin, el **Índice lingüístico** te remite a las diferentes partes del libro en las que se presenta un tema lingüístico específico.

*Advanced Placement Program and AP are registered trademarks of the College Entrance Examination Board, which was not involved in the production of, and does not endorse, this product.

Christie's Images

ÍNDICE

Editorial La Muralla, S.A.

Private Collection/Daniel Nevins/SuperStock

From the Nelson A. Rockefeller Collection of The Mexican Museum.

Courtesy of the artist; Rena Bransten
Gallery, SF, CA; Galerie Claude Samuel,
Paris, France. Collection of Harold &
Gertrude Parker.

From the Nelson A. Rockefeller
Collection of the Mexican Museum

ÍNDICE **xiii**

Artwork © Kinuko Y. Craft

COLECCIÓN 3

Fábulas y leyendas págs. 126–183

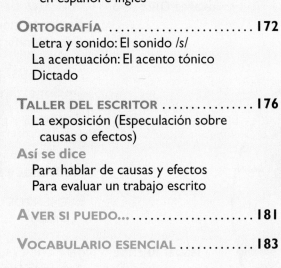

Images International of Hawaii.

© 1996 Artists Rights Society (ARS), New York/ADAGP, Paris.
Giraudon/Art Resource, New York.

COLECCIÓN 4

Dentro del corazón págs. 184–243

Courtesy of Alberto Gamino.

Courtesy of the Museo Dolores Olmedo.

COLECCIÓN 1

¡Viva la juventud!

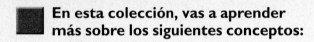

En esta colección, vas a aprender más sobre los siguientes conceptos:

Lectura

Elementos de literatura: Biografías, autobiografías, ensayos y artículos

Estrategias para leer: Métodos de comparación y contraste

Cultura

Cultura y lengua: Nicaragua

Panorama cultural: ¿Qué haces para llamar la atención de un chico o una chica que te gusta?

Comunidad y oficio: Los hispanohablantes en Estados Unidos

Comunicación

Así se dice: Para expresar los sentimientos; para hablar de causas y efectos; para narrar una experiencia en el pasado; para combinar frases; para evaluar un trabajo escrito; para reflexionar sobre un trabajo escrito

Vocabulario: Los prefijos y sufijos

Gramática: Los sustantivos; los artículos definidos e indefinidos; los adjetivos

Comparación y contraste: Los artículos definidos e indefinidos en español e inglés

Escritura

Ortografía: La letra **h;** el sonido /y/; el acento diacrítico

Taller del escritor: Episodio autobiográfico

Christie's Images

internet

MARCAR: go.hrw.com
PALABRA CLAVE:
WN3 JUVENTUD

A la orilla del río de Víctor Manuel (1897–1969). Óleo sobre lienzo (31½" x 39⅞").

ANTES DE LEER
Mis primeros versos

Punto de partida

Una gran expectativa

¿Alguna vez sentiste un gran entusiasmo antes de participar en un evento o actividad? ¿Por ejemplo, una competencia deportiva, una fiesta o una presentación en la escuela? Piensa en alguna experiencia de este tipo que hayas tenido y que te gustaría contar. Para organizar tus ideas, haz un cuadro como el que sigue.

Evento	Por qué sentí entusiasmo
Partido final de la temporada	Me gustaba el entrenador y el equipo

Mis expectativas	Qué sucedió
Una victoria fácil	Perdimos

Toma nota

Escribe un breve relato sobre tu experiencia. Luego reúnete con algunos de tus compañeros y que cada uno lea el trabajo de los demás. ¿Son similares las historias? ¿O te parece que algunas son serias o tristes y que otras son alegres y divertidas?

Diálogo con el texto

Cuando lees una historia con mucha atención, piensas en muchas cosas:

- Relacionas lo que lees con tus propias experiencias.

PRIMERAS NOTAS

DE

RUBEN DARIO

MANAGUA · 1888 ·

Tipografía Nacional—Calle de Zavala, núm. 41.

Editorial La Muralla, S. A.

- Te haces preguntas y haces predicciones sobre lo que ocurrirá.
- Cuestionas el texto.
- Reflexionas sobre el significado del texto.

Cuando leas «Mis primeros versos», ten papel y lápiz a mano para ir anotando tus pensamientos. En el margen de los primeros párrafos aparecen los comentarios de un lector como ejemplo.

Elementos de literatura

Autobiografía

A lo largo de la historia, la gente siempre ha sentido una gran fascinación por las vidas de otras personas. Un relato verídico que una persona escribe sobre su vida se llama **autobiografía.** Las autobiografías pueden ser muy interesantes; tienen un gran sentido de intimidad puesto que el escritor describe sus sentimientos y experiencias de una manera muy directa.

> Una **autobiografía** es un relato verídico que una persona hace sobre su propia vida.
>
> *Para más información sobre la autobiografía, ver la página 13 y el GLOSARIO DE TÉRMINOS LITERARIOS.*

Mis primeros versos

Rubén Darío

Tenía yo catorce años y estudiaba <u>humanidades</u>.

Un día sentí unos deseos rabiosos de hacer versos, y de enviárselos a una muchacha muy linda, que se había permitido darme calabazas.[1]

Me encerré en mi cuarto, y allí en la soledad, después de <u>inauditos</u> esfuerzos, condensé como pude, en unas cuantas estrofas, todas las amarguras de mi alma.

Cuando vi, en una cuartilla de papel, aquellos rengloncitos cortos tan simpáticos, cuando los leí en alta voz y consideré que mi <u>cacumen</u> los había producido, se apoderó de mí una sensación deliciosa de vanidad y orgullo.

Inmediatamente pensé en publicarlos en *La Calavera*, único periódico que entonces había, y se los envié al redactor, bajo una cubierta y sin firma.

Mi objeto era saborear las muchas alabanzas de que sin duda serían objeto, y decir modestamente quién era el autor, cuando mi amor propio se hallara satisfecho.

Eso fue mi salvación.

Pocos días después sale el número 5 de *La Calavera*, y mis versos no aparecen en sus columnas.

Los publicarán inmediatamente en el número 6, dije para mi capote,[2] y me resigné a esperar porque no había otro remedio.

Pero ni en el número 6, ni en el 7, ni en el 8, ni en los que siguieron había nada que tuviera apariencias de versos.

1. **darme calabazas:** rechazar mis intereses amorosos.
2. **para mi capote:** interiormente, para mí mismo.

ADUÉÑATE DE ESTAS PALABRAS

humanidades *f. pl.*: letras.
inaudito, -ta *adj.*: extraordinario.
cacumen *m.*: inteligencia, agudeza.

DIARIO DEL LECTOR

Es difícil cuando alguien rechaza tus intereses amorosos; seguramente el narrador estaba muy triste.

Parece muy presumido. Me pregunto si sus versos eran realmente buenos.

Presiento que esta aventura no tendrá un final feliz.

¿Por qué no se publicaban sus versos?

Metapa, Nicaragua.

Casi desesperaba ya de que mi primera poesía saliera en letra de molde, cuando caten[3] ustedes que el número 13 de *La Calavera* puso <u>colmo</u> a mis deseos.

Los que no creen en Dios, creen a puño cerrado[4] en cualquier barbaridad, por ejemplo, en que el número 13 es <u>fatídico</u>, precursor de desgracias y mensajero de muerte.

Yo creo en Dios, pero también creo en la fatalidad del maldito número 13.

Apenas llegó a mis manos *La Calavera*, me puse de veinticinco alfileres,[5] y me lancé a la calle, con el objeto de recoger elogios, llevando conmigo el famoso número 13.

A los pocos pasos encuentro a un amigo, con quien entablé el diálogo siguiente:

—¿Qué tal, Pepe?

—Bien, ¿y tú?

—Perfectamente. Dime, ¿has visto el número 13 de *La Calavera*?

—No creo nunca en ese periódico.

Un jarro de agua fría en la espalda o un buen pisotón en un callo no me hubieran producido una impresión tan desagradable como la que experimenté al oír esas seis palabras.

Mis ilusiones disminuyeron un cincuenta por ciento, porque a mí se me había figurado que todo el mundo tenía la obligación de leer por lo menos el número 13, como era de estricta justicia.

—Pues bien, —repliqué algo <u>amostazado</u>—, aquí tengo el último número y quiero que me des tu opinión acerca de estos versos que a mí me han parecido muy buenos.

---

3. **caten:** miren, observen.
4. **a puño cerrado:** firmemente, con obstinación.
5. **me puse de veinticinco alfileres:** vestí mi mejor ropa.

ADUÉÑATE DE ESTAS PALABRAS

colmo *m.*: satisfacción completa.
fatídico, -ca *adj.*: fatal, de mala suerte.
amostazado, -da *adj.*: irritado, enojado.

Mi amigo Pepe leyó los versos y el <u>infame</u> se atrevió a decirme que no podían ser peores.

Tuve impulsos de pegarle una bofetada al insolente que así desconocía el mérito de mi obra; pero me contuve y me tragué la píldora.[6]

Otro tanto me sucedió con todos aquellos a quienes interrogué sobre el mismo asunto, y no tuve más remedio que confesar de plano... que todos eran unos estúpidos.

Cansado de probar fortuna en la calle, fui a una casa donde encontré a diez o doce personas de visita. Después del saludo, hice por milésima vez esta pregunta:

—¿Han visto ustedes el número 13 de *La Calavera?*

6. **me tragué la píldora:** acepté la situación sin protestar.

Retrato de Rafaela Contreras, un amor de la niñez de Rubén Darío.
Editorial La Muralla, S. A.

—No lo he visto —contestó uno de tantos—, ¿qué tiene de bueno?

—Tiene, entre otras cosas, unos versos, que según dicen no son malos.

—¿Sería usted tan amable que nos hiciera el favor de leerlos?

—Con gusto.

Saqué *La Calavera* del bolsillo, lo desdoblé lentamente, y lleno de emoción, pero con todo el fuego de mi entusiasmo, leí las estrofas.

Enseguida pregunté:

—¿Qué piensan ustedes sobre el mérito de esta pieza literaria?

Las respuestas no se hicieron esperar y llovieron en esta forma:

—No me gustan esos versos.

—Son malos.

—Son <u>pésimos</u>.

—Si continúan publicando tantas necedades en *La Calavera,* pediré que me borren de la lista de suscriptores.

—El público debe exigir que <u>emplumen</u> al autor.

—Y al periodista.

—¡Qué atrocidad!

—¡Qué barbaridad!

ADUÉÑATE DE ESTAS PALABRAS

infame *m. y f.:* persona odiosa, vil, indecente, sin honra.
pésimo, -ma *adj.:* muy malo.
emplumen, de **emplumar** *v.:* dar una paliza, castigar.

—¡Qué necedad!

—¡Qué monstruosidad!

Me despedí de la casa hecho un energúmeno,[7] y poniendo a aquella gente tan incivil en la categoría de los tontos: «Stultorum plena sunt omnia»,[8] decía ya para consolarme.

Todos esos que no han sabido apreciar las bellezas de mis versos, pensaba yo, son personas ignorantes que no han estudiado humanidades, y que, por consiguiente, carecen de los conocimientos necesarios para juzgar como es debido en materia de bella literatura.

Lo mejor es que yo vaya a hablar con el redactor de *La Calavera*, que es hombre de letras y que por algo publicó mis versos.

Efectivamente: llego a la oficina de la redacción del periódico, y digo al jefe, para entrar en materia:

—He visto el número 13 de *La Calavera*.

—¿Está usted suscrito a mi periódico?

—Sí, señor.

—¿Viene usted a darme algo para el número siguiente?

—No es eso lo que me trae: es que he visto unos versos...

—Malditos versos: ya me tiene frito el público a fuerza de reclamaciones. Tiene usted muchísima razón, caballero, porque son, de los malos, lo peor; pero ¿qué quiere usted?, el tiempo era muy escaso, me faltaba media columna y eché mano a esos condenados versos, que me envió algún quídam[9] para fastidiarme.

Estas últimas palabras las oí en la calle, y salí sin despedirme, resuelto a poner fin a mis días.

Me pegaré un tiro, pensaba, me ahorcaré, tomaré un veneno, me arrojaré desde un campanario a la calle, me echaré al río con una piedra al cuello, o me dejaré morir de hambre, porque no hay fuerzas humanas para resistir tanto.

Pero eso de morir tan joven... Y, además, nadie sabía que yo era el autor de los versos.

Por último, lector, te juro que no me maté, pero quedé curado, por mucho tiempo, de la manía de hacer versos. En cuanto al número 13 y a las calaveras, otra vez que esté de buen humor te he de contar algo tan terrible, que se te van a poner los pelos de punta.

---

7. **energúmeno:** persona muy exaltada, furiosa.
8. **stultorum plena sunt omnia:** expresión del latín que significa que el mundo está lleno de gente tonta.

9. **quídam:** expresión que significa que una persona no tiene valor, una persona que no merece nombrarse.

Casa donde Rubén Darío pasó su niñez.
Editorial La Muralla, S. A.

CONOCE AL ESCRITOR

Si **Rubén Darío** (1867–1916) hubiera cumplido con la amenaza que expresa en este texto, jamás habríamos experimentado la influencia que su poesía ha ejercido en todo el mundo. Un escritor dijo que la carrera de Darío fue la de «un poeta vagabundo que influyó, definitivamente, en la literatura latinoamericana y española».

La tía que se ocupó de criar a Rubén Darío fue quien primero se dio cuenta de que al joven le gustaba la poesía. Gracias a esta señora que lo animó a leer y a escribir, años después Darío sería un poeta magistral.

De origen nicaragüense, nacido en Metapa, Darío comenzó a escribir en la década de los años ochenta del siglo diecinueve, al mismo tiempo que ejercía su carrera periodística en Santiago y en Valparaíso, Chile, y en Buenos Aires, Argentina. Llegó a ser corresponsal extranjero del diario argentino *La Nación* en Madrid y París, poco antes de que sus poemas y narraciones breves contribuyeran a inaugurar el movimiento modernista en la literatura. Se convirtió en una figura de renombre internacional al combinar elementos sudamericanos y europeos en su pensamiento y en su literatura. También trabajó para el cuerpo diplomático de Colombia y de su tierra natal, Nicaragua.

Azul (1888) y *Cantos de vida y esperanza* (1905) presentan sus ideas más importantes. En el prólogo de *Azul*, Darío explica que la literatura es un alcázar interior que sirve como refugio sosegado del mundo, un ambiente donde rige el «arte puro». En *Cantos de vida y esperanza*, una de sus obras más conocidas, su tema principal es el sentimiento nacionalista de los pueblos latinomericanos. Darío experimentó con

Editorial La Muralla, S. A.

un lenguaje poético y un ritmo nuevos. En el siguiente poema «Amo, amas» de *Cantos de vida y esperanza,* se puede observar la vitalidad expresiva tan característica de su obra, rasgo que, en combinación con sus técnicas innovadoras, ha tenido un profundo impacto en la literatura hispanoamericana:

Amar, amar, amar, amar siempre, con todo
el ser y con la tierra y con el cielo,
con lo claro del sol y lo oscuro del lodo:
Amar por toda ciencia y amar por todo
   anhelo.

Y cuando la montaña de la vida
nos sea dura y larga y alta y llena de abismos,
amar la inmensidad que es de amor
   encendida,
¡y arder en la fusión de nuestros pechos
mismos!

CREA SIGNIFICADOS

Cuaderno
de práctica,
págs. 1–2

Así se dice

Para expresar los sentimientos

Puedes usar estas expresiones para contestar las preguntas de **Crea significados.**

A mí me dio lástima porque...

A él (ella) le dio mucha alegría (rabia) cuando...

Me sentí orgulloso(a) y emocionado(a), ya que...

Él (Ella) se sintió decepcionado(a) y dolido(a), puesto que...

Se burlaron (Se enfadaron) todos cuando...

Recuerdo una ocasión cuando me sentí... porque...

Primeras impresiones

1. ¿Qué sentiste por el narrador cuando los demás criticaban su trabajo?

Interpretaciones del texto

2. ¿Qué acontecimiento incitó al narrador a escribir y publicar los versos?

3. ¿Por qué no quiere el narrador que se sepa que él escribió el poema?

4. ¿Cuál fue la reacción de las diferentes personas a los versos?

5. ¿Por qué finalmente publicó los versos el editor de *La Calavera*?

Conexiones con el texto

6. El narrador se siente feliz y orgulloso después de escribir sus versos, y enojado y desilusionado al escuchar la crítica de los demás. ¿Te ha ocurrido algo parecido alguna vez? ¿Qué otras emociones expresadas en este texto te recuerdan sentimientos que has tenido antes?

Más allá del texto

7. El narrador se queja de que sus críticos no tienen los conocimientos suficientes para juzgar textos literarios. ¿Qué nos dice eso sobre su carácter? ¿Cómo crees que eran sus versos? ¿Cuáles crees que son los elementos esenciales de un buen cuento o de un buen poema?

Cuaderno del escritor

1. Compilación de ideas para un episodio autobiográfico

En su narrativa autobiográfica, Rubén Darío recuerda una experiencia bochornosa que ocurrió cuando él tenía catorce años. Piensa en una situación que te haya hecho sentir incómodo o incomprendido. ¿Cómo te comportaste en esa situación? ¿Qué aprendiste de la experiencia? ¿Qué imágenes, olores, sonidos, sabores o sentimientos relacionas con ese recuerdo? Escribe notas y consérvalas para una futura consulta.

> Cuando tenía seis años, se me rompieron los pantalones mientras hacía volteretas.
> —Durante el resto del día me escondí para que los demás niños no se dieran cuenta.

Redacción creativa

2. Elabora una revista

Familiarízate con el formato de una revista al mirar detenidamente varios ejemplares en la biblioteca. Luego reúnete con tus compañeros y elaboren una revista escolar. Cada estudiante puede presentar una historia, un poema o un artículo. Aquellos a quienes les guste dibujar pueden encargarse de la portada, las ilustraciones, la composición y el diseño.

Hablar y escuchar

3. Desarrolla una escena cómica

Este tipo de escena se puede incluir en una representación teatral. Una escena cómica a veces se improvisa, es decir, se hace sin libreto ni ensayo. Reúnete con un pequeño grupo de compañeros y escojan uno o varios de los encuentros que tuvo el autor con sus críticos. Representen la situación como una escena cómica.

Nicaragua

Nombre oficial:
República de Nicaragua

Población:
5.045.000

Área:
130.700 km^2

Capital:
Managua

Principales exportaciones: productos agrícolas (algodón, café, azúcar, plátano, ajonjolí)

Historia y situación política

Nicaragua, un país en vías de desarrollo, ha superado numerosos desastres naturales y varias guerras civiles, gracias a las riquezas que yacen en su gente y en sus tierras fértiles. La mayor parte de la población actual está formada por mestizos (mezcla de europeos e indígenas). También existen grupos de ascendencia europea, africana e indígena.

Cristóbal Colón, en su cuarta visita a las Américas, llegó a la costa atlántica de Nicaragua en 1502. La primera expedición española al interior del país llegó en 1522 y en 1524 se fundaron las primeras ciudades de Granada y León. La época colonial duró hasta 1838, cuando Nicaragua se declaró un estado independiente. Desde entonces, su situación política ha sido marcada por conflictos entre liberales y conservadores, la intervención de Estados Unidos y gobiernos dictatoriales.

Anastasio Somoza García, quien gobernó el país como presidente desde 1937 hasta su asesinato en 1956, presidió una larga dictadura que continuó a través de los gobiernos de sus hijos, Luis y Anastasio Somoza Debayle. En 1979 la revolución del Frente Sandinista de Liberación Nacional (FSLN) acabó con la dictadura de la familia Somoza.

El nuevo gobierno sandinista empezó campañas de educación e inmunización por toda Nicaragua. La contrarrevolución de los años ochenta, apoyada por el gobierno estadounidense, junto con los problemas económicos, atrasó cambios positivos como éstos. Los gobiernos posteriores de Violeta Barrios de Chamorro y Arnoldo Alemán, democráticamente elegidos, han tratado de eliminar la corrupción y superar la crisis económica, aunque el país sigue siendo uno de los más pobres de las Américas.

La catedral nueva

La historia de Nicaragua ha sido marcada también por desastres naturales. En la región del Pacífico existe una larga zona volcánica, causa de muchos terremotos, como el que destruyó la ciudad de Managua en 1972. El huracán Mitch que atravesó América Central en 1998 también afectó a Nicaragua, matando a miles de personas y ganado y destrozando cosechas.

A pesar del alboroto político y los desastres naturales que han tenido que enfrentar, los nicaragüenses siguen adelante con la esperanza de ser testigos también del progreso del país.

La catedral vieja

Managua A lo largo de su historia, la capital ha sido afectada por aluviones y terremotos. Debido a estos desastres naturales, no existe ningún centro histórico en Managua. Las ruinas de la antigua catedral han quedado como recuerdo del gran temblor de 1972, en el cual murieron seis mil personas. A causa de los problemas políticos de los ochenta, se postergó su reconstrucción. Al final decidieron construir otra catedral, cuya arquitectura moderna refleja el espíritu progresista de la Nicaragua de hoy.

La Costa de los Mosquitos Bluefields, la ciudad principal de la Costa de los Mosquitos, se distingue por sus diversas culturas. Esta región fue una colonia inglesa desde 1740 hasta 1860, y tanto la presencia extranjera como la ubicación de las cordilleras han contribuido a la falta de intercambio entre las dos costas del país. En el lado oriental de Nicaragua la gente habla español, inglés, moskito, sumo y rama como idiomas oficiales. La cultura africana se expresa en el baile y en la religión de la gente garífuna (descendientes de africanos e indios del Caribe). Actualmente la influencia de la herencia inglesa se combina con la garífuna y la indígena para darle un sabor muy caribeño a la región.

Así se dice

Para hablar de causas y efectos

Puedes usar estas expresiones para hacer la actividad en esta página.

Los problemas de... se deben a...

Las acciones de... resultaron en...

Los efectos de los desastres naturales (la inflación) son...

Debido a la guerra (al huracán, al terremoto)...

A causa de la situación política (económica)...

Las consecuencias de... serían...

Si eso sucediera aquí, entonces habría (tendríamos)...

Actividad

En grupos, investiguen un evento histórico de Nicaragua que les interese, como la dictadura de Somoza, el terremoto de 1972, la contrarrevolución o el huracán Mitch. Pensando en la infraestructura, la economía y en la población, identifiquen por lo menos tres efectos que tuvo el evento en el país. Presenten los resultados a la clase y luego discutan estas dos preguntas: ¿Qué relación existe entre la historia de un país y su situación política y económica? ¿Cuáles serían las consecuencias si sucediera una guerra civil o un desastre natural donde viven ustedes?

Elementos de literatura

Biografías, autobiografías, ensayos y artículos

La literatura que no es de ficción presenta a personas y eventos de la vida real. Los escritores usan una variedad de formas para hacerlo, como la biografía, la autobiografía, el ensayo y el artículo.

Los lectores a veces piensan que puesto que la ficción es un «invento», su contraparte debe ser «verdadera». Pero sería más preciso decir que los escritores de ficción se inventan situaciones, mientras que los escritores de obras que no son de ficción basan sus textos en personas y eventos reales.

Autobiografía y biografía

La **autobiografía** es una forma de relato verídico en que el autor describe toda o parte de su vida. El autor de una autobiografía usa el pronombre «yo» para narrar eventos reales y sentimientos personales. *Me llamo Rigoberta Menchú* (página 92) es un ejemplo de este género literario.

Una autobiografía completa puede llenar cientos de páginas. En una versión más corta de este género literario llamada **episodio autobiográfico,** el autor enfatiza un solo evento o episodio breve de su vida. Con frecuencia, el propósito de relatar el episodio es expresar una idea o tema principal, así como entretener al lector. Rubén Darío logra ambos objetivos en «Mis primeros versos».

La **biografía** es la historia verdadera de una persona escrita por otra persona. Una descripción breve que ofrece información selecta sobre la vida de una persona se llama **semblanza.**

Por lo general, las autobiografías y biografías se escriben para ser publicadas. Otros géneros literarios más personales pueden ser para un público más reducido o para el propio placer del autor. Este tipo de género literario incluye las **cartas** y los **diarios.**

Los textos en los medios de comunicación

En los medios de comunicación —periódicos, revistas, radio y televisión— se utilizan formas narrativas que no son de ficción. El **artículo de noticia,** por ejemplo, ofrece una descripción verídica de un hecho importante. El propósito del escritor de un artículo de noticia es despertar el interés del lector; esto se logra a menudo con el título y el primer párrafo. Luego, el escritor ofrece información sobre el evento al responder a ciertas preguntas: ¿quién?, ¿qué?, ¿cuándo?, ¿dónde?, ¿por qué? y ¿cómo?

Otros dos géneros utilizados con frecuencia en los medios de comunicación son los artículos de opinión y los ensayos. En un **artículo de opinión,** la meta del autor es que los lectores acepten cierto punto de vista o que asuman posiciones ante un tema controvertido. En un **ensayo,** el autor analiza un tema desde un punto de vista personal. Por lo general,

puedes encontrar ensayos en las páginas del periódico dedicadas a las cartas al editor.

Hecho y opinión

Cuando lees artículos es importante distinguir entre hechos y opiniones. Un **hecho** es algo que ha ocurrido o es verídico. Una **opinión** es una declaración que representa un punto de vista o una actitud personal que no se puede comprobar. Por ejemplo, en «Mis primeros versos», el narrador presenta hechos: su edad y el nombre del periódico que publicó sus poemas. También expresa su opinión: que sus «rengloncitos cortos» eran «tan simpáticos».

Los autores de autobiografías, biografías, ensayos y artículos describen situaciones verdaderas e incluyen hechos. Sin embargo, también juzgan y expresan opiniones. Por ejemplo, tanto Rubén Darío como Rigoberta Menchú comparten con el lector sus opiniones y emociones acerca de los hechos que describen en sus escritos autobiográficos.

El arte de narrar

En «Mis primeros versos», Rubén Darío sugiere que un sentimiento intenso no necesariamente constituye buena poesía. Lo cierto es que para escribir buena poesía, al igual que cualquier obra literaria, entran en juego varios elementos. De la misma manera que lo hacen los músicos y los pintores, los escritores necesitan adquirir la destreza que les permitirá expresar sus sentimientos eficazmente. Como los artesanos, los escritores deben familiarizarse con las herramientas y técnicas de su oficio.

Al comparar un relato verídico, un ensayo o un artículo con una obra de ficción como un cuento o una novela, descubrirás que ambos tipos de composición tienen varios elementos en común: **conflicto, suspenso, ambiente, caracterización y tema.** Por ejemplo, en «Mis primeros versos» Rubén Darío rápidamente establece un conflicto o una lucha entre dos fuerzas en su descripción de cómo empezó a escribir poesía. En «Primero de secundaria», Gary Soto usa la caracterización cuando describe a sus maestros y a Teresa. Ambas narraciones contienen una serie de eventos relacionados que alcanzan un clímax o punto culminante.

Los dos tipos de narraciones incorporan **imágenes sensoriales:** palabras descriptivas que estimulan los cinco sentidos. Los escritores que narran hechos verídicos pueden usar también un **lenguaje figurado:** palabras y frases que no deben tomarse literalmente. La escritura que no es ficción comparte muchas técnicas con otros géneros literarios. Si bien hace hincapié en hechos de la vida real, refleja también la imaginación del autor.

ANTES DE LEER
Primero de secundaria

Punto de partida

Alardear

¿Qué significa «alardear»? ¿Qué motivos tienen las personas para alardear? ¿Qué puede ocurrir cuando lo hacen? Reúnete con un pequeño grupo de compañeros y comenten las respuestas a estas preguntas.

Toma nota

DIARIO DEL LECTOR

Escribe un párrafo sobre una ocasión en la que tú o alguien que tú conoces estaba haciendo alarde de algo. Piensa en las circunstancias que motivaron la acción y en las consecuencias de tal comportamiento. Es posible que para comenzar te sea útil hacer un diagrama como el que aparece a continuación.

Estrategias para leer

Uso de métodos de comparación y contraste

A medida que leas «Primero de secundaria», es posible que te recuerde «Mis primeros versos». Una manera de entender y apreciar mejor una obra literaria es compararla con una obra que hayas leído antes.

Al comparar dos cosas, notas las semejanzas entre ambas. Cuando contrastas dos cosas, notas las diferencias. A medida que leas «Primero de secundaria», piensa en qué se parece a «Mis primeros versos» y en qué se diferencia.

Situación
Mi fiesta
de cumpleaños

Alardear
Mi hermanito hizo alarde
de la cantidad enorme de pasteles
que se podía comer.

Consecuencia
Durante el resto del día se sintió mal
e incómodo y estaba que no se podía ni mover.

PRIMERO DE SECUNDARIA

GARY SOTO

El primer día de clases Víctor estuvo parado en una cola media hora antes de llegar a una <u>tambaleante</u> mesa de juegos. Se le entregó un fajo de papeles y una ficha de computadora en la que anotó su única materia optativa: francés. Ya hablaba español e inglés, pero pensaba que algún día quizá viajaría a Francia, donde el clima era frío; no como en Fresno, donde en el verano el calor llegaba hasta 40 grados[1] a la sombra. En Francia había ríos e iglesias enormes y gente con tez clara por todas partes, no como la gente morena que <u>pululaba</u> alrededor de Víctor.

Además, Teresa, una niña que le había gustado desde que habían ido al catecismo juntos en Santa Teresa, iba a tomar francés también. Con algo de suerte estarían en la misma clase. Teresa será mi novia este año, se prometió a sí mismo cuando salía del gimnasio lleno de estudiantes vestidos con sus nuevas ropas de otoño. Era bonita. Y buena para las matemáticas también, pensó Víctor mientras caminaba por el pasillo rumbo a su primera clase. Se topó con su amigo Miguel Torres junto a la fuente de agua que nunca se cerraba.

Se dieron la mano al estilo raza[2] y movieron la cabeza como se hacía en el saludo de vato.[3]

—¿Por qué pones esa cara? —preguntó Víctor.

—No estoy poniendo ninguna cara. Ésta *es* mi cara.

Miguel dijo que su cara había cambiado durante el verano. Había leído una revista de moda masculina que alguien le había prestado a su hermano y había notado que todos los modelos tenían la misma expresión. Aparecían de pie, con un brazo alrededor de una mujer bella y una especie de <u>*mueca*</u>. Aparecían sentados junto a una alberca, con los músculos del estómago delineados de sombras y con una *mueca*. Aparecían sentados a una mesa, con bebidas frescas entre sus manos y una *mueca*.

—Creo que funciona —dijo Miguel. Hizo una mueca y un temblor recorrió su labio superior. Se le veían los dientes y también la ferocidad de su alma. —Hace un rato pasó Belinda Reyes y se me quedó viendo.

Víctor no dijo nada, aunque le pareció que a su amigo se le veía bastante extraño. Hablaron de las películas más recientes, del béisbol, de sus padres y del horror de tener que recolectar uvas a fin de poder comprarse su ropa de otoño. Recolectar uvas era igual a vivir en Siberia,[4] salvo que hacía calor y era más aburrido.

—¿Qué clases vas a tomar? —dijo Miguel con una mueca.

—Francés. ¿Y tú?

—Español. Aunque soy mexicano, no soy muy bueno para el español.

—Yo tampoco, aunque mejor que en matemáticas, te lo aseguro.

Una campana con eco metálico sonó tres veces y los alumnos se movieron hacia sus salones. Los dos amigos dieron un golpe en el brazo del otro y se fueron cada uno por su camino. Qué extraño, pensó Víctor, Miguel cree que por hacer una mueca parece más guapo.

En su camino al salón, Víctor ensayó una mueca. Se sintió ridículo, aunque con el rabillo del ojo vio que una niña lo miraba. Ah, pensó, quizá sí funcione. Hizo una mueca aún más marcada.

4. **Siberia:** Un lugar de Rusia, Siberia es uno de los lugares más fríos de la Tierra donde algunos prisioneros cumplían sus sentencias.

1. **grados:** centígrados.
2. **al estilo raza:** saludarse con una serie de movimientos que grupos de amigos méxicoamericanos han desarrollado y conocen.
3. **saludo de vato:** saludo entre dos amigos íntimos.

ADUÉÑATE DE ESTAS PALABRAS

tambaleante *adj.*: inestable, que se mueve.
pululaba, de **pulular** *v.*: abundar.
mueca *f.*: gesto o expresión del rostro.

En la clase se pasó lista, se entregaron las fichas de emergencia y se repartió un boletín para que lo llevaran a casa a sus padres. El director, el señor Beltrán, habló por el altavoz y dio la bienvenida a los alumnos a un nuevo año, a nuevas experiencias y a nuevas amistades. Los alumnos se movieron nerviosamente en sus asientos y lo ignoraron. Estaban ansiosos de irse a su siguiente clase. Víctor, sentado tranquilamente, pensaba en Teresa, que estaba a dos filas de distancia leyendo una novela de bolsillo. Éste sería un año de suerte. Ella estaba en su clase de la mañana y probablemente estaría en sus clases de inglés y matemáticas. Y, claro, de francés.

Sonó la campana de la primera clase, y los alumnos se amontonaron ruidosamente en la puerta. Sólo Teresa se demoró, pues se quedó hablando con la maestra.

—¿Entonces cree que debo hablar con la señora Guzmán? —le preguntó a la maestra—. ¿Ella sabe algo de danza?

—Sería la persona adecuada —dijo la maestra. Luego añadió—: O la maestra de gimnasia, la señora Garza.

Víctor esperó, con la cabeza agachada, mirando fijamente el escritorio. Quería salir al mismo tiempo que Teresa para toparse con ella y decirle algo ingenioso.

La miró de reojo. Cuando Teresa se dispuso a salir, él se levantó y corrió hacia la puerta, donde logró atraer su atención. Ella sonrió.

—Hola, Víctor —dijo.

Él le sonrió a su vez y repuso:

—Sí, así me llamo.

Su cara morena se sonrojó. ¿Por qué no dijo «Hola, Teresa» o «¿Qué tal estuvo el verano?» o alguna cosa agradable?

Teresa se fue por el pasillo. Víctor tomó la dirección opuesta y se volteó a verla, fascinado con su forma tan graciosa de caminar, un pie delante del otro. Ahí terminó lo de tomar clases juntos, pensó. Mientras se dirigía lentamente a su clase de inglés practicó la mueca.

En la clase de inglés repasaron los elementos de la oración. El señor Lucas, un hombre corpulento, se movió con torpeza entre los asientos y preguntó:

—¿Qué es un sustantivo?

—El nombre de una persona, lugar o cosa —dijo la clase <u>al unísono</u>.

—Bueno, ahora alguien que me dé un ejemplo de persona. Usted, Víctor Rodríguez.

—Teresa —dijo Víctor sin pensar.

Algunas de las niñas se rieron. Sabían que le gustaba Teresa. Sintió que se volvía a sonrojar.

—Correcto —dijo el señor Lucas—. Ahora quiero un ejemplo de lugar.

El señor Lucas escogió a un niño pecoso que contestó:

—La casa de Teresa con una cocina llena de hermanos mayores.

Después de la clase de inglés, Víctor tenía la de matemáticas, materia en la que estaba fallando más. Se sentó hacia atrás, cerca de la ventana, con la esperanza de que no se le preguntara nada. Víctor entendía la mayor parte de los problemas, pero con otros tenía la impresión de que la maestra los inventaba conforme iba avanzando. Era confuso, como el interior de un reloj.

Después de la clase de matemáticas tuvo un descanso de quince minutos; luego la clase de ciencias sociales y, finalmente, el recreo. Compró un guisado de atún, unos bollos con mantequilla, una ensalada de frutas y leche. Se sentó con Miguel, que ensayaba la mueca entre cada mordida.

Las muchachas pasaban a su lado y se le quedaban viendo.

—¿Ves lo que quiero decir? —Miguel hizo la mueca—. Les encanta.

ADUÉÑATE DE ESTAS PALABRAS

al unísono *expresión adverbial:* a coro, al mismo tiempo, simultáneamente.

—Sí, supongo.

Comieron lentamente mientras Víctor escudriñaba el horizonte en busca de Teresa. No la vio. Seguramente trajo su propio almuerzo, pensó, y está comiendo afuera. Víctor limpió su plato y abandonó a Miguel, que le hacía una mueca a una muchacha a dos mesas de distancia.

El patio triangular y pequeño de la escuela bullía con estudiantes que hablaban de sus nuevas clases. Todo el mundo estaba de buen humor. Víctor se apresuró hacia la zona donde comían los alumnos que habían traído sus propios almuerzos y se sentó y abrió su libro de matemáticas. Movió los labios como si leyera, pero pensaba en otra cosa. Levantó la vista y miró a su alrededor. No estaba Teresa.

Bajó la vista y fingió que estudiaba; luego se volvió lentamente hacia la izquierda. No estaba Teresa. Pasó una página del libro y miró fijamente unos problemas de matemáticas que le causaban temor, pues sabía que tarde o temprano los tendría que resolver. Miró hacia la derecha. Aún no aparecía Teresa. Se estiró perezosamente con la intención de disimular su curiosidad.

Fue entonces cuando la vio. Estaba sentada con una amiga bajo un ciruelo. Víctor se pasó a una mesa cerca de ella y se puso a soñar en que la invitaría al cine. Cuando sonó la campana, Teresa levantó la vista y sus ojos se encontraron con los de Víctor. Sonrió con dulzura y recogió sus libros. Su próxima clase era francés, igual que Víctor.

Fueron de los últimos alumnos en llegar al salón, por lo cual todos los buenos escritorios de atrás ya estaban ocupados. Víctor tuvo que sentarse hacia el frente, a unos cuantos escritorios de Teresa; mientras tanto, el señor Bueller escribía palabras francesas en el pizarrón. La campana sonó, y el señor Bueller se limpió las manos, se volvió hacia la clase y dijo:

—*Bonjour.*

—*Bonjour* —dijeron valientemente algunos alumnos.

—*Bonjour* —susurró Víctor. Se preguntó si Teresa lo habría oído.

- -

ADUÉÑATE DE ESTAS PALABRAS

escudriñaba, de **escudriñar** *v.*: examinar, mirar intensamente.
bullía, de **bullir** *v.*: mover(se), agitar(se).
fingió, de **fingir** *v.*: disimular, aparentar o engañar.
susurró, de **susurrar** *v.*: murmurar, hablar en secreto, hablar en voz muy baja.

- -

El señor Bueller dijo que si los alumnos estudiaban mucho, al final del año podrían ir a Francia y comunicarse con la población.

Un niño levantó la mano y preguntó:

—¿Qué es población?

—La gente, la gente de Francia.

El señor Bueller preguntó si alguien sabía francés. Víctor levantó la mano, pues deseaba impresionar a Teresa. El maestro se puso feliz y dijo:

—*Très bien. Parlez-vous français?*

Víctor no supo qué decir. El maestro se pasó la lengua por los labios y dijo algo más en francés. La clase guardó silencio. Víctor sintió cómo lo miraban todos. Intentó salir del aprieto haciendo ruidos que sonaban a francés.

—*La me vavá con le gra* —dijo con inseguridad.

El señor Bueller arrugó la cara con un gesto de curiosidad y le pidió que hablara más fuerte.

Enormes rosales rojos florecieron en las mejillas de Víctor. Un río de sudor nervioso le recorrió las palmas. Se sentía muy mal. Teresa, sentada a unos cuantos escritorios de distancia, seguramente estaba pensando que Víctor era un tonto.

Sin ver al señor Bueller, Víctor balbuceó:

—*Francé oh sisí gagá en septiembré.*

El señor Bueller le pidió a Víctor que repitiera lo que había dicho.

—*Francé oh sisí gagá en septiembré* —repitió Víctor.

El señor Bueller se dio cuenta de que el niño no sabía francés y miró hacia otro lado. Caminó al pizarrón y con su regla de acero señaló las palabras escritas allí.

—*Le bateau* —cantó.

—*Le bateau* —repitieron los alumnos.

—*Le bateau est sur l'eau* —cantó.

—*Le bateau est sur l'eau.*

Víctor estaba demasiado debilitado por el fracaso como para participar con el resto de la clase. Miró el pizarrón fijamente y deseó haber tomado español y no francés. Mejor aún, deseó poder empezar su vida de nuevo.

Nunca se había sentido tan avergonzado. Se mordió el pulgar hasta arrancarse un jirón de piel.

La campana sonó para la siguiente clase, y Víctor salió velozmente del salón tratando de evitar las miradas de los otros niños, pero tuvo que regresar por su libro de matemáticas. Miró con vergüenza al profesor, que borraba el pizarrón, y luego abrió los ojos aterrorizado al ver a Teresa parada en frente de él.

—No sabía que supieras francés —dijo—. Estuvo bien.

El señor Bueller miró a Víctor, que a su vez miró al profesor. Ah, por favor no diga nada, rogó Víctor con sus ojos. Le lavaré su coche, le cortaré su pasto, sacaré a pasear a su perro: ¡cualquier cosa! Seré su mejor alumno y limpiaré sus borradores después de las clases.

El señor Bueller removió los papeles en su escritorio. Sonrió y tarareó al tiempo que se sentaba a trabajar. Recordó su época universitaria cuando salía con su novia en coches prestados. Ella pensaba que era rico porque siempre que la recogía traía un coche diferente. Fue divertido hasta que gastó todo su dinero en ella y tuvo que escribirles a sus padres porque se había quedado sin un centavo.

Víctor no podía mirar a Teresa. Estaba sudoroso a causa de la vergüenza.

—Sí, bueno, aprendí un poco viendo películas y libros y cosas así.

Salieron del salón juntos. Teresa le preguntó si la ayudaría con su francés.

—Sí, cuando quieras.

—No te molestaría, ¿o sí?

—En lo absoluto, a mí me gusta que me molesten.

ADUÉÑATE DE ESTAS PALABRAS

jirón *m.*: pedazo, trozo, tira pequeña.

tarareó, de **tararear** *v.*: «cantar» una melodía o canción con la boca cerrada.

—*Bonjour* —dijo Teresa, y se metió a su siguiente clase, dejando a Víctor afuera. Sonrió y apartó los mechones de pelo de su cara.

—Sí, claro, *bonjour* —dijo Víctor.

Se dio la vuelta y caminó rumbo a su siguiente clase. Los rosales de vergüenza en su cara se convirtieron en ramilletes de amor. Teresa es una gran muchacha, pensó. Y el señor Bueller es un buen tipo.

Corrió al taller de estructuras metálicas. Después del taller vino la biología y después de la biología un viaje veloz a la biblioteca pública, donde sacó tres libros de francés.

Le iba a gustar primero de secundaria.

—Traducción de Tedi López Mills

CONOCE AL ESCRITOR

Gary Soto (1952–) que nació y creció en Fresno, California, tiene recuerdos muy gratos de su infancia; disfrutaba explorar, jugar y vivir en el seno de una familia alegre y con cinco niños. Estos recuerdos han sido la base de gran parte de su narrativa.

La vida de Soto cambió cuando, siendo aún estudiante de secundaria, descubrió lo que era la poesía. Refiriéndose a aquella época nos dice: «Leía todo lo que caía en mis manos y ese amor por la lectura fue el que me impulsó a tratar de escribir». A Soto le gustaba especialmente la poesía contemporánea y su autor favorito era Pablo Neruda.

Soto ha escrito cerca de veinte libros de relatos, poemas y ensayos, y dos novelas. Es famoso por sus libros autobiográficos *Living up the Street* (1985) y *Béisbol en abril* (en inglés, 1990), al que pertenece «Primero de secundaria».

En la narrativa de Soto ha influido en gran manera la clase obrera méxicoamericana con la que creció. Soto ha dicho en alguna ocasión: «Escribo porque esas personas entre las que me crié y trabajé no saben cómo hacerlo. Sólo tengo que pensar en aquel obrero de la fábrica con el que trabajé en L.A. o en el desdentado campesino al lado de quien cavaba en el campo a las afueras de Fresno… ellos lo son todo».

De 1979 a 1993, Soto trabajó como profesor de inglés en la Universidad de California en Berkeley. Desde entonces, se ha dedicado a escribir. En 1999, le otorgaron el *Hispanic Heritage Award* en reconocimiento a su obra literaria.

CREA SIGNIFICADOS

Cuaderno
de práctica,
págs. 3–4

Primeras impresiones

1. Si fueras Víctor, ¿cómo reaccionarías a la pregunta del señor Bueller?
   ¿Cómo te sentirías?

Interpretaciones del texto

2. ¿Qué motivos tiene Víctor para estudiar francés? ¿En qué se parecen esos
   motivos a los motivos de Miguel para hacer muecas?

3. ¿Por qué crees que las muchachas miran a Miguel cuando hace muecas?

4. ¿Por qué no dice nada el señor Bueller cuando se da cuenta de que Víctor
   no habla francés?

Conexiones con el texto

5. ¿Has hecho alguna vez algo tonto para tratar de impresionar a alguien,
   como hace Víctor para impresionar a Teresa?

Más allá del texto

6. Víctor espera algún día viajar a Francia. ¿Qué país te gustaría conocer si
   tuvieras la oportunidad? Además de aprender el idioma, ¿qué otra cosa
   harías para prepararte para el viaje?

Así se dice

Para narrar una experiencia en el pasado

Puedes usar estas expresiones para preparar el **Cuaderno del escritor** en
la siguiente página.

> Estaba en el primer grado cuando hice (aprendí a)... por primera vez.
>
> Una vez cuando tenía diez años, tuve que...
>
> Recuerdo el primer día que
> intenté...
>
> Era una presentación (un
> concierto) para....
>
> Fue entonces cuando me
> asusté (me caí) y...
>
> Al final todos aplaudieron
> (me felicitaron).

¿Te acuerdas?

Al hablar del pasado, se puede combinar el
pretérito y el imperfecto en una sola oración.
El pretérito indica qué ocurrió en un momento
determinado, mientras el imperfecto describe
qué pasaba en ese momento, qué hacía alguien
o dónde estaba cuando el acontecimiento
sucedió:

Aprendí a nadar cuando vivíamos en Florida.

OPCIONES: Prepara tu portafolio

Cuaderno del escritor

1. Compilación de ideas para un episodio autobiográfico

Tanto este texto como el anterior tratan de las primeras experiencias en la vida de una persona joven: el primer intento de escribir poesía y el primer día del primer año de la secundaria. Escribe comentarios sobre una de tus primeras experiencias: por ejemplo, la primera vez que practicaste un deporte o tocaste un instrumento musical o la primera vez que tuviste que hablar en público. Trata de hacer comentarios específicos y detallados.

Cuando aprendí a andar en bicicleta —pensé que nunca aprendería. Mi papá corría detrás de mí sosteniéndome. —Una tarde mientras pedaleaba me di cuenta de que mi padre había quedado atrás y yo estaba andando sin ayuda.

Redacción creativa

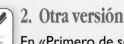

2. Otra versión

En «Primero de secundaria», ves los eventos desde el punto de vista de Víctor. Intenta ver la historia desde el punto de vista de otro personaje. Elige a uno de los demás personajes: Teresa, Miguel o el señor Bueller. Identifícate con ese personaje y vuelve a escribir parte de la historia desde su punto de vista. Cuenta lo que ese personaje piensa y siente con respecto a Víctor.

Hablar y escuchar

3. Aprender frases en otro idioma

Los libros de frases en otros idiomas son muy populares entre la gente que piensa viajar al extranjero. Este tipo de libros contiene frases de uso cotidiano como «Encantado de conocerlo» y «¿Cuánto cuesta?» Generalmente se incluye la pronunciación correcta de las frases. Saca un libro de frases en otro idioma de tu biblioteca. Aprende a decir algunas de las expresiones que aparecen en el libro y luego enséñales esas frases a tus compañeros.

Arte

4. Un folleto de viaje

En «Primero de secundaria», Víctor dice que le gustaría conocer Francia, por sus ríos, sus grandes iglesias y su clima fresco. Busca información sobre algún país que te gustaría conocer. Averigua cómo son su clima, su paisaje y sus lugares de interés. Usa la información para ilustrar un pequeño folleto de viajes. Muestra tu folleto a la clase.

PANORAMA CULTURAL

¿Qué haces para llamar la atención de un chico o una chica que te gusta?

Víctor, el protagonista de «Primero de secundaria», es por lo general un chico tímido, pero no le importa hacer el ridículo delante de todos con tal de llamar la atención de Teresa, la chica que le gusta. En tu opinión, ¿cómo cambiamos nuestra forma de actuar cuando estamos con gente que nos gusta? ¿Por qué? Lee lo que dicen estos dos jóvenes sobre las estrategias que utilizan ellos para captar la atención de alguien que les gusta. ¿Has hecho algo parecido?

 Carolina Fernández
Chile

Yo, para llamar la atención de un chico que me gusta, hago de todo, y he hecho de todo y voy a seguir haciendo lo que sea por el amor. Yo soy bien apasionada y bien romántica. He inventado encuentros casuales, he mandado flores, he hecho de todo. Creo que en el amor no hay regla ni táctica, sino que cuando uno se las quiere jugar por alguien, hay que hacerlo, así no más, como dicta el corazón.

¿Y alguna vez has enviado flores?
¡He enviado flores y flores anónimas! De repente me acuerdo: una vez estuve enamorada de un profesor de un gimnasio y él iba solamente a las seis de la mañana. Todos los días me levantaba a las seis de la mañana con tal de verlo. He hecho de todo, he perseguido en auto, he inventado encuentros.

¿Y a ti te han rechazado en alguna ocasión?
En alguna ocasión, sí. Eso a lo mejor será el [ser] tan perseverante; alguna vez, hay chicos que no les gusta eso. Entonces yo creo que siempre depende del chico, hay que mirarlo, hay que ver la táctica que se puede ocupar y [de] ahí seguir.

Martín Limón
México

Si esta chica yo la conozco, pues trato de ser honesto. Trato de simpatizar con ella, acercándome hacia ella. Siendo yo mismo y haciéndole sentir confianza, tratar de entablar una plática amena. Si esto es en un lugar público y hay muchas chicas y hay una que me interesa y me gusta, trato de hablar un poco más fuerte para captar su atención. Una vez logrado esto, pues [trato de] sonreírle, para ver si logro una contestación similar. A veces [no] funciona porque en ocasiones terminas molestándola y siendo ignorado.

¿Y qué pasaría si la chica que te gusta te rechazara?
Sufriría mucho. [Intentaría] envolverla de otra manera si esta manera no funcionó. El que persevera alcanza.

Para pensar y hablar

A. ¿Cuáles son las tácticas que usa Carolina para llamar la atención de otra persona? ¿De quién estuvo enamorada una vez? ¿Qué hacía para encontrarse con él?

B. ¿Qué hace Martín cuando le interesa una chica que conoce? ¿Qué dice acerca del ser rechazado?

C. Con un(a) compañero(a), compara las dos respuestas. ¿En qué se parecen y cómo se diferencian las tácticas de Carolina y Martín para llamar la atención de otra persona? ¿Creen que alguno de los dos se atrevería a hacer lo que hizo Víctor para impresionar a Teresa? ¿Qué les hace pensar que sí o que no?

D. Escucha una entrevista con Fernando, un joven argentino. Contesta las siguientes preguntas según lo que él dice.

    1. ¿Cuáles son tres cosas que Fernando hace para llamar la atención de una chica?

    2. Según él, ¿cuáles son dos costumbres no valoradas por los jóvenes de hoy?

    3. ¿Qué dice Fernando acerca del ser rechazado?

ESTRATEGIAS PARA LEER

Uso de métodos de comparación y contraste

Al comparar algo, buscas semejanzas. En cambio, cuando contrastas buscas diferencias. Una manera de comprender y apreciar mejor un texto es establecer comparaciones y contrastes con otra obra literaria.

Para decidir si dos textos son apropiados para compararlos y contrastarlos, busca los elementos que éstos tengan en común.

- **Argumento:** ¿Se parecen de alguna manera los eventos de las historias?

- **Personajes:** ¿Tienen algo en común los personajes?

- **Conflicto:** ¿Se enfrentan los personajes a problemas similares?

- **Tema:** ¿Ambos textos tienen como meta enseñar la misma lección?

«Mis primeros versos» y «Primero de secundaria» son dos buenas lecturas para comparar y contrastar. Ambas se refieren a muchachos que hacen cosas tontas por amor. A medida que compares estos relatos, hazte las siguientes preguntas:

1. ¿Qué propósito en común comparten Víctor y el narrador de «Mis primeros versos»?

2. ¿Qué hace cada joven para alcanzar su meta?

3. ¿En qué se diferencian los jóvenes en cuanto a personalidad y temperamento?

4. ¿Qué error comete cada uno de ellos? ¿Qué consecuencias tiene para cada uno?

5. En cada texto, ¿qué papel desempeñan los demás personajes?

6. ¿Cómo se resuelven finalmente los problemas de los dos jóvenes?

Piensa en qué se parecen y en qué se diferencian «Mis primeros versos» y «Primero de secundaria». Puede serte útil organizar tus observaciones en un cuadro como el que se muestra a continuación:

«Mis primeros versos»	«Primero de secundaria»
Semejanzas	
El personaje principal es un joven de 14 años.	El personaje principal es un joven de primer año de secundaria.
El narrador, enamorado de una joven, escribe versos que resultan malos.	Víctor se comporta tontamente en clase porque está enamorado de una muchacha.
El narrador quiere que sus amigos lo admiren.	Víctor está preocupado por la opinión de los demás.
_____	_____
_____	_____
_____	_____
Diferencias	
El narrador es seguro de sí mismo, orgulloso e independiente.	Víctor es inseguro.
El episodio no tiene un final feliz para el narrador.	El episodio tiene un final feliz para Víctor.
_____	_____
_____	_____
_____	_____

PREPARACIÓN AP PRÁCTICA

A leer
por tu cuenta

Cuaderno
de práctica,
págs. 5–7

Un cuentecillo triste

Gabriel García Márquez

Se aburría de tal modo los domingos en la tarde, que resolvió conseguir una novia. Fue al periódico e insertó un aviso en la sección de clasificados: «Joven de 23 años, 1.72, cuyo único defecto es aburrirse los domingos en la tarde, desea probar relaciones con una muchacha de su misma edad».

Aguardó tres días. Uno de ellos, domingo, estuvo al borde del suicidio, parado tres horas en una esquina, viendo el pasar de las gentes. Pero el martes recibió una carta. Era una muchacha que decía ser amable y comprensiva y que consideraba ser la mujer ideal para un hombre como él, porque ella también se aburría los domingos en la tarde. Le pareció que aquélla era la mujer apropiada.

Le contestó. Ella volvió a escribirle el viernes y le envió un <u>retrato</u>. No era bonita, pero tenía <u>facciones</u> agradables y jóvenes. Él le mandó, a su vez, un retrato, suyo. Y el viernes, cuando ya el domingo <u>se aproximaba</u> como un fantasma largamente <u>temido</u>, se pusieron de acuerdo para encontrarse el domingo a la una de la tarde en un establecimiento de la ciudad.

Él llegó a la una en punto con su mejor vestido, bien peinado y con una revista que compró el sábado.

Ella estaba esperándolo, visiblemente emocionada, en una de las mesas del fondo. La reconoció por el retrato y por la ansiedad con que miraba hacia la puerta de entrada.

—Hola —dijo él.

Ella sonrió. Le tendió la mano, le dijo un musical: «Qué hubo», mientras él se sentaba a su lado. Él pidió una limonada. Ella dijo que prefería seguir con el helado. Mientras el mozo traía el pedido, él le dijo: «¿Tenías mucho tiempo de estar aquí?» Y ella dijo: «No mucho. Cinco minutos a lo sumo». Él sonrió comprensivamente, en el instante en que llegaba el mozo con la limonada. Empezó a tomarla con lentitud, mirándola mientras lo hacía. Ella volvió a sonreír. Hizo: «Ji, ji, ji». Y a él le pareció una manera muy curiosa de reírse. «Te traje esta revista», dijo. Ella la tomó en sus manos, la hojeó. Siguió hojeándola <u>displicentemente</u> hasta cuando él acabó de comerse el huevo, en medio de un profundo silencio sin salida, eterno, definitivo, que sólo se rompió cuando él miró el reloj de pared y dijo: «Qué barbaridad. Ya van a ser las dos». Y le preguntó: «¿Salimos?» Y ella dijo que sí.

ADUÉÑATE DE ESTAS PALABRAS

retrato *m.*: foto que representa el rostro o la figura entera de una persona.

facciones *f. pl.*: las partes del rostro humano.

se aproximaba, de **aproximarse** *v.*: estar próximo a suceder.

temido, -da *adj.*: que causa o da miedo.

displicentemente *adv.*: con una falta de interés y entusiasmo.

Introspection (Introspección) (1995) de Daniel Nevins.
Collage óleo-acrílico sobre madera (36" x 24").

Private Collection/Daniel Nevins/SuperStock

En la calle, después de haber caminado en silencio varias cuadras, ella le preguntó: «¿Siempre te aburres los domingos?» Él dijo que sí y ella dijo: «Qué casualidad, yo también». Él sonrió. Dijo: «Bueno, siquiera hoy está haciendo un hermoso día». Ella volvió a reírse con su curioso: «ji, ji, ji» y dijo finalmente: «Es que ya viene diciembre».

A las tres y media, antes de que hubieran hablado más de veinte palabras, pasaron frente a un teatro y él dijo: «¿Entramos?» Y ella dijo: «Bueno». Entraron. Ella lo esperó mientras el portero le entregaba las <u>contraseñas</u>. Le dijo: «¿Te gustan los asientos de atrás?» Él dijo que sí. Y como la película era dramática, él apoyó las rodillas en el asiento <u>delantero</u> y se quedó dormido. Ella estuvo despierta diez o quince minutos más. Pero al fin, después de <u>bostezar</u> diez veces, <u>se acurrucó</u> en la <u>butaca</u> y se quedó dormida.

ADUÉÑATE DE ESTAS PALABRAS

contraseñas *f. pl.*: en un cine o teatro, papelitos que se dan a los espectadores que quieren salir durante la función para que puedan volver a entrar.

delantero, -ra *adj.*: que está o va delante.

bostezar *v.*: aspirar y espirar lenta y profundamente como indicio de aburrimiento o de sueño.

se acurrucó, de **acurrucarse** *v.*: encogerse.

butaca *f.*: en un cine o teatro, silla de brazos con el respaldo inclinado hacia atrás.

Kostumiertes Paar (Pareja disfrazada)
(1923) de Paul Klee. Técnicas mixtas
sobre papel montado en madera
(20⅛" x 10⅞").

CONOCE AL ESCRITOR

«Muchos años después, frente al pelotón de fusilamiento, el coronel Aureliano Buendía había de recordar aquella tarde remota en que su padre lo llevó a conocer el hielo». Con estas palabras comienza *Cien años de soledad,* la novela que consagró a **Gabriel García Márquez** (1927–   ) como uno de los escritores más leídos de nuestros tiempos. *Cien años de soledad* le mereció al escritor colombiano el Premio Nóbel de Literatura en 1982. Su publicación en 1967 constituyó un fenómeno extraordinario. En seguida se hizo popular, tanto entre los lectores generales como con los críticos. Hasta el momento se han publicado casi cincuenta ediciones en español y se ha traducido la novela a más de veinte idiomas.

García Márquez se crió con sus abuelos maternos en Aracataca, un pueblo de la costa caribeña de Colombia. Más tarde recordaría esa época como la más importante de su vida. Su abuelo le contaba historias de la Guerra de los Mil Días (1899–1902) y el impacto que tuvo en el pueblo colombiano, mientras su abuela le contaba relatos sobre cosas sobrenaturales de manera tan cotidiana que hacía que lo irreal y lo fantástico se percibieran como algo real. Así aprendió García Márquez desde niño una técnica para narrar que ya de adulto emplearía en sus escritos. La combinación de la realidad y la fantasía, la creencia en lo divino y lo sobrenatural, y la influencia de la cultura de la costa, en parte africana y en parte hispana, dieron origen a la creación de un estilo literario único: el realismo mágico.

García Márquez hizo sus estudios universitarios en Bogotá y Cartagena. Estudió derecho y trabajó como periodista en varias ciudades del país. Durante estos años, García Márquez tuvo su propia columna en *El Heraldo* de Barranquilla, y fue allí donde se publicó «Un cuentecillo triste» en 1950. Más tarde, García Márquez sirvió como corresponsal del *Espectador* en París. En 1958 volvió a Colombia, se casó y después trabajó para la *Prensa Latina de Cuba* en Bogotá, La Habana y Nueva York. Durante estos años García Márquez publicó los cuentos que se incluyen en *Los funerales de la Mamá Grande* y tres novelas: *La hojarasca, La mala hora* y *El coronel no tiene quien le escriba,* las cuales se desenvuelven en la fantástica población de Macondo, lugar también de *Cien años de soledad.*

La extensa obra de García Márquez ha estado fuertemente atada a la historia política de Colombia. Ha publicado varios libros de reportajes y de ensayos así como otras colecciones de cuentos, como *La increíble y triste historia de la cándida Eréndira y su abuela desalmada* (1972) y *Doce cuentos peregrinos* (1992). Entre sus novelas posteriores a *Cien años,* se destacan *El otoño del patriarca* (1975), *La crónica de una muerte anunciada* (1981), *El amor en los tiempos del cólera* (1985), *El general en su laberinto* (1989) y *Noticia de un secuestro* (1996).

Comunidad y oficio

internet

MARCAR: go.hrw.com
PALABRA CLAVE:
WN3 JUVENTUD-CYO

Los hispanohablantes en Estados Unidos

Hace más de cuatro siglos que los hispanohablantes viven en lo que es hoy Estados Unidos. Los primeros españoles llegaron a Norteamérica en 1513 y en 1565 se fundó la primera colonia permanente en San Agustín, Florida. En Nuevo México hay familias cuyos antepasados formaron parte de la expedición del explorador Juan de Oñate en 1598. Hoy día se calcula que hay más de 32 millones de hispanohablantes en este país. La mayoría vive en California, Arizona, Nuevo México, Texas o Florida y hay poblaciones grandes en Nueva York, Nueva Jersey, Connecticut e Illinois también.

Los hispanohablantes en Estados Unidos forman una base consumidora amplia y están adquiriendo más poder político. Por lo tanto, tienen cada vez más oportunidades de aprovecharse de su bilingüismo en los campos de la educación, la política y los negocios. Con este objetivo, varias escuelas y organizaciones, como Bailey Elementary en Falls Church, Virginia y el Centro de Estudiantes Argentinos en Washington, D.C., conservan la herencia cultural y lingüística latina por medio de cursos especiales. En muchos lugares, los medios de comunicación difunden programas informativos y entretenidos en español. Varios museos y centros culturales, como La Plaza de la Raza en Los Ángeles, se interesan por fomentar el interés por la cultura latina. Además, hay varias cámaras de comercio estatales que promueven negocios latinos. Se cree que los hispanos llegarán a constituir un 17 por ciento de la población para el año 2025 y es difícil que se pierda el ímpetu por mantener vivo el español en Estados Unidos.

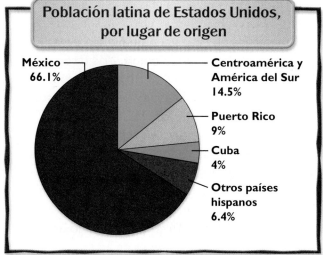

Población latina de Estados Unidos, por lugar de origen

México 66.1%

Centroamérica y América del Sur 14.5%

Puerto Rico 9%

Cuba 4%

Otros países hispanos 6.4%

INVESTIGACIONES

A. Utiliza Internet u otros recursos para contestar las siguientes preguntas: En tu comunidad, ¿qué organizaciones tienen como meta el mantenimiento del español? ¿Qué tipos de programas tienen? ¿Qué puedes hacer para mantener tu español si no hay tales organizaciones en tu ciudad?

B. Entrevista a dos personas de origen hispano en tu comunidad. Pregúntales qué hacen para mantener vivas sus raíces y su lengua. Para ellos, ¿qué es lo más difícil de ser hispanohablante en una sociedad angloparlante? Compara las respuestas con dos compañeros y presenten la información a la clase.

Vocabulario

Cuaderno de práctica, págs. 8–9

■ Vocabulario en contexto

A. Faltan palabras «Mis primeros versos»

Completa las oraciones sobre este cuento con la palabra que falta. Cambia la forma de la palabra si es necesario.

encerrarse	contenerse	entablar
desdoblar	alabanza	amargura
rengloncito	experimentar	redactor
pésimo	interrogar	
estrofa	necedad	

1. Un día, al joven protagonista se le ocurrió ═════ en su cuarto para componer unas ═════ de amor.

2. Después de escribir los versos, se los envió al ═════ del periódico.

3. El muchacho tenía esperanzas de ser objeto de abundantes ═════ por lo que había escrito.

4. Impaciente por saber cómo reaccionaría el público, salió a la calle, ═════ conversaciones con varios amigos e ═════ a todos los que vio.

5. Desesperado, entró de repente en una casa, ═════ el periódico y con una voz llena de emoción, leyó sus ═════.

6. A pesar de sus expectativas, a sus conocidos los versos les parecieron ═════ y le dijeron que eran unas ═════.

7. Imagínense la desilusión que ═════ el muchacho al escuchar estas críticas tan severas.

8. Lleno de ═════, le fue muy difícil ═════.

B. ¿Qué significa? «Mis primeros versos»

Busca la definición que corresponde a cada una de las palabras.

1. pisotón

2. reclamación

3. carecer

4. exigir

5. precursor

6. escaso

a. que precede o va delante

b. pisada fuerte, especialmente sobre el pie de alguien

c. demandar, obligar

d. faltar, no tener

e. poco, insuficiente en cantidad o número

f. queja

C. ¿Qué significa? «Primero de secundaria»

Escoge el significado que mejor corresponde a las palabras subrayadas. Usa las pistas del contexto y vuelve a la lectura si es necesario.

1. Se le entregó un <u>fajo</u> de papeles...
    a. paquete   **b.** cuaderno

2. ... su única materia <u>optativa</u>: francés.
    a. interesante   **b.** que se puede elegir

3. <u>Se topó</u> con su amigo Miguel...
    a. se chocó   **b.** se encontró

4. ... Víctor <u>ensayó</u> una mueca.
    a. intentó hacer   **b.** vio

5. ... los alumnos <u>se amontonaron</u> ruidosamente en la puerta.
    a. se saludaron   **b.** se juntaron

6. ... con la cabeza <u>agachada</u>, mirando fijamente el escritorio.
    a. bajada   **b.** vuelta hacia la derecha o la izquierda

7. Víctor <u>balbuceó</u>: —*Francé o sisí gagá en septiembré.*
    a. habló con dificultad   **b.** gritó o chilló

D. ¡A escuchar! «Mis primeros versos» y «Primero de secundaria»

Vas a escuchar unas oraciones sobre los dos cuentos. En un papel, escribe el número de la oración que corresponde a cada frase o palabra.

===== **a.** unas estrofas de amor

===== **b.** el colmo de sus deseos

===== **c.** amostazado

===== **d.** una mueca

===== **e.** un gran aprieto

===== **f.** susurró la respuesta

■ Mejora tu vocabulario

Los prefijos

¿Qué tienen en común las palabras *encerrarse, precursor y contenerse?* Todas llevan prefijo. Los **prefijos** son letras o grupos de letras como *en-, pre-* o *con-* que se ponen al comienzo de una palabra o raíz para formar una nueva palabra. Cuando se le añade un prefijo a una palabra, la nueva palabra abarca los significados del prefijo y la palabra original. Por ejemplo, *desdoblar* combina el significado del prefijo *des-* («negación, inversión») y el de *doblar*. El saber reconocer distintos prefijos es una estrategia muy útil para descifrar palabras desconocidas.

Prefijos	Significados	Ejemplos
co-, com-, con-	con, en unión o en compañía de	colaborar, compañero
de-, des-	negación, inversión; separación	degradar, desilusión, desforestación
dis-	mal, dificultad; negación, inversión	disgusto, disculpar
em-, en-	en, dentro de, entre	embellecer, engordar, encerrar
ex-	fuera, fuera de	excursión, excluir
i-, im-, in-	negación; en, dentro de	ilegal, imponer, imposible, instalar, intolerante
inter-	entre, en medio de; entre varios	intercambio, internacional
pre-	anterioridad	prefijo, prehistórico
re-	repetición; aumento, intensificación, oposición	reponer, renovar, recolectar, rebuscar, reacción
uni-	uno, solo, único	uniforme, unicornio

E. Los prefijos en «Mis primeros versos» y «Primero de secundaria»

Identifica los prefijos en las palabras subrayadas, usando los significados de los prefijos y el contexto para explicar el significado de cada una. Luego consulta el glosario o un diccionario para ver si acertaste en tu interpretación de cada palabra. ¿Sabes otras palabras que lleven estos mismos prefijos?

De «Mis primeros versos»

1. … después de inauditos esfuerzos, condensé como pude…
2. … el número 13 es fatídico, precursor de desgracias…
3. … una impresión tan desagradable como la que experimenté…
4. … el infame se atrevió a decirme…
5. … pero me contuve y me tragué la píldora.
6. … todos aquellos a quienes interrogué sobre el mismo asunto…
7. El público debe exigir que emplumen al autor.
8. … ya me tiene frito el público a fuerza de reclamaciones.

De «Primero de secundaria»

9. … un temblor recorrió su labio superior.
10. … dijo la clase al unísono.
11. Se estiró perezosamente con la intención de disimular su curiosidad.
12. … Víctor estaba demasiado debilitado por el fracaso…

Los sufijos

Al igual que los prefijos, los **sufijos** son letras o grupos de letras que se agregan a una palabra o su raíz, modificando así su significado original. Los sufijos se colocan siempre al final de las palabras, y en su mayoría se usan para formar sustantivos o adjetivos. Como en el caso de los prefijos, un buen conocimiento de los sufijos facilita enormemente la tarea de comprender y aprender palabras nuevas.

Sufijos usados en la formación de sustantivos

Sufijo	Significado	Ejemplos
-ado, -ante -ero, -ista, -or	profesión, cargo, oficio	abog**ado**, comerci**ante**, compañ**ero**, art**ista**, redact**or**
-ancia, -dad, -ez, -eza, -ia, ía, -(t)ud, -ura	cualidad, defecto	toler**ancia**, humani**dad**es, per**eza**, categor**ía**, juven**tud**, literat**ura**
-ada, -anza, -(c)ión, -ida, -ido, -m(i)ento	acción, resultado, instrumento	lleg**ada**, alab**anza**, reclama**ción**, mord**ida**, conoci**miento**
-ía, -ica, -ismo	sistema, ciencia, doctrina, actividad	biolog**ía**, matemát**ica**s, catolic**ismo**

Sufijos usados en la formación de adjetivos

Sufijo	Ejemplos	Significado
-ado, -al, -ante, -ente, -ero, -(l)ento, -oso	cualidad, aspecto, semejanza	sensacion**al**, tambale**ante**, persist**ente**, sev**ero**, delici**oso**
-able, -ble, -dor, -ible, -ivo, -or	posibilidad, capacidad, aptitud	desagrad**able**, impos**ible**, optat**ivo**, precurs**or**
-al, -ano, -ico, -il, -ino	referencia, pertenencia, relación	hum**ano**, fatíd**ico**, infant**il**

F. Los sufijos en «Mis primeros versos» y «Primero de secundaria»

Trabajando con un(a) compañero(a), vuelve a los cuentos de esta colección. Para cada cuento, hagan una lista de diez palabras que lleven sufijo. Primero expliquen si la palabra es un sustantivo o un adjetivo. Luego identifiquen el sufijo y expliquen su significado y el de la palabra misma. No incluyan palabras del **Vocabulario esencial**.

MODELO   mensajero (de «Mis primeros versos»)
  Escriben   Es un sustantivo. Lleva el sufijo **-ero**, que significa *profesión*, *cargo* u *oficio*. Un mensajero es alguien que lleva mensajes de una persona a otra.

■ Aplicación

G. ¡A contestar!

Contesta las siguientes preguntas con oraciones completas. Al escribir tus respuestas, presta atención a las palabras subrayadas.

1. Imagina que es el primer día de clases. ¿Cómo te sentirías si un estudiante desconocido te hiciera una <u>mueca</u>? ¿Y si esa persona tratara de <u>entablar</u> una conversación contigo? Explica.

2. ¿Crees que un estudiante que <u>finge</u> haber hecho la tarea podría encontrarse luego en un <u>aprieto</u>? ¿Qué le podría pasar?

3. Imagínate que eres <u>redactor(a)</u> del periódico de tu colegio. ¿Cómo te sentirías al recibir una carta de un lector, llena de <u>alabanzas</u>? ¿Y al leer una carta llena de <u>reclamaciones</u>? ¿Por qué te sentirías así?

4. ¿Qué clases <u>optativas</u> preferirías tomar? ¿Qué emociones <u>experimentarías</u> si te dijeran que se habían cancelado esas clases?

5. ¿En qué clase es posible escuchar a los estudiantes <u>ensayando</u> y <u>tarareando</u>? ¿Y en qué clase recitan <u>estrofas</u> los estudiantes? Explica.

6. En el pasillo, <u>te topas</u> con la persona con quien te gustaría salir. Le dices «Hola» y él o ella te <u>balbucea</u> una <u>necedad</u> como respuesta. ¿Por qué crees que lo hizo? ¿Cómo reaccionarías?

H. Constelación de palabras

Para hacer esta actividad, vas a tener que consultar un diccionario. Para cada una de las siguientes palabras, haz una constelación igual a la del modelo y complétala con la etimología (es decir, el origen), el significado, una oración original con la palabra y otra palabra que lleve el mismo prefijo o sufijo.

Para la lista de
Vocabulario esencial
Ver la página 57

Palabras: inaudito, recorrer, unísono, desdoblar, amargura, optativo, necedad, fatídico

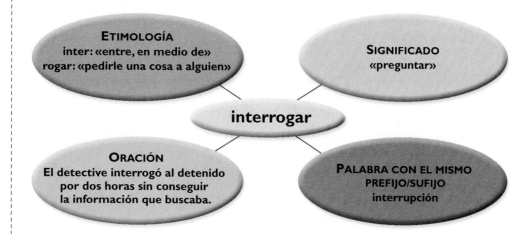

ETIMOLOGÍA
inter: «entre, en medio de»
rogar: «pedirle una cosa a alguien»

SIGNIFICADO
«preguntar»

interrogar

ORACIÓN
El detective interrogó al detenido por dos horas sin conseguir la información que buscaba.

PALABRA CON EL MISMO PREFIJO/SUFIJO
interrupción

Gramática

Ampliación

- El género: casos difíciles y excepciones
  Hoja de práctica 1-A
- La posición y la concordancia del adjetivo
  Hoja de práctica 1-B

Cuaderno de práctica, págs. 10–17

■ Los sustantivos

Los **sustantivos** designan a personas, lugares, cosas o conceptos, ya sean generales o específicos:

el *muchacho*	la *capital*	el *día*
el *señor Bueller*	*Sacramento*	la *Navidad*

Todos los sustantivos en español tienen **género gramatical;** se clasifican como masculinos (*el sol,* **el** *pan*) o como femeninos (*la luna,* **la** *leche*). Al referirse a una persona, el género gramatical generalmente corresponde al género natural: *la madre, el padre.* Por otro lado, el género de los sustantivos que designan cosas es puramente gramatical y arbitrario. En la mayoría de estos sustantivos, se puede determinar el género según su terminación.

Suelen ser masculinos los sustantivos...

1. Que terminan en **-o:** *el libro, el hombro, el caballo.* Hay pocas excepciones a esta regla: *la mano, la foto, la soprano.*

2. Que son compuestos de un verbo más sustantivo: *el lavaplatos, el parabrisas.*

3. Que terminan en **-aje, -al, -és, -ín** u **-or:** *el paisaje, el peral, el inglés, el boletín, el color.* Hay pocas excepciones a esta regla: *la labor, la flor.*

4. Que terminan en **-ón:** *el avión, el malecón.* Las excepciones incluyen *la razón* y todas las palabras que terminan en **-ción** y **-sión:** *la canción, la pensión.*

5. De origen griego que terminan en **-ma:** *el problema, el síntoma, el aroma.* No todas las palabras que terminan en *-ma* son masculinas: *la crema, la cama.*

Suelen ser femeninos los sustantivos...

1. Que terminan en **-a:** *la lámpara, la oreja, la yegua.* Hay pocas excepciones a esta regla: *el día, el mapa, el planeta, el sofá.*

2. Con las terminaciones **-ción, -dad, -ie, -is, -sión, -tad, -tud** y **-umbre:** *la nación, la bondad, la serie, la dosis, la tensión, la libertad, la quietud, la incertidumbre.* Pocas palabras masculinas terminan en **-is:** *el análisis, el paréntesis.*

Casos especiales

1. Los sustantivos que terminan en las consonantes **-l, -n, -r** y **-z** o en las vocales **-e, -i** o **-u** pueden ser masculinos o femeninos:

el *árbol*	la *piel*	el *arroz*	la *paz*
el *corazón*	la *razón*	el *aceite*	la *calle*
el *crimen*	la *imagen*	el *buey*	la *ley*
el *olor*	la *labor*	el *espíritu*	la *tribu*

2. Algunos sustantivos que se refieren a personas tienen la misma forma para el masculino y el femenino. En estos casos el género se señala por medio del artículo: *el artista* o *la artista, el adolescente* o *la adolescente, el testigo* o *la testigo*.

3. Las palabras femeninas que comienzan en **a-** o **ha-** tónica toman los artículos **el** o **un** en el singular: *el agua, las aguas; un águila, unas águilas; el hada, las hadas.*

> **¡Ojo!** Hay algunos sustantivos cuyo género varía según el uso de los distintos países o regiones:
> *el azúcar,* **la** *azúcar*
> *el color,* **la** *color*
> *el sartén,* **la** *sartén*

4. Hay sustantivos con dos sentidos que se distinguen sólo por su artículo: *el mañana* (el futuro) y *la mañana* (la primera mitad del día); *el orden* (el arreglo) y *la orden* (el mandato).

Práctica

A. Escribe el artículo definido *(el, la)* que corresponde a cada sustantivo y señala los rasgos que indican su género, si los hay.

> **MODELO** atrocidad
> *Escribes* la atrocidad. Es femenino porque tiene la terminación *-dad.*

1. telegrama	**6.** narrativa	**11.** rosal
2. temor	**7.** certamen	**12.** sudor
3. pasillo	**8.** vez	**13.** mechón
4. crema	**9.** lentitud	**14.** vergüenza
5. fuente	**10.** barbaridad	**15.** muchedumbre

B. Completa las oraciones sobre «Mis primeros versos» con el artículo correcto.

1. A los catorce años (el/la) joven protagonista de «Mis primeros versos» se interesaba por (los/las) humanidades.

2. Su afán lo llevó (un/una) día a escribir (un/una) poema, inspirándose en una chica que lo había rechazado.

3. (El/La) tema de sus versos era (el/la) decepción que sentía como consecuencia (del/de la) rechazo.

4. (El/La) narrador dice creer en (el/la) fatalidad del número 13.

5. Con el número 13 de *La Calavera* en sus manos, se lanzó (al/a la) calle a solicitarle a todo el mundo su opinión (del/de la) obra.

6. Un amigo opinó que los versos eran (un/una) necedad; otro, que eran (un/una) monstruosidad.

7. Muy pocas personas apreciaron (los/las) sutilezas de sus versos.

8. (Los/Las) reclamaciones inundaron la oficina del redactor de *La Calavera.*

C. Busca la definición que corresponde a cada una de las palabras. Luego escribe una oración completa con cada palabra.

MODELO Los archivos están organizados en orden alfabético.

1. la pendiente
2. el orden
3. el pendiente
4. el cólera
5. el cometa
6. la orden
7. la cólera
8. el cura
9. la cometa
10. la cura

a. ira, enojo; mal humor
b. sacerdote
c. juguete atado a la punta de una cuerda, que se eleva cuando sopla el viento
d. cuesta; inclinación de un terreno
e. mandato; pedido de mercancías; elección de comida en un restaurante
f. limpieza; condición de estar organizado
g. enfermedad epidémica contagiosa
h. cuerpo celestial del sistema solar
i. arete; adorno que se cuelga del lóbulo de la oreja
j. remedio

D. Completa las oraciones con el artículo correcto. Indica si es posible usar cualquiera de los dos artículos.

1. María Elena, (un/una) soprano, es (el/la) cantante más talentosa de toda (el/la) escuela.
2. Se apuran con (los/las) preparativos en (el/la) capital porque (el/la) presidente llega mañana por (el/la) mañana.
3. (Los/Las) testigos son dos hermanas que dicen haberlo visto todo desde (el/la) balcón de su piso.
4. Era (un/una) artista pobre que vivía en París.
5. Piensa más en las posibilidades (del/de la) mañana y menos en los fracasos de hoy en día.
6. ¿Crees que pronto descubrirán (el/la) cura para (el/la) cáncer?
7. A Julia se le perdió (un/una) pendiente de oro en (el/la) parque mientras elevaba (el/la) cometa de Mario.
8. Después de clases, todos (los/las) estudiantes tienen que ayudar a limpiar (los/las) aulas.
9. Nicolás le dijo a Gloria que la quería con toda (el/la) alma.
10. (Los/Las) modelos desfilaban por la pasarela, mientras (los/las) espectadores miraban con interés.

E. Usa las siguientes palabras para escribir un resumen de «Primero de secundaria». Escribe por lo menos ocho oraciones.

MODELO   Este cuento trata de los problemas que tiene Víctor...

vergüenza	francés	recreo	mueca
aula	clase	mano	idioma
árbol	amor	día	problema

■ Los artículos definidos e indefinidos

Los **artículos definidos** e **indefinidos** señalan sustantivos:

*Darío fue **un** poeta que influyó en **la** literatura hispana.*
*Sus primeras obras inauguraron **el** movimiento modernista.*

Tienen cuatro formas que concuerdan con el sustantivo al que preceden:

	artículos definidos		artículos indefinidos	
	masculino	**femenino**	**masculino**	**femenino**
Singular	el	la	un	una
Plural	los	las	unos	unas

1. El artículo definido señala un sustantivo específico:

*¿Te gustó **el** café que te sirvieron en **el** desayuno?*
***Las** cartas están en **el** escritorio.*

También señala un sustantivo en un sentido general:

***La** democracia se originó en Grecia.*   ***El** algodón se usa mucho en **los** textiles.*
*Me gusta más **el** café colombiano.*   *Mi color favorito es **el** rojo.*
Los** terremotos ocurren en **las
fallas geológicas.

2. El artículo indefinido señala un sustantivo no específico:

*¿Hay **una** panadería por aquí?*   *Le regalé **unos** libros a María.*

También sirve para enfatizar un sustantivo específico dentro de un grupo:
*Éste es **un** libro muy bueno.*   *Son **unos** mentirosos.*

3. Se omite el artículo en ciertos casos después de los verbos **ser, haber** y **tener.**
También se omite si se trata de un sustantivo que no se puede o que no se suele contar:
Mi hermana Cristina es arqueóloga.
No hay cine en este pueblo.
Tienen hijos.
El sorbete lleva azúcar, agua y jugo de fresa.

Práctica

F. Completa las oraciones con el artículo definido correcto. Indica si el artículo señala un sustantivo específico o un sustantivo en un sentido general.

MODELO   ¿Quiénes son ▬▬ autores más conocidos de ▬▬ literatura latinoamericana?

   Escribes   *los* y *la*. Los artículos señalan los sustantivos «autores» y «literatura» en un sentido general.

1. Por lo general ▬▬ quesos franceses llevan mucha grasa.
2. Para mí, ▬▬ sinceridad es ▬▬ ingrediente fundamental de ▬▬ amistad.
3. Me gustó más ▬▬ película que vimos ▬▬ semana pasada.
4. ▬▬ verde claro es el color favorito de Beatriz.
5. ▬▬ volcanes de ▬▬ cordillera de los Andes son bastante activos.
6. Cuando hagas las compras, llévate ▬▬ dinero que está en ▬▬ mesa.
7. ¿Cuáles serán ▬▬ próximos avances de ▬▬ tecnología?

G. Completa las oraciones con el artículo indefinido si es necesario. El símbolo X indica que no se necesita ninguna palabra adicional.

1. Mi madre es ▬▬ maestra. Enseña ▬▬ ciencias en ▬▬ escuela primaria.
2. Hay ▬▬ libro de cocina en el estante que tiene ▬▬ recetas fáciles.
3. Vamos a hacer ▬▬ flan para el postre. ¿Hay ▬▬ leche y huevos en el refrigerador?
4. Mis sobrinas son ▬▬ niñas maleducadas. Se portan muy mal.
5. No hay ▬▬ hoteles aquí, pero sí hay ▬▬ restaurantes buenos.
6. Acabo de leer ▬▬ cuentos de Jorge Luis Borges.
7. Para el picnic, tengo ▬▬ ensalada, ▬▬ fruta y ▬▬ agua mineral.
8. Martina tiene ▬▬ idea estupenda: después del partido, vámonos a comernos ▬▬ helado.

■ Los adjetivos

El **adjetivo** modifica un sustantivo atribuyéndole una cualidad:

> *Una autobiografía es un relato **verídico** que una persona hace sobre su **propia** vida.*
>
> *Las autobiografías más **interesantes** tienen un **gran** sentido de intimidad.*

Al igual que los artículos, el adjetivo concuerda con el sustantivo al que acompaña. La mayoría de los adjetivos tienen cuatro formas:

¿Se te ha olvidado?
la concordancia
Ver la página R92

	Masculino		Femenino	
Singular	franc**és** mand**ón**	buen**o** conversad**or**	franc**esa** mand**ona**	buen**a** conversad**ora**
Plural	franc**eses** mand**ones**	buen**os** conversad**ores**	franc**esas** mand**onas**	buen**as** conversad**oras**

Otros adjetivos sólo tienen dos formas:

	Masculino y Femenino						
Singular	lea**l**	gri**s**	feli**z**	aztec**a**	fuert**e**	iran**í**	cort**és**
Plural	leal**es**	gris**es**	feli**ces**	aztec**as**	fuert**es**	iran**íes**	cort**eses**

1. El adjetivo puede ir antes o después de un sustantivo. Por lo general sigue al sustantivo para distinguirlo dentro de un grupo:

> *Pásame ese libro **blanco**.*   *Acabamos de ver una película **fantástica**.*
>
> *Fue una comida **sabrosa**.*   *Ayer fue un día **inolvidable**.*

2. Hay unos adjetivos muy comunes que siempre van antes del sustantivo:

> ***mucha** comida*   ***poco** dinero*
>
> ***varios** problemas*   ***cada** vez*

En ciertos casos los adjetivos se colocan antes del sustantivo para referirse a una cualidad inherente del sustantivo. Muchas veces esto produce un efecto lírico:

> *la **pura** agua de esa fuente (se implica que el agua de esa fuente siempre es pura)*
>
> *el agua **pura** (se alude solamente al agua que es pura, y no a la impura)*
>
> *las **famosas** pinturas de Botero (se implica que toda su obra es bien conocida)*
>
> *las pinturas **famosas** de Botero (se refiere sólo a sus obras conocidas)*
>
> *la **bella** ciudad de Buenos Aires (sólo hay una ciudad de Buenos Aires, y es bella)*
>
> *la ciudad **bella** (se refiere sólo a la ciudad que es bella, y no a las otras)*

3. Algunos adjetivos cambian de significado según se coloquen antes o después del sustantivo:

una **vieja** amiga mía (la que uno conoce desde hace mucho tiempo)
un hombre **viejo** (que tiene muchos años)

el **pobre** Juan (desafortunado, infeliz)
las familias **pobres** (humildes, que no tienen dinero)

una **gran** ciudad (magnífica, fantástica)
una ciudad **grande** (muy poblada y de gran tamaño)

Práctica

H. Completa las oraciones, colocando la forma correcta del adjetivo en la mejor posición.

1. Si vas a París, tienes que ver la ===== catedral ===== de Notre Dame. (famoso)

2. El ===== olor ===== de las rosas se extendió por todo el jardín. (fuerte)

3. Me impresionó el ===== discurso ===== que dio el presidente. (grande)

4. Para mi cumpleaños me hizo una de sus ===== tortas ===== de miel. (rico)

5. La ===== estudiante ===== nos invitó a un café con leche. (alemán)

6. Mis tres perros corrieron a saludarme y los dos ===== perritos ===== se cayeron. (torpe)

7. La ===== reina ===== regaló dinero a las ===== familias =====. (generoso, pobre)

8. Los ===== reyes ===== fueron muy ===== con los ===== foras-teros =====. (azteca, cortés, español)

9. A Alicia le gusta pasar el rato con las ===== estudiantes =====. (conversador)

I. Escribe un párrafo que describa a varios de tus amigos. Usa ocho de los siguientes adjetivos.

MODELO   ¡Pobre Antonio! Siempre se mete en líos cuando trata de...

entusiasta	aburrido	flojo	egoísta
responsable	aplicado	grande	pobre
ruidoso	paciente	viejo	aventurero

■ Comparación y contraste

Los artículos definidos e indefinidos

1. En español el artículo definido señala los sustantivos que se refieren a ideas o conceptos genéricos. En cambio, en inglés se omite el artículo en estos casos:

   El español es una lengua romance.   *Spanish is a Romance language.*

   La sopa es buena.   *Soup is good.*

2. En español se usa el artículo definido cuando se habla de una parte del cuerpo o una prenda de ropa, mientras que el inglés emplea el adjetivo posesivo:

   Me duele el brazo.   *My arm hurts.*

   Quítate la chaqueta.   *Take off your coat.*

   Sin embargo, en ciertos casos, los dos idiomas coinciden en el uso del artículo definido:

   Me pegó en el ojo.   *It hit me in the eye.*

3. En español no se emplea el artículo indefinido al expresar la profesión, oficio o nacionalidad de una persona, sobre todo después del verbo **ser,** artículo que sí se emplea en inglés:

   Martina es bibliotecaria.   *Martina is a librarian.*

Práctica

A. Completa las oraciones con la palabra correcta. El símbolo X indica que no se necesita ninguna palabra adicional.

1. Antes de salir, no te olvides de ponerte (tu/el) abrigo.
2. No pude leer la lección porque me dolían (mis/los) ojos.
3. Tomo clases de dibujo porque me gusta (el/X) arte.
4. Para Antonio (la/X) amistad es muy importante.
5. Juana no trabaja porque es (una/X) estudiante.
6. (El/X) pastel de chocolate es mi postre preferido.

B. Traduce las oraciones al español.

1. My mother is a doctor. She works in a hospital.
2. Spanish is not easier to learn than French.
3. Mexican food is often very spicy.
4. His arm hurt after the accident.
5. She left her sweater at home.

Ortografía

Cuaderno
de práctica,
págs. 18–20

■ Letra y sonido

La letra *h*

La letra **h** es siempre muda en español; es decir, nunca se pronuncia. Por eso puede haber confusión al escribirse las palabras que empiezan con **h** o que tienen la **h** entre vocales.

Se escribe la *h*...

1. En la mayoría de las palabras que empiezan con los sonidos **ia-, ie-, ue-** o **ui-:** *hiato, hielo, hueco, huir.*

2. En las palabras que empiezan con **herm-** (excepto *ermita* y sus derivados), **histo-, holg-, horm-, horr-, hosp-** y **hum-:** *hermano, historia, holgar, hormiga, horror, hospital, humanidad.*

3. En los verbos que empiezan con **h-:** *haber, hacer, hallar, herir, hojear, honrar.*

4. Antes de la combinación de vocales **-ue** si ésta va precedida por una vocal: *cacahuete.*

Nota que la presencia o la falta de la **h** puede cambiar el sentido de la palabra. Por ejemplo, *ola* y *hola* se pronuncian igual, pero ¿cuál de las dos palabras se emplea para saludar a alguien? ¿y para hablar del mar? Compara los significados de estos pares de palabras, consultando un diccionario si es necesario: *onda/honda, ora/hora, a/ha, olla/hoya.*

Práctica

A. Completa las oraciones con **h** si es necesario.

1. ══oy en el mercado Leonor ══a visto un ══uipil muy bonito.

2. Retira la ══olla del fuego, que ya es ══ora de comer. ¡Qué rico ══uele!

3. ══ay un incendio ══orrible en el centro. ¡Mira cuánto ══umo!

4. Durante la excavación, los ══istoriadores esperaban ══allar ══uesos y ══erramientas de ══ierro.

5. En esta pensión se ══ospedan chicos ══onrados y ══onestos.

6. El río ══ondo es el más grande y ══ermoso del estado.

7. ¿Vas ══a nadar ahora? Cuidado, que ══ace mucho viento y las ══olas están altas.

8. —¿A qué ══ora viene Martín? —Me ══a dicho que vendrá ══a las seis.

B. Busca la definición que corresponde a cada una de las palabras. Luego escribe una oración completa con cada palabra.

1. ola	**a.** concavidad formada en la tierra
2. honda	**b.** primera letra del alfabeto; preposición que se usa para expresar la idea de movimiento
3. ora	
4. hola	**c.** palabra empleada como saludo
5. a	**d.** que tiene mucha profundidad
6. olla	**e.** ola del mar; ondulación del cabello
7. ha	**f.** forma del verbo que significa «rezar»
8. onda	**g.** forma del verbo *haber*
9. hoya	**h.** vasija que se usa para cocinar
10. hora	**i.** unidad de tiempo equivalente a 60 minutos
	j. onda en el mar o un lago

El sonido /y/

El sonido /y/ se puede escribir con la letra **y** o con la **ll**:

Ayer me llamó la señora Valle para avisarme que ya llegó su nieto Guillermo.
Oye, ¿sabes si llueve mucho en abril allá en Puerto Rico?

Como el sonido /y/ se representa de dos formas, puede haber confusión al escribir palabras que llevan este sonido.

Se escribe la *ll*...

1. Con palabras que terminan en **-alla, -allo, -ella, -ello, -illa, -illo, -olla, -ollo, -ulla** y **-ullo:** *batalla, caballo, bella, cabello, maravilla, cuchillo, cebolla, repollo, bulla, orgullo.*

2. Al principio de ciertas palabras: *llaga, llamar, llano, llanta, llave, llegar, llorar, llover.*

3. En los verbos que terminan en **-allar, -illar, -ullar** y **-ullir:** *callar, callaste, chillar, chillaban, arrullar, arrullaba, zambullir, zambulleron.*

Se escribe la y...

1. Al comienzo de ciertas palabras: *ya, yacer, yegua, yema, yermo, yerno, yeso.*

2. Tanto en el singular como en el plural de las palabras que terminan en **y:** *buey, bueyes, ley, leyes.*

3. Siempre en la sílaba **-yec-:** *proyecto, inyección.*

4. Antes de la **a,** la **e** y la **o** en las formas de verbos cuyos infinitivos terminan en **-uir,** como **construir, destruir, huir** e **influir.** En estos casos la **i** del infinitivo se convierte en **y:** *construyó, destruyeron, huyen, influya.*

5. En el gerundio, ciertas formas del pretérito y el imperfecto del subjuntivo de los verbos **caer, creer** y **leer:** *cayó, leyeras, creyendo, creyeron.*

Práctica

C. Completa las oraciones con **ll** o **y**.

1. ¿Le══eron ustedes sobre la visita de los re══es de España y Suecia?

2. Durante la bata══a, el ejército destru══ó gran parte de la antigua mura══a.

3. Les dije que ══a terminé el pro══ecto, pero no me lo cre══eron.

4. ¡Pobre Roberto! Se ca══ó del caba══o y se rompió el tobi══o. En el hospital le pusieron un ══eso enorme.

5. Pásame el cuchi══o, la cebo══a y la mantequi══a, por favor.

6. El re══eno para los pastelitos ══eva azúcar, ══ema de huevo y vaini══a.

7. Todos se ca══aron cuando un hombre alto y moreno ══egó y dijo: «Yo soy Ignacio, el verdadero marido de Laura y el ══erno de don Gonzalo».

■ La acentuación

El acento diacrítico

Se le llama **acento diacrítico** al acento ortográfico que se usa para diferenciar una palabra de otra que se escribe igual pero cuyo significado es diferente:

aun / aún	Todos, **aun** mis amigos, me riñen porque **aún** no me he casado.
de / dé	Me dice que le **dé** el nombre **de** mi amigo al profesor.
el / él	**El** problema es que **él** no estudia lo suficiente.
mas / más	Puedes comerte esas galletas, **mas** no pidas **más**.
mi / mí	**Mi** mejor amigo siempre habla bien de **mí**.
se / sé	No **sé** si ese chico **se** llama Jorge o Jesús.
si / sí	Me dijo que **sí** viene a la fiesta **si** no llega muy tarde del trabajo.
te / té	**Te** puedo servir el **té** en el patio si quieres.
tu / tú	**Tú** sí que eres muy aplicada pero **tu** hermano no lo es.

Se les pone el acento diacrítico a ciertas palabras cuando se usan en frases interrogativas o exclamativas:

donde / dónde	—¿**Dónde** está mi llave? —En la mesa, **donde** la dejaste.
cuando / cuándo	No sé **cuándo** viene Ana. Pregúntale **cuando** la llames.
que / qué	¡**Qué** sorpresa! Luis me dice **que** se compró un carro.
como / cómo	**Como** soy estudiante nueva, no sé **cómo** se llaman todos.
quien / quién	—¿**Quién** es él? —Es el chico a **quien** conocí ayer.
cuanto / cuánto	¡**Cuánto** tengo que estudiar esta noche! En **cuanto** termine esta tarea, me quedan dos lecturas más.
cual / cuál	—¿**Cuál** clase escogiste? —La de español, la **cual** me será un poco menos difícil.

Práctica

D. Ayuda a un compañero de clase a editar el resumen que hizo de «Primero de secundaria». Completa el párrafo con la palabra correcta.

Víctor quiere ser el novio de Teresa, a ___1.___ (quien/quién) conoce desde que eran pequeños. ___2.___ (El/Él) problema es que ___3.___ (el/él) no sabe qué hacer para impresionar a Teresa. Su amigo Miguel le dice que a las chicas les encantan las muecas, pero Víctor no sabe ___4.___ (si/sí) Miguel tiene razón o no. «___5.___ (Que/Qué) extraño es Miguel» —piensa Víctor.

Es en la clase de francés cuando las cosas se le complican ___6.___ (aun/aún) más a Víctor. Después de fingir saber francés, Víctor, paralizado por la vergüenza, siente ___7.___ (como/cómo) lo miran todos y no sabe ___8.___ (que/qué) decir. A pesar de todo, al final ___9.___ (si/sí) logra impresionar a Teresa. «No sabía que supieras francés» —le dice ella. Víctor, animado de nuevo, corre a la biblioteca ___10.___ (donde/dónde) saca tres libros de francés.

E. Vuelve a leer «Mis primeros versos» o «Primero de secundaria» y encuentra cinco ejemplos de palabras presentadas en la sección sobre los acentos diacríticos. Escribe las oraciones donde aparecen estas palabras y explica por qué llevan o no acento diacrítico. Luego escribe tus propias oraciones con las mismas palabras.

■ Dictado

A. Vas a escuchar una serie de oraciones basadas en el cuento «Mis primeros versos». Escribe lo que oyes. Presta atención especial a la **h**, la **ll** y la **y**.

B. Vas a escuchar una serie de oraciones basadas en el cuento «Primero de secundaria». Escribe lo que oyes. Presta atención especial a los acentos diacríticos.

Taller del escritor

Tarea

Escribe un episodio autobiográfico.

LA NARRACIÓN

EPISODIO AUTOBIOGRÁFICO

Un **episodio autobiográfico** es una historia personal en la cual narras un evento de tu vida y explicas lo que ese evento significó para ti. Escribir sobre un acontecimiento importante en tu vida es una buena manera de entender tus pensamientos y sentimientos.

Antes de escribir

1. Cuaderno del escritor

Piensa en ideas para tu episodio autobiográfico al revisar las notas que has escrito en tu CUADERNO DEL ESCRITOR. A medida que pienses sobre posibles temas, hazte las siguientes preguntas:

- ¿Con qué claridad recuerdo la experiencia?
- ¿Estoy dispuesto(a) a compartir la experiencia con otros?
- ¿Qué aprendí de la experiencia?

2. Ordena tus ideas

Para desarrollar más ideas, haz un cuadro como el que se muestra a continuación. ¿Qué asociaciones de ideas haces al leer las palabras que encabezan cada columna? (Puedes usar otros apuntes si te ayuda.)

Comidas	Música	Deportes	Ropa	Automóviles

3. Escritura libre

Si todavía no has pensado en un tema, trata de escribir libremente sobre uno de estos temas: mascotas, actividades favoritas, días feriados, momentos bochornosos, proyectos y sueños.

Escritura libre

Aprendí una valiosa lección cuando Carlos, mi mejor amigo, me llevó a las canchas de Riverside Park y me dijo que en dos semanas iba a convertirme en un jugador de tenis. Esto ocurrió un sábado por la mañana durante un soleado día de junio. Sólo una vez había tenido una raqueta de tenis en las manos. No había duda de que iba a hacer el ridículo...

Cuando termines, vuelve a leer tu texto y marca con un círculo las partes que puedas desarrollar en un episodio autobiográfico.

4. Objetivo y público

Una vez que encuentres un tema interesante, piensa en el **objetivo** y en tu **público**. En un episodio autobiográfico, tu objetivo es contar una experiencia y explicar el significado que tuvo para ti. Trata de resumir este significado en una o dos oraciones. Para hacer hincapié en el significado del episodio, hazte estas preguntas:

- ¿Qué pensé y sentí durante el acontecimiento?
- ¿Cómo era yo antes de la experiencia?
- ¿En qué he cambiado como resultado de esta experiencia?

Es probable que tu público se componga de tus compañeros de clase, tu maestro(a) y un pequeño grupo de familiares y amigos. Apunta comentarios para responder a estas preguntas:

- ¿Cómo puedo captar la atención de mi público desde un principio?
- ¿Qué información adicional necesitarán mis lectores? (Recuerda que tu público probablemente no fue testigo de los eventos que describes.)

5. Compilación de datos

Empieza a juntar datos para tu texto. Es posible que desees enumerar los datos en un cuadro como el que se muestra a continuación.

Tema para un episodio autobiográfico

«Ten confianza en ti mismo, y te sorprenderá lo que eres capaz de hacer». Ésa fue la lección que aprendí cuando Carlos, mi mejor amigo, me enseñó a jugar al tenis.

Datos para un episodio autobiográfico			
Personajes	Acontecimiento	Lugar	Pensamientos/ Sentimientos

Esquema para un episodio autobiográfico

I. Introducción
   A. Capta la atención del lector.
   B. Da los antecedentes del relato.
II. Cuerpo
   Cuenta los acontecimientos en el orden en que sucedieron, con información sobre personas, lugares y pensamientos o sentimientos.
III. Conclusión
   A. Explica las consecuencias.
   B. Muestra el sentido de la experiencia.

Así se dice

Para combinar frases

primero	mientras
después	más tarde
antes	cuando
ya	posteriormente
luego	repentinamente
finalmente	entre tanto

Trata de crear un diálogo que suene natural, como habla la gente en la vida real. Asimismo, usa verbos para mostrar cómo habla una persona. Por ejemplo, «gritó» «se quejó», «susurró», «murmuró», «discutió».

El borrador

1. Organización

En esta etapa del proceso de escritura, concéntrate en anotar tus ideas y no tanto en la ortografía y en el estilo. A medida que escribas, trata de seguir un esquema como se indica a la izquierda.

2. Relaciona ideas

Usa una **secuencia de tiempo** para contar los eventos de tu episodio autobiográfico en el orden en que ocurrieron. Relaciona tus ideas usando algunas de las palabras de enlace que se proponen a la izquierda. Cuando escribas, presta especial atención a los tiempos de los verbos. Asegúrate de usar los tiempos de una manera lógica y consistente.

3. Desarrollo

Usa diálogos para lograr un relato más gráfico, o describe las palabras exactas que usaron las personas que participaron en el episodio. Compara estos ejemplos:

Lo primero que me enseñó Carlos fue a sostener la raqueta correctamente.	«Sostén la raqueta como si le estuvieras dando la mano a alguien», dijo Carlos mientras me mostraba cómo sostenerla correctamente.

También puedes lograr que el relato de tu experiencia sea más interesante y real si usas imágenes específicas que se refieren a los sentidos: vista, oído, sabor, olor y tacto. Compara estos ejemplos:

Al final de nuestra primera lección, sentía mi brazo pesado y adolorido.	Sentía como si mi brazo derecho hubiera sido el perdedor en la lucha del juego de la cuerda contra un elefante.

Evaluación y revisión

1. Intercambio entre compañeros

Reúnete con un pequeño grupo de compañeros y lean por turno los borradores en voz alta. Después de cada lectura debe haber tiempo suficiente para que los miembros del grupo completen una o más de las oraciones siguientes:

• Mi parte favorita del episodio fue...

• Me interesaba saber más sobre...

• Quería saber cómo te sentías cuando...

• Entiendo por qué este episodio fue tan importante para ti, porque...

A medida que escuches las preguntas y comentarios de tus compañeros, anota las ideas que te gustaría agregar, sacar o cambiar de orden.

2. Autoevaluación

Usa las pautas siguientes para revisar tu texto. Agrega o quita datos o cambia el orden de los mismos. Haz cualquier otro cambio necesario en la estructura u organización.

<table>
<tr><td>Pautas de evaluación</td><td>Técnicas de revisión</td></tr>
<tr><td>1. ¿Capto la atención del público lector desde el comienzo?</td><td>1. Empieza con un diálogo o con una oración más impactante.</td></tr>
<tr><td>2. ¿Están claros los antecedentes?</td><td>2. Agrega los datos necesarios.</td></tr>
<tr><td>3. ¿He narrado los eventos en orden cronológico?</td><td>3. Cambia la secuencia de los eventos.</td></tr>
<tr><td>4. ¿He usado detalles gráficos que dan vida a mi relato?</td><td>4. Agrega imágenes que se refieran a los sentidos.</td></tr>
<tr><td>5. ¿He incluido mis pensamientos y sentimientos?</td><td>5. Agrega datos específicos sobre tus reacciones.</td></tr>
<tr><td>6. ¿Están bien definidos el significado y las consecuencias del episodio?</td><td>6. Revisa tu conclusión para hacerla más específica y personal.</td></tr>
</table>

Compara las dos versiones siguientes de la introducción de un episodio autobiográfico.

MODELOS

Borrador 1

   Carlos, mi mejor amigo, estaba seguro de que me podía enseñar a jugar al tenis si yo dejaba que él me diera lecciones. Yo estaba seguro que nunca aprendería a jugar. La única vez que había intentado jugar, nunca le pegaba a la pelota o siempre la mandaba al lugar equivocado.

Evaluación: Este párrafo ofrece información de fondo, pero el autor no usa diálogo ni imágenes para dar vida a la historia.

Borrador 2

«Dame una hora por día durante dos semanas, ¡y te lo demostraré!» exclamó Carlos girando la cabeza. Íbamos en bicicleta una clara y soleada mañana de junio hacia las canchas de tenis en Riverside Park. Lo que mi mejor amigo quería probar era que me podía convertir en un jugador de tenis si tomaba lecciones con él. Yo tenía pocas esperanzas. La única vez que había tratado de jugar, sentí que mis brazos eran molinos y que mis piernas daban volteretas.

Evaluación: Mejor. El autor capta la atención del público con una línea de diálogo al principio. Luego el párrafo ofrece información de fondo y establece el argumento del relato.

Corrección de pruebas

Intercambia relatos con un(a) compañero(a) y lee su episodio autobiográfico cuidadosamente, marcando errores gramaticales, de ortografía y de puntuación.

Publicación

Éstas son algunas de las maneras en que puedes publicar o compartir tu episodio autobiográfico:

- Lee tu relato en voz alta a tus familiares o amigos.
- Ilustra tu relato con dibujos o fotografías y conviértelo en la base para un álbum de recuerdos.
- Reúnete con algunos compañeros para organizar una representación teatral de tu episodio autobiográfico para otros estudiantes.

Reflexión

Escribe una breve reflexión sobre tu experiencia mientras trabajabas en este episodio autobiográfico. Tal vez quieras terminar una o dos de las oraciones iniciales que aparecen a la izquierda.

Así se dice

Para reflexionar sobre un trabajo escrito

La técnica más útil para encontrar un tema fue... porque...

Me gustó escribir sobre mis propios pensamientos y sentimientos porque...

Escribir me demostró que soy bueno(a) para... pero necesito más práctica en...

Si tuviera que hacer otra tarea como ésta, escribiría sobre aquella ocasión...

A ver si puedo...

A. Define las siguientes palabras y luego cita un ejemplo de cada forma narrativa.

1. autobiografía
2. biografía
3. ensayo
4. artículo de noticia
5. articulo de opinión

B. Escoge dos de las tres lecturas de la Colección 1. Compara y contrasta un relato con el otro, basándote en los cuatro siguientes elementos.

1. argumento
2. personajes
3. conflicto
4. tema

C. Contesta las preguntas con frases completas.

1. ¿Cuáles son dos fenómenos políticos o geográficos que han tenido un impacto en la historia contemporánea de Nicaragua?
2. ¿Quién fue Anastasio Somoza García y qué papel tuvo en la historia del país?
3. ¿Quiénes fueron los sandinistas?

D. Explica el significado de las siguientes palabras dentro del contexto del cuento correspondiente. Luego escribe una oración original con cada palabra.
   «Mis primeros versos»: amargura, amostazado, infame, colmo
   «Primero de secundaria»: mueca, disimular, fingir, aprieto

E. Explica el significado de las siguientes palabras con relación a su prefijo o sufijo correspondiente. Luego haz una lista de ocho palabras que lleven los mismos prefijos y sufijos.
   Palabras con prefijos: contener, encerrar, recorrer, unísono
   Palabras con sufijos: necedad, optativo, redactor, tambaleante

F. Completa la primera serie de oraciones con el artículo correcto. El símbolo X indica que no se necesita ningún artículo.

1. (Un/Una) día, el narrador se encerró en (el/la) soledad de su cuarto.
2. Decidió mandarle (un/una) poema (al/a la) periodista de *La Calavera*.
3. Víctor quería tomar (un/una) clase de francés porque le interesaba (el/la) idioma y (el/la) país.
4. Miguel se inventó (un/una) mueca para llamar la atención de (las/X) chicas.

Completa la segunda serie de oraciones con la expresión correcta.

5. El narrador pensaba que había escrito una (gran obra/obra grande).

6. El (puro amor/amor puro) del narrador inspiró sus versos.

7. Víctor no sabe qué hacer para impresionar a Teresa. ¡(Pobre chico/Chico pobre)!

8. Miguel es un (viejo amigo/amigo viejo) de Víctor.

¿Sabes usar los sustantivos y adjetivos?
Págs. 38–45

G. Crea oraciones con los sustantivos y adjetivos dados, basándote primero en «Mis primeros versos» y después en «Primero de secundaria». Usa la forma correcta del adjetivo.

1. narrador/apasionado
2. versos/llamativo
3. amigos/infame
4. matemáticas/difícil
5. Víctor/tímido
6. Teresa/bello

Escritura
¿Sabes deletrear palabras con **h** y con el sonido /y/?
Págs. 46–48

H. Completa la primera serie de oraciones con **h** si es necesario.

1. El ═ermano de Lila es un muchacho ═onesto e inteligente con un muy buen sentido del ═umor.

2. ¡Qué ═orrible! Arturo me ═a dicho que mañana tenemos un examen de ═istoria.

3. Pásame la ═olla, ¿quieres? Voy ═a poner el agua a ═ervir.

Completa la segunda serie de oraciones con **ll** o **y**.

4. Mi amiga paragua═a vive en esta ca═e, en aque═a casa azul.

5. Se conclu═ó que el pro═ecto había fa═ado debido a una falta de tiempo.

6. La niñita ═ora porque se ca═ó y se le torció el tobi═o.

¿Sabes usar el acento diacrítico? Págs. 48–49

I. Usa diez de las siguientes palabras para escribir oraciones completas.

que	tu	qué	tú	se	cómo
como	dé	mi	sé	de	mí

¿Sabes escribir un episodio autobiográfico?
Págs. 50–54

J. Tu amigo(a) necesita escribir un episodio autobiográfico para la clase de inglés y te pide ayuda. Contesta sus preguntas.

1. ¿Cómo decido qué acontecimiento voy a contar?

2. ¿Qué puedo hacer para captar la atención de los lectores?

3. ¿Cómo debo organizar el episodio y relacionar mis ideas?

Vocabulario esencial

Ampliación

• Vocabulario adicional
Colección 1

«Mis primeros versos» pág. 3

alabanza *f.*
amargura *f.*
amostazado, -da *adj.*
cacumen *m.*
carecer *v.*
colmo *m.*
contenerse *v.*
desdoblar *v.*
emplumar *v.*

encerrarse *v.*
entablar *v.*
escaso, -sa *adj.*
estrofa *f.*
exigir *v.*
experimentar *v.*
fatídico, -ca *adj.*
humanidades *f. pl.*
inaudito, -ta *adj.*

infame *m. y f.*
interrogar *v.*
necedad *f.*
pésimo, -ma *adj.*
pisotón *m.*
precursor *m.*
reclamación *f.*
redactor, -ra *m. y f.*
rengloncito *m.*

«Primero de secundaria» pág. 16

agachado, -da *adj.*
al unísono *adv.*
amontonarse *v.*
aprieto *m.*
balbucear *v.*
bullir *v.*
corpulento, -ta *adj.*
debilitado, -da *adj.*

disimular *v.*
ensayar *v.*
escudriñar *v.*
fajo *m.*
fingir *v.*
jirón *m.*
mordida *f.*
mueca *f.*

optativo, -va *adj.*
pulular *v.*
rabillo del ojo *m.*
recorrer *v.*
susurrar *v.*
tambaleante *adj.*
tararear *v.*
toparse *v.*

■ Mejora tu vocabulario pág. 34

Prefijos

co-, com-, con-
de-, des-
dis-
em-, en-

ex-
i-, im-, in-
inter-
pre-

re-
uni-

Sufijos usados para formar sustantivos

-ado, -ante, -ero, -ista, -or
-ancia, -dad, -ez, -eza, -ia, -ía -(t)ud, -ura
-ada, -anza, -(c)ión, -ida, -ido, -m(i)ento
-ía, -ica, -ismo

Sufijos usados para formar adjetivos

-ado, -al, -ante, -ente, -ero, -(l)ento, -oso
-able, -bil, -dor, -ible, -ivo, -or
-al, -ano, -ico, -il, -ino

Habla con los animales

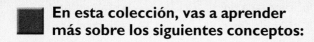

■ **En esta colección, vas a aprender más sobre los siguientes conceptos:**

Lectura
Elementos de literatura: Cuentos
Estrategias para leer: Cómo utilizar las pistas del contexto

Cultura
Cultura y lengua: Uruguay
Panorama cultural: En tu país, ¿qué trato se les da a los animales?
Comunidad y oficio: El español y la conservación del medio ambiente

Comunicación
Así se dice: Para hacer una descripción; para hacer comparaciones y contrastes; para hablar de lo que se debe hacer; para combinar frases; para evaluar un trabajo escrito
Vocabulario: Las familias de palabras
Gramática: El verbo; el tiempo presente; el imperfecto; el pretérito; usos del imperfecto y del pretérito
Comparación y contraste: El aspecto de estados en el pasado en español e inglés

Escritura
Ortografía: Las letras **b** y **v**; la división de palabras en sílabas
Taller del escritor: Cuento

▶ internet

go. hrw .com **MARCAR:** go.hrw.com
PALABRA CLAVE: WN3 ANIMALES

From the Nelson A. Rockefeller Collection of The Mexican Museum.

Band of Musicians (Músicos) (1985) de Teodora Blanco.
Cerámica a fuego lento y terracota vidriada.

ANTES DE LEER
La guerra de los yacarés

Punto de partida

Los animales como personajes

Los protagonistas de «La guerra de los yacarés» son yacarés o caimanes. Si has leído unas de las fábulas de Esopo, ya conoces unos cuentos en los que los personajes principales son animales. Con un grupo de compañeros de clase, trata de recordar otras historias de animales que conozcan, ya sean de libros, de la televisión o del cine. Describan las personalidades de los animales de cada cuento. Anoten sus respuestas en un cuadro como éste.

Personaje/ animal	Rasgos de la personalidad
El lobo del cuento «Caperucita Roja»	Engañoso, astuto, malvado, feroz
_____	_____
_____	_____

Toma nota

Escribe seis palabras o frases que describan a tu personaje favorito.

Diálogo con el texto

Hacer preguntas y tomar notas según lees te ayuda a ser un buen lector. Ten una hoja de papel a mano, cerca de tu libro, para tomar nota de tus reacciones sobre la lectura.

Los comentarios de un lector aparecen como ejemplo en la primera página de «La guerra de los yacarés».

Elementos de literatura

Personificación

A menudo los escritores describen animales u objetos atribuyéndoles cualidades humanas. A veces, crean animales que hablan. Esta forma de comparación, en la cual se le atribuyen características y sentimientos humanos a un animal o un objeto, se llama **personificación.** Por medio de la personificación, un escritor describe las cosas de un modo imaginativo.

Al leer, toma notas sobre las distintas personalidades que Quiroga les ha dado a sus personajes.

La **personificación** es un elemento de comparación por medio del cual se le atribuyen características y sentimientos humanos a seres que no son humanos.

Para más información sobre la personificación, ver la página 258 y el GLOSARIO DE TÉRMINOS LITERARIOS.

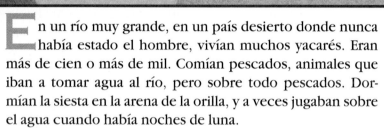

LA GUERRA DE LOS YACARÉS°

Horacio Quiroga

En un río muy grande, en un país desierto donde nunca había estado el hombre, vivían muchos yacarés. Eran más de cien o más de mil. Comían pescados, animales que iban a tomar agua al río, pero sobre todo pescados. Dormían la siesta en la arena de la orilla, y a veces jugaban sobre el agua cuando había noches de luna.

Todos vivían muy tranquilos y contentos. Pero una tarde, mientras dormían la siesta, un yacaré se despertó de golpe y levantó la cabeza porque creía haber sentido ruido. Prestó oídos, y lejos, muy lejos, oyó efectivamente un ruido sordo y profundo. Entonces llamó al yacaré que dormía a su lado.

—¡Despiértate! —le dijo—. Hay peligro.

—¿Qué cosa? —respondió el otro, alarmado.

—No sé —respondió el yacaré que se había despertado primero—. Siento un ruido desconocido.

El segundo yacaré oyó el ruido a su vez, y en un momento despertaron a los otros. Todos se asustaron y corrían de un lado para otro con la cola levantada.

Y no era para menos su <u>inquietud</u>, porque el ruido crecía, crecía. Pronto vieron como una nubecita de humo a lo lejos, y oyeron un ruido de *chas-chas* en el río como si golpearan el agua muy lejos.

Los yacarés se miraban unos a otros: ¿qué podía ser aquello?

Pero un yacaré viejo y sabio, el más sabio y viejo de todos, un viejo yacaré a quien no quedaban sino dos dientes

°**yacarés:** caimanes.

- -

ADUÉÑATE DE ESTAS PALABRAS

inquietud *f.*: intranquilidad, nerviosismo.

- -

DIARIO DEL LECTOR

Me pregunto en qué país se desarrolla el cuento. Debe estar muy adentro en alguna selva, ya que el escritor cuenta que allí nunca ha estado el hombre. Todo está tan lleno de paz.

¿Surgirá una guerra entre los yacarés y las otras criaturas? ¿Cómo comenzará esta guerra?

¿Qué produce ese ruido? Los yacarés no lo reconocen, por lo que, probablemente, no proviene de ningún animal de la selva.

sanos en los costados de la boca, y que había hecho una vez un viaje hasta el mar, dijo de repente:

—¡Yo sé lo que es! ¡Es una ballena! ¡Son grandes y echan agua blanca por la nariz! El agua cae para atrás.

Al oír esto, los yacarés chiquitos comenzaron a gritar como locos de miedo, <u>zambullendo</u> la cabeza. Y gritaban:

—¡Es una ballena! ¡Ahí viene la ballena!

Pero el viejo yacaré sacudió de la cola al yacarecito que tenía más cerca.

—¡No tengan miedo! —les gritó—. ¡Yo sé lo que es la ballena! ¡Ella tiene miedo de nosotros! ¡Siempre tiene miedo!

Con lo cual los yacarés chicos se tranquilizaron. Pero en seguida volvieron a asustarse, porque el humo gris se cambió de repente en humo negro, y todos sintieron bien fuerte ahora el *chas-chas-chas* en el agua. Los yacarés, espantados, se hundieron en el río, dejando solamente fuera los ojos y la punta de la nariz. Y así vieron pasar delante de ellos aquella cosa inmensa, llena de humo y golpeando el agua, que era un <u>vapor</u> de ruedas que navegaba por primera vez por aquel río.

El vapor pasó, se alejó y desapareció. Los yacarés entonces fueron saliendo del agua, muy enojados con el viejo yacaré, porque los había engañado, diciéndoles que eso era una ballena.

—¡Eso no es una ballena! —le gritaron en las orejas, porque era un poco sordo—. ¿Qué es eso que pasó?

El viejo yacaré les explicó entonces que era un vapor, lleno de fuego, y que los yacarés se iban a morir todos si el buque seguía pasando.

ADUÉÑATE DE ESTAS PALABRAS

zambullendo, de **zambullir** *v.*: meter o introducir la cabeza en el agua.

vapor *m.*: barco que se propulsa con vapor.

Pero los yacarés se echaron a reír, porque creyeron que el viejo se había vuelto loco. ¿Por qué se iban a morir ellos si el vapor seguía pasando? ¡Estaba bien loco, el pobre yacaré viejo!

Y como tenían hambre, se pusieron a buscar peces.

Pero no había ni un pez. No encontraron un solo pez. Todos se habían ido, asustados por el ruido del vapor. No había más pescados.

—¿No les decía yo? —dijo entonces el viejo yacaré—. Ya no tenemos nada que comer. Todos los peces se han ido. Esperemos hasta mañana. Puede ser que el vapor no vuelva más, y los peces volverán cuando no tengan más miedo.

Pero al día siguiente sintieron de nuevo el ruido en el agua, y vieron pasar de nuevo al vapor, haciendo mucho ruido y largando tanto humo que oscurecía el cielo.

—Bueno —dijeron entonces los yacarés—; el buque pasó ayer, pasó hoy, y pasará mañana. Ya no habrá más peces ni animales que vengan a tomar agua, y nos moriremos de hambre. Hagamos entonces un <u>dique</u>.

—¡Sí, un dique! ¡Un dique! —gritaron todos, nadando a toda fuerza hacia la orilla—. ¡Hagamos un dique!

En seguida se pusieron a hacer el dique. Fueron todos al bosque y echaron abajo más de diez mil árboles, sobre todo lapachos y quebrachos,[1] porque tienen la madera muy dura... Los cortaron con la especie de serrucho que los yacarés tienen encima de la cola; los empujaron hasta el agua, y los clavaron a todo lo ancho del río, a un metro uno del otro. Ningún buque

1. **lapachos y quebrachos:** árboles de madera muy resistente.

ADUÉÑATE DE ESTAS PALABRAS

dique *m.:* muro o pared para contener el agua.

podía pasar por allí, ni grande ni chico. Estaban seguros de que nadie vendría a espantar a los peces. Y como estaban muy cansados, se acostaron a dormir en la playa.

Al otro día dormían todavía cuando oyeron el *chas-chas-chas* del vapor. Todos oyeron, pero ninguno se levantó ni abrió los ojos siquiera. ¿Qué les importaba el buque? Podía hacer todo el ruido que quisiera, por allí no iba a pasar.

En efecto: el vapor estaba muy lejos todavía cuando se detuvo. Los hombres que iban adentro miraron con anteojos aquella cosa atravesada en el río y mandaron un bote a ver qué era aquello que les impedía pasar. Entonces los yacarés se levantaron y fueron al dique, y miraron por entre los palos, riéndose del <u>chasco</u> que se había llevado el vapor.

El bote se acercó, vio el formidable dique que habían levantado los yacarés y se volvió al vapor. Pero después volvió otra vez al dique, y los hombres del bote gritaron:

—¡Eh, yacarés!

—¿Qué hay? —respondieron los yacarés, sacando la cabeza por entre los troncos del dique.

—¡Nos está <u>estorbando</u> eso! —continuaron los hombres.

—¡Ya lo sabemos!

—¡No podemos pasar!

—¡Es lo que queremos!

—¡Saquen el dique!

—¡No lo sacamos!

Los hombres del bote hablaron un rato en voz baja entre ellos y gritaron después:

—¡Yacarés!

—¿Qué hay? —contestaron ellos.

—¿No lo sacan?

—¡No!

—¡Hasta mañana, entonces!

—¡Hasta cuando quieran!

Y el bote volvió al vapor, mientras los yacarés, locos de contentos, daban tremendos colazos

en el agua. Ningún vapor iba a pasar por allí y siempre, siempre, habría pescados.

Pero al día siguiente volvió el vapor, y cuando los yacarés miraron el buque, quedaron mudos de asombro: ya no era el mismo buque. Era otro, un buque de color ratón, mucho más grande que el otro. ¿Qué nuevo vapor era ése? ¿Ése también quería pasar? No iba a pasar, no. ¡Ni ése, ni otro, ni ningún otro!

—¡No, no va a pasar! —gritaron los yacarés, lanzándose al dique, cada cual a su puesto entre los troncos.

El nuevo buque, como el otro, se detuvo lejos, y también como del otro bajó un bote que se acercó al dique.

Dentro venían un oficial y ocho marineros. El oficial gritó:

—¡Eh, yacarés!

—¡Qué hay! —respondieron éstos.

—¿No sacan el dique?

—No.

—¿No?

—¡No!

—Está bien —dijo el oficial—. Entonces lo vamos a echar a pique[2] a cañonazos.

—¡Echen! —contestaron los yacarés.

Y el bote regresó al buque.

Ahora bien, ese buque de color ratón era un buque de guerra, un acorazado con terribles cañones. El viejo yacaré sabio que había ido una vez hasta el mar, se acordó de repente, y apenas tuvo tiempo de gritar a los otros yacarés:

—¡Escóndanse bajo el agua! ¡Ligero! Es un buque de guerra! ¡Cuidado! ¡Escóndanse!

Los yacarés desaparecieron en un instante

2. **echar a pique:** hundir.

- -

ADUÉÑATE DE ESTAS PALABRAS

chasco *m.:* burla, situación embarazosa.
estorbando, de **estorbar** *v.:* impedir el paso.

- -

bajo el agua y nadaron hacia la orilla, donde quedaron hundidos, con la nariz y los ojos únicamente fuera del agua. En ese mismo momento, del buque salió una gran nube blanca de humo, sonó un terrible estampido, y una enorme bala de cañón cayó en pleno dique, justo en el medio. Dos o tres troncos volaron hechos pedazos, y en seguida cayó otra bala, y otra y otra más, y cada una hacía saltar por el aire en <u>astillas</u> un pedazo de dique, hasta que no quedó nada del dique. Ni un tronco, ni una astilla, ni una cáscara. Todo había sido deshecho a cañonazos por el acorazado. Y los yacarés, hundidos en el agua, con los ojos y la nariz solamente afuera, vieron pasar el buque de guerra, silbando a toda fuerza.

Entonces los yacarés salieron del agua y dijeron:

—Hagamos otro dique mucho más grande que el otro.

Y en esa misma tarde y esa noche misma hicieron otro dique, con troncos inmensos. Después se acostaron a dormir, cansadísimos, y estaban durmiendo todavía al día siguiente cuando el buque de guerra llegó otra vez, y el bote se acercó al dique.

—¡Eh, yacarés! —gritó el oficial.

—¡Qué hay! —respondieron los yacarés.

—¡Saquen ese otro dique!

—¡No lo sacamos!

—¡Lo vamos a deshacer a cañonazos como al otro!...

—¡Deshagan... si pueden!

Y hablaban así con orgullo porque estaban seguros de que su nuevo dique no podría ser deshecho ni por todos los cañones del mundo.

Pero un rato después el buque volvió a llenarse de humo, y con un horrible estampido la bala reventó en el medio del dique, porque esta vez habían tirado con granada. La granada reventó contra los troncos, hizo saltar, despedazó, <u>redujo</u> a astillas las enormes vigas. La segunda reventó al lado de la primera y otro pedazo de dique voló por el aire. Y así fueron deshaciendo el dique. Y no quedó nada del dique; nada, nada. El buque de guerra pasó entonces delante de los yacarés, y los hombres les hacían burlas tapándose la boca.

- -

ADUÉÑATE DE ESTAS PALABRAS

astilla *f.*: fragmento, pedazo o trozo de madera.
redujo, de **reducir** *v.*: convertir en una cosa más pequeña o de un valor menor.

- -

—Bueno —dijeron entonces los yacarés, saliendo del agua—. Vamos a morir todos, porque el buque va a pasar siempre y los peces no volverán.

Y estaban tristes, porque los yacarés chiquitos se quejaban de hambre.

El viejo yacaré dijo entonces:

—Todavía tenemos una esperanza de salvarnos. Vamos a ver al *Surubí*.³ Yo hice el viaje con él cuando fui hasta el mar, y tiene un torpedo. Él vio un combate entre dos buques de guerra, y trajo hasta aquí un torpedo que no reventó. Vamos a pedírselo, y aunque está muy enojado con nosotros los yacarés, tiene buen corazón y no querrá que muramos todos.

El hecho es que antes, muchos años antes, los yacarés se habían comido a un sobrinito del Surubí, y éste no había querido tener más relaciones con los yacarés. Pero a pesar de todo fueron corriendo a ver al Surubí, que vivía en una <u>gruta</u> grandísima en la orilla del río Paraná, y que dormía siempre al lado de su torpedo. Hay surubíes que tienen hasta dos metros de largo y el dueño del torpedo era uno de ésos.

—¡Eh, Surubí! —gritaron todos los yacarés desde la entrada de la gruta, sin atreverse a entrar por aquel asunto del sobrinito.

—¿Quién me llama? —contestó el Surubí.

—¡Somos nosotros, los yacarés!

—No tengo ni quiero tener relación con ustedes —respondió el Surubí, de mal humor.

Entonces el viejo yacaré se adelantó un poco en la gruta y dijo:

—¡Soy yo, Surubí! ¡Soy tu amigo el yacaré que hizo contigo el viaje hasta el mar!

Al oír esa voz conocida, el Surubí salió de la gruta.

—¡Ah, no te había conocido! —le dijo cariñosamente a su viejo amigo—. ¿Qué quieres?

—Venimos a pedirte el torpedo. Hay un buque de guerra que pasa por nuestro río y espanta a los peces. Es un buque de guerra, un acorazado. Hicimos un dique, y lo echó a pique. Hicimos otro, y lo echó también a pique. Los peces se han ido, y nos moriremos de hambre. Danos el torpedo, y lo echaremos a pique a él.

El Surubí, al oír esto, pensó un largo rato, y después dijo:

—Está bien; les prestaré el torpedo, aunque me acuerdo siempre de lo que hicieron con el hijo de mi hermano. ¿Quién sabe hacer reventar el torpedo?

Ninguno sabía, y todos callaron.

—Está bien —dijo el Surubí, con orgullo—, yo lo haré reventar. Yo sé hacer eso.

Organizaron entonces el viaje. Los yacarés se ataron todos unos con otros; de la cola de uno al cuello del otro; de la cola de éste al cuello de aquél, formando así una larga cadena de yacarés que tenía más de una cuadra. El inmenso Surubí empujó el torpedo hacia la corriente y se colocó bajo él, sosteniéndolo sobre el lomo para que flotara. Y como las lianas⁴ con que estaban atados los yacarés uno detrás del otro se

---

3. *Surubí*: pez grande de río.
4. **lianas**: tallos largos, delgados y flexibles de algunas plantas que se pueden usar como soga.

ADUÉÑATE DE ESTAS PALABRAS

gruta *f.*: cueva, caverna.

habían concluido, el Surubí se prendió con los dientes de la cola del último yacaré, y así emprendieron la marcha. El Surubí sostenía el torpedo, y los yacarés tiraban, corriendo por la costa. Subían, bajaban, saltaban por sobre las piedras, corriendo siempre y arrastrando el torpedo, que levantaba olas como un buque por la velocidad de la corrida. Pero a la mañana siguiente, bien temprano, llegaban al lugar donde habían construido su último dique, y comenzaron en seguida otro, pero mucho más fuerte que los anteriores, porque por consejo del Surubí colocaron los troncos bien juntos, uno al lado del otro. Era un dique realmente <u>formidable</u>.

Hacía apenas una hora que acababan de colocar el último tronco del dique, cuando el buque de guerra apareció otra vez, y el bote con el oficial y ocho marineros se acercó de nuevo al dique. Los yacarés se treparon entonces por los troncos y asomaron la cabeza del otro lado.

—¡Eh, yacarés! —gritó el oficial.

—¡Qué hay! —respondieron los yacarés.

—¿Otra vez el dique?

—¡Sí, otra vez!

—¡Saquen ese dique!

—¡Nunca!

—¿No lo sacan?

—¡No!

—Bueno; entonces, oigan —dijo el oficial—. Vamos a deshacer este dique, y para que no quieran hacer otro los vamos a deshacer después a ustedes, a cañonazos. No va a quedar ni uno solo vivo —ni grandes, ni chicos, ni gordos, ni flacos, ni jóvenes, ni viejos— como ese viejísimo yacaré que veo allí, y que no tiene sino dos dientes en los <u>costados</u> de la boca.

El viejo y sabio yacaré, al ver que el oficial hablaba de él y se burlaba, le dijo:

—Es cierto que no me quedan sino pocos dientes, y algunos rotos. ¿Pero usted sabe qué van a comer mañana estos dientes? —añadió, abriendo su inmensa boca.

—¿Qué van a comer, a ver? —respondieron los marineros.

—A ese oficialito —dijo el yacaré y se bajó rápidamente de su tronco.

Entretanto, el Surubí había colocado su torpedo bien en medio del dique, ordenando a

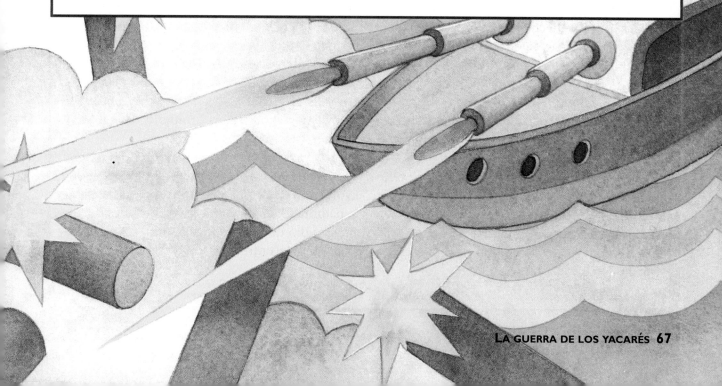

cuatro yacarés que lo agarraran con cuidado y lo hundieran en el agua hasta que él les avisara. Así lo hicieron. En seguida, los demás yacarés se hundieron a su vez cerca de la orilla, dejando únicamente la nariz y los ojos fuera del agua. El Surubí se hundió al lado de su torpedo.

De repente el buque de guerra se llenó de humo y lanzó el primer cañonazo contra el dique. La granada reventó justo en el centro del dique, e hizo volar en mil pedazos diez o doce troncos.

Pero el Surubí estaba alerta y apenas quedó abierto el agujero en el dique, gritó a los yacarés que estaban bajo el agua sujetando el torpedo:

—¡Suelten el torpedo, ligero, suelten!

Los yacarés soltaron, y el torpedo vino a flor de agua.[5]

En menos del tiempo que se necesita para contarlo, el Surubí colocó el torpedo bien en el centro del boquete abierto, apuntando con un solo ojo, y poniendo en movimiento el mecanismo del torpedo, lo lanzó contra el buque.

¡Ya era tiempo! En ese instante el acorazado lanzaba su segundo cañonazo y la granada iba a reventar entre los palos, haciendo saltar en astillas otro pedazo del dique.

Pero el torpedo llegaba ya al buque, y los hombres que estaban en él lo vieron: es decir, vieron el remolino que hace en el agua un torpedo. Dieron todos un gran grito de miedo y quisieron mover el acorazado para que el torpedo no lo tocara.

Pero era tarde; el torpedo llegó, chocó con el inmenso buque bien en el centro, y reventó.

No es posible darse cuenta del terrible ruido con que reventó el torpedo. Reventó y partió el buque en quince mil pedazos, lanzó por el aire, a cuadras y cuadras de distancia, chimeneas, máquinas, cañones, lanchas, todo.

Los yacarés dieron un grito de triunfo y corrieron como locos al dique. Desde allí vieron pasar por el agujero abierto por la granada a los hombres muertos, heridos y algunos vivos que la corriente del río arrastraba.

Se treparon amontonados en los dos troncos que quedaban a ambos lados del boquete y cuando los hombres pasaban por allí, se burlaban tapándose la boca con las patas.

No quisieron comer a ningún hombre, aunque bien lo merecían. Sólo cuando pasó uno que tenía galones[6] de oro en el traje y que estaba vivo, el viejo yacaré se lanzó de un salto al agua, y ¡tac! en dos golpes de boca se lo comió.

—¿Quién es ése? —preguntó un yacarecito ignorante.

—Es el oficial —le respondió el Surubí—. Mi viejo amigo le había prometido que lo iba a comer, y se lo ha comido.

Los yacarés sacaron el resto del dique, que para nada servía ya, puesto que ningún buque volvería a pasar por allí. El Surubí, que se había enamorado del cinturón y los cordones del oficial, pidió que se los regalaran, y tuvo que sacárselos de entre los dientes al viejo yacaré,

---

5. vino a flor de agua: salió a la superficie del agua; flotó.

6. galones: etiqueta o distintivo que llevan en la camisa los militares para indicar su rango.

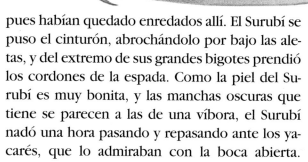

pues habían quedado enredados allí. El Surubí se puso el cinturón, abrochándolo por bajo las aletas, y del extremo de sus grandes bigotes prendió los cordones de la espada. Como la piel del Surubí es muy bonita, y las manchas oscuras que tiene se parecen a las de una víbora, el Surubí nadó una hora pasando y repasando ante los yacarés, que lo admiraban con la boca abierta.

Los yacarés lo acompañaron luego hasta su gruta, y le dieron las gracias infinidad de veces.

Volvieron después a su <u>paraje</u>. Los peces volvieron también, los yacarés vivieron y viven todavía muy felices, porque se han acostumbrado al fin a ver pasar vapores y buques que llevan naranjas.

Pero no quieren saber nada de buques de guerra.

ADUÉÑATE DE ESTAS PALABRAS

paraje *m.:* lugar, sitio.

CONOCE AL ESCRITOR

Horacio Quiroga (1878–1937), uno de los más grandes autores de cuentos de Latinoamérica, nació en Salto, Uruguay. Algunas de las historias más impresionantes de Quiroga sugieren la influencia de Edgar Allan Poe, un escritor estadounidense famoso por sus cuentos de obsesión y horror. Quiroga es asimismo muy valorado por sus cuentos de la selva.

A principios de 1900, Quiroga trabajó para una comisión del gobierno de Argentina que estudiaba las ruinas jesuitas de la zona selvática de Misiones. Se quedó tan impresionado con la belleza primitiva de la selva que decidió quedarse a vivir allí unos cuantos años. La región tropical a lo largo del río Paraná sería el escenario de muchos cuentos llenos de colorido y personajes animales. «La guerra de los yacarés» se publicó en una colección de fábulas de la selva titulada *Cuentos de la selva*, de 1918. Una segunda colección, titulada *Anaconda*, apareció en 1921. El relato «Anaconda», que para muchos

lectores es la obra maestra de Quiroga, trata de un grupo de serpientes venenosas que intenta evitar que los científicos descubran un antídoto contra su veneno. En este cuento, al igual que en «La guerra de los yacarés», Quiroga dramatiza la lucha entre la naturaleza y las fuerzas de la civilización.

La propia vida de Quiroga estuvo marcada por la enfermedad y la tragedia. Fue responsable, por accidente, de la muerte de un amigo íntimo, y algunos miembros de su familia se suicidaron. Varios críticos creen que estos trágicos sucesos contribuyeron a que Quiroga se interesara en escribir relatos lúgubres.

CREA SIGNIFICADOS

Cuaderno de práctica, págs. 21–22

Así se dice

Para hacer una descripción

Puedes usar estas expresiones para contestar la segunda pregunta de **Crea significados.**

Me parece que el... era vengativo (rencoroso, astuto).

Se me hace que el... era sabio (valiente, engañoso).

Los hombres son tan trabajadores (persistentes, decididos) como...

Los yacarés pequeños eran menos listos (ingeniosos) que...

El oficial es más testarudo (arrogante) que...

¿Te acuerdas?

Usa las siguientes fórmulas para hacer comparaciones:

tan + *adjetivo* + **como**

menos + *adjetivo* + **que**

más + *adjetivo* + **que**

*Los yacarés eran **tan** persistentes **como** los hombres.*

Primeras impresiones

I. ¿Es este cuento serio o humorístico?

Interpretaciones del texto

2. Piensa en cómo han sido **personificados** los animales de este cuento. ¿Qué características humanas muestran el yacaré viejo y el Surubí?

3. ¿Quién gana la guerra? Busca detalles del texto que apoyen tu conclusión.

Conexiones con el texto

4. ¿Hay una «guerra» en nuestro planeta entre los seres humanos y otras formas de vida? ¿Habrá un ganador en este conflicto? Explica tu respuesta.

Más allá del texto

5. ¿Crees que con este cuento Quiroga quiere dar una lección sobre la vida? ¿Se relaciona esta lección con alguna experiencia tuya? Explica tu respuesta.

Repaso del texto

a. ¿Por qué deciden los yacarés hacer un dique en el río?

b. ¿Por qué le piden los yacarés ayuda al Surubí?

c. ¿Quién logra convencer al Surubí para que los ayude?

d. ¿Por qué regresan los peces al río?

OPCIONES: Prepara tu portafolio

Cuaderno del escritor

1. Compilación de datos para un cuento

Los autores de cuentos a menudo basan sus personajes en personas de la vida real. ¿Conoces a alguien de quien te gustaría escribir una historia? Toma notas para la creación de un personaje basado en parte en una persona real o en una combinación de personas. Después, piensa en el conflicto que tu personaje tendrá que resolver.

El señor Henríquez:
—director del grupo musical de una escuela secundaria
—estricto pero con buen sentido del humor
Problema: el día antes de una presentación descubre que han desaparecido los textos de música

Investigación

2. Lenguaje de los animales

Averigua qué han aprendido los científicos sobre el modo en que se comunican los animales. Mucho se ha investigado al respecto en la vida marina y entre los primates. Pídele a tu maestro o al bibliotecario local que te ayude a buscar información. Intenta encontrar grabaciones de animales que «hablan». Comunica los resultados de tu investigación al resto de la clase. Podrías empezar por llenar un cuadro como el de abajo.

Hablar y escuchar

3. Un telediario

Imagina que un reportero se presenta en el momento en el que el oficial y los yacarés discuten por el tercer dique. En grupo, representen lo que ocurre cuando el reportero entrevista a los marinos y a los yacarés. Recuerden que el reportero tiene que presentar ambos puntos de vista.

Dibujo

4. Dibuja un mapa

«La guerra de los yacarés» ocurre en una selva tropical de Sudamérica. ¿En qué otras partes del mundo hay selvas tropicales? ¿Qué tipos de plantas y animales viven en ellas? Consulta libros, revistas y enciclopedias para aprender más sobre las selvas tropicales. Dibuja un mapa de las selvas tropicales que hay en el mundo.

Lo que sé	Lo que quiero saber	Lo que he aprendido
Los delfines han conversado con los humanos.	¿Cómo saben los expertos lo que dicen los delfines?	

Uruguay

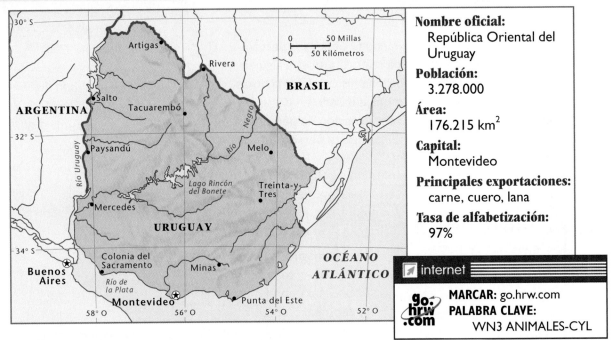

Nombre oficial:
República Oriental del Uruguay

Población:
3.278.000

Área:
176.215 km^2

Capital:
Montevideo

Principales exportaciones:
carne, cuero, lana

Tasa de alfabetización:
97%

internet

MARCAR: go.hrw.com
PALABRA CLAVE:
WN3 ANIMALES-CYL

La historia y sociedad de Uruguay

Pequeño, progresista y moderno son algunas palabras que describen a Uruguay. Uno de los países de menor extensión de América del Sur, es reconocido por su historia única y su estabilidad política.

Las escasas riquezas minerales y la falta de una población indígena sedentaria hicieron que Uruguay, conocido como la Banda Oriental hasta 1830, no fuera colonizado por muchos españoles. Debido a una sobrepoblación de ganado y caballos, en el siglo XVII este territorio llegó a ser dominado por los gauchos (vaqueros de ascendencia española e indígena). En 1726, las autoridades españolas fundaron la ciudad de San Felipe y Santiago de Montevideo, la cual se convirtió en el mayor puerto español del Océano Atlántico del Sur. La inversión económica en Montevideo y la ganadería de la región aumentaron de tal manera que fundaron las bases económicas del país después de la independencia.

En contraste con los otros países hispanohablantes de Latinoamérica que se independizaron de España, la Banda Oriental logró su independencia de Brasil en 1828. No sólo se fundó la República Oriental del Uruguay, sino que para tranquilizar las relaciones entre Brasil y Argentina, el país se estableció como un estado tapón. A finales del siglo XIX y a principios del siglo XX, Uruguay floreció tanto en las bellas artes como en el área política. La lucha por una identidad nacional produjo una tradición de figuras artísticas y literarias, quienes alcanzaron reconocimiento mundial. Artistas como Juan Manuel Blanes y Pedro Figari trasladaron imágenes de su tierra nativa al lienzo, mientras que toda Latinoamérica celebraba el ensayo «Ariel» por José Enrique Rodó como una muestra definitiva del valor regional.

A lo largo del siglo XX Uruguay se desarrolló como uno de los países más progresistas de Latinoamérica. Durante las presidencias de José Batlle y Ordóñez (1903–1907 y 1911–1915), Uruguay se convirtió en el único estado benefactor de Latinoamérica. La legislación reformista de esta etapa, que formó las bases de programas sociales posteriores, resultó en la separación del gobierno nacional y la Iglesia Católica, así como la expansión de la educación.

A mediados de siglo, los uruguayos vieron el comienzo de una decadencia económica. En 1973 un golpe militar derrocó al gobierno democrático, acto que fue el comienzo de doce años de un gobierno militar. En noviembre de 1984, un gobierno civil fue elegido democráticamente y Uruguay se encaminó nuevamente hacia la estabilidad.

Hoy, los uruguayos disfrutan de un alto nivel de vida en general. Cuentan con programas de asistencia muy desarrollados y un sistema educativo ejemplar. En Montevideo, el Hospital de Clínicas es un centro médico público donde cualquier uruguayo puede ser atendido. El Ministerio de Salud Pública provee vacunas gratis para todos. El sistema educativo es secular y obligatorio, y la educación pública es gratis, inclusive al nivel universitario. La alfabetización nacional actual del 97% es una de las más altas del hemisferio occidental.

El juramento de los Treinta y Tres Orientales (1877) de Juan Manuel Blanes. Óleo sobre lienzo (311 x 564 cm).

Museo Nacional de Artes Visuales, Montevideo, Uruguay (property); Museo Municipal de Bellas Artes, Montevideo, Uruguay (on exhibit).

«El juramento de los Treinta y Tres Orientales»

Este cuadro de Juan Manuel Blanes capta un momento histórico que se convirtió en una leyenda nacional. Representa los momentos antes de empezar la lucha contra los portugueses por la independencia de la Banda Oriental. Anteriormente, los soldados orientales, bajo el comandante José Gervasio Artigas, habían derrotado a la Corona Española. Más tarde los portugueses se apoderaron del territorio y expulsaron a los orientales que luchaban por la independencia. Blanes ha representado a los orientales cuando cruzaron el río Uruguay para liberar su tierra en 1825.

Montevideo

Se dice que el nombre de la capital fue inspirado por un navegador gallego que exclamó «*Monte vi eu!*» («¡Vi una colina!») cuando se acercaba a la ribera del Río de la Plata donde está situada Montevideo. Hoy, casi la mitad de los uruguayos residen en la capital. Al caminar por la ciudad, se notan las fuertes influencias europeas, sobre todo la española y la italiana. En la Ciudad Vieja se encuentran edificios antiguos como la Plaza Constitución, el Cabildo y la Iglesia Matriz. Recientemente, grupos inmigrantes del este de Europa han contribuido al crecimiento de la ciudad. La diversidad de la población y la actividad económica (Montevideo es la sede de MERCOSUR, el mercado común establecido entre Uruguay, Argentina, Brasil y Paraguay) hacen que la capital sea una ciudad moderna y cosmopolita.

Punta del Este

La prosperidad económica de Uruguay se refleja en sus ciudades costeñas. Considerada el mejor lugar donde pasar las vacaciones por sus playas y su ambiente, Punta del Este atrae a personas de todas partes, especialmente entre diciembre y marzo. Este lugar internacional ofrece deportes acuáticos, campos de golf y excelentes servicios para los viajeros. A poca distancia de la costa, también se encuentra la Isla de Lobos, una reserva natural para un gran número de leones marinos.

Para hacer comparaciones y contrastes
Puedes usar estas expresiones para hacer la actividad en esta página.

Por un lado...

En primer lugar...

Con relación a eso...

En contraste...

Por otro lado...

Visto desde ese punto de vista...

Actividad

En grupos, consideren el siguiente tema y contesten las preguntas a continuación: Las universidades en Uruguay son gratis. ¿Qué efecto tendría eso en el promedio del nivel de educación de la población y en la tasa de alfabetización? ¿Cómo se compara la situación en Uruguay con la educación superior en Estados Unidos? ¿Cuáles serían los efectos si hubiera universidades gratuitas en este país?

Modismos y regionalismos

El español de Uruguay y Argentina se caracteriza por el uso del *voseo*. En Uruguay, el voseo varía según la región. El voseo híbrido (uso del pronombre *tú* con forma del verbo de *vos*) se usa principalmente en el sur del país, en Montevideo *(tú venís, tú trabajás)*. En el este, mucha gente habla usando el *tú* y la forma del verbo correspondiente *(tú vienes, tú trabajas)*. En el norte y el centro, es más común usar el *vos* y la forma del verbo correspondiente al *vos (vos venís, vos trabajás)*.

A lo uruguayo

a pata a pie
¡Bárbaro! ¡Fantástico!
buzo suéter
caravanas aretes

ómnibus autobús
plata dinero
precisar necesitar
tallarines con tuco espaguetis con carne y salsa de tomate

—¿**Tenés** ganas de ir al centro? Quiero comprarme un **buzo**.
—Sí, vamos. **Preciso** comprar unas **caravanas** para el cumpleaños de mamá. ¿Cómo **querés** ir tú, en **ómnibus?**
—No, mejor vamos **a pata.** Está lindo hoy. Y de vuelta, pasemos por La Góndola y comamos unos **tallarines con tuco.**
—Pues, ¿me **prestás** unos pesos entonces?
—No te preocupes. Hoy tengo **plata** y te invito.
—¡**Bárbaro!**

Elementos de literatura

CUENTOS: Argumento, caracterización y ambiente

A diferencia de los relatos verídicos, que narran hechos reales, las obras de **ficción** son relatos de hechos imaginarios. En general, la narrativa de ficción se divide en dos tipos de relato: el cuento y la novela. El **cuento** es una narración breve en prosa que normalmente consta de un solo argumento, uno o dos personajes centrales y un ambiente principal.

Para apreciar y evaluar plenamente los cuentos, tienes que entender los elementos que los componen. En esta colección vas a estudiar seis importantes elementos del cuento: el argumento, la caracterización, el ambiente, el punto de vista, la ironía y el tema.

Argumento

El **argumento** es el eje central de los cuentos, las novelas y las obras dramáticas. Es la serie de acontecimientos principales que ocurren en un relato. No se debe confundir con la **trama,** que incluye las causas y los efectos de todo lo que sucede en el relato. O sea, mientras que en el argumento se resume lo que sucede, la trama es la forma en que un escritor ordena y relaciona los sucesos.

Al principio de un cuento, la **exposición** o **introducción** provee antecedentes importantes y presenta la situación básica. La exposición también presenta el ambiente del cuento y establece el conflicto o lucha alrededor del cual girará la narración. En los cinco primeros párrafos de «La guerra de los yacarés», Horacio Quiroga presenta algunos antecedentes, describe a los personajes más importantes e introduce el conflicto central del cuento.

El núcleo de un cuento es el **conflicto** o lucha entre fuerzas o personajes contrarios. En un **conflicto externo,** un personaje se enfrenta a otro, a un grupo o a una fuerza de la naturaleza. ¿Cuáles son los conflictos externos en «La guerra de los yacarés»?

En un **conflicto interno,** un personaje lucha con sus propios deseos o sentimientos. Por ejemplo, en «Primero de secundaria» de Gary Soto (página 16), Víctor desea impresionar a Teresa. Al mismo tiempo, es tímido y se avergüenza con facilidad. Su timidez produce momentos de conflicto interno.

A veces en un cuento se desarrollan varios conflictos, tanto externos como internos. Cuando leas «Posada de las Tres Cuerdas» (página 129), trata de identificar por lo menos dos conflictos externos y uno interno.

A medida que los personajes del cuento tratan de resolver los conflictos, surgen las complicaciones. Se trata de giros inesperados de los sucesos que a menudo dan lugar al **suspenso,** es decir, la incertidumbre o tensión que siente el lector ante lo que sucederá. Por ejemplo, Quiroga crea suspenso cuando los hombres vuelven con buques cada vez más grandes.

Al final, la acción culmina en un **clímax** o momento decisivo. En este punto de

máxima tensión e interés del cuento se decide el resultado del conflicto principal. ¿Cuál es el clímax de «La guerra de los yacarés»?

El **desenlace** es el momento del relato en el que se resuelve el conflicto y el narrador explica el resultado. En el desenlace de «Primero de secundaria» (página 16), Gary Soto describe brevemente la felicidad de Víctor y su carrera hacia la biblioteca.

Los acontecimientos de un cuento se presentan normalmente en **orden cronológico** o **temporal.** Sin embargo, a veces el escritor altera este orden para crear efectos especiales. La **anticipación,** por ejemplo, indica o sugiere acontecimientos que tendrán lugar más adelante. Cuando leas «Posada de las Tres Cuerdas» (página 129), verás cómo Ana María Shua crea anticipación al describir la llegada a la posada. Por el contrario, el *flashback,* o narración retrospectiva, interrumpe la acción para explicar algo que ocurrió en un momento del pasado.

Caracterización

El conjunto de técnicas que usa un escritor para dar vida a sus personajes se llama **caracterización.** Por medio de la **caracterización directa,** el escritor le cuenta directamente al lector cómo es el personaje. Por ejemplo, Quiroga afirma claramente que el yacaré viejo es el más sabio de todos.

Generalmente, el escritor describe a los personajes mediante técnicas de **caracterización indirecta,** por ejemplo:

- mostrar al personaje en acción
- hacer hablar al personaje en los diálogos
- describir el aspecto externo del personaje
- dar a conocer los pensamientos íntimos y los sentimientos del personaje
- mostrar cómo reaccionan otros ante el personaje

¿Cuál de estas técnicas utiliza Gary Soto para caracterizar a Víctor en «Primero de secundaria»?

Ambiente

El **ambiente** de un cuento se define por el tiempo y el lugar en que suceden las cosas. Generalmente el escritor establece el ambiente al principio del cuento. Por ejemplo, en «La guerra de los yacarés» Quiroga nos habla del río, y en «Primero de secundaria» Soto describe a Víctor en el momento en que se matricula en sus cursos.

El ambiente suele tener un papel importante en la acción de un cuento, como has visto en «La guerra de los yacarés». El ambiente puede determinar la atmósfera del relato. Fíjate en la forma en que el ambiente condiciona la atmósfera de *Platero y yo* de Juan Ramón Jiménez (página 81) y «Posada de las Tres Cuerdas» de Ana María Shua (página 129) cuando los leas.

Elementos de literatura

CUENTOS: Punto de vista, ironía y tema

Punto de vista

El **punto de vista** es la perspectiva desde la que se cuenta la historia. Hay tres puntos de vista que se usan comúnmente en la ficción.

En el **punto de vista en primera persona,** uno de los personajes del cuento usa sus propias palabras y el pronombre «yo». Cuando se emplea este punto de vista, podemos saber sólo lo que el narrador sabe y siente. Juan Ramón Jiménez usa este punto de vista en *Platero y yo* (página 81). Cuando leas «El forastero gentil» de Sabine Ulibarrí (página 260), encontrarás otro ejemplo de narración en primera persona.

Para un cuentista, el **punto de vista en primera persona** tiene ventajas y limitaciones. Una ventaja es que los lectores pueden identificarse más fácilmente con el personaje que narra la historia. En cambio, una desventaja es que se limitan las posibilidades del lector para conocer los pensamientos y los sentimientos del resto de los personajes.

En el **punto de vista del narrador omnisciente en tercera persona,** el autor se comporta como un observador externo que sabe todo sobre los personajes y sus conflictos. (La palabra «omnisciente» significa «el que todo lo sabe».) Verás un ejemplo de este punto de vista en «La puerta del infierno» de Antonio Landauro (página 145).

En el **punto de vista limitado en tercera persona,** el narrador es un observador externo que se ocupa de los pensamientos y sentimientos de un solo personaje (o de un grupo de personajes). Horacio Quiroga usa este punto de vista en «La guerra de los yacarés», así como lo hace Gary Soto en «Primero de secundaria» (página 16). Quiroga se limita a la perspectiva de los yacarés, mientras que Soto cuenta la historia concentrándose en los pensamientos y sentimientos de Víctor.

El punto de vista que se emplea tiene un efecto importante en la forma en que una historia puede hacernos reaccionar. Piensa por un momento de qué forma tan distinta verías los sucesos ocurridos en «La guerra de los yacarés» si Quiroga hubiera narrado la acción desde el punto de vista de los seres humanos en lugar del de los animales.

Ironía

La **ironía** es el contraste entre lo que se dice y lo que realmente se quiere decir, o entre lo que se espera que ocurra y lo que en realidad ocurre.

En los casos de **ironía verbal,** el escritor o el personaje que habla dice palabras que en realidad significan algo muy diferente a

lo que se dice. Si dijeras que un cachorrito es fiero, estarías usando la ironía verbal.

La **ironía de sucesos** se da cuando lo que ocurre es muy diferente a lo que esperábamos que ocurriera. Por ejemplo, en «La guerra de los yacarés», es irónico que los yacarés combatan a los oficiales de la marina con torpedos y que el ejército naval sea atacado por una de sus propias armas.

Tema

La idea central o significado básico de una obra literaria se llama **tema.** El tema de una obra no es lo mismo que su argumento. El argumento es de lo que trata una obra literaria, mientras que el tema es el mensaje sobre el cual el autor quiere que reflexionemos.

No todos los cuentos tienen un tema; algunos relatos se cuentan con el solo propósito de entretener. Muchos cuentos, sin embargo, comunican un mensaje serio o un comentario sobre la naturaleza o la conducta humana.

A veces los temas se exponen directamente. Así ocurre en la mayoría de las fábulas, las cuales enseñan lecciones prácticas o morales.

En la mayoría de las obras literarias, el tema está implícito y la tarea del lector es identificarlo. Los sucesos del argumento, los personajes, el punto de vista y el ambiente del cuento dan pistas para reconocer su tema. Puedes usar las siguientes estrategias para identificar el tema de un cuento:

1. Reflexiona sobre el título del cuento. ¿Da alguna pista de cuál es el tema? Cuando leas «La puerta del infierno» (página 145), considera la relación entre el título de la leyenda y su mensaje sobre la conducta humana.

2. Piensa en los cambios por los que ha pasado el protagonista a lo largo del cuento. Por ejemplo, ¿qué ha aprendido Víctor y cómo ha madurado en «Primero de secundaria» (página 16)?

3. ¿Hay partes del cuento que parecen dirigir al lector al tema? Piensa en la última oración de «La guerra de los yacarés»: «Pero no quieren saber nada de buques de guerra». ¿Qué te dice este final sobre el tema del cuento?

ANTES DE LEER
de Platero y yo

Punto de partida

Los animales y nosotros

Las personas a menudo crean fuertes lazos con los animales. ¿Alguna vez le has tomado cariño a algún animal, como la mascota de la familia, la mascota de un amigo o quizá algún animal salvaje?

Comparte tus ideas

Piensa en las cualidades del animal al que le tomaste cariño. ¿Qué te gustaba de él? ¿Compartías con él algún juego en especial? Comenta con un(a) compañero(a) las respuestas a estas preguntas.

Toma nota

Escribe tres o cuatro oraciones sobre el animal que era especial para ti.

Estrategias para leer

Pistas del contexto

Es muy probable que cuando leas, encuentres palabras que no conozcas. Una manera de averiguar el significado de una palabra desconocida es fijarte en su contexto: las palabras, frases u oraciones que la rodean.

~DE~ Platero y yo

Juan Ramón Jiménez

PLATERO

Platero es pequeño, peludo, suave; tan blando por fuera, que se diría todo de algodón, que no lleva huesos. Sólo los espejos de <u>azabache</u> de sus ojos son duros cual dos escarabajos de cristal negro.

Lo dejo suelto, y se va al prado, y acaricia <u>tibiamente</u> con su hocico, rozándolas apenas, las florecillas rosas, celestes y gualdas[1]... Lo llamo dulcemente: «¿Platero?», y viene a mí con un trotecillo alegre que parece que se ríe, en no sé qué cascabeleo[2] ideal...

Come cuanto le doy. Le gustan las naranjas mandarinas, las uvas moscateles, todas de ámbar,[3] los higos morados, con su cristalina gotita de miel...

Es tierno y mimoso igual que un niño, que una niña...; pero fuerte y seco por dentro, como de piedra. Cuando paso sobre él, los domingos, por las últimas callejas del pueblo, los hombres del campo, vestidos de limpio y despaciosos, se quedan mirándolo:

—Tien' asero...

Tiene acero. Acero y plata de luna, al mismo tiempo.

1. **gualdas:** de color amarillo.
2. **cascabeleo:** ruido de cascabeles o sonido que se le asemeja.
3. **ámbar:** color dorado.

ADUÉÑATE DE ESTAS PALABRAS

azabache *m.*: piedra negra semipreciosa.
tibiamente *adv.*: cálida y suavemente, delicadamente.

ALEGRÍA

Platero juega con Diana, la bella perra blanca que se parece a la luna creciente, con la vieja cabra gris, con los niños...

Salta Diana, ágil y elegante, delante del burro, sonando su leve campanilla, y hace como que le muerde los hocicos. Y Platero, poniendo las orejas en punta, cual dos cuernos de pita,[4] la <u>embiste</u> blandamente y la hace rodar sobre la hierba en flor.

La cabra va al lado de Platero, rozándose a sus patas, tirando con los dientes de la punta de las espadañas[5] de la carga. Con una clavellina[6] o con una margarita en la boca, se pone frente a él, le topa en la <u>testuz</u>, y brinca luego, y <u>bala</u> alegremente, mimosa igual que una mujer...

Entre los niños, Platero es de juguete. ¡Con qué paciencia sufre sus locuras! ¡Cómo va despacito, deteniéndose, haciéndose el tonto, para que ellos no se caigan! ¡Cómo los asusta, iniciando, de pronto, un trote falso!

¡Claras tardes del otoño moguereño![7] Cuando el aire puro de octubre afila los <u>límpidos</u> sonidos, sube del valle un <u>alborozo</u> idílico de balidos, de <u>rebuznos</u>, de risas de niños, de ladridos y de campanillas...

4. **pita:** planta cuya hoja es larga, triangular y puntiaguda, como un cuerno.
5. **espadañas:** planta que se usa para hacer telas gruesas y fibrosas.
6. **clavellina:** planta similar al clavel pero de flores más pequeñas.
7. **moguereño:** de Palos de Moguer, ciudad del sur de España.

- -

ADUÉÑATE DE ESTAS PALABRAS

embiste, de **embestir** *v.*: atacar o golpear con la cabeza, especialmente con los cuernos.
testuz *f.*: frente o parte superior de la cara de un burro o caballo.
bala, de **balar** *v.*: dar balidos, como las cabras.
límpido, -da *adj.*: claro, limpio, puro.
alborozo *m.*: alegría, felicidad, regocijo.
rebuzno *m.*: voz del burro.

- -

EL CANARIO VUELA

Un día, el canario verde, no sé cómo ni por qué, voló de su jaula. Era un canario viejo, recuerdo triste de una muerta, al que yo no había dado libertad por miedo de que se muriera de hambre o de frío, o de que se lo comieran los gatos.

Anduvo toda la mañana entre los granados[8] del huerto, en el pino de la puerta, por las lilas. Los niños estuvieron, toda la mañana también, sentados en la galería, absortos en los breves vuelos del pajarillo amarillento. Libre, Platero <u>holgaba</u> junto a los rosales, jugando con una mariposa.

A la tarde, el canario se vino al tejado de la casa grande, y allí se quedó largo tiempo, latiendo en el tibio sol que <u>declinaba</u>. De pronto, y sin saber nadie cómo ni por qué, apareció en la jaula, otra vez alegre.

¡Qué alborozo en el jardín! Los niños saltaban, tocando las palmas, <u>arrebolados</u> y rientes como auroras; Diana, loca, los seguía, ladrándole a su propia y riente campanilla; Platero, contagiado, en un oleaje de carnes de plata, igual que un chivillo, hacía corvetas,[9] giraba sobre sus patas en un vals[10] tosco y, poniéndose en las manos, daba coces al aire claro y suave...

8. **granados:** árboles de la granada, fruta de color rojo y de sabor agridulce.
9. **corvetas:** piruetas de los caballos que consisten en pararse en las patas traseras y levantar las extremidades delanteras.
10. **vals:** baile de origen alemán.

ADUÉÑATE DE ESTAS PALABRAS

holgaba, de **holgar** *v.:* descansar, relajarse.
declinaba, de **declinar** *v.:* caer, ponerse (el sol).
arrebolado, -da *adj.:* de color rojo.

IDILIO DE ABRIL

Los niños han ido con Platero al arroyo de los chopos, y ahora lo traen trotando, entre juegos sin razón y risas <u>desproporcionadas</u>, todo cargado de flores amarillas. Allá abajo les ha llovido —aquella nube <u>fugaz</u> que veló el campo verde con sus hilos de oro y plata, en los que tembló, como una lira de llanto, el arco iris—. Y sobre la empapada lana del asnucho, las campanillas mojadas gotean todavía.

¡Idilio fresco, alegre, sentimental! ¡Hasta el rebuzno de Platero se hace tierno bajo la dulce carga llovida! De cuando en cuando, vuelve la cabeza y arranca las flores a que su boca alcanza. Las campanillas, níveas y gualdas, le cuelgan, un momento, entre el blanco babear verdoso, y luego se le van a la barrigota cinchada.[11] ¡Quién como tú, Platero, pudiera comer flores... y que no le hicieran daño!

¡Tarde <u>equívoca</u> de abril!... Los ojos brillantes y vivos de Platero copian toda la hora de sol y lluvia, en cuyo <u>ocaso</u>, sobre el campo de San Juan, se ve llover, deshilachada, otra nube rosa.

11. **cinchada:** que tiene un cinturón que amarra la silla o aparejo de montar al lomo del animal.

ADUÉÑATE DE ESTAS PALABRAS

desproporcionada, -do *adj.*: exagerada, fuera de proporción.
fugaz *adj.*: que desaparece rápidamente.
equívoca, -co *adj.*: extraña, dudosa, ambigua.
ocaso *m.*: puesta de sol sobre el horizonte.

Donkey Bank (Alcancía en forma de burro) (1985), artista desconocido. Cerámica a fuego lento y terracota vidriada.
From the Nelson A. Rockefeller Collection of The Mexican Museum.

CONOCE AL ESCRITOR

Juan Ramón Jiménez (1881–1958), ganador del Premio Nóbel de Literatura en 1956, es considerado como uno de los mejores poetas hispanohablantes del siglo XX. Su producción literaria fue extensa y variada. Publicó sus primeros versos antes de cumplir los veinte años, y llegó a escribir más de 30 libros de poesía y numerosas antologías de ensayos y artículos. Aunque era esencialmente poeta, Jiménez adquirió fama con su obra en prosa, *Platero y yo* (1914). Este libro, caracterizado por muchos como poesía en prosa, ha sido traducido a varios idiomas y se ha convertido en uno de los clásicos de la literatura española contemporánea.

Jiménez nació en Palos de Moguer en Andalucía. Hijo de una familia adinerada, se educó en un colegio de jesuitas y luego estudió derecho en la Universidad de Sevilla. En 1900 se trasladó a Madrid y se hizo amigo de escritores como Miguel de Unamuno, Ramón del Valle-Inclán, José Ortega y Gasset y Rubén Darío. Durante estos años escribió varios libros de versos como *Arias tristes* (1903), *Pastorales* (1904) y *Jardines lejanos* (1905), en los cuales se refleja claramente la influencia de Darío. De este periodo sobresale especialmente el uso de metáforas sutiles y el énfasis en la subjetividad y la individualidad expresadas a través del verso libre.

En 1916 se casó con Zenobia Camprubí y un año más tarde escribió una de sus obras de más éxito, *Diario de un poeta recién casado* (1917). Por esta época se empieza a notar en sus escritos el desarrollo de un estilo poético propio, uno que Jiménez mismo define como «poesía pura» o «poesía desnuda»: una poesía depurada de imágenes innecesarias y caducas, sin rima ni métrica determinada. Se ha dicho que este estilo marcó la transición entre el movimiento literario del modernismo y las escuelas poéticas posteriores. Unas obras que se destacan de este periodo son *Sonetos espirituales* (1914–1915) y *Piedra y cielo* (1919).

Al estallar la Guerra Civil Española en 1936, Jiménez salió de España huyendo de las presiones de la guerra. Se estableció en Puerto Rico, donde pasó gran parte del resto de su vida. Hizo viajes y dio conferencias en Cuba, América Central, América del Sur y Estados Unidos. Durante estos años de exilio voluntario, Jiménez continuó escribiendo versos, como *Voces de mi copla* (1945) y *Animal de fondo* (1947). Trabajó como profesor en la Universidad de Maryland de 1947 a 1951 y luego en la Universidad de Puerto Rico en Río Piedras. Jiménez murió el 29 de mayo de 1958.

CREA SIGNIFICADOS

Cuaderno de práctica, págs. 23–24

Así se dice

Para hablar de lo que se debe hacer

Puedes usar estas expresiones para contestar la quinta pregunta de **Crea significados.**

> Hace falta que todos luchemos (nos preocupemos) por...
>
> Es importante que todo el mundo comparta (se dé cuenta de)...
>
> Es indispensable que las autoridades eviten (acaben con)...
>
> Es necesario apreciar (cuidar)...
>
> Sería buena idea prevenir (promover)...

¿Te acuerdas?

Tanto el subjuntivo como el infinitivo se pueden usar después de expresiones impersonales. Si se está hablando de un sujeto específico, se usa la expresión seguida por **que** y el subjuntivo:

*Es importante **que nosotros protejamos** a los animales.*

Si se está hablando en términos generales, se omite el **que** y se usa el infinitivo:

*Es importante **proteger** a los animales.*

Primeras impresiones

1. ¿Crees que Platero es un buen nombre para este burro? ¿Te gustaría que Platero fuera tu mascota?

Interpretaciones del texto

2. En la página 81, Jiménez dice que «Es tierno y mimoso igual que un niño, que una niña...». ¿Apoya esta declaración el pasaje que aparece inmediatamente después?

3. A veces un(a) escritor(a) compara dos cosas distintas de manera inesperada para enriquecer sus descripciones con una mayor variedad de imágenes. Busca algunos ejemplos de esta selección. ¿Cómo se expresa en esos ejemplos el gozo ante la naturaleza?

Conexiones con el texto

4. ¿Por qué crees que la gente «habla» con sus mascotas? Según tu experiencia, ¿te parece que los animales entienden lo que la gente les dice?

Más allá del texto

5. «La guerra de los yacarés» (página 61) destaca el conflicto entre los seres humanos y las criaturas del mundo natural. *Platero y yo* destaca los fuertes vínculos de afecto que existen entre la gente y los animales. ¿Qué crees que la gente puede hacer para vivir en mayor armonía con el mundo animal?

OPCIONES: Prepara tu portafolio

Cuaderno del escritor

1. Compilación de ideas para un cuento

Escoge un animal con el qué te gustaría viajar y tener una relación semejante a la que el narrador tiene con Platero. Describe a tu compañero de viaje detalladamente. Luego, indica adónde irían ustedes y qué problemas y aventuras podrían presentárseles.

Balto, nuestro perro esquimal
—pesa alrededor de 90 libras, me llega a la cadera, tiene un ojo azul y otro marrón, el colmillo izquierdo le sobresale por el labio inferior
—Viajamos al Ártico, donde nos encontramos con un oso blanco.

Redacción creativa

2. Un animal y un amigo

Después de leer la primera parte de *Platero y yo,* nos sentimos como si conociéramos a Platero. Jiménez describe detenidamente tanto la apariencia como la personalidad del burro. Escoge un animal que te llame la atención, un tigre, un mono, un elefante o un oso koala, por ejemplo. Imagina que te has hecho amigo de ese animal y descríbelo en una composición de dos o tres párrafos.

Investigación

3. Informe oral

Piensa en la variedad de maneras en que se ha entrenado a los animales para que ayuden a los seres humanos. Los animales transportan alimentos y mensajes, protegen a familias y propiedades, y cuidan y pastorean ovejas. Ciertos perros ayudan a personas ciegas o sordas. Averigua cómo se entrena a los animales para realizar estos trabajos. Comparte tus hallazgos con la clase. Organiza tu investigación por medio de un diagrama como el que aparece abajo.

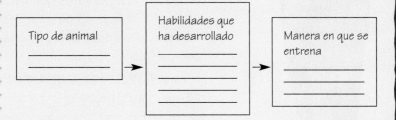

Tipo de animal

Habilidades que ha desarrollado

Manera en que se entrena

En tu país, ¿qué trato se les da a los animales? ¿Hay leyes que los protegen?

En el cuento «La guerra de los yacarés», se nos presenta una situación en la que los animales se enfrentan con los hombres para proteger su hábitat. ¿Qué clase de trato reciben los animales en tu país? Lee lo que nos explican estos dos jóvenes. Ten presentes tus impresiones sobre el trato que reciben los animales en tu propia comunidad.

Karla Fentanes
México

Yo creo que el trato que se [les ha] promocionado por ciertas organizaciones e instituciones que se encargan de la preservación de las especies ha sido muy bueno. Sin embargo, la generalidad de las personas no [tiene] mucha conciencia hacia la preservación de las especies. Creo que por ese lado tiene que difundirse un poco más, el preservarlas.

¿Hay leyes que los protegen?
Existen algunas leyes, sin embargo [no] creo que [abarquen] todo el problema y a los tipos de situaciones que se dan, por ejemplo con las ventas de animales en peligro de extinción. Algunas veces la gente pobre tiene que vender los animales que tiene cerca de su ciudad o de su comunidad para subsistir. Se [los] venden a turistas o a las personas que pasan por las carreteras. ...El problema de la venta de las especies va más hacia un problema de pobreza en donde las personas tienen que vender estos animales para subsistir.

¿Cuáles son tus animales favoritos?
Conozco los animales que son de ecosistemas selváticos y de ecosistemas de desierto. Estoy más ligada a los animales de ecosistemas selváticos porque conozco más los que están en Chiapas. Me gustan los jaguares, los leopardos, los changos. Hay una gran diversidad de monos y también [de] aves. México ocupa un lugar muy importante [en] la diversidad de estas especies.

Nicolás Lira
Chile

En Chile el trato a los animales está comenzando ya a ser algo más general, una voluntad más de la gente. El partido ecologista está ganando más terreno, si bien sigue siendo poco [y] es muy difícil que llegue a mucho. Todavía los bosques se están destruyendo, cambiando por bosques artificiales. Los animales están perdiendo su entorno. Pero aparte de esto, hay una voluntad; si bien inmadura, existe. De lo que es animales domésticos, si son callejeros no tienen muy buen cuidado. La gente en general no los mira, no los toma en cuenta.

¿Hay leyes que los protegen?
Están saliendo las primeras leyes pero todavía no son suficientes para cuidar [en] general.

¿Tú crees que es importante que existan leyes para proteger a los animales?
Sí, es muy importante porque sin ellos nosotros tampoco podemos existir. Gran parte de ellos mantienen un equilibrio en la naturaleza que hace que nosotros podamos existir. Así que es muy importante cuidar a los animales.

Para pensar y hablar

A. Según Karla, ¿qué actitud tiene la población en general hacia la preservación de las especies? ¿Cuál es el problema que describe Karla acerca de las especies en peligro de extinción?

B. ¿Cómo describe Nicolás el trato de los animales en Chile? Según él, ¿por qué son importantes los animales? ¿Estás de acuerdo? ¿Por qué?

C. Con un(a) compañero(a), compara las dos respuestas. ¿En qué se parecen y cómo se diferencian las opiniones de Karla y Nicolás sobre el trato de los animales y las leyes para protegerlos? ¿Les parece más positiva una de las respuestas? ¿Por qué?

D. Escucha una entrevista con Eugenia, una joven argentina. Contesta las siguientes preguntas según lo que ella dice.

    1. En general, ¿qué piensa Eugenia acerca de la protección de los animales salvajes en Argentina?

    2. ¿Qué menciona ella sobre el control de la natalidad de los animales domésticos?

ESTRATEGIAS PARA LEER

Cómo utilizar las pistas del contexto

Cuando encuentres una palabra desconocida, puedes utilizar las **pistas del contexto** para averiguar su significado. El contexto consiste en las palabras y frases que rodean a una palabra en particular. Siempre es útil buscar en el diccionario las palabras desconocidas. Pero si logras usar las pistas que te da el contexto para adivinar el significado de una palabra, comprenderás mejor lo que lees.

Lee el siguiente pasaje de *Platero y yo* y trata de averiguar el significado de la palabra «absortos» por medio de las pistas del contexto.

> Los niños estuvieron, toda la mañana también, sentados en la galería, <u>absortos</u> en los breves vuelos del pajarillo amarillento. Libre, Platero holgaba junto a los rosales, jugando con una mariposa.

Aun sin conocer el significado de la palabra «absortos», puedes determinar que a los niños les interesa tanto el vuelo del canario como para sentarse toda la mañana en la galería. Platero, en cambio, le presta atención a una mariposa. Puedes deducir, entonces, que «absortos» significa «concentrados» o «con mucho interés».

A continuación aparecen diferentes tipos de pistas del contexto que debes tener en cuenta cuando leas. Para averiguar el significado de las palabras subrayadas, utiliza las pistas del contexto: las palabras y frases que aparecen en cursiva. Después, busca las palabras en el diccionario o en el glosario al final de este libro para comparar tus definiciones con el significado real de las palabras.

Definición: Otras palabras del pasaje definen la palabra desconocida.

> Los que no creen en Dios, creen a puño cerrado en cualquier barbaridad, por ejemplo, en que el número 13 es <u>fatídico</u>, *precursor de desgracias y mensajero de muerte.* (página 4)

Comparación: La palabra desconocida es similar a una palabra o frase conocida.

> Sólo los espejos de <u>azabache</u> de sus ojos son *duros* cual dos escarabajos de *cristal negro.* (página 81)

Contraste: Una palabra desconocida significa lo opuesto a una palabra o frase conocida.

> En el relato «Anaconda» unas serpientes *venenosas* intentan evitar que los científicos descubran un <u>antídoto</u> contra su *veneno.* (página 69)

Causa y efecto: Una palabra desconocida se relaciona con la causa o el efecto de una acción, sentimiento o idea.

> *La granada reventó contra los troncos,* hizo saltar, despedazó, <u>redujo</u> a *astillas las enormes vigas.* (página 65)

DE HUMANO SE NACE

Quino

Cuaderno de práctica, págs. 25–27

DE
ME LLAMO RIGOBERTA MENCHÚ

RIGOBERTA MENCHÚ

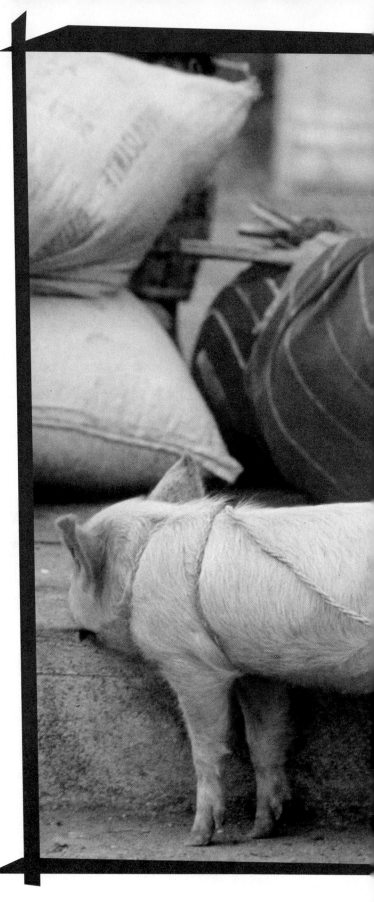

El nahual

El primer idioma de Rigoberta Menchú fue una lengua indígena de los maya quiché de Guatemala. Como ella aprendió el español de adolescente, necesitó ayuda para escribir el libro del que ha sido tomado el siguiente capítulo. Se hospedó en la casa de la escritora y antropóloga venezolana Elisabeth Burgos-Debray, a quien le contó su historia durante la semana que pasaron juntas. Más adelante, Burgos-Debray escribió el recuento oral que le hizo Menchú. Conforme leas, probablemente notarás que el lenguaje que usa Menchú es distinto del que acostumbras oír y hablar. Sin embargo, a medida que avanza el relato quizá te sientas como si Menchú en persona te estuviera contando su historia.

Todo niño nace con su nahual. Su nahual es como su sombra. Van a vivir <u>paralela-mente</u> y casi siempre es un animal el nahual. El niño tiene que dialogar con la naturaleza. Para nosotros el nahual es un representante de la tierra, un representante de los animales y un representante del agua y del sol. Y todo eso hace que nosotros nos formemos una imagen de ese representante. Es como una persona paralela al hombre. Es algo importante. Se le enseña al niño que si se mata un animal el dueño de ese animal se va a enojar con la persona, porque le está matando al nahual. Todo animal tiene un correspondiente hombre y al hacerle daño, se le hace daño al animal.

Nosotros tenemos divididos los días en perros, en gatos, en toros, en pájaros. Cada día tiene un nahual. Si el niño nació el día miércoles, por ejemplo, su nahual sería una ovejita. El nahual está determinado por el día del nacimiento. Entonces para ese niño, todos los miércoles son su día especial. Si el niño nació el martes es la peor situación que tiene el niño porque será muy enojado. Los papás saben la actitud del niño de acuerdo con el día que nació. Porque si le tocó como nahualito un toro, los papás dicen que el torito siempre se enoja. Al gato le gustará pelear mucho con sus hermanitos.

Para nosotros o para nuestros antepasados, existen diez días sagrados. Esos diez días sagrados, representan una sombra. Esa sombra es de algún animal.

Hay perros, toros, caballos, pájaros, hay animales salvajes como, por ejemplo, un león. Hay también árboles. Un árbol que se ha escogido hace muchos siglos y que tiene una sombra. Entonces cada uno de los diez días está representado por uno de los animales mencionados. Estos animales no siempre tienen que ser uno. Por ejemplo, un perro, no sólo uno va a representar sino que nueve perros representan un nahual. El caso de los caballos, tres caballos representan un nahual. O sea, tiene muchas variedades. No se sabe el número. O se sabe,

pero sólo nuestros papás saben el número de animales que representan cada uno de los nahuales de los diez días.

Pero, para nosotros, los días más humildes son el día miércoles, el lunes, el sábado y el domingo. Los más humildes. O sea, tendrían que representar una oveja, por ejemplo. O pájaros. Así, animales que no estropeen a otros animales. De hecho, a los jóvenes, antes de casarse, se les da la explicación de todo esto. Entonces sabrán ellos, como padres, cuando nace su hijo, qué animal representa cada uno de los días. Pero, hay una cosa muy importante. Los padres no nos dicen a nosotros cuál es nuestro nahual cuando somos menores de edad o cuando tenemos todavía actitudes de niño. Sólo vamos a saber nuestro nahual cuando ya tengamos una actitud fija, que no varía, sino que ya se sabe esa nuestra actitud. Porque muchas veces se puede uno <u>aprovechar</u> del mismo nahual, si mi nahual es un toro, por ejemplo tendré... ganas de pelear con los hermanos. Entonces, para no aprovecharse del mismo nahual, no se le dice a los niños. Aunque muchas veces se les compara a los niños con el animal, pero no es para identificarlo con su nahual. Los niños menores no saben el nahual de los mayores. Se les dice sólo cuando la persona tiene ya la actitud como adulto. Puede ser a los nueve o a los diecinueve o veinte años. Es para que el niño no se <u>encapriche</u>. Y que no vaya a decir, yo soy tal animal. Entonces me tienen que aguantar los otros. Pero cuando se le regalan sus animales, a los diez a doce años, tiene que recibir uno de los animales que representa su nahual. Pero si no se le puede dar un león, por ejemplo, se le suple por otro animal parecido. Sólo nuestros papás saben qué día nacimos. O quizá la comunidad

---

ADUÉÑATE DE ESTAS PALABRAS

paralelamente *adv.*: el uno al lado del otro, juntos.
aprovechar *v.*: emplear para su beneficio.
encapriche, de **encapricharse** *v.*: adquirir un mal hábito.

---

porque estuvo presente en ese tiempo. Pero ya los demás vecinos de otros pueblos no sabrán nada. Sólo sería cuando llegamos a ser íntimos amigos.

Esto es más que todo para el nacimiento de un niño. Cuando es martes y no nace un niño, nadie se da cuenta o nadie se interesa. O sea, no es un día que se guarda o se hace fiesta. Muchas veces uno se encariña con el animal que corresponde a nuestro nahual antes de saberlo. Hay ciertos gustos entre nosotros los indígenas. El hecho de que amamos mucho a la naturaleza y tenemos gran cariño a todo lo que existe. Sin embargo, sobresale algún animal que nos gusta más. Lo amamos mucho. Y llega un momento que nos dicen, que es nuestro nahual, entonces le damos más cariño al animal.

Todos los reinos que existen para nosotros en la tierra tienen que ver con el hombre y contribuyen al hombre. No es parte <u>aislada</u> el hombre; que hombre por allí, que animal por allá, sino que es una constante relación, es algo paralelo. Podemos ver en los apellidos indígenas también. Hay muchos apellidos que son animales. Por ejemplo, Quej, caballo.

Nosotros los indígenas hemos ocultado nuestra identidad, hemos guardado muchos secretos, por eso somos <u>discriminados</u>. Para nosotros es bastante difícil muchas veces decir

Horse in Man (Caballo dentro de hombre) (1985) de Rupert García. Pastel (59¾" x 53⅞").

Courtesy of the artist; Rena Bransten Gallery, SF, CA; Galerie Claude Samuel, Paris, France. Collection of Harold & Gertrude Parker.

algo que se relaciona con uno mismo porque uno sabe que tiene que ocultar esto hasta que <u>garantice</u> que va a seguir como una cultura indígena, que nadie nos puede quitar. Por eso no puedo explicar el nahual, pero hay ciertas cosas que puedo decir a grandes rasgos.

Yo no puedo decir cuál es mi nahual porque es uno de nuestros secretos.

- -

ADUÉÑATE DE ESTAS PALABRAS

aislada, -do *adj.:* sola, sin compañía.
discriminado, -da *adj.:* separado, aislado, excluido.
garantice, de **garantizar** *v.:* prometer, dar seguridad.

- -

Conoce a la escritora

Rigoberta Menchú (1959–) estaba ocupada organizando una protesta contra la celebración del quinto centenario de la llegada de Cristóbal Colón a las Américas, cuando recibió la noticia de que había ganado el Premio Nóbel de la Paz. Eso ocurrió en 1992 y Menchú ya llevaba diez años luchando incansablemente por los derechos de su gente, los indígenas de Guatemala.

Rigoberta Menchú es maya quiché. Nació en el pueblo montañoso de Chimel, en el noroeste de Guatemala. De niña cultivaba maíz y frijoles en el pequeño terreno de sus padres. En el periodo entre la siembra y la siega viajaba con su familia a la costa oeste de Guatemala, a trabajar en los cafetales y en las plantaciones de algodón y azúcar. Las condiciones de vida en las plantaciones eran miserables. Durante meses enteros cientos de trabajadores indígenas se veían forzados a convivir en barracas abiertas y sin servicios higiénicos.

De adolescente, Menchú trabajó de empleada doméstica en la Ciudad de Guatemala. Durante ese tiempo aprendió español, la lengua oficial de Guatemala. Su conocimiento del español la habría de ayudar más adelante en su lucha a favor de los guatemaltecos pobres.

Al final de los años setenta, el padre de Menchú la ayudó a organizar un sindicato de campesinos llamado Comité de la Unidad Campesina. Los miembros de su familia fueron calificados inmediatamente de subversivos y más tarde varios de ellos fueron asesinados por los soldados del gobierno. Menchú se ocultó durante un tiempo y finalmente se vio forzada a huir a México.

En enero de 1982 la invitaron a ir a Europa para reunirse con algunos grupos de solidaridad. Menchú pasó entonces una semana en París en casa de la escritora venezolana Elisabeth Burgos-Debray. Entre las dos convirtieron la historia de la vida de Menchú en un libro, *Me llamo Rigoberta Menchú y así me nació la conciencia*. La obra se publicó un año después y se ha traducido a varios idiomas. En los últimos años, Menchú ha colaborado en otras obras sobre la situación de los campesinos en Guatemala: *El clamor de la tierra* (1992) y *Crossing Borders* (1998).

Comunidad y oficio

🖥 internet

go.
hrw
.com

MARCAR: go.hrw.com
PALABRA CLAVE:
WN3 ANIMALES-CYO

El español y la conservación del medio ambiente

Cuando se habla de la protección de animales migratorios, cuyos hábitats atraviesan fronteras políticas y lingüísticas, se requieren los talentos múltiples de científicos bilingües.

Steve Walker es director ejecutivo asociado de *Bat Conservation International*. Originario de Arizona, comenzó sus estudios del español en la secundaria y los continuó en la Universidad de Arizona donde se licenció en silvicultura. Walker explica la importancia de su trabajo en *Bat Conservation International*: «Es impresionante lo poco que sabe la gente del valor ecológico y económico de los murciélagos. Cuando la gente se da cuenta de que los murciélagos polinizan los mangos, los bananos y muchas plantas más, aprende a apreciarlos».

Walker está a cargo de promover la importancia del murciélago en la ecología tropical en América Central y América del Sur, y mucho de su trabajo consiste en facilitar recursos para grupos nacionales de conservación y universidades latinoamericanas. Dice: «El dominio del español me ha dado la oportunidad de dialogar y trabajar directamente con individuos y organizaciones. Me da orgullo haber atrapado la mitad de las especies que existen, haberlas fotografiado y compartido con otros». En comunidades donde hay turismo a causa de los murciélagos, Walker se esfuerza por crear oportunidades económicas, tales como la venta de artesanías, creando así un interés en la protección de los animales. También visita las escuelas con el propósito de enseñarles a los niños el papel del murciélago en la cadena alimentaria. Estas experiencias lo han llevado a colaborar con organizaciones como la Asociación Venezolana para la Conservación de Áreas Naturales para proteger a estos mamíferos.

INVESTIGACIONES

A. En grupos, hagan una lista de tres organizaciones que se dediquen a la conservación de animales, plantas o recursos naturales. ¿Cuáles son sus metas? ¿Qué tipo de científicos emplean? ¿Qué idiomas son esenciales para llevar a cabo las investigaciones en los países donde trabajan? Hablen con miembros de su comunidad o busquen la información en Internet.

B. Preparen un anuncio de servicio público para una de las organizaciones que investigaron. El anuncio debe informar sobre la organización, explicar cómo obtener apoyo y reclutar científicos que hablen español. Pueden presentarlo en clase o grabarlo en video.

Cuaderno de práctica, págs. 28–29

■ Vocabulario en contexto

A. Faltan palabras «La guerra de los yacarés»

Completa las oraciones sobre este cuento con la palabra que falta. Cambia la forma de la palabra si es necesario.

reventar	inquietud	vapor	dique	formidable
hundirse	cañonazos	granadas	reducir	atarse
astillas	gruta	estorbar		

1. Los yacarés sintieron una gran ═══ al despertarse y al escuchar un ruido.

2. Asustados por el *chas-chas,* todos ═══ en el agua y vieron pasar un ═══ de ruedas.

3. Alarmados, los yacarés decidieron construir un enorme ═══ en el río y así ═══ a los hombres.

4. Los hombres, enojados, trajeron luego un buque de guerra y por medio de ═══ y ═══, destruyeron el dique.

5. Las armas de los hombres ═══ a ═══ los primeros dos diques de los yacarés.

6. Pero los yacarés tenían un arma secreta ═══: el torpedo del viejo Surubí.

7. Para llevar el torpedo de la ═══ del viejo Surubí hasta el río, los yacarés ═══ con lianas.

8. El viejo Surubí ayudó a los yacarés a hacer ═══ el torpedo y así destrozar el último buque.

B. ¿Qué significa? «La guerra de los yacarés»

Escoge el significado que mejor corresponde a las palabras subrayadas. Usa las pistas del contexto y vuelve a la lectura si es necesario.

1. ... un viejo yacaré a quien no le quedaban sino dos dientes sanos en los <u>costados</u> de la boca.
  a. partes anteriores **b.** lados

2. Dijo el yacaré viejo —«¡Es una <u>ballena</u>! ¡Son grandes y echan agua blanca por la nariz!»
  a. mamífero marino, el mayor de los animales **b.** pez tropical que se caracteriza por sus dientes afilados

3. ... y vieron pasar de nuevo el vapor, haciendo mucho ruido y <u>largando</u> tanto humo que oscurecía el cielo.
  a. pasando por **b.** soltando, echando

4. Cortaron los árboles con la especie de <u>serrucho</u> que los yacarés tienen encima de la cola...

   a. herramienta con un borde dentado

   b. mancha de color verde de forma irregular

5. ... y los <u>clavaron</u> a todo lo ancho del río, a un metro uno del otro.

   a. sujetaron o fijaron con algo puntiagudo

   b. cortaron de la misma altura y anchura

6. ... los yacarés quedaron mudos de <u>asombro</u>: ya no era el mismo buque.

   a. rabia, enojo

   b. susto, sorpresa

7. El Surubí tuvo que sacar los cordones del oficial, que se habían quedado <u>enredados</u> entre los dientes del viejo yacaré.

   a. rotos

   b. liados

C. ¿Qué significa? *Platero y yo*

Busca la definición que corresponde a cada una de las palabras.

1. rozar   **a.** caer o ponerse el sol

2. alborozo   **b.** pasar algo ligeramente sobre la superficie de otra cosa

3. aurora   **c.** levantar hacia atrás las patas posteriores

4. babear   **d.** dejar salir la saliva de la boca

5. brincar   **e.** caerse un líquido poco a poco

6. oleaje   **f.** luz del alba

7. declinar   **g.** alegría o placer extraordinario

8. gotear   **h.** dar saltos rápidos

9. dar coces   **i.** movimiento ondulatorio, como el de las olas

D. Nuevos contextos *Platero y yo*

Contesta las preguntas, indicando qué palabra sería la mejor y la más lógica para los siguientes contextos.

holgar	afilar	aurora	límpido
embestir	morder	latir	deshilachado

¿Qué palabra asocias con...

1. un cuchillo viejo que ya no sirve?

2. una salida del sol muy bonita?

3. un toro feroz?

4. un suéter de lana viejo y roto?

5. un manantial de agua fría y pura?

6. el corazón?

7. las vacaciones?

8. los perros, leones y tiburones?

E. ¡A escuchar! «La guerra de los yacarés» y *Platero y yo*

Vas a escuchar una serie de oraciones sobre los dos cuentos. Identifica a qué personaje se refiere cada una de las oraciones.

Personajes: el viejo Surubí, el viejo yacaré, el oficial, Platero, el canario, los niños

■ Mejora tu vocabulario

Las familias de palabras

En «La guerra de los yacarés», los yacarés se asustan al ver el vapor navegando por el río. ¿Qué tiene en común el verbo *navegar* con las palabras *navegable, navegante* y *naval?* Lo que todas tienen en común es la **raíz;** es decir, la parte de la palabra que encierra su significado principal. En este caso, la raíz de todas las palabras es *nave-,* que significa *barco* o *embarcación.*

Cuando varias palabras comparten la misma raíz, como por ejemplo *padre, patriarca, paterno* y *patria,* entonces se dice que son parte de la misma **familia de palabras.** En términos lingüísticos, palabras así relacionadas tienen parentesco etimológico; es decir, tienen el mismo origen. Ya aprendiste en la Colección 1 que a la raíz de una palabra se le puede añadir diferentes sufijos y prefijos. También sabes que al añadir un prefijo o sufijo, se forma una palabra nueva cuyo significado se relaciona con el de la palabra original. Por ejemplo, partiendo de la palabra *agua,* se pueden formar palabras relacionadas como *acuario* o *desagüe.* ¿Se te ocurren más ejemplos de esta misma familia de palabras? Aquí hay un esquema de otra familia de palabras. ¿Lo puedes completar?

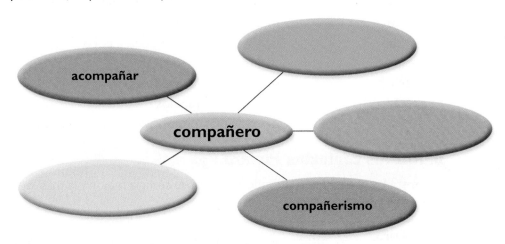

Cuando te encuentres con una palabra desconocida, piensa si conoces otras palabras con la misma raíz. Esta estrategia te ayudará a entender su significado. ¿Qué crees que quieren decir las palabras en negrilla de las oraciones siguientes?

El cantante canta con **acompañamiento** *de guitarras.*

El **compañerismo** *es un ingrediente fundamental de la amistad.*

Por último, es importante notar que la ortografía de palabras relacionadas puede variar, como en el caso de *agua* y *acuario,* o *voz* y *vocal.* Algunos de los cambios ortográficos más frecuentes de este tipo son:

/d/ ◄─► /t/ (pa**d**re, pa**t**erno)   /s/ ◄─► /k/ (vo**z,** vo**c**al)

/g/ ◄─► /k/ (a**g**ua, a**c**uario)   /d/ o /t/ ◄─► /s/ (po**d**er, po**s**ible)

Cuando estés tratando de determinar si dos palabras están relacionadas o no, ten en cuenta los cambios ortográficos que puede haber entre varias formas de un verbo. Piensa en cómo se deletrea el infinitivo, las varias formas conjugadas, el gerundio y el participio pasado. Este conocimiento de las formas verbales te ayudará a descubrir un parentesco, aun cuando las palabras no parezcan tener nada en común. Por ejemplo, ¿te sorprende que *ver*, *vista* y *visible* pertenezcan a la misma familia? Si recuerdas que el participio pasado de *ver* es *visto*, entonces vas a percibir la relación inmediatamente.

F. Reunión de palabras

Busca las palabras del cuadro que tienen parentesco con las palabras de la lista. Cada palabra de la lista tiene más de un «pariente» dentro del cuadro.

MODELO   poner
Escribes   *Poniente* y *poner* son de la misma familia.

admitir	expuesto	depósito	emancipación	innovar
mancebo	novela	desdoblar	hazaña	ventilador
promesa	postura	manipular	fácil	duplicarse
hechizo	reventar	poniente		

1. poner
2. mano
3. hacer
4. dos
5. viento
6. meter
7. nuevo

G. ¿Son de la misma familia?

De cada grupo de palabras, indica la palabra que no es de la misma familia. Considera el significado de cada palabra antes de contestar.

1. tierra	terror	terrateniente	terrestre
2. natación	nación	nativo	nacer
3. durazno	endurecer	durmiente	durar
4. viejo	vejiga	vejez	envejecer
5. vida	vivaz	sobreviviente	televidente
6. lecho	lechuga	lácteo	leche
7. leer	lego	coleccionar	leyenda
8. jugar	jugo	juguete	jugada

■ Aplicación

H. Entre familia «La guerra de los yacarés»

Completa las oraciones sobre este cuento con la palabra apropiada de cada familia. Cambia la forma de la palabra si es necesario.

Primera familia: *resentido, sensato, sentir*

1. Un día, los yacarés ══════ un ruido extraño.

2. El yacaré viejo, el más ══════ de todos, comprendió el peligro.

3. Los yacarés estaban ══════ porque los hombres no querían irse.

Segunda familia: *contemporáneo, temporal, tiempo*

4. Los yacarés pasaban mucho ══════ durmiendo en la ribera.

5. El viejo Surubí era un ══════ y un gran amigo del yacaré sabio.

6. Los diques que construyeron los yacarés resultaron ser una solución ══════ al problema.

Tercera familia: *alejarse, lejanía, lejos*

7. Los yacarés vivían felizmente, muy ══════ del hombre.

8. En la ══════, vieron acercarse una nubecita de humo.

9. Cuando vieron el buque de guerra, los yacarés ══════ porque tuvieron miedo.

Cuarta familia: *noche, nocturno, trasnochar*

10. Los yacarés decidieron construir un dique esa ══════.

11. Se sentían muy cansados al día siguiente porque habían ══════.

12. ¿Qué otros animales ══════ viven en el río?

I. ¡Adivina la palabra! «La guerra de los yacarés»

Divide la lista de palabras con un(a) compañero(a). Para cada una de tus palabras, escribe una oración que explique el significado de esa palabra en el contexto del cuento. Luego lee tus oraciones a tu compañero(a) para que adivine a qué palabra corresponde tu oración.

Palabras: ballena, buque de vapor, serrucho, dique, estorbar, acorazado, granada, reventar

MODELO	*gruta*
Tú	El pez que tiene el torpedo vive en este lugar.
Tu compañero(a)	¿Es gruta?
Tú	¡Sí!

J. ¡A contestar! «La guerra de los yacarés» y *Platero y yo*

Contesta las preguntas sobre los dos cuentos con oraciones completas. Al escribir tus respuestas, presta atención a las palabras subrayadas.

1. ¿Por qué sintieron <u>inquietud</u> los yacarés al ver el <u>vapor</u> navegando por el río?
2. ¿Cuándo decidieron los yacarés construir un <u>dique</u> y cómo lo hicieron?
3. Explica por qué los yacarés le tenían tanto miedo al <u>acorazado</u>. ¿Qué tenía de especial ese <u>buque</u>?
4. ¿Por qué tuvieron que <u>atarse</u> los yacarés con el torpedo al <u>emprender</u> el viaje de regreso?
5. El narrador describe a Platero como tierno y <u>mimoso</u> por un lado y de <u>acero</u> por otro. ¿Qué hace Platero para merecer esta descripción?
6. En *Platero y yo* se describen los sonidos y movimientos de varios animales. ¿Puedes nombrar unos animales que <u>muerdan</u>? ¿Y qué animales típicamente <u>brincan</u> y <u>balan</u>? ¿Qué animales dan <u>rebuznos</u> y <u>coces</u>?

K. ¡A escribir! «La guerra de los yacarés» y *Platero y yo*

El periódico de tu ciudad ha organizado un concurso literario. Para ganar el concurso, hay que presentar un cuento original que incluya las siguientes doce palabras. Te interesa hacer un cuento de misterio en el que algunos de los personajes son animales. Escribe tu cuento, consultando el glosario para verificar el significado de las palabras si es necesario. Las palabras se pueden incluir en el orden que quieras.

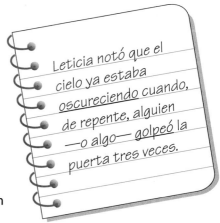

Leticia notó que el cielo ya estaba oscureciendo cuando, de repente, alguien —o algo— golpeó la puerta tres veces.

Palabras: inquietud, golpear, oscurecer, estorbar, asombro, gruta, azabache, desproporcionado, ocaso, latir, fugaz, empapado

L. ¿Cuántas palabras hay en esta familia?

Usa las palabras dadas como punto de partida y escribe por lo menos cuatro palabras más que pertenezcan a la misma familia. Trata de incluir ejemplos de varios tipos de palabras: verbos, adjetivos, sustantivos.

		Verbo	Adjetivo	Sustantivo
MODELO	pelo	pelar	pelirrojo	peluquero, peluche

1. agua
2. madre
3. uno
4. pie

5. luz
6. voz
7. poder
8. ver

Para la lista de Vocabulario esencial
Ver la página 125

Gramática

Ampliación

- Los verbos en **-er** e **-ir**
  Hoja de práctica 2-A
- Los verbos con cambios en la raíz
  Hoja de práctica 2-B
- Las formas verbales de la segunda persona
  Hoja de práctica 2-C
- Las formas del imperfecto
  Hoja de práctica 2-D
- Las formas del pretérito
  Hoja de práctica 2-E
- Los usos del imperfecto y del pretérito
  Hoja de práctica 2-F

Cuaderno de práctica, págs. 30–39

■ El verbo

El **verbo** es la palabra que expresa una acción, un estado físico o mental, o que atribuye una característica a algo o alguien. Un verbo consta de dos partes: **la raíz** y **la terminación**. La **conjugación** es el conjunto de estas terminaciones.

Los verbos con conjugaciones que siguen un patrón regular son **regulares**. Los verbos que no siguen estos patrones son **irregulares**. Los verbos se clasifican en tres grupos: los que tienen infinitivo en **-ar** (como **trabajar**), **-er** (como **beber**) o **-ir** (como **vivir**). Las terminaciones del verbo permiten precisar cinco características de la acción o del estado:

persona	tiempo	**aspecto**
número	**modo**	

1. La persona es el sujeto que realiza la acción. Hay tres personas: la primera (**yo, nosotros, nosotras**); la segunda (**tú, usted, vosotros, vosotras, ustedes**); y la tercera (**él, ella, ellos, ellas**).
   —*¿Juegas al baloncesto?*
   —*No, yo no juego a ningún deporte, pero mis hermanas sí juegan al baloncesto y al fútbol.*

2. El número indica si el sujeto que realiza la acción es uno (**singular**) o más de uno (**plural**):
   Pedro prefiere ir a comer pero sus amigos prefieren ir al cine.

3. El tiempo expresa el momento en que se realiza la acción:
   El buque pasó ayer (pasado), pasa hoy (presente) y pasará mañana (futuro).

4. El modo expresa la manera en que se presenta la acción. Hay tres modos en español: **indicativo, subjuntivo** e **imperativo.**
   Julia llega tarde todos los lunes. (indicativo)
   Es posible que llegue tarde hoy también. (subjuntivo)
   Julia, no llegues tarde mañana, ¿de acuerdo? (imperativo)

5. El aspecto expresa la duración, el desarrollo y los límites de una acción en el tiempo:
   Ya leí el cuento para mañana. (acción concluida)
   Leía una revista mientras tomaba un café. (acción no concluida)
   Ahora estoy leyendo el periódico pero luego voy a salir. (acción en progreso)

Práctica

A. Identifica el infinitivo y la categoría de infinitivo (**-ar**, **-er** o **-ir**) de los verbos subrayados. Separa la raíz de la terminación y luego identifica la persona, el número y el tiempo de cada terminación.

1. Pedro y Rita ya <u>terminaron</u> la tarea.

2. Cuando nos <u>levantamos</u> ya <u>estaba</u> listo el desayuno.

3. Esa línea de autobús no <u>pasa</u> por aquí.

4. Todos <u>pensaban</u> que ella <u>tenía</u> razón.

5. La niña <u>comía</u> palomitas y <u>jugaba</u> en la plaza.

6. Les <u>tengo</u> miedo a las serpientes.

7. ¿Siempre le <u>pones</u> tanto azúcar al café?

■ El tiempo presente

El **tiempo** de un verbo abarca el pasado, el presente o el futuro:

Antes yo trabajaba en una pizzería. Ahora trabajo con mi tío y algún día trabajaré para una empresa.

El tiempo presente se usa para...

1. Hablar de una acción que sucede en el momento inmediato o en la época en que se habla:
Ahora tengo hambre. Elisa toma clases de baile.

2. Referirse a una acción habitual que se repite:
Ellos van al cine a diario.

3. Referirse a una acción en un futuro próximo:
Te recojo a las ocho.

4. Hablar de una acción que comenzó en el pasado y aún continúa:
Estudia alemán desde hace tres años.

Las conjugaciones en el tiempo presente de los verbos regulares en **-ar**, **-er** e **-ir** son:

	Persona	-ar	-er	-ir
Singular	yo	trabaj**o**	beb**o**	viv**o**
	tú	trabaj**as**	beb**es**	viv**es**
	usted, él, ella	trabaj**a**	beb**e**	viv**e**
Plural	nosotros(as)	trabaj**amos**	beb**emos**	viv**imos**
	vosotros(as)	trabaj**áis**	beb**éis**	viv**ís**
	ustedes, ellos(as)	trabaj**an**	beb**en**	viv**en**

- Los verbos irregulares o con cambios ortográficos en el tiempo presente son:

I. Los que tienen un cambio entre las vocales de la raíz:
—¿Nos **sentamos** aquí?
—Bueno, siempre me **siento** cerca de la ventana.

La vocal de la raíz puede cambiar de **e** a **ie**, de **o** a **ue,** o de **e** a **i.** No hay cambio en la primera y segunda persona del plural (las formas de **nosotros** y **vosotros**):
pensar: pienso, piensas, piensa, pensamos, pensáis, piensan
poder: puedo, puedes, puede, podemos, podéis, pueden
pedir: pido, pides, pide, pedimos, pedís, piden

2. Los verbos que cambian sólo en la primera persona singular (**yo**), siendo las otras terminaciones regulares:
*Si tú **conduces** hoy, yo **conduzco** mañana.*
*¿Quién **dice** que yo no **digo** la verdad?*

Otros verbos de este grupo son:
*caber: yo **quepo** (tú cabes...)*   *oír: yo **oigo** (tú oyes...)*
*caer: yo **caigo** (tú caes...)*   *poner: yo **pongo** (tú pones...)*
*dar: yo **doy** (tú das...)*   *saber: yo **sé** (tú sabes...)*

3. Los verbos que terminan en **-ger, -gir,** o **-guir:**
escoger: escojo, escoges...   *seguir: sigo, sigues...*
corregir: corrijo, corriges...

4. Los verbos totalmente irregulares:
ser: soy, eres, es, somos, sois, son   *ir: voy, vas, va, vamos, vais, van*

Práctica

B. Lee las oraciones y explica el uso del verbo subrayado en el tiempo presente según la presentación en la página 105.

MODELO   Platero se <u>va</u> al prado.
     Escribes   El verbo está en tiempo presente porque se refiere a una acción que sucede en este momento.

I. Platero <u>descansa</u> a la sombra desde hace un par de horas.
2. Esta tarde los niños <u>vuelven</u> al arroyo si deja de llover.
3. Platero <u>mueve</u> la cabeza y <u>come</u> cuantas flores puede alcanzar.
4. Diana <u>sigue</u> a los niños, ladrando y dando saltos.
5. Platero <u>es</u> como un juguete, pues <u>sufre</u> con mucha paciencia las locuras de los niños.
6. Me <u>encanta</u> el aire seco y puro de octubre, cuando los sonidos se <u>oyen</u> más claros y agudos.
7. Hace un rato que los niños <u>están</u> absortos en los breves vuelos del canario.
8. El domingo, como siempre, <u>voy</u> al pueblo con Platero.

C. Identifica el infinitivo que corresponde a los verbos subrayados y explica por qué cada verbo es regular o irregular.

1. Los yacarés se <u>ponen</u> intranquilos cuando <u>sienten</u> el ruido desconocido.
2. <u>Puede</u> ser que el vapor no vuelva más, pero si <u>vuelve</u>, ¿qué <u>hacemos</u>?
3. Si los hombres <u>siguen</u> destruyendo los diques, los yacarés se <u>van</u> a morir.
4. —¿Quién me <u>llama</u>? —¡<u>Somos</u> nosotros, los yacarés!
5. —¿Qué <u>quieren</u>? —<u>Venimos</u> a pedirte el torpedo.
6. Me <u>acuerdo</u> de lo que hicieron con el hijo de mi hermano.
7. <u>Está</u> bien, les <u>presto</u> el torpedo. ¿Quién <u>sabe</u> hacerlo reventar?
8. ¿Quién <u>tiene</u> miedo al final, los yacarés o los hombres?

D. Escribe un párrafo que describa un día típico en tu vida. Menciona lo que tú y tus amigos hacen en el colegio, qué pasa después de las clases y lo que haces al llegar a casa. Usa por lo menos diez verbos en el tiempo presente.

MODELO Un día típico para mí empieza así: Primero...

▪ El imperfecto

El **imperfecto** es uno de los tiempos verbales que se usa para hablar del pasado:
*Los estudiantes **almorzaban** en el patio y **charlaban** de todo.*

El imperfecto se usa para...
1. Concentrar la atención en la duración o continuidad de una acción o un estado, sin referencia a su inicio o su final:
*Cuando **tenía** cinco años, **vivíamos** en Cuba.*
*Se **sentía** cansado pero feliz.*

2. Expresar acciones o estados repetidos casi como costumbre en el pasado:
*Los fines de semana **íbamos** a la playa.*

3. Describir acciones, estados o características en el pasado o para presentar el ambiente de una narración:
*Todos **estaban** de mal humor porque **hacía** un calor terrible.*
*En un río muy grande, **vivían** muchos yacarés.*

Las terminaciones en el tiempo imperfecto de los verbos en **-ar** son diferentes de las terminaciones de los verbos en **-er** e **-ir**:
> **practicar:** practic**aba**, practic**abas**, practic**aba**, practic**ábamos**, practic**abais**,
>   practic**aban**
> **aprender:** aprend**ía**, aprend**ías**, aprend**ía**, aprend**íamos**, aprend**íais**, aprend**ían**
> **salir:** sal**ía**, sal**ías**, sal**ía**, sal**íamos**, sal**íais**, sal**ían**

Los únicos tres verbos que son irregulares en el imperfecto son:
> **ir:** iba, ibas, iba, íbamos, ibais, iban
> **ser:** era, eras, era, éramos, erais, eran
> **ver:** veía, veías, veía, veíamos, veíais, veían

Práctica

E. Completa las oraciones con la forma correcta del imperfecto de los verbos entre paréntesis.

1. Cuando ===== (estar) en el equipo de natación, ===== (levantarme) temprano todos los días.

2. Yo ===== (nadar) desde que ===== (tener) tres años, pero nunca llegué a ser la mejor del equipo.

3. Cuando nosotros ===== (ir) a otra ciudad para una competencia, casi siempre ===== (viajar) en autobús.

4. Esos viajes a veces ===== (ser) largos, pero nosotros ===== (divertirse) mucho en el autobús.

5. No me ===== (gustar) las competencias porque ===== (ponerme) muy nerviosa.

6. A veces mis padres ===== (venir) también y mi padre ===== (sacar) miles de fotos.

7. Cuando nuestro equipo ===== (competir) en mi ciudad, mis padres y mis hermanos siempre me ===== (alentar) gritando «¡Dale, Marta, dale!»

8. Y cuando ===== (volver) a casa mi hermana me ===== (preparar) su «super batido» de frutas para devolverme la energía.

F. En el siguiente párrafo Roberto cuenta lo que hace con sus amigos. Imagina que han pasado cinco años y que ahora Roberto está recordando lo que pasaba en aquellos tiempos. Escribe el párrafo de nuevo usando el imperfecto.

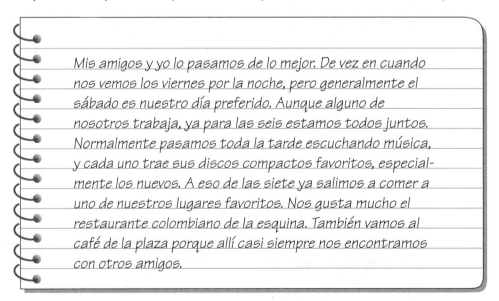

Mis amigos y yo lo pasamos de lo mejor. De vez en cuando nos vemos los viernes por la noche, pero generalmente el sábado es nuestro día preferido. Aunque alguno de nosotros trabaja, ya para las seis estamos todos juntos. Normalmente pasamos toda la tarde escuchando música, y cada uno trae sus discos compactos favoritos, especialmente los nuevos. A eso de las siete ya salimos a comer a uno de nuestros lugares favoritos. Nos gusta mucho el restaurante colombiano de la esquina. También vamos al café de la plaza porque allí casi siempre nos encontramos con otros amigos.

■ El pretérito

El **pretérito** es otro tiempo verbal que se usa al hablar del pasado:
> *Ayer vinieron todos a visitarnos.*

El pretérito se usa para...

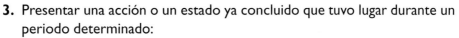

1. Presentar una acción o un cambio de estado físico o mental que ocurrió de golpe en un momento específico:
   > *Ana me llamó ayer. Quise gritar cuando supe las noticias.*

2. Describir una secuencia de acciones o estados:
   > *Entró rápido a la casa, agarró sus llaves y salió corriendo.*

3. Presentar una acción o un estado ya concluido que tuvo lugar durante un periodo determinado:
   > *Estuvo en casa por la mañana.* (y luego salió)
   > *Fui a clase todos los días.* (la semana pasada)

Las terminaciones en el tiempo pretérito de los verbos en **-ar** son diferentes de las terminaciones de los verbos en **-er** e **-ir**:

> **comprar:** *compré, compraste, compró, compramos, comprasteis, compraron*
> **beber:** *bebí, bebiste, bebió, bebimos, bebisteis, bebieron*
> **subir:** *subí, subiste, subió, subimos, subisteis, subieron*

Los verbos irregulares o con cambios ortográficos en el pretérito son:

1. Los verbos que tienen un cambio en la raíz:
   > *¿Qué te **dijeron**?*   *¿**Supiste** qué le pasó a Alfredo?*

   Algunos verbos de este grupo son:

dar: *di, diste...*	**querer:** *quise, quisiste...*
estar: *estuve, estuviste...*	**saber:** *supe, supiste...*
hacer: *hice, hiciste...*	**tener:** *tuve, tuviste...*
poder: *pude, pudiste...*	**traer:** *traje, trajiste...*
poner: *puse, pusiste...*	**venir:** *vine, viniste...*

2. Los verbos **ir** y **ser,** que son completamente irregulares en el pretérito y que tienen la misma conjugación:
   > ***ir/ser:*** *fui, fuiste, fue, fuimos, fuisteis, fueron*

3. Los verbos en **-ir** que sólo cambian la vocal de la raíz en la tercera persona:
   > *Yo **pedí** la sopa y Herlinda **pidió** las enchiladas.*
   > ***Dormí** muy poco anoche pero los niños **durmieron** bien.*

4. Los verbos en **-car, -gar** y **-zar,** que tienen cambios ortográficos sólo en la primera persona singular:
   > ***sacar:*** *yo sa**qué** (tú sacaste...)*   ***empezar:*** *yo empe**cé** (tú empezaste...)*
   > ***pagar:*** *yo pa**gué** (tú pagaste...)*

Práctica

G. Cambia las oraciones del presente al pretérito, usando el verbo subrayado y los sujetos dados entre paréntesis.

> **MODELO** Esta vez <u>traigo</u> empanadas. La vez pasada... (yo, tú, ellos)
> *Escribes* La vez pasada traje (trajiste, trajeron) empanadas.

1. <u>Saca</u> muy buenas notas. El año pasado... (ella, yo, nosotros)
2. <u>Estás</u> triste hoy. Ayer... (tú, Julio, yo)
3. Hoy <u>vengo</u> a clase a pie. El lunes... (yo, Fernanda, tú y Laura)
4. Tomás siempre <u>dice</u> cosas graciosas. Esta mañana... (él, ellas, yo)
5. ¿<u>Haces</u> la tarea después de cenar? ¿Anoche... ? (tú, Susana, tus hermanos)
6. Casi siempre <u>pedimos</u> el caldo de pollo. La vez pasada... (nosotros, yo, ellos)
7. Martín <u>se va</u> temprano hoy. Ayer... (él, yo, ustedes)
8. Hoy Alicia <u>es</u> la primera en llegar. El sábado... (ella, nosotras, tú)
9. No <u>pueden</u> venir con nosotros. El martes tampoco... (ellos, tú, Patricia)

H. Completa el resumen biográfico del autor Horacio Quiroga con la forma correcta del pretérito de los verbos entre paréntesis.

Horacio Quiroga ____1.____ (nacer) en Uruguay en 1878. A sus dotes naturales de narrador, desde joven Quiroga ____2.____ (añadir) el estudio de grandes escritores, especialmente Poe, cuyos ambientes de misterio y horror ____3.____ (tener) mucha influencia en su narrativa. Quiroga ____4.____ (vivir) por varios años en Misiones, la zona selvática de Argentina que le ____5.____ (dar) el ambiente para varios de sus mejores cuentos. Más tarde Quiroga ____6.____ (mudarse) a Buenos Aires. Aunque su vida ____7.____ (estar) marcada por la muerte de personas queridas, lo cual ____8.____ (influenciar) su actividad creativa, Quiroga ____9.____ (seguir) escribiendo hasta su muerte en 1937.

I. Escribe diez oraciones sobre acontecimientos pasados de tu vida. Describe eventos de interés especial y explica qué hicieron tú y otras personas. Usa diez verbos diferentes en el pretérito. Puedes incluir los siguientes verbos si quieres.

> **MODELO** El verano pasado hicimos un viaje a Morelia para visitar a mis tíos.

aprender	ir	salir	venir
divertirse	pasar	tener	ver
hacer	poder	tomar	viajar

■ Usos del imperfecto y del pretérito

Tanto el **imperfecto** como el pretérito se usan para expresar el pasado. Estos tiempos verbales se diferencian por el aspecto y permiten presentar los eventos pasados de dos maneras diferentes. El pretérito y el imperfecto se alternan según los contextos en que aparece el verbo:

Tomó el avión a las tres.   *Todos los días **tomaba** el metro para ir a clases.*
Vivió cinco meses en Nueva York.   ***Vivía** en Nueva York y trabajaba en un banco.*

El pretérito y el imperfecto se pueden combinar en una oración que contiene dos o más verbos. El pretérito enfatiza el punto inicial o el punto final de una acción, o la presenta como una totalidad completa. El imperfecto enfatiza el desarrollo o la duración de la acción. La combinación de pretérito e imperfecto se da frecuentemente en los siguientes casos:

1. Para contrastar una acción en desarrollo con otra que la interrumpe:
   *Todos **dormían** cuando los despertó la alarma.*

2. Para explicar por qué alguien hizo o no hizo algo:
   ***Pensaba** asistir, pero **estaba** muy cansada y por eso no fui.*

3. Para informar acerca de un estado o acción. Se usa el pretérito para referirse al acto de informar. Si la acción o estado es simultáneo con la acción de informar, se usa el imperfecto. Si la acción o estado es previo, se usa el pretérito:
   *Me dijo que se **sentía** muy mal.* (estaba enfermo cuando me lo dijo)
   *Me dijo que se **sintió** muy mal.* (cuando me lo dijo ya no se sentía mal)

Práctica

J. Completa las oraciones con el pretérito o el imperfecto.

1. Cuando ═════ (visitamos/visitábamos) a mi abuela, ella siempre me ═════ (mimó/mimaba).

2. ═════ (Empezó/Empezaba) a llover a la una y la tormenta ═════ (continuó/continuaba) por dos horas.

3. El sábado ═════ (fuimos/íbamos) al centro y ═════ (almorzamos/almorzábamos) con unos amigos.

4. Sara ═════ (estuvo/estaba) muy aliviada al ver los resultados del examen.

5. ═════ (Quise/Quería) salir pero ═════ (tuve/tenía) que quedarme en casa con mis hermanos.

6. Todos ═════ (jugaron/jugaban) al fútbol en el parque cuando Felipe se ═════ (cayó/caía).

7. Los jugadores se ═════ (sintieron/sentían) nerviosos antes del campeonato.

8. Laura dice que la fiesta de anoche ═════ (estuvo/estaba) aburrida.

K. Para cada verbo subrayado, describe el contexto que determina el uso del pretérito o del imperfecto.

1. Se <u>bañó</u> rápidamente porque <u>tenía</u> que llegar temprano y ya era tarde.
2. Ramón <u>estaba</u> muy deprimido, pero se <u>alegró</u> al ver a sus amigos.
3. <u>Entré</u> al mercado, <u>recogí</u> mis fotos y <u>salí</u> inmediatamente.
4. <u>Nadé</u> por 45 minutos y luego <u>paré</u>, pero Manuel <u>nadaba</u> diez minutos, <u>paraba</u>, y luego <u>nadaba</u> otros diez minutos más, y así por dos horas.
5. ¿Y de qué <u>hablabas</u> con ese chico?
6. <u>Esperé</u> el autobús del colegio, pero no <u>pasó</u>.
7. Los muchachos <u>tomaban</u> el sol en la playa y <u>jugaban</u> al voleibol.
8. Otro pasajero me <u>despertó</u> para avisarme que <u>volábamos</u> sobre las cataratas de Iguazú.

L. José le escribió una carta a un amigo sobre el viaje que hizo a Lima. Completa la carta con el pretérito o el imperfecto de los verbos entre paréntesis.

Si supieras lo bien que me fue en Lima... ¡Lo ___1.___ (pasar) genial! Cuando ___2.___ (llegar) al aeropuerto, mis primos Andrea y Carlos me ___3.___ (esperar) para recogerme. En el camino a casa nosotros ___4.___ (parar) para comer un ceviche de mariscos, uno de los platos peruanos más típicos. La comida ___5.___ (estar) buenísima, y como mis primos ___6.___ (conocer) a los dueños, ellos nos ___7.___ (invitar) a un café después de comer. Esa misma tarde, mis primos me ___8.___ (llevar) a conocer Barranco, una zona muy tradicional de Lima. Cuando llegamos allí, vimos que ___9.___ (haber) un grupo dando un concierto, de modo que no ___10.___ (irnos) hasta la medianoche. En fin, en las dos semanas que ___11.___ (estar) con mis familiares todos ___12.___ (divertirnos) mucho.

M. Imagina que eres el viejo Surubí del cuento de Quiroga. Desde ese punto de vista, cuenta lo que pasó cuando los yacarés vinieron a tu gruta a pedirte ayuda y qué sucedió después. Expresa los sentimientos y los recuerdos del Surubí e incluye detalles sobre los otros personajes. Usa el pretérito y el imperfecto para narrar este episodio en tus propias palabras.

MODELO   Yo estaba tomando una siesta cuando llegaron los yacarés a mi gruta.

■ Comparación y contraste

El aspecto de estados en el pasado

Con verbos que se refieren a estados como **estar, poder, querer** y **saber,** el español indica el aspecto por medio del tiempo verbal. En cambio, en algunos casos el inglés recurre a otros verbos u otras expresiones para expresar el aspecto de estados en el pasado:

Sabía del problema cuando me llamó.	*I (already) knew about the problem when he called me.*
Supe del problema cuando me llamó.	*I knew (found out) about the problem when he called me.*
No lo podía encontrar.	*I couldn't find (was having trouble finding) it.*
No lo pude encontrar.	*I couldn't (and in the end I didn't) find it.*
Le pedí un favor pero no quiso ayudar.	*I asked him for a favor but he didn't want to (refused to, wouldn't) help.*
Cuando fui a Europa no quería gastar mucho dinero.	*When I went to Europe, I didn't want (had already decided not) to spend much money.*
Marta quiso hacer la tarea pero se le acabó el tiempo.	*Marta wanted (meant, tried) to do the assignment but she ran out of time.*
Juan y María estuvieron aquí, pero yo no estaba para saludarlos.	*Juan and María were here (came by), but I wasn't here to greet them.*

Práctica

A. Traduce las oraciones del español al inglés o del inglés al español.

1. Nuria estuvo aquí hace un momento, buscándote, pero tú no estabas.
2. Ramona podía correr 100 metros en quince segundos, pero ayer no pudo competir porque estaba resfriada.
3. I meant to call John, but his line was busy. And I really wanted to talk to him, too!
4. We found a twenty-dollar bill but later on I found out that it was Alicia's.
5. Jaime knew he was ready for the test, but he wanted to (and did) review the chapter again anyway.
6. Rita was having trouble seeing the board, but she wouldn't sit any closer.

Ortografía

Cuaderno de práctica, págs. 40–41

■ Letra y sonido

Las letras *b* y *v*

El español usa la **b** y la **v** para representar los mismos sonidos. Por eso, puede haber confusión al escribir palabras con estas letras. En general, se usa la **b** mucho más que la **v**.

Se escribe la *b*...

1. Tras la letra **m**: *ambición, cambiar.*

2. Antes de la **l** y la **r**: *blanco, pueblo, brincar, libro.*

3. En las sílabas **bu-, bur-** y **bus-**: *buzón, burlar, arbusto.*

4. En los prefijos **ab-, abs-, ben-, bi-, bio-, bis-, ob-** y **sub-**: *abdominal, absoluto, bendecir, bicicleta, biología, bisabuela, obtener, subrayar.*

5. En los sufijos **-able** e **-ible**: *responsable, imposible.*

6. En las formas **-ba, -bas, -bamos, -bais** y **-ban** del imperfecto del indicativo: *hablabas, iban, miraba, viajábamos.*

7. En las formas de los verbos que terminan en **-aber, -eber, -bir** o **-buir**: *caber, haber, saben, bebieron, deberían, recibiste, subiremos, contribuir.*

Se escribe la *v*...

1. Tras la **b** y la **n**: *obvio, conversar, envidia.*

2. Después del prefijo **ad-** y en los prefijos **vi-** o **vice-**: *advertir, virrey, vicepresidente.*

3. En muchas palabras que comienzan con **de-** y **di-**: *devoción, divertir, división.* (Nota que **deber** y **dibujo** son dos de las excepciones.)

4. Después de **lla-, lle-, llo-** y **llu-**: *llave, llevar, llover, lluvia.*

5. En muchas palabras que comienzan con **na-, ne-, ni-** y **no-**: *navegar, nevar, nivel, noveno.*

6. En las palabras que comienzan con **pre-** o **pri-**: *previo, privilegio.*

7. En los adjetivos que terminan con **-ava, -ave, -avo, -eva, -eve, -evo, -iva** e **-ivo**: *octava, suave, bravo, nueva, leve, esquiva, fugitivo.*

8. En todas las formas de los tiempos presentes del verbo **ir**: *voy, vayan, ve.*

9. En todas las formas de los verbos que comienzan con **v**, como **vagar, valer, vender, venir, vestirse, ver, vivir, volar** y **volver**: *vagaban, valía, vendieron, viniste, se visten, vieras, vivíamos, volaron, volviste.*

10. En las formas del pretérito y del imperfecto del subjuntivo de los verbos **andar, estar** y **tener:** *anduve, estuviéramos, tuvieran.*

Práctica

A. Completa las oraciones con **b** o **v.**

1. El meteorólogo ad≡irtió que mañana i≡a a llo≡er o posiblemente ne≡ar. ¡Qué horri≡le!

2. Los pri≡ados del ≡irrey anda≡an a ca≡allo y se ≡estían de verde y ≡lanco.

3. El general en≡ió a sus soldados más ≡alientes al com≡ate, pero quedaron muy pocos ≡ivos después de la ≡atalla.

4. ¡Po≡re Felipe! Nunca ha≡ría hecho ese ≡iaje en ≡usca de su esposa perdida si hu≡iera sa≡ido los pro≡lemas que lo espera≡an.

5. No sa≡ía nadie que la em≡ajadora escri≡ía no≡elas policíacas bajo otro nom≡re.

B. Los siguientes pares de palabras se pronuncian igual pero tienen significados distintos. Escoge la definición que corresponde a cada una de las palabras. Luego escribe una oración completa con cada palabra. Consulta un diccionario si es necesario.

1. basta/vasta
   a. sinónimo de *amplia, extensa*   **b.** forma del verbo *bastar*

2. bienes/vienes
   a. forma del verbo *venir*   **b.** propiedades, capital

3. botar/votar
   a. tirar a la basura   **b.** dar el voto en una elección

4. cabo/cavo
   a. extremo; punta de la costa que se adentra en el mar   **b.** forma del verbo *cavar*

5. haber/a ver
   a. verbo auxiliar que se usa para formar los tiempos compuestos, como *haber visto*   **b.** la preposición *a* seguida por el infinitivo del verbo que significa *percibir con los ojos*

6. rebelar/revelar
   a. resistir u oponerse   **b.** dar a conocer, mostrar

7. tubo/tuvo
   a. pieza o recipiente hueco de forma cilíndrica   **b.** forma del verbo *tener*

8. barón/varón
   a. hombre   **b.** título nobiliario

9. sabia/savia
   a. líquido dentro de las plantas   **b.** sinónimo de *inteligente*

C. Usa las palabras del cuadro para escribir seis oraciones originales. Puedes usar cualquier forma de las palabras. Trata de usar dos o tres palabras del cuadro en cada oración.

MODELO   vuelo, silbar, libro, nervioso
Escribes   El pasajero del vuelo número 567 silbaba y trataba de leer un libro porque estaba nervioso.

asombro	hablar	nombre	venir
bella	libro	problema	ver
deber	llover	silbar	voz
divertirse	nervioso	terrible	vuelo

■ La acentuación

La división de palabras en sílabas

Toda palabra está compuesta de una o más **sílabas.** La **sílaba** es la letra o grupo de letras que se pronuncia con un solo golpe de voz. Contiene siempre o una vocal o un sonido vocálico: *i-ban, rí-o, gran-de, pro-fun-do.* Las palabras se pueden clasificar según el número de sílabas que tienen.

Monosílabas (de una sílaba): *muy, un, de*
Bisílabas (de dos sílabas): *no-che, lu-na*
Trisílabas (de tres sílabas): *ca-be-za, ya-ca-ré*
Polisílabas (de cuatro sílabas o más): *des-per-ta-ron, des-co-no-ci-do*

El saber cómo se dividen las palabras en sílabas ayuda a deletrearlas y pronunciarlas correctamente. Las palabras en español se dividen en sílabas de modo muy distinto del que se usa en inglés. En español, se dividen las palabras según las siguientes reglas:

1. La sílaba generalmente empieza con una consonante: *po-der, cam-pa-na, pe-lí-cu-la.* Si la palabra empieza con una vocal, entonces la primera sílaba empezará con esa vocal: *u-va, on-da, a-fue-ra, em-pe-za-ra.*

2. En general, cuando hay dos consonantes juntas, la primera consonante va con la sílaba anterior y la segunda consonante va con la próxima sílaba: *gen-te, suer-te, gim-na-sio, e-mer-gen-cia, in-ne-ce-sa-rio, e-lec-ción.* No se puede empezar una sílaba con una **s** seguida por una consonante. La **s** se une a la sílaba anterior: *es-pe-cial, ves-ti-do, es-tor-bar.*

3. La **h,** aunque es muda, sigue las mismas reglas que las otras consonantes: *des-he-cho, ad-he-si-vo.*

¿Se te ha olvidado?
la letra h
Ver la página 46

4. Hay ciertas combinaciones de letras que nunca se dividen:

bl y **br**: *ha-bló, a-brir*

ch: *le-che, an-cho*

cl y **cr**: *re-cla-mo, es-cri-to*

dr: *ma-dri-na*

fl y **fr**: *a-fli-gir, o-fre-cer*

gl y **gr**: *i-gle-sia, a-gra-da-ble*

ll: *pa-si-llo, ca-lle*

pl y **pr**: *a-pli-ca-da, a-pre-tar*

qu: *que-rer, in-quie-to*

rr: *ca-rre-ra, a-bu-rri-do*

tl y **tr**: *a-tle-ta, o-tro*

5. Cuando una palabra tiene tres o cuatro consonantes juntas, se divide según las reglas anteriormente presentadas: *cons-trui-do, trans-por-te, obs-truc-ción*.

6. Dependiendo de cuál es la sílaba acentuada, las combinaciones vocálicas pueden formar una sola sílaba o pueden dividirse en dos sílabas:

*p**ia**-no, de-c**í-a***

*p**ie**n-san, r**í-e***

*b**ue**-no, con-ti-n**ú-e***

*le-g**ua**, ac-t**ú-a***

*p**ei**-ne, in-cre-**í**-ble*

¿Se te ha olvidado?
hiatos y diptongos
Ver la página R65

Práctica

D. Lee las palabras siguientes en voz alta. Luego escríbelas en otro papel y divídelas en sílabas.

MODELO cambiamos
Escribes cam-bia-mos

1. manera
2. maravilla
3. acción
4. enfermo
5. anteojos

6. blanquillo
7. torre
8. fotografía
9. ochocientos
10. problema

11. estructura
12. realidad
13. almohada
14. cualquiera
15. experiencia

E. Vuelve a la primera página de una de las lecturas de la Colección 2. Encuentra y escribe una lista de dos palabras monosílabas, dos bisílabas, dos trisílabas y dos polisílabas. Luego divide las palabras en sílabas.

MODELO De *Platero y yo*, dos palabras monosílabas son *qué* y *doy*. Dos bisílabas son *o-jos* y *blan-do*. Dos trisílabas son...

■ Dictado

A. Vas a escuchar unos segmentos de «La guerra de los yacarés» y *Platero y yo*. Escribe lo que oyes. Presta atención especial a la **b** de «burro» y la **v** de «vaca».

B. Vas a escuchar una serie de frases y oraciones basadas en los dos cuentos. Escribe lo que oyes. Luego divide las palabras en sílabas.

Taller del escritor

Tarea
Escribe un cuento.

LA NARRACIÓN

CUENTO

En esta colección, has tenido la oportunidad de explorar algunos de los elementos centrales del cuento (páginas 76–79). Has visto cómo un buen cuento contiene personajes verosímiles, desarrolla un conflicto y entretiene al lector. Ahora tienes la oportunidad de escribir tu propio cuento.

Antes de escribir

1. Cuaderno del escritor

Busca una idea para tu cuento en las notas que fuiste tomando en tu CUADERNO DEL ESCRITOR. Fíjate si hay alguna idea que te gustaría desarrollar.

2. Lluvia de ideas

Para más ideas, déjate llevar por estos temas.

3. Escritura libre

Otra forma de desarrollar una idea es practicar la **escritura libre** sobre algún tema inspirado en una fotografía, un recuerdo o una situación familiar o de la escuela, por ejemplo. Escoge una persona, objeto o suceso y escribe durante cinco minutos sin detenerte.

4. Desarrollo del cuento

Una vez que hayas encontrado una idea prometedora, trata de resumirla en una oración o dos. Este resumen se convertirá en el núcleo del cuento. Para desarrollar este núcleo de manera más detallada, toma notas sobre los elementos siguientes: exposición, complicaciones, conflicto, clímax y desenlace.

Presta especial atención al **conflicto,** que es el problema que el protagonista tendrá que solucionar. Presenta el conflicto en el primer párrafo del cuento. Puedes escoger entre los siguientes tres tipos de conflicto:

- alguien se enfrenta a otra persona o grupo
- una persona se enfrenta a una fuerza mayor
- alguien lucha con sus propios sentimientos o pensamientos

Decide de antemano qué suceso va a ser el **clímax** del cuento.

5. Desarrollo de personajes, ambiente y punto de vista

Un cuento normalmente tiene dos o tres **personajes** principales. Anota las características físicas y los rasgos de la personalidad de cada personaje que planeas incluir.

Piensa además en el **ambiente,** es decir, el tiempo y lugar donde ocurre la historia. Haz una lista de detalles específicos que puedas usar para describir el **ambiente.** Entonces, toma una decisión sobre el **punto de vista.** Recuerda que si escribes desde la perspectiva de un personaje del cuento, el narrador se limitará a contar sólo lo que él o ella ha presenciado.

Finalmente, junta todas tus notas y haz un **plan del cuento.** Haz un esquema como el que aparece a la derecha.

Escritura libre
- Lo más extraño que me ha ocurrido…
- La persona más extraña que he conocido…
- Las cosas salieron muy diferentes a lo que yo esperaba cuando…

El núcleo del cuento
Dos amigos y su perro Balto viajan al círculo Ártico. Algunas de sus aventuras son la lucha contra el frío y el encuentro inesperado con un oso blanco.

Plan del cuento
Título: _____

Ambiente
   Tiempo: _____
   Lugar: _____

Personajes
   _____
   _____

Acción
   Exposición: _____
   _____
   Conflicto:
   _____
   _____
   Clímax: _____
   Desenlace: _____
Punto de vista: _____

Para combinar frases

antes	entre tanto
cuando	finalmente
de pronto	mientras
después	por fin
durante	por último
entonces	ya

Pautas para redactar

Usa verbos apropiados y precisos en las acotaciones (palabras como «murmuró» o «gritó») para describir la forma en que hablan los personajes.

Así se dice

Para evaluar un trabajo escrito

Mi parte favorita de este cuento fue...

Me gustaría saber más acerca de...

El personaje más real era...

Para mí la parte más importante fue...

Al final, pensé... porque...

El borrador

1. Escribe tu primer borrador

Un borrador te permite organizar tus ideas por escrito. En esta etapa no debes preocuparte demasiado por la ortografía ni la puntuación. Pon los sucesos en **orden cronológico;** es decir, cuenta los hechos en el orden en que sucedieron. No te olvides de usar **palabras de enlace** para indicar la relación entre los sucesos y las ideas. A la izquierda tienes una lista de palabras de enlace útiles para la composición narrativa.

2. Trabaja con el diálogo

El diálogo puede ser uno de los recursos más efectivos para hacer un cuento emocionante y divertido. Sigue las siguientes pautas para la escritura de diálogos:

• Haz que el discurso de los personajes sea lo más cercano posible al de la vida real. Si quieres desarrollar un buen oído para el diálogo, escucha atentamente las conversaciones cotidianas de tu familia y amigos.

• Utiliza el diálogo para adelantar el curso del cuento.

• Intenta darle a cada personaje una forma de hablar que lo caracterice.

3. Utiliza imágenes sensoriales

Las **imágenes sensoriales** son palabras o frases que apelan a uno de los cinco sentidos: vista, tacto, gusto, olfato, oído. ¿Cómo lucen los personajes en cada escena? ¿Qué sonidos, olores y otras sensaciones puedes mencionar para crear escenas más verosímiles y animadas? Compara los ejemplos que siguen:

Balto era un perro grande.	Balto me llegaba a la cadera. Tenía un ojo azul y otro café, y su colmillo izquierdo se insertaba bajo el labio.
Balto tenía frío y estaba herido y tendido junto al fuego.	Con la piel moteada de hielo, Balto se arrastró penosamente cerca del fuego.

Evaluación y revisión

1. Intercambio entre compañeros

Discute el borrador de tu cuento con un grupo de compañeros. Intercambien sus trabajos y completen las oraciones que aparecen a la izquierda para cada borrador que lean.

2. Autoevaluación

Usa las pautas siguientes para revisar lo que has escrito. Añade, elimina o reorganiza los detalles y haz los cambios necesarios en la organización y el vocabulario.

Pautas de evaluación

1. El párrafo inicial, ¿capta la atención del lector?

2. ¿Queda claro cuál es el conflicto?

3. ¿Crees que la historia crea suspenso y mantiene al lector interesado?

4. ¿Está claro el orden de los sucesos?

5. ¿Son creíbles los personajes?

6. ¿Tiene el cuento un clímax convincente?

Técnicas de revisión

1. Comienza con una línea o dos de diálogo o con una acción emocionante.

2. Incluye oraciones que ilustren el problema o la lucha del personaje principal.

3. Elimina detalles o diálogos que frenen el ritmo de la acción y añade detalles que creen suspenso.

4. Pon atención al orden temporal; considera la posibilidad de usar el *flashback* para explicar sucesos previos.

5. Incluye detalles verosímiles y diálogo vívido.

6. Demuestra cómo se resuelve el conflicto principal.

Compara las dos versiones siguientes del comienzo de un cuento.

MODELOS

Borrador 1

Decidimos ir al Ártico. Balto, nuestro perro esquimal, tiraría del trineo que llevaba nuestro equipaje. Primero empacamos nuestro equipaje. Luego, tomamos un barco que nos llevó hasta el pueblo de Labrador. De ahí salimos rumbo al círculo polar Ártico.

Evaluación: Faltan detalles e imágenes. Los hechos son demasiado genéricos y suceden con demasiada rapidez. La narración se concentra en aspectos aburridos, no en los emocionantes.

Borrador 2

En plena carrera y con el trineo deslizándose sobre el hielo detrás de él, Balto se detuvo de repente. Arañó el hielo con las patas delanteras, buscando un punto de apoyo. Permaneció inmóvil. Levantó la cabeza y miró a lo lejos. Allá, en la blancura inmensa del hielo que nos rodeaba por muchos kilómetros, se perfilaba un bulto de blancura más intensa y brillante. El bulto hizo un movimiento: era un oso blanco. Fue entonces cuando nos preguntamos cómo se nos había podido ocurrir la locura de explorar el Ártico por nuestra cuenta.

Evaluación: Mejor. El escritor empieza con una escena emocionante. Los detalles ayudan al lector a imaginarla. El cuento genera una sensación de suspenso sobre lo que va a suceder.

Corrección de pruebas

Intercambia trabajos con un(a) compañero(a) para que cada uno haga la corrección de pruebas del cuento del otro. Indica cualquier error que encuentres, ya sea gramatical u ortográfico.

Publicación

Considera las siguientes maneras de publicar o compartir tu cuento:

- Presenta tu cuento a un concurso literario.

- Envía tu cuento al periódico o revista de la escuela.

- Ofrécete a leer tu cuento en voz alta en una reunión familiar o ante un grupo de estudiantes más jóvenes.

Reflexión

Apuntes para la reflexión
El mayor problema que tuve fue contar los sucesos en el orden correcto. Para mí fue muy útil trazar un mapa del cuento antes de redactar mi borrador.

Contesta de manera breve a una de estas preguntas o a ambas:

- ¿Qué problema importante tuviste al escribir o revisar tu cuento? ¿Cómo lo resolviste?

- ¿Qué parte del diálogo o de la narración te gustó más? ¿Qué elementos hacen que esa parte sea particularmente interesante?

A ver si puedo...

A. Define los siguientes elementos de un cuento en tus propias palabras. Luego, basándote en uno de los cuentos que has leído de este texto, describe y analiza el uso de cada elemento.
1. argumento
2. conflicto
3. desenlace
4. caracterización
5. ambiente
6. punto de vista
7. ironía
8. tema

B. Vuelve a leer la primera página de *Platero y yo*. Encuentra cuatro palabras desconocidas y utiliza las pistas del contexto para averiguar sus significados. Consulta un diccionario para ver si acertaste en tus interpretaciones de las palabras.

C. Explica la importancia de los siguientes lugares, personas, periodos y temas en la historia y sociedad de Uruguay.
1. gauchos
2. Montevideo
3. Brasil
4. José Enrique Rodó
5. José Batlle y Ordóñez
6. 1973–1984
7. tasa de alfabetización

D. Explica el significado de las siguientes palabras dentro del contexto de la lectura correspondiente. Luego usa cada palabra en una oración original.
«La guerra de los yacarés»: emprender, navegar, zambullir, paraje
Platero y yo: arrebolado, fugaz, empapado, desproporcionado

E. Explica el significado de las siguientes palabras dentro del contexto de la lectura correspondiente. Luego escribe dos palabras más que sean de la misma familia de palabras. Piensa en los adjetivos, sustantivos y diferentes formas verbales asociados con cada infinitivo.
«La guerra de los yacarés»: oscurecer, enredar, estorbar, atar
Platero y yo: velar, equivocarse, declinar, gotear

F. Describe un día típico en la vida de Platero, usando por lo menos ocho verbos en el tiempo presente.

MODELO Platero se despierta temprano y corre al prado.

G. Escribe un reportaje breve para el periódico de tu colegio sobre la guerra entre los yacarés y los hombres. En tu artículo, incluye detalles sobre ¿quién?, ¿qué?, ¿dónde?, ¿cuándo?, ¿cómo? y el ¿por qué? de los eventos que sucedieron. Usa el pretérito y el imperfecto para relatar lo que pasó y cómo resultó.

H. Completa las oraciones con **b** o **v**.
1. Mi ═isa═uela era una atleta. Anda═a ═einte kilómetros en ═icicleta cada semana y hacía a═dominales dos ═eces al día.
2. Es e═idente que no se ═a a di═ertir nadie a causa de la llu═ia y la le═e nie═la.
3. Puesto que i═a a ne═ar, lleva═a una ═ufanda ═ieja, ═otas impermea═les y un a═rigo.
4. El hom═re andu═o en ═usca de su ═urro que se ha═ía escapado.

I. Vuelve a la biografía de Horacio Quiroga en la página 69 de tu texto y lee el segundo párrafo. Encuentra y escribe una lista de dos palabras monosílabas, dos bisílabas, dos trisílabas y dos polisílabas. Luego divide las palabras en sílabas.

J. Quieres participar en un concurso literario para escritores jóvenes. Para la primera etapa del concurso, hay que entregar un plan del cuento. Usando el plan en la página 119 como modelo, prepara un plan para tu propio cuento. ¿Qué información vas a incluir allí y cómo piensas organizar el plan?

Vocabulario esencial

Ampliación

• Vocabulario adicional
  Colección 1

«La guerra de los yacarés» pág. 61

acorazado *m.*
aleta *f.*
asombro *m.*
astilla *f.*
atar *v.*
ballena *f.*
buque *m.*
cañonazo *m.*
chasco *m.*
clavar *v.*
costado *m.*

dique *m.*
emprender *v.*
enredado, -da *adj.*
estorbar *v.*
formidable *adj.*
golpear *v.*
granada *f.*
gruta *f.*
hundirse *v.*
inquietud *f.*
largar *v.*

navegar *v.*
oscurecer *v.*
paraje *m.*
reducir *v.*
reventar *v.*
serrucho *m.*
vapor *m.*
zambullir *v.*

Platero y yo pág. 81

acero *m.*
afilar *v.*
alborozo *m.*
arrebolado, -da *adj.*
aurora *f.*
azabache *m.*
babear *v.*
balar *v.*
brincar *v.*
dar coces *v.*
declinar *v.*

deshilachado, -da *adj.*
desproporcionado, -da *adj.*
embestir *v.*
empapado, -da *adj.*
equívoco, -ca *adj.*
fugaz *adj.*
gotear *v.*
hocico *m.*
holgar *v.*
iniciar *v.*
latir *v.*

límpido, -da *adj.*
mimoso, -sa *adj.*
morder *v.*
ocaso *m.*
oleaje *m.*
rebuzno *m.*
rozar *v.*
testuz *f.*
tibiamente *adv.*
velar *v.*

■ Mejora tu vocabulario pág. 100

compañerismo *m.*
desagüe *m.*
durar *v.*
emancipación *f.*
endurecer *v.*
envejecer *v.*

expuesto, -ta *adj.*
hazaña *f.*
hechizo *m.*
innovar *v.*
manipular *v.*
nave *f.*

patriarca *m.*
postura *f.*
sobreviviente *m.* y *f.*
terrateniente *m.* y *f.*
trasnochar *v.*
ventilador *m.*

Fábulas y leyendas

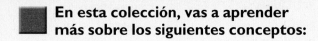

En esta colección, vas a aprender más sobre los siguientes conceptos:

Lectura
Elementos de literatura: Mitos, leyendas, cuentos populares y fábulas
Estrategias para leer: Hacer predicciones

Cultura
Cultura y lengua: Argentina
Panorama cultural: ¿Alguna vez has oído una historia escalofriante?
Comunidad y oficio: Protegiendo el patrimonio cultural de las Américas

Comunicación
Así se dice: Para expresar certeza; para presentar y conectar ideas; para expresar certeza o duda; para hablar de causas y efectos; para evaluar un trabajo escrito
Vocabulario: Los sinónimos y antónimos
Gramática: El modo; las formas del presente del subjuntivo; el presente del subjuntivo en cláusulas nominales; el presente del subjuntivo en cláusulas adverbiales
Comparación y contraste: El infinitivo y las cláusulas nominales en español e inglés

Escritura
Ortografía: El sonido /s/; el acento tónico
Taller del escritor: Ensayo de especulación sobre causas o efectos

🡒 internet

MARCAR: go.hrw.com
PALABRA CLAVE:
WN3 LEYENDAS

Artwork © Kinuko Y. Craft

Dragon Landscape (Paisaje de dragón) (1990) de Kinuko Y. Craft.
Técnica mixta (20" x 26").

ANTES DE LEER
Posada de las Tres Cuerdas

Punto de partida

Historias de terror

Desde tiempos inmemoriales todo el mundo ha disfrutado de historias de terror que ponen los pelos de punta. Algunas de estas historias nos han llegado en forma de fábulas y de leyendas.

Comparte tus ideas

Piensa en tus historias de terror favoritas. Dibuja un círculo y dedica dos minutos a rellenarlo con las palabras que pasen por tu mente cuando piensas en esas historias. Con un grupo de compañeros, compartan sus dibujos y construyan un diagrama de Venn como el de abajo para ver qué palabras aparecen más de una vez.

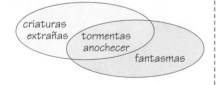

Toma nota

Si escribieras una historia de terror o dirigieras una película de terror, ¿qué detalles usarías para crear un ambiente aterrador? Escribe tus ideas libremente.

Diálogo con el texto

Al leer, ten una hoja de papel a mano para anotar tus ideas y reacciones.

Presta especial atención a los elementos del argumento y al ambiente que crean una atmósfera de misterio y suspenso. Los comentarios de un lector aparecen en la página 130 como ejemplo.

Telón de fondo

El samurai

El samurai era un guerrero del Japón feudal que llegó a formar parte de la aristocracia militar. Los samuráis alcanzaron el poder a finales del siglo XII. Siguiendo un estricto código de conducta llamado *bushido,* que premiaba la obediencia, la valentía, el honor y la lealtad, los samuráis preferían cometer suicidio o *hara-kiri,* antes que enfrentarse al deshonor o a la derrota. Los samuráis llevaban dos espadas y un tocado especial. Perdieron su posición privilegiada en 1871, cuando Japón abolió el feudalismo.

El cuento que vas a leer a continuación es una adaptación de un cuento popular japonés.

Elementos de literatura

Anticipación

Cuando la madre de Caperucita Roja le advierte que no se desvíe del camino porque el lobo malvado podría estar por ahí, probablemente te hace sospechar que el lobo va a aparecer tarde o temprano. Cuando al principio de una historia se dice que el héroe ha salido de casa y ha olvidado cerrar la puerta, probablemente esperas que ocurra un robo u otro delito.

Pistas como éstas, la advertencia de la madre y la mención de la equivocación, te preparan para los acontecimientos que sucederán en la historia. Este recurso se llama **anticipación**. La anticipación a menudo intensifica el suspenso de una historia.

> La **anticipación** consiste en dar pistas que preparan al lector para los acontecimientos que ocurrirán más tarde en la historia.
>
> *Para más información sobre la anticipación, ver la página 77 y el GLOSARIO DE TÉRMINOS LITERARIOS.*

POSADA°
de las TRES CUERDAS

Ana María Shua

Images International of Hawaii.

White Horse Shogun (Shogún y caballo blanco)
de Gary Hostallero.

°**posada:** lugar donde los viajeros pasan la noche.

Los dos jóvenes iban muy erguidos sobre sus caballos y llevaban katanas (sables de samurai). Iban cubiertos de polvo por el largo viaje, y la seda de sus vestiduras colgaba hecha jirones. Pero los campesinos que los veían pasar sabían que se trataba de dos caballeros.

Junchiro y Koichi eran dos hermanos que volvían a la casa de sus padres. Su señor y jefe había sido vencido en la guerra. Habían luchado mucho y con valor pero ahora, a pesar de ser jóvenes, se sentían viejos, tristes y cansados. Aunque nunca hubieran aceptado decirlo en voz alta, aunque nunca se lo dijeran ni siquiera a sí mismos. Aunque siguieran hablando como hablan los hombres en Japón: con voz ronca y cortante, como si todo lo que dicen, hasta una pregunta o un comentario, fuera una orden violenta.

La guerra los había llevado lejos y deseaban llegar lo más pronto posible a su ciudad natal. Por eso apuraban el paso de sus caballos y se detenían apenas lo necesario para comer y dormir.

Descansaban en las horas más calurosas del día, cuando el sol estaba alto en el cielo, y aprovechaban para avanzar al fresco del amanecer y las últimas horas de la tarde.

Una noche, cuando ya estaban a pocos días de viaje de su ciudad natal, llegaron a un bosquecillo. Junchiro, el más joven, propuso seguir adelante.

—El bosque no es espeso. La noche es fresca pero no fría. Del otro lado debe de haber una aldea o tal vez una posada donde podremos descansar más cómodos.

—Tenemos que cuidar nuestros caballos —le contestó Koichi—. Necesitan descanso. No tenemos dinero para comprar otros. Mañana al amanecer seguiremos adelante.

Junchiro se burló de su hermano mayor con todo el mal humor que su propio cansancio le provocaba. Lo acusó de cobarde, sabiendo que era mentira.

—Los fantasmas del bosque le dan miedo a un guerrero. ¿O acaso está asustado de los zorros y los conejos?

Koichi, sin contestarle, empezó a desensillar tranquilamente su agradecido caballo.

Pensando que después de todo ya estaba tan cerca de su casa que no le importaría seguir solo (y con la secreta esperanza de que Koichi lo alcanzara), Junchiro apuró a su caballo y entró en el bosquecillo.

¿Por qué llevan los dos «caballeros» (samuráis) la ropa rota y polvorienta?

Ya veo: vuelven a casa después de la guerra.

Parecen prudentes y responsables.

Me pregunto cuál de los dos hermanos tomó la mejor decisión.

Estaba muy oscuro. Después de dormir durante todo el día, el mundo de la noche había despertado: había luciérnagas[1] y mariposas nocturnas y búhos y gatos salvajes y se escuchaban los crujidos de los árboles y el canto de las cigarras.[2]

Junchiro se sentía feliz: era bueno escuchar esa música en lugar del sonido de las espadas y los gritos de los hombres heridos.

Sin embargo, le sorprendió que el bosquecillo fuera más grande de lo que había supuesto. Antes de cruzarlo le había parecido divisar sus límites. En cambio ahora, a la luz de la luna, no alcanzaba a ver más allá de los árboles más cercanos, que crecían cada vez más juntos, como si <u>se espesaran</u> para cerrarle el paso.

Hacía ya dos horas que cabalgaba, enojado consigo mismo por no haber sabido calcular hasta dónde llegaban los árboles, cuando vio, en un claro, una casa iluminada. El cartel de la puerta decía así: *Posada de las Tres Cuerdas.*

Junchiro desmontó, muy contento de haber encontrado un lugar agradable donde pasar el resto de la noche. Ató su caballo, se quitó las sandalias y entró en una habitación grande, iluminada por una lámpara de aceite.

Era un lugar cómodo y limpio. El suelo estaba cubierto (como en todas las casas japonesas) por <u>esterillas</u> nuevas. Junto a la lámpara había una tetera de porcelana y, al costado, sobre una bandeja de plata, había una botella de sake[3]

Landscape (Paisaje) de Kano Motonobu. Cuadro colgado en un rollo (20 ⅛" x 13 ½").

1. **luciérnagas:** insectos que emiten una pequeña luz fosforescente visible en la noche.
2. **cigarras:** insectos que emiten un ruido estridente que se oye a muchos metros.
3. **sake:** bebida alcohólica de Japón, hecha de arroz.

ADUÉÑATE DE ESTAS PALABRAS

se espesaran, de **espesarse** *v.*: juntarse; hacerse más espeso, como hacen las ramas de los árboles.

esterilla *f.*: especie de alfombra o tapete hecha generalmente de fibras de árboles.

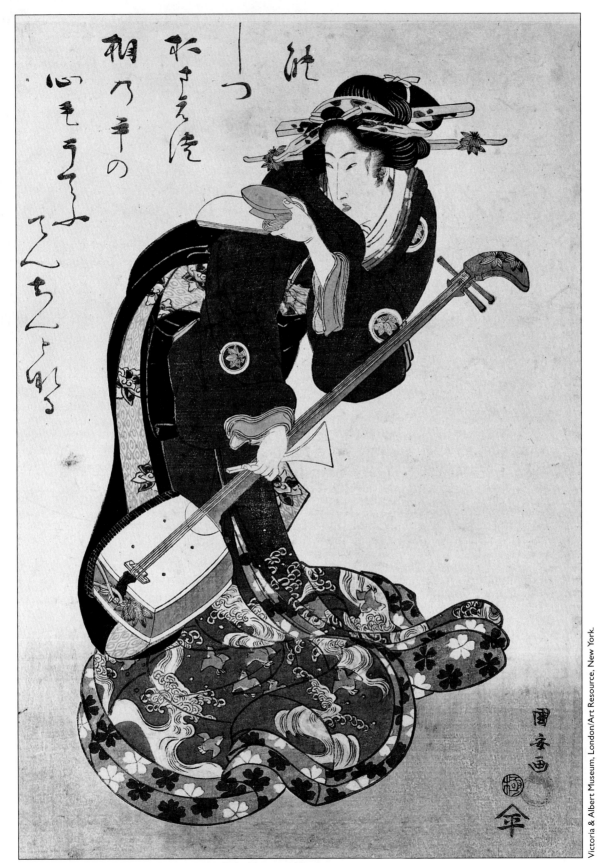

Geisha with Samisen (Geisha con shamizen) de Utagawa Kuniyaso.

y un tazón pequeño. La habitación estaba vacía y el silencio era absoluto.

Junchiro estaba agotado. La discusión con su hermano le había dado fuerzas para llegar hasta allí, pero ahora lo que más deseaba en este mundo era acostarse y dormir.

Si no hubiese estado tan cansado, tal vez le hubieran llamado la atención algunos detalles: ese silencio tan grande en toda la casa, la puerta abierta, la bandeja servida como esperándolo.

La noche en el bosque era húmeda y fría y Junchiro se sintió satisfecho de estar en un lugar caliente y cómodo, sin pensar en nada más.

Sin ninguna preocupación, el joven se sirvió un tazón de sake caliente. Mientras el vino de arroz corría agradablemente por su garganta, escuchó unos pasos <u>livianos</u> y claros en las escaleras que llevaban al primer piso.

Una jovencita bellísima, vestida de seda, entró en la habitación. Junchiro ya estaba casi arrepentido de haber entrado solo en el bosque, pero cuando vio a la joven se felicitó por la decisión que le iba a permitir pasar la noche en tan buena compañía.

El cansancio y la sensación de confusión provocada por el vino, más fuerte de lo que parecía al probarlo, le quitaban las ganas de hablar. Miró a la muchacha y sonrió.

Era verdaderamente hermosa, con su carita delicada pintada de blanco, los brillantes ojos negros y la cabellera larga y espesa sostenida en lo alto de la <u>nuca</u> por un peine de marfil y agujetas de plata. Su kimono[4] de seda roja estaba bordado de flores y un cinturón dorado apretaba su finísima cintura, tan ajustado que casi parecía cortarla en dos.

En sus manos blancas y graciosas sostenía un instrumento de cuerda japonés, un shamizen, con sus tres cuerdas tensas sobre la caja de resonancia cubierta de cuero negro.

La joven se arrodilló con elegancia, inclinándose ante Junchiro. El guerrero quiso pedir

disculpas por haber entrado así, sin haber sido invitado. Pero ella no lo dejó hablar. Con una sonrisa maravillosa, le ofreció otro tazón de sake.

De pronto Junchiro notó que la joven no había pronunciado ni una sola palabra desde que entró en la habitación, ni siquiera un saludo. Probablemente sería sordomuda. Y le agradeció por señas el segundo tazón de vino que ella le alcanzaba ahora y que, servido por sus manos, parecía tener un sabor todavía más delicioso.

Sin embargo, cuando quiso ofrecerle un tazón a ella, la muchacha no lo aceptó. En cambio tomó su instrumento y comenzó a tocar. Una melodía como Junchiro nunca antes había escuchado llenó la habitación. Por momentos era dulce y melodiosa, por momentos era violenta. Parecía asaltarlo casi como un dolor, desde todas partes, atrapándolo en sus notas.

Mientras tocaba, la muchacha no le quitaba de encima esos ojos que parecían despedir rayos. Junchiro quiso levantarse para acercarse más a ella, pero las piernas y los brazos no le obedecían. Tampoco él podía separar su mirada de la de ella y pronto fue como si no hubiera nada más en el mundo que esas pupilas negras y enormes que lo quemaban por dentro y esa música que lo encadenaba.

Junchiro había olvidado todo lo que lo rodeaba. Había olvidado a su hermano Koichi y las tristezas de la guerra y también a sus padres y a su ciudad. Recostado contra una de las columnas que sostenían el techo de la casa, bebía con la mirada la belleza de la muchacha, mientras la extraña música se apoderaba del aire y del espacio.

Cada vez que la joven tocaba la cuerda del medio del shamizen una nota más alta y más vibrante que las demás resonaba en el cuarto. Y Junchiro sentía que algo invisible, frío y

4. **kimono:** túnica japonesa larga y ancha, similar a una bata o un vestido de mujer.

ADUÉÑATE DE ESTAS PALABRAS
liviano, -na *adj.:* de poco peso, ligero.
nuca *f.:* parte posterior del cuello.

pegajoso, <u>se enroscaba</u> alrededor de su cuello o su cara. Con esfuerzo consiguió llevarse la mano al cuello y la impresión desapareció, como si con su gesto hubiese roto una cuerda invisible.

La jovencita pareció sentirse molesta por su movimiento. Pero apenas por un instante frunció las cejas. Su maravillosa sonrisa volvió inmediatamente y siguió tocando el shamizen. La cuerda del medio vibraba cada vez más fuerte y más seguido y Junchiro se sentía atrapado por esa cosa invisible que lo aprisionaba.

A pesar del sueño y el malestar que le había provocado el vino de arroz, el joven samurai comprendió, aterrado, que había caído en una trampa. Reuniendo todas sus fuerzas, consiguió sacar su katana de la <u>vaina</u>.

Cuando la jovencita vio el sable desenvainado, ya no intentó disimular su enojo. Furiosa y descontrolada, tocó con tanta fuerza la cuerda del medio que se rompió. Alargándose, la cuerda voló a enroscarse sobre el cuerpo de Junchiro. Era demasiado tarde para intentar nada: estaba atrapado, atado a la columna. Sin embargo, a pesar de tener el brazo casi inmovilizado, logró arrojar el sable, que se clavó profundamente en la caja negra del instrumento musical.

La furia de la muchachita desapareció de golpe. Su cara blanca y fina pareció <u>enflaquecer</u> de pronto y tomó una expresión triste, dolorosa. Se levantó, alzó su instrumento del suelo, y volvió a subir las escaleras silenciosamente, con cierta dificultad.

Un silencio pesado envolvía la casa. Por la ventana entraba el frío de la noche. La llama de la lámpara <u>flameó</u> y finalmente se apagó. El prisionero quedó solo en la más negra oscuridad. El agotamiento fue más fuerte que el terror y Junchiro, en su incómoda posición, se quedó dormido.

Lo despertó la luz del amanecer. Junchiro miró a su alrededor y casi no pudo reconocer el lugar donde se encontraba. Las esterillas que cubrían el piso eran restos rotos, viejos, cubiertos de polvo. La puerta que creía haber empujado al llegar estaba tirada en el suelo, con la madera podrida y llena de gusanos. En lugar de la tetera había un montón de cenizas. En lugar de la botella de sake y el tazón había dos piedras.

¿Había sido un sueño? Pero la cuerda fría y pegajosa que lo ataba todavía a la columna era completamente real. Junchiro tironeó para soltarse y no pudo. También eran reales las gotas de sangre fresca en el piso: iban hacia las escaleras.

En ese momento escuchó la voz tranquilizadora y familiar de su hermano, que lo llamaba por su nombre. Gritó para guiarlo y con enorme alegría lo vio entrar en la *Posada de las Tres Cuerdas*.

ADUÉÑATE DE ESTAS PALABRAS

se enroscaba, de **enroscarse** *v.*: enrollarse.
vaina *f.*: funda para proteger y llevar una arma cortante.
enflaquecer *v.*: languidecer, perder expresión y vida.
flameó, de **flamear** *v.*: parpadear una llama de fuego.

Black Horse Shogun (Shogún y caballo negro) de Gary Hostallero.

Images International of Hawaii.

Con su katana, Koichi cortó las ligaduras que ataban a su hermano. No se abrazaron porque los samuráis no se abrazan. Pero se miraron como si se abrazaran, felices de estar vivos y juntos otra vez.

Junchiro le contó a su hermano las aventuras de la noche anterior. Después siguieron por las escaleras el rastro de sangre fresca que subía hacia el piso superior. En la confusión de esa noche terrible, sin saber claramente qué había sucedido en realidad, confundido por la borrachera, Junchiro temía haber herido a la hermosa dueña de la casa.

Subiendo con mucho cuidado los escalones rotos y <u>carcomidos</u>, llegaron a la habitación del primer piso.

Allí, debajo de una enorme tela desgarrada, del tamaño de un hombre, encontraron a una gigantesca araña muerta, atravesada por la katana de Junchiro.

ADUÉÑATE DE ESTAS PALABRAS

carcomido, -da *adj.*: comido o destruido parcialmente por el uso, por insectos o por sustancias corrosivas.

CONOCE A LA ESCRITORA

Ana María Shua (1951–) nació en Buenos Aires, Argentina. Empezó a escribir cuando tenía ocho años. A los quince, su primer volumen de poesía, *El sol y yo*, ganó el Premio Fondo Nacional de las Artes y la faja de Honor de la Sociedad Argentina de Escritores.

En 1980, la novela *Soy paciente* ganó el primer premio en el Concurso Internacional de Narrativa Losada. Los jueces de este premio revisaban las obras seleccionadas sin saber los nombres de los autores. Uno de los jueces comentó que, cuanto más leía *Soy paciente*, más convencido estaba de que el libro lo había escrito un hombre. Cuando se enteró de que la autora era Ana María Shua, tuvo que admitir que la habilidad de escribir una prosa vigorosa y con sentido del humor no era propia sólo del sexo masculino.

Shua ha publicado otras obras, como *Los días de pesca*, *La batalla entre los elefantes y los cocodrilos* y *Expedición al Amazonas*. En la actualidad es profesora de letras en la Universidad de Buenos Aires.

En la introducción a *La fábrica del terror*, de donde procede «Posada de las Tres Cuerdas», Shua nos dice:

«Cuando yo era chica, el miedo me gustaba y también me daba miedo. Insistía en ver películas de terror y después no dormía durante semanas enteras. No me pregunten por qué: ustedes mismos deberían saberlo.

Me aterraba la oscuridad, la soledad, las puertas cerradas... ¿Quién puede estar totalmente seguro de lo que hay detrás de una puerta cerrada?...

Cuando empecé a escribir, envidié por un momento a los directores de cine, que tienen tantos recursos y pueden asustar con el silencio, con la música, con las imágenes. Pero también pensé que un sobresalto se olvida rápido y en cambio hay palabras, horribles palabras, que pueden quedar resonando para siempre en nuestra mente».

CREA SIGNIFICADOS

Cuaderno de práctica, págs. 43–44

Así se dice

Para expresar certeza

Puedes usar estas expresiones para contestar las preguntas de **Crea significados.**

Estaba seguro(a) que algo malo iba a ocurrir cuando...

Se me hace (Me parece) que... no se da cuenta de...

No cabe la menor duda que... representa...

Es obvio (evidente) que... se arriesgó
   cuando...

¿Te acuerdas?

Las expresiones de certeza van seguidas por un verbo en indicativo: **Es verdad** que la hermosa muchacha **era** una gigantesca araña.

Primeras impresiones

1. ¿En qué punto de la historia te diste cuenta de que algo malo ocurriría? Explica tu respuesta.

Interpretaciones del texto

2. ¿Qué detalles de la experiencia de Junchiro en la posada **anticipan** los extraños sucesos que ocurrirán más tarde?

3. ¿Qué detalles del **ambiente** de la historia crean una sensación de misterio y suspenso?

4. ¿Cuál es el **clímax** o punto culminante de la historia?

Repaso del texto

a. ¿Adónde van Junchiro y Koichi?

b. ¿Qué detalles de la posada pasa por alto Junchiro?

c. ¿Cómo le afecta a Junchiro la música que toca la joven?

d. ¿Cómo consigue liberarse Junchiro?

Conexiones con el texto

5. Si fueras Junchiro, ¿entrarías a la posada? ¿Cómo te sentirías al ver la puerta abierta y la bandeja servida?

Más allá del texto

6. ¿Te ha recordado esta historia alguna película que hayas visto o algún libro que hayas leído? Explica tu respuesta.

OPCIONES: Prepara tu portafolio

Cuaderno del escritor

1. Compilación de ideas para una especulación sobre causas o efectos

¿Te has preguntado alguna vez por qué los personajes de las historias —y la gente de la vida real— actúan como lo hacen? Especular sobre las causas del comportamiento de un personaje te puede ayudar a entender mejor la historia. Por ejemplo, cuando leíste «Posada de las Tres Cuerdas», te habrás preguntado por qué Koichi y Junchiro actuaron de forma tan diferente al principio de la historia. Piensa por qué su actitud los lleva por caminos diferentes y nombra algunas de las razones por las que los hermanos actuaron como lo hicieron.

Koichi:
—es más considerado que Junchiro
—se preocupa por el bienestar de su caballo
Junchiro:
—tiende a actuar con temeridad sin pensar en las consecuencias de sus acciones

Redacción creativa

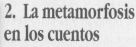

2. La metamorfosis en los cuentos

Llamamos cuentos de metamorfosis a los relatos en que los seres humanos se convierten en animales o los animales en seres humanos. Este tipo de cuento existe en todas las culturas. Escribe una historia de metamorfosis.

Hablar y escuchar

3. Cuenta un cuento de fantasmas

Ve a la biblioteca y busca cuentos de fantasmas o de horror. Elige un cuento de terror y suspenso que te gustaría leerles a tus compañeros de clase. Para que tu presentación sea más efectiva, practica la lectura en voz alta. Asegúrate de leer de manera expresiva. Después de leerles la historia a tus compañeros, explica qué elementos de la historia (argumento, ambiente, suspenso, anticipación) son esenciales para componer un cuento de terror efectivo.

Argentina

La inmigración europea a Argentina

Se considera que más del 85% de la población argentina se compone de inmigrantes europeos o sus descendientes. Entre 1856 y 1930, llegaron más de 10 millones de personas al país, de las cuales la mitad eran italianos y la tercera parte eran españoles. Vinieron también ingleses, judíos, galeses y otros grupos. El ímpetu de las olas migratorias se originó fundamentalmente en la depresión económica mundial de las primeras décadas del siglo XX. También hubo un ímpetu político, ya que los gobiernos de Bartolomé Mitre (1862–1868) y Domingo Faustino Sarmiento (1868–1874) fomentaron la colonización europea de Argentina.

    Los españoles han desempeñado un papel fundamental en la historia y la cultura de Argentina desde la época colonial, y se ve su influencia en el idioma, la religión y la arquitectura. Las olas de inmigrantes españoles a Argentina entre los finales del siglo XIX y las primeras décadas del siglo XX fortalecieron aún más los lazos entre los dos países. En Buenos Aires hay edificios cuya arquitectura refleja la herencia española colonial, como la iglesia de San Ignacio de Loyola, fundada en 1675. La Avenida de Mayo fue diseñada como una avenida española, con grandes senderos, puestos de luz, tiendas y teatros. Hoy en día, el Teatro Avenida presenta obras de teatro interpretadas por actores españoles o con temas españoles.

    Los disturbios sociales, políticos y económicos en Italia entre 1888 y 1893, al igual que terremotos y varios episodios de malaria, causaron un éxodo de inmigrantes a Argentina. Los italianos se asentaron principalmente en el barrio portuario de La Boca, y hoy la influencia italiana se destaca en el idioma, la música y en la comida. En los restaurantes de Buenos Aires, uno puede disfrutar de especialidades italianas como polenta con tuco, ravioles y ñoquis.

Nombre oficial: República Argentina

Población: 36.737.664

Área: 2.766.890 km^2

Capital: Buenos Aires

Principales exportaciones: carne, trigo, maíz, cuero y lana

Idiomas: español (oficial), inglés, italiano, alemán, francés

internet

MARCAR: go.hrw.com
PALABRA CLAVE:
    WN3 LEYENDAS-CYL

Los ingleses que se establecieron en Argentina fueron inversionistas e ingenieros que contribuyeron al desarrollo de la infraestructura del país. Por los años 1870, la necesidad de un sistema de transporte, debido a la exportación de carne y otros productos al extranjero, resultó en una red de ferrocarriles, instalada y financiada por los ingleses. También introdujeron el fútbol y el polo. Hoy en día, la presencia inglesa se nota en la vida cotidiana de la capital: periódicos ingleses aparecen diariamente en kioscos, el té inglés se sirve en confiterías y las escuelas británicas siguen prosperando.

La población judía de Argentina es la más grande de América Latina y la cuarta población más grande de judíos del mundo. Se calcula que unos 250.000 judíos viven en Argentina. Muchos son descendientes de inmigrantes que salieron de Rusia en el siglo XIX, huyendo de la persecución de los zares. La mayoría de ellos se establecieron en Buenos Aires como negociantes, artesanos y almaceneros. En los barrios judíos de la capital, se puede ir a rotiserías (tienditas donde se vende repostería, pan y pescado ahumado) o visitar sinagogas históricas.

Los galeses en la Patagonia Impulsados por la promesa de tierras y libertad, los inmigrantes del País de Gales llegaron a Argentina entre 1865 y 1914 y se instalaron en la Patagonia. Hoy, aproximadamente cien mil personas de ascendencia galesa viven en esta región, de las cuales unas veinte mil siguen hablando galés. Las iglesias, los viejos molinos de madera y los salones de té del valle de Chubut reflejan la herencia galesa. La ciudad de Gaiman cuenta con una visita anual de un asesor cultural del País de Gales y todos los años durante el mes de octubre, las comunidades galesas de la región celebran su legado cultural en el festival de *Eisteddfod,* un concurso de música, arte y poesía.

La Boca Se establecieron muchos inmigrantes, marineros y trabajadores de las fábricas en La Boca, un barrio en el sureste de Buenos Aires. A mediados del siglo XIX era más común escuchar el italiano, el turco o el griego que el español en este barrio. Sus casas coloridas, hoy símbolo de La Boca, se originaron también en el siglo XIX. Los marineros italianos construyeron los edificios de materiales sacados de los barcos abandonados en el puerto y les dieron un toque único al pintarlos de colores vivos.

El polo El polo llegó a Argentina de Inglaterra en el siglo XIX. Los ingleses no sólo construyeron los ferrocarriles que atravesarían el país, sino que encendieron la pasión por el caballo y los palos de polo. Los torneos oficiales del famoso Club Hurlingham empezaron en 1888 y hoy, los jugadores y caballos argentinos son reconocidos mundialmente por su habilidad en el deporte. En el Club Hurlingham, conocido como «El Hurlo», los partidos del otro deporte inglés, el *criquet,* también llenan los campos. Como buena costumbre inglesa, se sirve el té al final de cualquier torneo.

Así se dice

Para presentar y conectar ideas
Puedes usar estas expresiones para hacer la actividad en esta página.

Como punto de partida...
En primer lugar...
Al mismo tiempo...
Con relación a eso...
Conviene indicar (señalar)...
También viene al caso...

Actividad

En grupos, discutan tres ventajas o desventajas que resultan de la inmigración y la mezcla de varias lenguas y culturas en un mismo lugar. Presenten sus ideas y luego contesten las siguientes preguntas: ¿Cómo se refleja la integración de los inmigrantes en la cultura y la sociedad de Argentina? ¿Cómo se compara la historia argentina en este respecto con la de Estados Unidos?

Modismos y regionalismos

Uno de los rasgos más marcados del habla argentina es el voseo: *vos tenés; vos, ¿cómo te llamás?* Otro rasgo es la influencia de otros idiomas, sobre todo el italiano y el inglés. No es de sorprenderse que los inmigrantes hayan dejado su huella tanto en el idioma como en otros aspectos de la cultura de Argentina. Unos ejemplos de italianismos son *fiaca, pibe, laburo* y *gamba*. Del inglés han entrado palabras como *bife* (carne de res) y *pulóver* (suéter). La palabra *che*, que se usa para llamar la atención, es único al Cono Sur y quizás el rasgo más típico del habla de los argentinos. Se cree que viene del valenciano o del español antiguo.

A lo argentino

asadito carne preparada a la parrilla
campera chaqueta
che oye
fiaca pereza, falta de ganas
Haceme la gamba Acompáñame, Ayúdame

laburo trabajo
lo de casa de
macanudo excelente, estupendo
muy bien pibe muy buena gente
shopping centro comercial

—**Che** Elisa, voy a salir. **Haceme la gamba, ¿querés?**
—No... tengo **fiaca.**
—Y **che,** ¿por qué tan cansada?
—Fuimos Marcela y yo al **shopping** esta mañana. Me compré un **pulóver** y una **campera.** Luego fuimos a **lo de** Francisco y salimos todos a comer un **asadito.**
—Me cae muy bien Francisco; es **muy bien pibe.**
—Bueno, mañana después del **laburo** vamos todos al cine. **¿Querés** ir?
—Sí, **macanudo.**

Elementos de literatura

Mitos, leyendas, cuentos populares y fábulas

La **tradición oral** es el conjunto de los relatos que se transmiten de boca en boca y de generación a generación. Los **mitos, leyendas, cuentos populares** y **fábulas** son historias que se remontan a cientos o miles de años atrás. Estas obras son anónimas y existen versiones muy distintas de cada una.

Los **mitos** son historias de tiempos remotos que presentan seres sobrenaturales y que generalmente sirven para explicar un fenómeno natural. Pueblos de todas las épocas y lugares han contado mitos acerca de los comienzos de la creación, los orígenes de las montañas y otras características de la tierra, y de fenómenos naturales como el viento, el fuego y el crecimiento de los cultivos. Los mayas quiché de América Central recopilaron antiguos mitos sobre la creación del mundo en su libro sagrado, el *Popol Vuh*. Los aztecas narraban un mito acerca de la migración para explicar el origen de su propio pueblo. Los griegos explicaban la aparición del fuego en el mundo a través del mito de Prometeo, quien heroicamente se expuso a la ira de los dioses al robar el fuego para dárselo a la humanidad.

Las **leyendas** son historias del pasado que describen hazañas y sucesos extraordinarios. Mientras que los mitos tratan de los acontecimientos cósmicos y tienen lugar en un sitio indefinido en un pasado remoto, las leyendas poseen normalmente alguna base histórica.

Las leyendas a menudo representan héroes humanos en vez de dioses u otros seres sobrenaturales característicos de los mitos. En «La puerta del infierno» (página 145), por ejemplo, el conflicto entre la pareja avariciosa y los indígenas pobres a los que explotan está basado en hechos históricos. Observa cómo el segundo párrafo se refiere a la transmisión de la historia por medio de la tradición oral.

Un **cuento popular** es una historia tradicional que ha llegado a nuestros días por transmisión oral. Los cuentos populares tienen un doble propósito: entretener al público y presentar también una moraleja o lección práctica. Los cuentos populares se distinguen de los mitos y las leyendas por sus personajes. Mientras que en estos últimos figuran dioses y héroes, muchos cuentos populares presentan como personajes a gigantes, dragones y animales que hablan. Incluso los personajes humanos con fuerzas extraordinarias u otras habilidades suelen ser sencillos. En el cuento popular japonés «Posada de las Tres Cuerdas», se presenta al joven guerrero Junchiro de una manera realista, aunque le suceden experiencias fantásticas y misteriosas.

Muchos de los cuentos populares que conocemos provienen de Europa, como los cuentos de la Cenicienta y la Caperucita Roja. Estos cuentos se llaman **cuentos de hadas.** Al igual que la mayoría de los cuentos cuyas raíces se encuentran en la

tradición oral, estas historias existen en múltiples versiones y en culturas muy diferentes. Por ejemplo, el pueblo zuni del suroeste de los Estados Unidos tiene una versión de la Cenicienta que se ha transmitido por generaciones.

Las **fábulas** son historias breves que tienen una moraleja y que se hallan escritas tanto en prosa como en verso. Se cree que las fábulas más famosas del mundo de la literatura provienen del fabulista griego Esopo, quien posiblemente vivió alrededor del siglo VI a.C. Las fábulas de Esopo son anécdotas breves de la vida o del comportamiento propio de un animal. Cada fábula termina con una moraleja. Entre otras fábulas muy conocidas en el mundo de la literatura están las antiguas historias de India del *Panchatantra* y los elegantes poemas cortos de Jean de La Fontaine, escritor

francés del siglo XVII. Algunas de las más conocidas fábulas de España provienen de dos escritores del siglo XVIII: Tomás de Iriarte y Félix María de Samaniego.

El contenido de los mitos, leyendas, cuentos populares y fábulas nos invita a vivir emocionantes aventuras en lugares extraños. Algunas veces, estas historias son sorprendentes o incluso

inverosímiles. Cuando leas cuentos populares, da rienda suelta a tu imaginación; no pienses en lo que pasaría en la vida real. Como dice Simón Robles al final de «Güeso y Pellejo» (página 153), «Cuento es cuento».

Little Red Riding Hood and Wolf, disguised as her grandmother (Caperucita Roja y el lobo, disfrazado de su abuela) de Arthur Rackham. Dibujo.

The Granger Collection, New York.

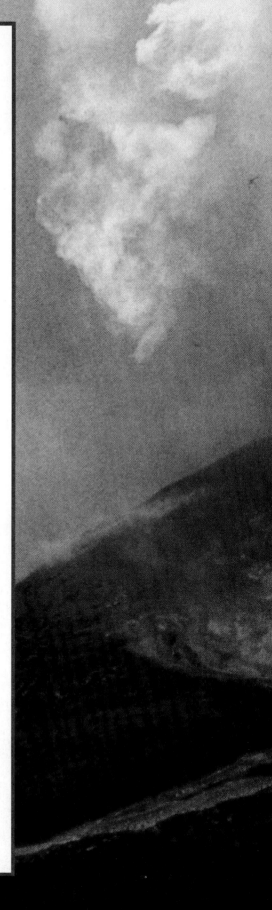

ANTES DE LEER
La puerta del infierno

Punto de partida

El desconocido misterioso

Imagina lo siguiente:
Afuera, la tormenta es intensa, y en casa, la familia disfruta de una cena caliente. Los golpes en la puerta son inesperados. Alguien va a ver quién es. Un desconocido está esperando en la puerta.

¿Cómo es el desconocido? Con un grupo pequeño, llena el siguiente cuadro añadiendo los datos que faltan acerca del desconocido.

Su edad:

_____

_____

Su apariencia:

_____

_____

Cómo llegó a la casa:

_____

_____

El propósito de su visita:

_____

_____

Toma nota

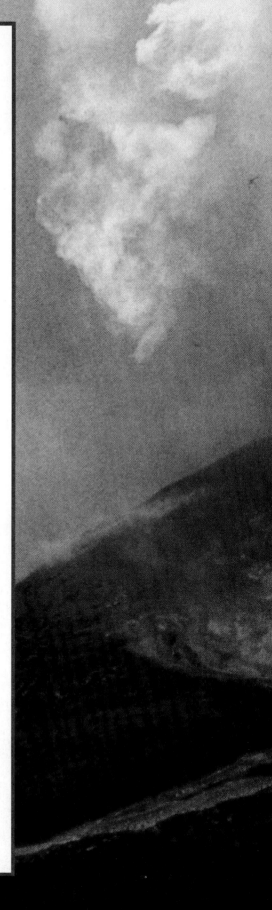
DIARIO DEL LECTOR

Léanse unos a otros los cuadros completos. ¿Han descrito los demás grupos al desconocido de la misma manera? ¿O varían bastante las descripciones? En tu DIARIO DEL LECTOR, escribe dos o tres frases resumiendo los resultados de esta actividad.

Estrategias para leer

Haz predicciones

Al leer un cuento, ¿alguna vez te has dicho: «creo que sé cómo va a terminar esto» o «éste va a recibir lo que se merece»?

Cuando imaginas cómo va a terminar un cuento o lo que les sucederá a sus personajes, estás **haciendo predicciones.** Tus predicciones están basadas normalmente en tus conocimientos previos y en pistas de la historia que **anticipan** o insinúan lo que va a pasar.

Cuando empieces a leer esta leyenda, responde brevemente a estas preguntas en tu DIARIO DEL LECTOR.

- Fíjate en el título de la historia. ¿Crees que el cuento terminará felizmente para sus personajes?

- Lee los primeros siete párrafos de la historia. ¿Crees que los hacendados encontrarán el tesoro? ¿Qué más pasará?

LA PUERTA DEL INFIERNO

Antonio Landauro

En Izalco, en el departamento de Sonsonate, al oeste del territorio de El Salvador, <u>se yergue</u> el majestuoso volcán Izalco, en actividad permanente desde hace siglos. De noche se observa en su cima, desde lejos, un penacho de fuego, lo que le ha valido el nombre de «Faro de Centroamérica» o «Faro del Pacífico». Sus constantes llamaradas, según los lugareños, están muy ligadas a las malas artes y los conjuros.[1]

1. las malas artes y los conjuros: práctica de magia negra e invocación supersticiosa.

- -

ADUÉÑATE DE ESTAS PALABRAS

se yergue, de **erguirse** v.: levantarse, ponerse en posición vertical.

- -

Julián Sisco, un indio que hablaba muy bien el español, y que fue gran narrador de tradiciones izalqueñas, contó esta historia, que a su vez le contó su padre, y a éste su abuelo, perdiéndose su origen en la nebulosa del tiempo.

Dicen que en épocas pasadas, habitaban en esta región dos personajes famosos por su avaricia —marido y mujer— cuyos nombres nadie recuerda, porque nadie quiso volver a nombrarlos después de la catástrofe que acabó con ellos y sus tierras. Vivían en una gran hacienda —el lugar que ahora ocupa el volcán—, y alquilaban sus terrenos a los indios pobres, quienes eran sus víctimas <u>perennes</u>.

Aquellas tierras parecían una bendición de Dios. Las mazorcas de maíz eran tres veces más grandes que las de ahora y constituían el sustento de la población indígena. Por aquellos tiempos los indios confiaban en la sinceridad del hombre blanco y en sus acciones. Pero el hacendado y su mujer tenían mal corazón y una <u>codicia</u> <u>insaciable</u>; cuantas veces iban los <u>aborígenes</u> a vender su maíz, les quitaban más de lo convenido o se quedaban con gran parte de los granos valiéndose de engaños y <u>ardides</u>.

Pero pronto aquellos miserables expiaron sus <u>fechorías</u>. Cierta noche, bajo una tempestad de rayos, llegó a la hacienda un misterioso señor. Llevaba anteojos negros, capa oscura y sobrebotas de charol. Montaba un <u>soberbio</u> caballo. Eso fue todo lo que pudieron decir de él algunos aldeanos.

Como el hombre tenía apariencia de rico mercader, los patronos salieron a recibirlo con mucha amabilidad. Pero ellos solamente, porque los criados que allí vivían sintieron un miedo inexplicable. También los animales dieron muestras de terror. Los perros aullaron con la cola entre las patas; y el ganado que estaba pastando echó a correr hacia las montañas, con mugidos <u>inusitados</u>.

¿Qué platicaron los patronos y el huésped? Quizás algo muy interesante y divertido, porque estuvieron alegres, bebiendo hasta altas horas de la noche. Al amanecer partió el extraño amigo, prometiendo volver, y volvió todas las noches. Así empezó la construcción de la boca del volcán.

Conociendo aquel viajero la gran codicia de los hacendados, les habló del fabuloso tesoro que estaba enterrado allí, y luego celebraron un trato para sacar el tesoro del fondo de la tierra. Tenían que hacer un pozo, cuya excavación quedaba a cargo del hacendado y su mujer, quienes deberían horadar[2] cierto sitio indicado. El extraño personaje les prometió que llegaría todas las noches, sin falta, a supervisar la excavación.

Y así lo hicieron. Varios días después el pozo tenía una profundidad enorme, aunque el cavador no hacía otra cosa sino echar la tierra en el barril que colgaba de la garrucha.[3] Grande era éste; y, sin embargo, la mujer tiraba de la cuerda con mucha facilidad. ¡Es claro, había alguien que le ayudaba!

Todas las noches llegaba el director de la obra. Iba a sacar a su amigo, a quien le habría sido imposible salir del pozo sin la ayuda del poderoso compañero.

Y llegó el momento esperado. Una noche apareció el tesoro. El barril salió repleto de oro y piedras preciosas. A la luz de la luna, aquella pedrería de diferentes colores se cubrió de fantásticos <u>destellos</u>.

2. **horadar:** hacer un hueco o un hoyo.
3. **garrucha:** polea por la que pasa una cuerda o un cable para subir agua o tierra de un pozo o hueco.

ADUÉÑATE DE ESTAS PALABRAS

perenne *adj.*: eterna, de siempre, constante.
codicia *f.*: deseo excesivo de dinero o posesiones materiales.
insaciable *adj.*: imposible de satisfacer.
aborigen *m.*: persona nativa u originaria de un lugar.
ardid *m.*: acto planeado con el propósito de causar mal.
fechoría *f.*: crimen.
soberbio, -bia *adj.*: magnífico, grandioso.
inusitado, -da *adj.*: raro, fuera de lo común.
destello *m.*: rayo de luz.

Volcán Izalco.

¡Cómo sería el gozo de los <u>avaros</u>! Adentro del pozo se oían los alegres gritos del cavador.

—¡Hay más; hay más! Y arriba, su mujer gritaba también como loca: —¡Sácalo todo! ¡Todo! ¡Todo!

—Hay más —dijo el encapotado, quien llegó en ese momento y, soltando una atroz carcajada, agarró del pelo a la mujer y, de repente, la echó al pozo.

Aquella misma mañana el raro visitante tomó su tesoro y lo volvió a depositar en el pozo. Al saber el señor cura lo que había ocurrido, fue a la hacienda acompañado de mucha gente. Iba a conjurar el lugar maldito. Pero con los exorcismos se empeoró aquello. En efecto, porque al caer el agua bendita que echó el cura, sucedió una cosa tremenda. De la boca del pozo empezó a salir un vocerío que causaba espanto. Eran los alaridos de los condenados. Al oír los gritos, el cura y sus compañeros comprendieron qué era aquello, y echaron a correr. A tiempo lo hicieron, porque el pozo infernal comenzó a arrojar humo; y en seguida, una columna de fuego. Tal es el origen de ese vómito de teshcal[4] hirviente que ya cuenta tantos siglos.

Así fue como aquellos compinches del Diablo, por codiciosos, abrieron en su propia hacienda la puerta del infierno, que así es como los indios llaman al volcán Izalco. Y es artículo de fe entre ellos, que allí se encuentran los ricos que durante su vida fueron como los hacendados de la leyenda.

4. **teshcal:** lava petrificada de un volcán.

- -

ADUÉÑATE DE ESTAS PALABRAS

avaro, -ra *m.* y *f.*: persona que acumula dinero y que no es generosa.

- -

CREA SIGNIFICADOS

Cuaderno de práctica, págs. 45–46

Así se dice

Para expresar certeza o duda

Puedes usar estas expresiones para contestar las preguntas de **Crea significados.**

> Estoy de acuerdo que los avaros se merecían...
> No puedo creer (Parece mentira) que... no se den cuenta de...
> Creo (Pienso) que... representa(n)...
> Está claro que la moraleja es...

Primeras impresiones

1. ¿Crees que los avaros hacendados recibieron lo que se merecían? ¿Por qué?

Interpretaciones del texto

2. ¿Qué pistas revelan la identidad del «misterioso señor»?

3. ¿Cómo **anticipa** o sugiere el final de la historia el narrador?

4. ¿Por qué crees que los patrones nunca son nombrados ni completamente desarrollados como personajes?

5. ¿Qué lección o moraleja enseña la historia?

Preguntas al texto

6. ¿Estás de acuerdo que «aquellos miserables expiaron sus fechorías»?

Más allá del texto

7. ¿Por qué crees que los indígenas de Izalco han creado la historia sobre el destino de los avaros hacendados?

8. En la literatura, a menudo, los defectos y debilidades de un personaje lo llevan a su caída. Por ejemplo, en «La puerta del infierno» la avaricia de los hacendados es la causa de su ruina. ¿Qué otras historias puedes nombrar en las que los defectos de un personaje lo llevan a su destrucción?

¿Te acuerdas?

Al contrario de las expresiones de certeza, las expresiones de duda van seguidas por un verbo en subjuntivo: **Dudo** que los hacendados **se preocupen** por los indios.

Repaso del texto

a. ¿Cómo engañan el hacendado y su mujer a los izalqueños?

b. ¿Por qué son los patrones tan amistosos con el «misterioso señor»?

c. ¿Cómo reaccionan los animales ante la aparición del hombre?

d. ¿Qué trato hace el desconocido con los hacendados?

OPCIONES: Prepara tu portafolio

1. Compilación de datos para una especulación sobre causas o efectos

Imagina que te han dado el tesoro que hay en el fondo del pozo y que de pronto te haces rico, muy rico. ¿De qué manera te afectaría tu nueva riqueza? Al escribir, piensa en estas preguntas:

- ¿De qué modo cambiaría tu vida como resultado de esta riqueza?

- ¿Serían positivos todos los efectos? ¿Podría haber resultados negativos también?

- ¿Cambiaría tu actitud hacia tu comunidad y tu futuro si te hicieras rico? ¿Por qué? ¿Cómo cambiaría?

¿Te acuerdas?

Recuerda que al hablar de situaciones hipotéticas, se usa la fórmula **si** + *imperfecto del subjuntivo*, más un verbo en el *condicional*:

*Si yo **encontrara** un tesoro como el del cuento, **compartiría** las riquezas con todos mis amigos.*

2. Una representación

En un grupo pequeño, escriban el diálogo que tuvo lugar la noche en que los hacendados y el desconocido se quedaron hablando hasta tarde y acordaron construir el pozo. Consigan algunos disfraces y utilería y representen la escena ante el resto de la clase.

3. Un trabajo sobre volcanes

Busca información sobre los volcanes. Para delimitar el tema de tu investigación, usa un diagrama como el de abajo. Comparte tus hallazgos con tus compañeros de clase.

Volcanes

Las erupciones

Cómo se predicen las erupciones

¿Alguna vez has oído una historia escalofriante?

En «Posada de las Tres Cuerdas», Junchiro sobrevive una experiencia escalofriante al enfrentarse con una fuerza desconocida y maléfica. En este cuento, se crea un ambiente lleno de suspenso y se presenta lo sobrenatural como algo posible. Los cuentos escalofriantes, que hablan de monstruos, fantasmas y otros fenómenos sobrenaturales siempre han fascinado y asustado a la gente. Muchas veces se pueden descartar como ficción o engaños. Pero hay algunos que van más allá de la razón. Escucha los cuentos de estos dos jóvenes. ¿Te los crees? ¿O más bien te parecen puros cuentos?

 ## Damián Ocaña
Argentina

Cuando tuve la oportunidad de conocer Bariloche, realizamos una excursión por el lago Nahuel-Huapi en un bote. Éramos como 75 personas y salimos a las 7:30 de la mañana. De repente sentimos que el agua comenzaba a moverse un poco violentamente y en la distancia vimos un enorme cuello que emergía desde las profundidades. En ese momento todos nos quedamos paralizados y algunos de los que estaban conmigo que llevaban sus cámaras tomaron algunas fotos. Nos dimos cuenta de que era «Nahuelito», el monstruo del lago, pero el miedo y el susto que nos llevamos en ese momento fue único y ha quedado profundamente grabado en nosotros.

Róland Lenz
Chile

Es [de] un amigo mío que una noche fue a una discoteca a bailar... y en esa discoteca conoció a una mujer. Bailaron toda la noche y lo pasaron muy bien y se sintieron los dos muy cómodos. A pesar de haberse conocido solamente una noche, se sintieron los dos un poco enamorados también. La cosa es que, terminada la noche, la dejó en su casa, y al día siguiente se dio cuenta que en su auto había una chaqueta, que era de ella. Fue a la casa de ella a dejarla y al llegar allá tocó el timbre y salió una persona de mayor edad. Pensando él que era su mamá, entonces le contó lo que habían hecho la noche anterior, y esta señora se vio muy sorprendida, porque le dijo [que] su hija, que vivía ahí, se había muerto hace muchos años.

Para pensar y hablar

A. Según Damián, ¿por qué se movían violentamente las aguas del lago? ¿Cómo reaccionaron él y sus amigos? ¿Qué hicieron algunos de ellos?

B. ¿Qué le pasó al amigo de Róland en la discoteca? ¿Por qué fue a la casa de la mujer al día siguiente? ¿De qué se enteró allí?

C. Con un(a) compañero(a), compara las dos respuestas. En su opinión, ¿cuál es la más creíble? ¿Cuál de los dos cuentos tiene más suspenso? ¿Por qué? ¿Qué habrían hecho ustedes si se hubieran encontrado en las mismas circunstancias?

D. Escucha una entrevista con Claudia Patricia, una joven mexicana. Contesta las siguientes preguntas según lo que ella dice.

    1. ¿En dónde se oían los ruidos extraños?

    2. ¿Quién identificó la causa del problema en el consultorio?

    3. ¿Qué vieron al lado de la amiga?

ESTRATEGIAS PARA LEER

Hacer predicciones

Cuando lees u oyes una historia, de manera espontánea empiezas a **hacer predicciones** o anticipar lo que sucederá en la historia y lo que les ocurrirá a los personajes. Hacer predicciones forma parte del proceso de ser un lector activo.

Las predicciones que haces cuando lees una historia suelen estar basadas en tu conocimiento y experiencia. Por ejemplo, probablemente sepas por otros relatos que hayas leído que los personajes que representan lo malo y lo perverso son generalmente castigados al final de la historia. Después de leer los primeros párrafos de «La puerta del infierno», seguramente predijiste que la avariciosa pareja pagaría por sus fechorías.

Tus predicciones están basadas también en la información que te presenta una lectura. Por ejemplo, cuando se te dijo en «Posada de las Tres Cuerdas» (página 129) que Junchiro pasó por alto algunos detalles en la posada, seguramente supiste que algo iba a salir mal. De la misma manera, la descripción del misterioso señor en «La puerta del infierno» (página 145) te llevó a predecir que ese hombre tendría algo que ver con la catástrofe que acabó con los hacendados.

Has estado haciendo predicciones en literatura desde que empezaste a escuchar cuentos de niño. Este proceso de predicción puede parecerse al esquema siguiente:

| Conocimiento previo | + | Información de la lectura | = | Predicción |

Al leer una historia, pregúntate si los acontecimientos suceden como habías imaginado. Intenta hacer nuevas predicciones a medida que vayas leyendo. Puedes hacer predicciones sobre el final de la historia.

Güeso y Pellejo

Ciro Alegría

 Y llegó el tiempo en que el ganado del Simón Robles aumentó y necesitaba mayor número de cuidadores, y también llegó el tiempo en que la Antuca debió hacerse cargo del rebaño, pues ya había crecido lo suficiente, aunque no tanto como para pasarse sin más ayuda que la Vicenta. Entonces, el Simón Robles dijo:

—De la parición que viene, separaremos otros dos perros para nosotros.

Y ellos fueron Güeso y Pellejo. El mismo Simón les puso nombre, pues amaba, además de tocar la flauta y la caja,[1] poner nombres y contar historias. Designaba a sus animales y a las gentes de la vecindad con los más curiosos <u>apelativos</u>. A una china le puso «Pastora sin manada», y a un cholo de ronca voz «Trueno en ayunas»; a un caballo flaco, «Cortaviento», y a una gallina estéril, «Poneaire». Por darse el gusto de nombrarlos, se las echaba de moralista y forzudo,[2] ensillaba con frecuencia a Cortaviento y se oponía a que su mujer matara la gallina. Al bautizar a los perros, dijo en el ruedo de la merienda:

—Que se llamen así, pues hay una historia, y ésta es que una viejita tenía dos perros: el uno se llamaba Güeso y el otro Pellejo. Y fue que un día la vieja salió de su casa con los perros, y entonces llegó un ladrón y se metió debajo de la cama. Volvió la señora por la noche y se dispuso a acostarse. El ladrón estaba calladito, esperando que ella se durmiera para ahogarla en silencio, sin que lo sintieran los perros y pescar las llaves de un cajón con plata. Y he allí que la vieja, al agacharse para coger la bacinica,[3] le vio las patas al ladrón. Y como toda vieja es <u>sabida</u>, ésa también lo era. Y entonces se puso a lamentarse, como quien no quiere la cosa: «Ya estoy muy vieja; ¡ay, ya estoy muy vieja y muy flaca; güeso y pellejo no más estoy!» Y repetía cada vez más fuerte, como admirada: «¡güeso y pellejo!, ¡güeso y pellejo!». Y en eso, pues, oyeron los perros y vinieron corriendo. Ella les hizo una señita y los perros se fueron contra el ladrón, haciéndolo leña[4]...

He aquí que por eso es bueno que estos perritos se llamen también Güeso y Pellejo.

La historia fue celebrada y los nombres, desde luego, aceptados. Pero la vivaz Antuca hubo de apuntar:

—¿Pero cómo para que adivine la vieja lo que iba a pasar y les ponga así?[5]

---

3. **bacinica:** recipiente que se coloca al lado de la cama.
4. **haciéndolo leña:** atacándolo y haciéndole daño.
5. **¿Pero cómo... les ponga así?:** ¿Pero cómo iba a saber ella lo que iba a pasar antes de llamarlos así?

---

1. **caja:** tambor.
2. **moralista y forzudo:** pretendía ser muy correcto y fuerte.

ADUÉÑATE DE ESTAS PALABRAS

apelativo *m.:* nombre o sobrenombre.
sabida, -do *adj.:* que sabe o entiende mucho.

El Simón Robles replicó:

—Se los puso y después dio la casualidad que valieran esos nombres... Así es en todo.

Y el Timoteo, arriesgando evidentemente el respeto lleno de <u>mesura</u> debido al padre, argumentó:

—Lo que es yo, digo que la vieja era muy de otra laya, porque no trancaba su puerta. Si no, no hubieran podido entrar los perros cuando llamaba. Y si es que los perros estaban dentro y no vieron entrar al ladrón, eran unos perros por demás zonzos[6]...

6. **zonzos:** tontos.

El encanto de la historia había quedado roto. Hasta en torno del <u>fogón</u>, donde la simplicidad es tan natural como masticar el trigo, la lógica se <u>entromete</u> para enrevesar y desencantar al hombre. Pero el Simón Robles respondió como lo hubiera hecho cualquier relatista de más cancha:[7]

—Cuento es cuento.

7. **cancha:** experiencia.

ADUÉÑATE DE ESTAS PALABRAS

mesura *f.:* cautela, precaución, proporción.
fogón *m.:* hoguera, el fuego para cocinar o calentarse por la noche.
entromete, de **entrometer** *v.:* intervenir, entrar a tomar parte.

CONOCE AL ESCRITOR

Ciro Alegría (1909–1967) nació en la ciudad de Trujillo, Perú, pero se familiarizó con las historias y costumbres de los indígenas cuando, de adolescente, visitó la región de Huamachuco.

Cuando Alegría asistía a la escuela secundaria de San Juan, comenzó a interesarse por la lectura. Se familiarizó con los clásicos peruanos y descubrió a una nueva generación de escritores. Escribió para el periódico de estudiantes, que él mismo había cofundado, y más adelante trabajó como redactor de un diario de Trujillo.

Alegría se interesó por la política y se hizo miembro de un partido clandestino. Su trabajo por la reforma económica y social, especialmente la de los pobres de su país, lo llevó a prisión y luego a un exilio que habría de durar veinticinco años.

Alegría fijó su residencia inicialmente en Chile donde escribió tres novelas que fueron premiadas. Estos libros reflejaban las vidas y tradiciones del pueblo nativo peruano y lograron que un gran público tomase conciencia de su sufrimiento. El premio que recibió por su tercera y más conocida novela, *El mundo es ancho y ajeno* (1941), le permitió viajar a los Estados Unidos donde enseñó en varias universidades. También pasó un tiempo en Puerto Rico y Cuba. Alegría pudo volver a Perú en 1960 donde reanudó su carrera política y, más adelante, fue elegido a la Cámara de Diputados.

«Güeso y Pellejo» es una leyenda andina que apareció por primera vez en la segunda novela de Alegría, *Los perros hambrientos* (1938). También está incluida en una recopilación de su obra titulada *Fábulas y leyendas americanas* (1982).

Comunidad y oficio

Protegiendo el patrimonio cultural de las Américas

Mucho del patrimonio cultural de las Américas está por descubrirse todavía. A lo largo de los años, se ha tratado de descifrar las antiguas culturas americanas por medio de excavaciones. Hoy día hay prisa por encontrar estas antigüedades, no sólo por el peligro de deterioro, sino también por las amenazas de saqueo. Los arqueólogos, antropólogos, historiadores y fotógrafos aportan sus conocimientos de la excavación, identificación y preservación de artefactos. Además de la preparación académica, estas carreras requieren el conocimiento del español y en muchos casos el de varios idiomas indígenas también. Con su dedicación y arduo trabajo, profesionales como éstos ayudan a preservar el patrimonio cultural de las Américas.

1911 El historiador Hiram Bingham encuentra la ciudad perdida de Machu Picchu.

1963–1974
Tania Proskouriakoff y Linda Schele, dos artistas que terminan siendo arqueólogas, descifran los jeroglíficos mayas que cuentan la historia de esta civilización.

1997 La arqueóloga Adriana von Hagen y la bioarqueóloga Sonia Guillén salvan 200 momias chachapoyas (800 d.C. a 1500 d.C.) de los saqueadores en la Laguna de los Cóndores, Perú.

1987 La excavación en Perú de las tumbas reales de Sipán por los arqueólogos Walter Alva y Christopher Donnan rinde fabulosos tesoros de oro y aumenta el conocimiento que se tiene de los moches. (100 d.C. a 800 d.C.)

INVESTIGACIONES

A. De las profesiones mencionadas arriba, ¿cuál te interesa más y por qué? Busca información en Internet u otros recursos acerca de una excavación en Latinoamérica e imagina que trabajas allí. ¿Qué cultura estudias? ¿Qué haces en la excavación? ¿Cuáles son dos cosas que has aprendido?

B. En grupos, comenten los siguientes temas: ¿Qué consideran que es el patrimonio cultural de un país? ¿Qué importancia tiene ese patrimonio? ¿Se deben incluir las antigüedades de una civilización perdida como parte del patrimonio actual? Expliquen su respuesta.

Vocabulario

Cuaderno de práctica, págs. 50–51

■ Vocabulario en contexto

A. Faltan palabras «Posada de las Tres Cuerdas»

Completa las oraciones sobre este cuento con la palabra que falta. Cambia la forma de la palabra si es necesario.

sable	cuerda	trampa	arrojar
quemar	proponer	cabalgar	natal
bandeja	enroscarse	apoderarse	araña

1. Los dos jóvenes regresaban a su ciudad ══════ después de la guerra.

2. El hermano menor ══════ seguir adelante en busca de una aldea.

3. Después de ══════ dos horas por el bosque llegó a una posada. Adentro, la luz de una lámpara y una ══════ servida parecían esperarlo.

4. Junchiro sintió que las pupilas negras de la muchacha hermosa lo ══════ por dentro, mientras la extraña música ══════ de todo.

5. El joven comprendió que había caído en una ══════.

6. La ══════ del instrumento ══════ alrededor del cuerpo de Junchiro.

7. Junchiro logró ══════ el ══════, que se clavó en la caja del instrumento.

8. Al día siguiente, los hermanos encontraron a una gigantesca ══════ muerta.

B. ¿Qué significa? «Posada de las Tres Cuerdas»

Escoge el significado que mejor corresponde a las palabras subrayadas. Usa las pistas del contexto y vuelve a la lectura si es necesario.

1. Junchiro estaba un poco <u>arrepentido</u> de haber entrado solo en el bosque.
   a. emocionado   **b.** afligido

2. La muchacha ni siquiera lo había saludado. Parecía <u>sordomuda</u>.
   a. que no veía   **b.** que no oía ni hablaba

3. Junchiro sintió que algo <u>pegajoso</u> se enroscaba alrededor de su cara.
   a. adhesivo   **b.** resbaladizo

4. Era demasiado tarde para intentar algo. Se sintió <u>atrapado</u>.
   a. liberado   **b.** aprisionado

5. La furia de la muchacha desapareció y su cara pareció <u>enflaquecer</u> de pronto.
   a. palidecer   **b.** adelgazarse

6. Debajo de una enorme tela se encontraba la araña <u>atravesada</u> por el sable.
   a. enredada   **b.** clavada

C. Palabras parecidas «Posada de las Tres Cuerdas»

De cada grupo de palabras, escoge las dos palabras cuyos significados son similares y explica su similitud. Consulta un diccionario si es necesario.

MODELO arrojar lanzar experimentar
Escribes *Arrojar* y *lanzar* tienen significados parecidos. Ambas palabras describen la acción de tirar, echar o botar algo.

1. aterrado amostazado asustado
2. nuca cuello costado
3. liviano fuerte ligero

4. destruidos carcomidos emplumados
5. fantasma aparición azabache
6. arder declinar flamear

D. Faltan palabras «La puerta del infierno»

Completa el resumen de este cuento con las palabras que faltan. Cambia la forma de la palabra si es necesario.

mercader	sustento	habitar	insaciable	carcajada
pozo	tesoro	codicia	vocerío	
cavador	ardid	alquilar	condenado	

Hace tiempo ___1.___ en una hacienda lejana un hombre y una mujer famosos por su ___2.___. ___3.___ sus tierras a los indígenas quienes las trabajaban para su ___4.___, pero los engañaban con ___5.___ y les quitaban gran parte de sus ganancias. Cuenta la leyenda que un día llegó un hombre que parecía un rico ___6.___. Les habló de un fabuloso ___7.___ que se hallaba allí enterrado y les propuso excavar un ___8.___. Una noche los ___9.___ encontraron un barril lleno de piedras preciosas. Mientras lo sacaban llegó el hombre. Soltando una gran ___10.___, empujó a la mujer y la enterró en el pozo. De la boca del pozo empezó a salir humo y un ___11.___ espantoso. Eran los gritos de los ___12.___ que por su avaricia ___13.___ habían abierto en su propia tierra las puertas del infierno.

E. ¡A escuchar! «Posada de las Tres Cuerdas» y «La puerta del infierno»

Vas a escuchar una serie de oraciones sobre los dos cuentos. Identifica a qué personaje se refiere cada una de las oraciones.

Personajes: Junchiro, la hermosa muchacha, los hacendados, el hombre misterioso, los indios

■ Mejora tu vocabulario

Los sinónimos

¿Qué tienen en común los adjetivos *perenne* y *perpetuo?* Son **sinónimos.** *Perenne* quiere decir «continuo, eterno» y *perpetuo* quiere decir «que permanece para siempre». Los sinónimos son palabras que tienen un significado parecido. El conocimiento de los sinónimos sirve para recordar y relacionar palabras desconocidas, para ampliar el vocabulario y especialmente para expresar diferentes matices de significación con claridad y precisión.

Es importante tener en cuenta el contexto en que se van a usar las palabras sinónimas, ya que su significado no siempre es exactamente igual, como es el caso de *antiguo, viejo* y *mayor. Antiguo* se refiere a algo que ha existido desde hace mucho tiempo, o a una persona que lleva mucho tiempo en un empleo, profesión o comunidad. *Viejo* se refiere a una persona de edad y *mayor* a la persona de más edad. Se puede decir que «el señor Villegas es el miembro más antiguo de la compañía», si lleva mucho tiempo trabajando allí. En cambio, al referirnos a su edad, podríamos decir que «es el mayor, o uno de los más viejos de la compañía». Siempre se debe prestar atención al contexto y a la variedad de significados de una palabra antes de sustituir un sinónimo por otro.

F. Los sinónimos en «Posada de las Tres Cuerdas» y «La puerta del infierno»

Escoge el sinónimo a continuación que mejor corresponde a las palabras subrayadas. Usa las pistas del contexto y vuelve a la lectura si es necesario.

cuerdas	se espesaba	codiciosos	espanto
llegara	amarguras	invitado	desocupada
ardides	obedecían	hacendados	malvados

1. Junchiro esperaba que su hermano <u>lo alcanzara</u> pronto.
2. A medida que Junchiro cabalgaba, el bosque <u>se hacía mas denso.</u>
3. La habitación estaba <u>vacía</u> y el silencio era absoluto.
4. Junchiro quería levantarse pero sus piernas no le <u>respondían.</u>
5. Había olvidado las <u>tristezas</u> de la guerra.
6. Koichi cortó las <u>ligaduras</u> que ataban a su hermano.
7. El hombre y la mujer eran <u>ambiciosos.</u>
8. Ellos engañaban a los indios con <u>mentiras.</u>
9. Los <u>patrones</u> les alquilaban sus tierras.
10. Los animales sintieron <u>terror</u> cuando llegó el hombre misterioso.
11. El extraño <u>huésped</u> arrojó a la mujer al pozo.
12. Finalmente los <u>miserables</u> pagaron por sus acciones.

Los antónimos

¿Cuál es la relación entre *gozo* y *miseria*? Son **antónimos.** *Gozo* significa «alegría» mientras que *miseria* significa «tristeza, desdicha». Los antónimos son palabras que tienen significados opuestos. Se usan para presentar un contraste: *El hombre y la mujer en «La puerta del infierno» no eran* **generosos,** *sino* **avaros.** Al igual que los sinónimos, el uso de los antónimos sirve para aprender y recordar palabras nuevas y especialmente para expresar las ideas de una manera más precisa y variada.

G. Los antónimos en «Posada de las Tres Cuerdas» y «La puerta del infierno»

Las oraciones a continuación son en parte falsas. Lee cada oración y basándote en los cuentos, identifica la parte incorrecta. Escoge el antónimo correspondiente del cuadro y usa esa palabra para escribir la oración correctamente.

MODELO   Junchiro sabía que en realidad, su hermano era cobarde.
Escribes   Junchiro sabía que en realidad, su hermano era valiente.

horadar	se enflaqueció	inusitados
cima	se arrodilló	detenerse

1. Al ver la cabaña iluminada, Junchiro decidió seguir adelante.
2. La joven se puso de pie con elegancia y le ofreció otro tazón de sake.
3. La cara blanca y fina de la muchacha se hinchó de repente.
4. De noche se observa en la base del volcán una llamarada de fuego.
5. El ganado echó a correr dando mugidos corrientes.
6. Los avaros empezaron a cubrir la tierra en busca del tesoro.

H. Oraciones incompletas

Las siguientes oraciones están basadas en algunas de las lecturas de las Colecciones 1, 2 y 3 de este texto. Completa cada oración con una frase o palabra antónima a las palabras subrayadas.

MODELO   Los hacendados no eran <u>generosos</u>, sino ======.
Escribes   Los hacendados no eran generosos, sino avaros.

De «Mis primeros versos»

1. El narrador no era <u>humilde</u>, sino ======.
2. Él opinaba que sus versos eran <u>maravillosos</u>. Sin embargo, sus amigos le dijeron que eran ======.

De «Primero de secundaria»

3. A Víctor no <u>le gustaba</u> la clase de matemáticas. Al contrario, ===== esa clase.

4. Víctor no <u>tenía confianza en sí mismo</u>. En realidad, era bastante =====.

De «La guerra de los yacarés»

5. Los yacarés no eran <u>perezosos</u>, sino =====.

6. Los yacarés jóvenes eran un poco <u>tontos</u>, pero el yacaré viejo era =====.

De «Posada de las Tres Cuerdas»

7. A Junchiro le pareció que el bosque era <u>pequeño</u>, cuando en realidad era muy =====.

8. Aunque Junchiro pensaba que la posada era un lugar <u>seguro</u>, más tarde se dio cuenta que era =====.

■ Aplicación

I. ¡Adivina la palabra! «Posada de las Tres Cuerdas»

Divide la lista de palabras con un(a) compañero(a). Para cada una de tus palabras, escribe una oración que explique el significado de esa palabra en el contexto del cuento. Luego lee tus oraciones a tu compañero(a) para que adivine a qué palabra corresponde tu oración.

Palabras: fantasmas, bandeja, encadenar, cuerdas, trampa, vaina, flamear, araña

> **MODELO** *bosque*
>
> *Tú* Es el lugar lleno de árboles por donde cabalgó Junchiro.
>
> *Tu compañero(a)* ¿Es *bosque*?
>
> *Tú* ¡Sí!

J. ¡A contestar! «Posada de las Tres Cuerdas» y «La puerta del infierno»

Contesta las preguntas sobre los dos cuentos con oraciones completas. Al escribir tus respuestas, presta atención a las palabras subrayadas.

1. ¿Cuándo se dio cuenta Junchiro de que había caído en una <u>trampa</u>?

2. ¿Qué era la cosa <u>pegajosa</u> que <u>se enroscaba</u> alrededor de su cuello?

3. ¿Por qué sacó Junchiro su <u>sable</u> de la <u>vaina</u>?

4. ¿Cuál es la identidad de la muchacha de la <u>posada</u> y qué le sucede al final del cuento?

5. ¿Dónde <u>se yergue</u> el volcán Izalco de la leyenda?

6. ¿Qué pasó cuando el cura trató de <u>conjurar</u> el lugar maldito?

7. ¿Cómo pagaron los hacendados por sus <u>ardides</u> y <u>fechorías</u>?

K. ¡A escribir! «Posada de las Tres Cuerdas» y «La puerta del infierno»

La leyenda sobre «La puerta del infierno» da una explicación acerca de la existencia del volcán Izalco en El Salvador. Escribe una leyenda original que explique un fenómeno natural tal como un terremoto, una tempestad o el cambio de las estaciones. Incluye las siguientes diez palabras y consulta el glosario para verificar su significado si es necesario. Las palabras se pueden incluir en el orden que quieras.

Palabras: proponer, alcanzar, aterrarse, aborigen, perenne, destello, habitar, sustento, flamear, erguirse

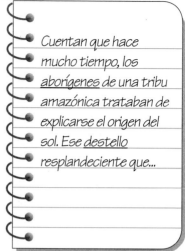

Cuentan que hace mucho tiempo, los aborígenes de una tribu amazónica trataban de explicarse el origen del sol. Ese destello resplandeciente que...

L. Constelación de palabras

Para hacer esta actividad, vas a tener que consultar un diccionario. Para cada una de las siguientes palabras, haz una constelación igual a la del modelo y complétala con el significado de la palabra dada, una oración original, un sinónimo y un antónimo.

Palabras: aldea, patrón, depositar, gozo, tranquilo, herido, engañar, extraño

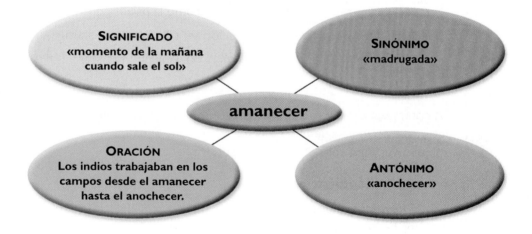

Para la lista de **Vocabulario esencial** Ver la página 183

Gramática

Cuaderno
de práctica,
págs. 52–59

Ampliación

• El modo y los modales
Hoja de práctica 3-A

■ El modo

El **modo** expresa la manera en que se presenta la acción.
Hay tres modos en español: el **indicativo,** el **subjuntivo**
y el **imperativo.** Las terminaciones del verbo indican el modo:

*Creo que todos los muchachos **vienen** en carro.* (indicativo)
*Es mejor que **vengas** temprano mañana.* (subjuntivo)
***Ven** a la tienda conmigo.* (imperativo)

El **indicativo** se usa para referirse a acciones o estados basados
en la realidad, o que son una realidad en la opinión del que habla:

*Los hermanos **cabalgaron** todo el día.*
*Se **sentían** muy cansados.*
*Creo que algo le **va** a pasar al hermano menor.*

El indicativo se puede usar en dos tipos de oraciones, las
oraciones sencillas y las **oraciones compuestas.** Las
oraciones compuestas constan de dos partes que se
llaman **cláusulas.** Las dos cláusulas son la principal (o la
independiente) y la subordinada (o la dependiente). Se
puede reconocer las oraciones compuestas porque las dos
cláusulas van unidas por una **conjunción** como la palabra *que:*

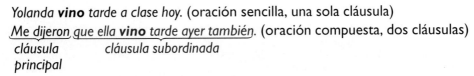

*Yolanda **vino** tarde a clase hoy.* (oración sencilla, una sola cláusula)
*Me dijeron que ella **vino** tarde ayer también.* (oración compuesta, dos cláusulas)
cláusula   cláusula subordinada
principal

En contraste, el **subjuntivo** se usa para referirse a acciones hipotéticas o
futuras, o acciones que uno quiere que sucedan. A diferencia del indicativo, el
subjuntivo se usa sólo en la cláusula subordinada:

Indicativo	Subjuntivo
*¿Ya **terminaron** de hacer el proyecto?*	*Es imposible que lo **terminemos** hoy.*
*¿Qué haces cuando **sales** del colegio?*	*Voy a mi clase de arte cuando **salga** hoy.*
*¿Todos **vienen** con nosotros esta tarde?*	*No creo que Juan Carlos **venga.***

En el último ejemplo, la acción del verbo en la cláusula subordinada *(venga)* está
sujeta a la acción de la cláusula principal *(No creo).* El verbo de la cláusula
principal está en el indicativo, mientras que el de la cláusula subordinada está
en el subjuntivo.

Práctica

A. Completa las oraciones con la forma correcta del verbo entre paréntesis.

1. Juanito, ¿por qué dejas tus cosas tiradas por toda la casa? Te pido que no (dejas/dejes) las cosas por ahí, por favor.

2. Mi amiga Liliana (come/coma) comida poco saludable. Yo siempre le digo que coma más frutas y verduras.

3. Ya (saben/sepan) todos que queremos dar una fiesta de sorpresa para Ana. Hagamos los preparativos sin que ella sepa lo que estamos planeando.

4. Para ser feliz, ¿es importante que uno (gana/gane) mucho dinero? Mis tíos no ganan mucho pero viven contentos.

5. Lucía, ¿vas a salir esta tarde? Cuando (vas/vayas) al centro, ¿puedes comprarme unos sellos, por favor?

6. Carlos no estudia lo suficiente. Será necesario que (estudia/estudie) más si quiere mejorar sus notas.

7. La directora siempre llega a las ocho. ¿Le podrías dar este recado cuando (llega/llegue), por favor?

8. Silvia (está/esté) mal hoy. No creo que esté muy enferma, pero tiene fiebre.

■ Las formas del presente del subjuntivo

Nota las diferencias entre las terminaciones de los verbos en los siguientes ejemplos:

> **Hablo** inglés en el colegio pero mis padres prefieren que **hable** español en casa.
> ¿Siempre **asistes** a las reuniones? Hoy espero que todos **asistan.**
> Por lo general **salgo** a las cuatro, pero hoy es difícil que **salga** antes de las cinco.

Como se puede ver, la raíz del presente del subjuntivo es la primera persona singular (la forma **yo**) del presente del indicativo, menos la **-o** final.

1. Las conjugaciones del presente del subjuntivo de los verbos regulares son las siguientes:

	Persona	-ar	-er	-ir
Singular	yo	trabaj**e**	com**a**	viv**a**
	tú	trabaj**es**	com**as**	viv**as**
	usted, él, ella	trabaj**e**	com**a**	viv**a**
Plural	nosotros(as)	trabaj**emos**	com**amos**	viv**amos**
	vosotros(as)	trabaj**éis**	com**áis**	viv**áis**
	ustedes, ellos(as)	trabaj**en**	com**an**	viv**an**

2. Los verbos que terminan en **-ar** o **-er** con un cambio entre las vocales de la raíz siguen el mismo patrón que en el presente del indicativo:

   pensar: p**ie**nse, p**ie**nses, p**ie**nse, p**e**nsemos, p**e**nséis, p**ie**nsen
   poder: p**ue**da, p**ue**das, p**ue**da, p**o**damos, p**o**dáis, p**ue**dan

   Los verbos que terminan en **-ir** con un cambio entre las vocales de la raíz mantienen el cambio en todas las personas de la conjugación:

   pedir: p**i**da, p**i**das, p**i**da, p**i**damos, p**i**dáis, p**i**dan

3. Si la primera persona singular del presente del indicativo es irregular, la misma irregularidad ocurre en el presente del subjuntivo:

caber: *quepa, quepas...*	**salir:** *salga, salgas...*
conocer: *conozca, conozcas...*	**traer:** *traiga, traigas...*
decir: *diga, digas...*	**venir:** *venga, vengas...*
hacer: *haga, hagas...*	

   ¿Se te ha olvidado? el tiempo presente Ver la página 105

4. Hay seis verbos irregulares o con cambios ortográficos en el presente del subjuntivo:

   dar: *dé, des, dé, demos, deis, den*
   estar: *esté, estés, esté, estemos, estéis, estén*
   haber: *haya, hayas, haya, hayamos, hayáis, hayan*
   ir: *vaya, vayas, vaya, vayamos, vayáis, vayan*
   saber: *sepa, sepas, sepa, sepamos, sepáis, sepan*
   ser: *sea, seas, sea, seamos, seáis, sean*

Práctica

B. Encuentra y escribe todos los verbos de cada oración. Da el infinitivo que corresponde a cada forma verbal e indica si los verbos están en el indicativo o el subjuntivo.

MODELO A veces nuestro perro se sale sin que lo veamos.

   Escribes Los dos verbos son *sale* y *veamos*. El infinitivo de *sale* es *salir*. El infinitivo de *veamos* es *ver*. *Sale* está en el indicativo y *veamos* está en el subjuntivo.

1. Te aviso en cuanto lleguen los demás.
2. Me molesta que mi hermano escuche la música muy fuerte.
3. Martín quiere que vayamos con él al parque de atracciones.
4. ¿Es cierto que sacaste A en el examen de química?
5. Si quieres, yo compro marcadores y papel ahora para que hagamos los carteles esta noche.
6. Anoche salimos tan pronto como trajeron el carro.
7. Este fin de semana tenemos una excursión. ¡Ojalá haga buen tiempo!
8. Es mejor que no veas televisión mientras estudias, ¿no crees?

C. Escribe cada frase en el subjuntivo para completar las oraciones.

> **MODELO** —¿Qué hacemos en Puerto Rico? —Quiero que nosotros...
> (ir a la playa/visitar el Morro/hacer una excursión al Yunque)
>
> *Escribes* —Quiero que nosotros vayamos a la playa/visitemos el
> Morro/hagamos una excursión al Yunque.

1. —¿Cómo deben comunicarse con nosotros los clientes? —Es mejor que ellos... (venir mañana por la mañana/llamarnos por teléfono/ir a la oficina)

2. —¿Por qué me traes tu computadora? —Te la traigo para que... (jugar a unos juegos/usarla para hacer la tarea/escribir una carta electrónica)

3. —¿Qué quiere mamá? —Quiere que tú... (apagar la radio/ir al mercado/conducir con cuidado)

4. —¿Cuándo me vas a llamar? —Te llamo cuando yo... (llegar a casa/regresar de la biblioteca/saber algo)

5. —¿Qué tiene que hacer Julio para mejorar sus notas? —Es necesario que... (estudiar/acostarse más temprano/pedirles ayuda a los maestros)

6. —¿Cuándo vamos a ir? —Vamos hoy, a menos que... (seguir nevando/empezar a llover/hacer mucho frío)

7. —¿Cuándo pasarás por mí? —Paso por ti cuando yo... (salir de la escuela/terminar de trabajar/despertarme)

8. —¿Qué se puede hacer para ser feliz? —Es importante que uno... (divertirse/tener amigos/tomar las cosas con calma)

■ El presente del subjuntivo en cláusulas nominales

Una **cláusula nominal** es cualquier cláusula subordinada que funciona como sustantivo. El verbo de la cláusula nominal puede estar en indicativo o subjuntivo:

> Tomás dice *que él va* a la fiesta.   Él me pide *que yo vaya* también.
>
> Ana me asegura *que todos están* bien.   Me alegro *que todos estén* bien.
>
> Es cierto *que Ana viaja* mucho.   Dudo *que viajemos* a México este año.

El verbo de la cláusula nominal está en el subjuntivo cuando los sujetos de las dos cláusulas son diferentes y cuando la cláusula principal expresa estos conceptos:

1. Influencia o voluntad:

> **Quiero que** me **digas** la verdad.   **Ojalá** todos **lleguen** sin problema.
>
> **Me dicen que** no **veamos** esa película.   **Es importante que** todos **participen.**

2. Duda o negación:

> **Es imposible que** lo **hagas** tú solo.   **Dudo que salgamos** esta noche.
>
> **Parece mentira que** no se **den** cuenta del error.   **Nadie cree que** el candidato **tenga** razón.

3. Emoción:

Me alegra que quieras venir.
Sentimos que Javier **esté** enfermo.

Es triste que no **podamos** vernos más.
Le molesta que los estudiantes **lleguen** tarde.

4. Juicio u opinión:

Es natural que estés preocupado.
Es bueno que comiencen a planear ahora.

Es malo que el autobús no **pase** por aquí.
Parece raro que nadie **sepa** dónde está Ramón.

Práctica

D. Completa las oraciones con la forma correcta del verbo entre paréntesis. Para cada oración, explica por qué optaste por el indicativo o el subjuntivo.

1. Es evidente que todos (están/estén) aburridos.

2. Mis papás me piden que (habla/hable) menos por teléfono.

3. Nadie cree que (es/sea) buena idea hacer la excursión hoy.

4. Está claro que Julia (domina/domine) el español.

5. Samuel está feliz de que (podemos/podamos) ir a visitarlo esta tarde.

6. Es posible que (hay/haya) otra tormenta esta noche.

7. Es necesario que (llevamos/llevemos) el carro al taller.

8. No dudo que todos mis amigos (van/vayan) a tener mucho éxito.

E. Completa el párrafo sobre el comienzo del cuento «Caperucita Roja» con la forma correcta del verbo entre paréntesis. Usa el presente del indicativo o el presente del subjuntivo.

Resulta que la abuela de Caperucita Roja _____1._____ (estar) enferma y guardando cama. La mamá de Caperucita Roja sabe que a su hija le _____2._____ (encantar) visitar a su abuela. Entonces, le sugiere a ella que _____3._____ (ir) a la casa de la abuela y que le _____4._____ (llevar) algo de comer. También le dice que no _____5._____ (hablar) con desconocidos al pasar por el bosque y que _____6._____ (tener) mucho cuidado con el lobo malvado. Mientras camina por el bosque, Caperucita Roja _____7._____ (encontrarse) con el lobo. Como es tan ingenua, le dice al lobo que la abuelita la _____8._____ (estar) esperando en su casita. La pobre no se da cuenta de que el lobo _____9._____ (tener) un plan atroz: ir a la casa y comerse a las dos. Cuando Caperucita Roja llega a la casa, piensa que el lobo disfrazado _____10._____ (ser) la abuela.

F. Combina elementos de las dos columnas para formar oraciones lógicas.

MODELO   Mis padres me dicen que.../salir
Escribes   Mis padres me dicen que salga sólo los fines de semana.

Mis padres me dicen que...	estar
Estoy seguro(a) que...	haber
Es increíble que...	hablar
Quiero que…	hacer
No me gusta que…	ir (a)
Mis amigos me cuentan que...	poder
No creo que...	querer
Me alegra que...	salir
Es triste que...	tener (que)

G. Las siguientes oraciones están basadas en algunas de las lecturas de las Colecciones 1, 2 y 3 de este texto. Escribe tus propias reacciones a lo que sucede en los cuentos, usando las frases dadas.

MODELO   Víctor quiere ser el novio de Teresa.
Escribes   No creo que Teresa tenga interés en salir con él.

De «Primero de secundaria»

1. Víctor piensa que Teresa es la muchacha perfecta para él.
2. Víctor dice que sabe hablar francés.
3. Teresa cree que Víctor habla francés muy bien.

De «La guerra de los yacarés»

4. Los yacarés saben construir diques.
5. El Surubí tiene su propio torpedo.
6. Los yacarés destruyen el buque de guerra.

De «Posada de las Tres Cuerdas»

7. Junchiro quiere seguir adelante para llegar a su casa.
8. No se da cuenta de que corre peligro.
9. Resulta que la muchacha hermosa es una araña gigantesca.

> Dudo que...
> Es increíble que...
> Me parece raro que...
> Espero que...
> Ojalá...
> Es difícil que...
> No estoy seguro(a) que...

■ El presente del subjuntivo en cláusulas adverbiales

Un **adverbio** expresa cómo, cuándo, dónde o por qué ocurre una acción:

*Paso por ti **inmediatamente.***

De la misma manera, una **cláusula adverbial** modifica al verbo de la cláusula principal:

*Paso por ti **cuando salgas del colegio.***

El verbo de la cláusula adverbial puede estar en indicativo o subjuntivo.

Me llamó tan pronto como pudo.
Me va a llamar cuando llegue a casa.
¿Me llamas para que podamos organizar la fiesta?

La cláusula adverbial va unida a la principal por **conjunciones condicionales** o **conjunciones temporales.** Las conjunciones condicionales siempre van seguidas por un verbo en el subjuntivo:

*Pensamos ir hoy **a menos (de) que** llueva.*
*Te ayudo ahora **con tal (de) que** me ayudes luego.*
*Voy a preparar algo ahora **en caso (de) que** los invitados lleguen temprano.*
*Te presto este disco compacto **para que** lo escuches.*
*Va al hospital **a fin de que** le hagan unos tratamientos.*
*La niña no quiere ir a ninguna parte **sin que** su mamá vaya con ella.*

Las conjunciones temporales más frecuentes son:

antes de que	hasta que
cuando	mientras
después de que	tan pronto como
en cuanto	

Estas conjunciones (a excepción de *antes de que*) pueden ir seguidas por un verbo en indicativo o subjuntivo. Después de una conjunción temporal, se usa el indicativo para referirse a acciones cumplidas o habituales. En cambio, se usa el subjuntivo para referirse a acciones futuras. La única excepción es *antes de que*, que siempre va seguida por el subjuntivo:

Acciones cumplidas/habituales

Siempre ceno cuando llego a casa.
Me llamó en cuanto supo las noticias.
Veía la televisión mientras trabajaba.

Acciones futuras

Voy a salir cuando él llegue.
Llámame en cuanto sepas algo.
Mientras no digas la verdad, no te escucharé.
Voy a preparar la cena antes de que lleguen mis papás.

Práctica

H. Lee cada oración e indica si el verbo subrayado se refiere a una acción cumplida, una acción habitual o una acción futura. Explica por qué se usa el subjuntivo o el indicativo en cada caso.

1. No me fui hasta que se <u>acabó</u> el programa.
2. Iremos a la playa a menos que <u>llueva</u>.
3. Germán vino en cuanto <u>pudo</u>, pero ya se habían ido todos.
4. Estoy llamando a la agencia de viajes para que me <u>hagan</u> una reservación.
5. No voy sin que me <u>digan</u> la dirección.
6. Saco dinero los viernes cuando <u>voy</u> al banco.
7. Cuando <u>hablemos</u> con Marta, nos contará qué pasó en la fiesta.
8. Quiero comprar una nueva bicicleta con tal de que no <u>sea</u> demasiado cara.

I. Completa las oraciones con la forma correcta del verbo entre paréntesis. Para cada oración, explica por qué optaste por el indicativo o el subjuntivo.

1. Salió para España tan pronto como le (mandaron/manden) el pasaporte.
2. Escondamos los regalos sin que Susana se (da/dé) cuenta.
3. Papá me va a llevar a Chile para que (conozco/conozca) a mis tíos.
4. Mi abuela se va a quedar con nosotros hasta que (terminan/terminen) las vacaciones.
5. Cuando fuimos a San Antonio, (visitamos/visitemos) las misiones.
6. Hagamos la comida antes de que (llegan/lleguen) los invitados.
7. Voy a hablar con el profesor Ramos a fin de que me (dice/diga) su opinión.
8. Vamos a salir tan pronto como (deja/deje) de llover.

J. Escribe tres oraciones compuestas con cada una de las siguientes conjunciones temporales. La primera oración debe referirse a una acción cumplida, la segunda a una acción habitual y la tercera a una acción futura.

Conjunciones: cuando, después de que, en cuanto, hasta que, mientras, tan pronto como

MODELO   cuando
Escribes   Antonio no estaba en casa <u>cuando</u> lo <u>llamé</u>.
       <u>Cuando</u> voy al supermercado, siempre <u>hay</u> mucha gente.
       Compraré los boletos <u>cuando</u> todos me <u>den</u> el dinero.

K. Escribe un párrafo que describa tus planes e ideas para el futuro. Explica lo que piensas hacer tú y también menciona lo que tus familiares, amigos y profesores tienen planeado para ti. En tu descripción incluye las siguientes conjunciones.

Conjunciones: antes de que, para que, después de que, tan pronto como, con tal (de) que, en cuanto, hasta que

■ Comparación y contraste

El infinitivo y las cláusulas nominales

1. El infinitivo es una forma verbal no personal. En algunos casos el infinitivo no tiene sujeto propio, sino que comparte el sujeto del verbo principal de la oración. Tanto en español como en inglés, un infinitivo puede servir como cláusula nominal:

Necesitas descansar.	*You need to rest.*
Quiero escuchar **esta canción.**	*I want to listen to this song.*
Les gusta correr **en el parque.**	*They like to run in the park.*

2. En español, cuando la cláusula nominal tiene sujeto distinto, entonces no se usa el infinitivo. Se usa una cláusula introducida por la conjunción *que* más un verbo conjugado. Si la cláusula principal expresa influencia, duda, emoción o juicio, entonces el verbo de la cláusula subordinada está en el subjuntivo. En cambio, en inglés se introduce el sujeto de la cláusula nominal (en algunos casos precedido por la preposición *for*), y el verbo permanece en infinitivo:

Quiero que escuches **esta canción.**	*I want you to listen to this song.*
Necesito que me hagan **un favor.**	*I need (for) you to do me a favor.*
Está bien que veas **un poco de televisión.**	*It's fine for you to watch a little television.*

3. Para los que hablan tanto inglés como español, es importante no confundir la cláusula infinitiva y una cláusula con un verbo en modo subjuntivo:

Para ella, es importante asistir.	*For her, it's important to attend.*
Es importante que ella asista.	*It's important for her to attend.*

En inglés sólo se cambia el orden de las palabras, mientras que en español es obligatorio cambiar el infinitivo por una cláusula con un verbo en el subjuntivo. La siguiente construcción sigue la del inglés y realmente no existe en español: **Es mejor para Juan esperarnos en casa.* (El asterisco indica que la oración no es correcta.) Usando una cláusula nominal, esta idea se expresaría en español así: *Es mejor que Juan nos espere en casa.*

Práctica

A. Algunos amigos están planeando una excursión en grupo. Completa las oraciones con la forma correcta del verbo entre paréntesis.

1. A todos les gusta (salir/salen) juntos los sábados.
2. Este sábado, Alonso insiste en que (ver/veamos) la nueva película.
3. Conviene que (llegar/lleguemos) al cine temprano para comprar las entradas.
4. Está bien que tu hermano (venir/venga) también, si quiere.
5. Necesito (llamar/llamo) a Marisa para ver si ella puede venir.
6. ¿Es mejor que (ir/vayamos) todos en un solo carro?
7. ¿Quién quiere (comer/comamos) un helado después?
8. Julia necesita que alguien la (llevar/lleve) a casa.

B. Combina las palabras y frases para formar oraciones completas.

MODELO   Pablo/querer/nosotros/salir a comer con él
Escribes   Pablo quiere que salgamos a comer con él.

1. Es necesario/nosotros/llegar/a la escuela a tiempo
2. Conviene/todos/ir en un solo carro
3. Está bien/tú/hacerlo de esa forma
4. Ellos/necesitar/nosotros/explicarles el problema
5. ¿Tú/querer/nosotros/llamar a Fernando ahora?
6. Es mejor/él/quedarse/en casa porque está enfermo

C. Traduce las oraciones al español.

1. I want Javier to help me with my Spanish project.
2. Our teacher says it's important for us to practice every day.
3. I'm asking you to listen to my ideas.
4. It's necessary for all of you to follow the instructions carefully.
5. Celia is asking me to help her with her chores.
6. Andrés wants Lupita to go out with him.

Ortografía

Cuaderno de práctica, págs. 60–62

■ Letra y sonido

El sonido /s/

En ciertas partes del mundo hispanohablante,
el sonido /s/ se puede representar con la **s,** la **c** o la **z.**

Se escribe la *s*...

1. En las formas plurales de sustantivos y adjetivos: *tesoros, volcanes, horribles.*

2. En el sufijo **-ísimo(a):** *buenísimo, complicadísima.*

3. En los sustantivos terminados con **-sión:** *extensión, profesión, versión, visión.*

4. Al final de casi todas las formas verbales de la segunda persona singular y plural: *trabajas, hacías, venís, dijisteis, salgas, irás, veréis, habrías, hubieras.* Nota que la segunda persona singular del pretérito no lleva la **s** final: *hablaste, viniste, estuviste.*

Se escribe la *c*...

1. En las formas plurales de palabras terminadas con **-z:** *capaces, lápices, luces, peces, voces.*

2. En los sufijos **-ácea(o), -ancia, -cia(o), -cillo(a), -cito(a)** y **-encia:** *rosáceo, tolerancia, vicio, dolorcillo, cafecito, asistencia.* Las excepciones son *Asia* y *ansia* y las palabras derivadas del griego, como *anestesia* o *amnesia.*

3. En los sustantivos terminados con **-ción** o **-cción:** *conversación, emoción, acción, perfección.*

4. En los infinitivos de los verbos que terminan en **-acer, -ecer, -ocer** y **-ucir** y en la mayoría de sus formas: *nacer, hacer, enterneció, entristecieron, padecer, florecieron, cocer, lucir, conducen.*

Se escribe la *z*...

1. Al final de la forma singular de ciertas palabras: *capaz, lápiz, luz, pez, voz.*

2. Generalmente sólo ante las vocales **-a, -o** y **-u:** *zapato, comenzar, zorro, zurdo.* Muy pocas palabras empiezan con **ze-** o **zi-:** *zeta, zinnia, zinc.* En la mayoría de las palabras que tienen el sonido /s/ ante la **-e** o la **-i,** se usa la **c** o la **s** y no la **z:** *cebra, comencé, serrucho, cima, sierra.*

3. En los sufijos **-anza, -azgo, -azo(a), -ez, -eza** e **-izo:** *esperanza, noviazgo, portazo, vejez, pereza, enfermizo.*

4. Delante del sonido /k/ en algunas formas de los verbos que terminan en **-acer, -ecer, -ocer** y **-ucir:** *nazca, crezcan, conduzcas, traduzco.*

5. En los infinitivos de los verbos que terminan en **-zar** y en algunas de sus formas: *comenzar, comienza, empezábamos, gozar, gozaron.* Nota que se usa la **c** ante la **-e** en algunas formas de estos mismos verbos: *comencé, empieces, gocen.*

Hay algunas palabras con **c, s** o **z** que se pueden pronunciar igual en ciertas partes del mundo hispanohablante, pero que tienen significados muy diferentes. Unos ejemplos de palabras así son: *cien* y *sien, ves* y *vez, cocer* y *coser, losa* y *loza.*

Práctica

A. Completa las oraciones con **c, s** o **z.**

  1. ¡Qué emo≡ión! Alicia y su familia están todos muy feli≡es porque sus sobrinos na≡ieron ayer al anoche≡er. Conver≡é con ella y pare≡e que son dos varon≡itos lindí≡imos.

  2. Nuestra ve≡ina doña Jacinta es una señora muy nervio≡a que pade≡e de insomnio. Anoche se le apagaron las lu≡es mientras leía. Sintió un ruido y comen≡ó a dar vo≡es. Agarró un ≡apato y corrió por la ca≡a hasta tropezar con un gato grisá≡eo que se había metido por el ≡ótano.

  3. A don Jaime se le acabó la pa≡iencia durante la ≡esión con los nego≡iantes de Nueva ≡elanda. Salió de la ≡ala de conferen≡ias dando un porta≡o, acusándoles a todos de mentiro≡os. Debido a su falta de educa≡ión, ahora la situa≡ión está delicadí≡ima.

  4. Pare≡e que Raimundo tiene un problema con su vi≡ión que no le permite condu≡ir. Tiene que operarse pero es un pro≡eso muy rápido que no ne≡esita aneste≡ia. El ≡irujano le acon≡ejó que se hi≡iera el tratamiento lo más pronto po≡ible.

B. Completa las oraciones con la palabra correcta.

  1. Mi tía Laura se va a (casar/cazar) en junio. Su novio Ignacio es abogado y ha sido miembro del (cenado/senado) por seis años.

  2. Vamos a (asar/azar) la carne en el horno y luego vamos a (cocer/coser) las papas y las (setas/zetas).

  3. Manolo, ¿qué estás (asiendo/haciendo) allí en la ventana? Ven, (cierra/sierra) la ventana y (has/haz) tu cama, por favor.

  4. Tengo una fiebre de (cien/sien) grados. Voy a tomarme un (sumo/zumo) de naranja mientras me (ciento/siento) en el sofá para descansar y ver televisión.

  5. Veamos el mapa. (Asia/Hacia) el oeste hay una serie de colinas y lagos. ¿Y (ves/vez) allí el río Frío? Es allí donde vamos a pasar las vacaciones.

  6. Los jóvenes enamorados, (cegados/segados) por los celos, al final siguieron los (concejos/consejos) de los mayores y se reconciliaron. Se (abrazaron/abrasaron) llorando y prometieron quererse para siempre.

C. Completa las oraciones con la forma correcta del verbo entre paréntesis. Presta atención a las formas verbales que cambian de ortografía.

1. El general manda que el ejército ═════ (avanzar) unos veinte kilómetros hoy y que todas las tropas ═════ (cruzar) el río mañana.

2. —Raúl, ¿qué tal las vacaciones? —¡Estupendas! ═════ (Gozar) mucho del tiempo libre.

3. Yo ya ═════ (comenzar) la composición para la clase de inglés, pero todavía no he ═════ (comenzar) la tarea para la clase de matemáticas.

4. —¿A qué hora ═════ (empezar) el partido esta tarde? —Dudo que ═════ (empezar) a tiempo, debido a la lluvia.

5. La profesora quiere que nosotros ═════ (analizar) estos dos poemas para la próxima clase.

6. No es bueno que te ═════ (esforzar) demasiado. Si sigues así te vas a enfermar.

7. ¿Nos dará permiso la directora para que ═════ (organizar) el próximo baile?

8. Cuando era joven, mi abuelo iba al campo todos los años y ═════ (cazar) perdices y liebres.

D. Usa las palabras siguientes para escribir seis oraciones originales. Puedes usar cualquier forma de las palabras. Trata de usar dos o tres de las palabras dadas en cada oración.

MODELO   noviazgo, zapatero, empezar, llovedizo
Escribes   El noviazgo entre el zapatero y su amada empezó una tarde llovediza de octubre.

atracción	conocer	impaciencia	parecer
canción	empezar	llovedizo	perezoso
codazo	ficción	noviazgo	zapatero
confesión	hacer	obedecer	zona

■ La acentuación

El acento tónico

En las palabras de más de una sílaba, siempre hay una sílaba que se pronuncia con más fuerza o intensidad que las otras: *lar*-go, pe-*sar*, her-*ma*-no, *jó*-ve-nes, ca-ba-*lle*-ros. Se le llama **acento tónico** al «golpe» que se le da a esa sílaba. La sílaba que lleva este acento tónico se llama la **sílaba tónica.**

1. La sílaba tónica no tiene que llevar siempre un acento ortográfico: **bos**-que, **can**-to, e-no-**ja**-do, e-**xa**-men, na-**tal**.

2. Cuando se necesita usar el acento ortográfico, siempre se coloca en la sílaba tónica: **có**-mo-dos, **lám**-pa-ra, vi-**ví**-an, be-**llí**-si-ma, en-**tró**, ta-**zón**, ja-po-**nés**.

3. La sílaba tónica puede ser la última sílaba (*Ja-**pón**, sa-**bor***), la penúltima (**cuer**-da, ins-tru-**men**-to), la antepenúltima (**pá**-ni-co, **ár**-bo-les) o la preantepenúltima (**pá**-sa-me-la, en-**tré**-guen-me-lo).

¿Se te ha olvidado?
la división de palabras en sílabas
Ver la página 116

Práctica

E. Vuelve a leer los primeros dos o tres párrafos de «Posada de las Tres Cuerdas» o «La puerta del infierno». Encuentra y escribe dos palabras con el acento tónico en la última sílaba, dos con el acento tónico en la penúltima sílaba y dos con el acento tónico en la antepenúltima sílaba.

> **MODELO** De «La puerta del infierno», *Salvador* y *actividad* son palabras que llevan el acento tónico en la última sílaba.

F. Pronuncia las siguientes palabras en voz alta. Luego escríbelas en otro papel y divídelas en sílabas. Identifica la sílaba tónica de cada palabra, indicando si es la última, penúltima o antepenúltima sílaba.

> **MODELO** español
> *Escribes* es-pa-ñol. La sílaba tónica es *-ñol* y es la última sílaba.

1. animales
2. atroz
3. avaro
4. catástrofe
5. comenzó
6. construcción
7. empeoró
8. época
9. fantástico
10. hirviente
11. huésped
12. indígena
13. infernal
14. infierno
15. mercader
16. pasada
17. perdiéndose
18. según
19. tempestad
20. tradiciones
21. víctimas

■ Dictado

A. Vas a escuchar unas oraciones basadas en «Posada de las Tres Cuerdas» y «La puerta del infierno». Escribe lo que oyes. Presta atención especial a la **s**, la **c** y la **z**.

B. Vas a escuchar una serie de pares de palabras. Escribe lo que oyes. Luego subraya la sílaba tónica en cada palabra.

Taller del escritor

Tarea

Escribe un ensayo de especulación sobre causas o efectos.

LA EXPOSICIÓN

ESPECULACIÓN SOBRE CAUSAS O EFECTOS

Quizá te preguntes de vez en cuando por qué sucedió algo de una manera determinada. O quizá a veces intentes predecir lo que hubiera pasado en una situación particular. En cualquiera de los dos casos estás **especulando.** Cuando te preguntas «¿por qué?», estás especulando sobre las **causas.** Cuando te preguntas «¿qué sucedería si...?», estás especulando sobre los **efectos.** Un ensayo de especulación sobre causas o efectos explora las razones por las que ocurre un evento o situación, o las consecuencias que resultan de ello.

Antes de escribir

1. Cuaderno del escritor

Repasa las notas de tu CUADERNO DEL ESCRITOR de esta colección. ¿Encuentras algunas ideas que puedas desarrollar en un ensayo? De no ser así, intenta las siguientes estrategias.

2. Escritura libre

Escritura libre

¿Qué sucedería si nuestro colegio apoyara un equipo de debate?

Los estudiantes aprenderían más acerca de temas de actualidad. Tendrían la oportunidad de viajar a competiciones. No haría falta tanto dinero porque los participantes no necesitarían uniformes o equipo caro. ¿Y el entrenamiento?

Hazte estas preguntas.

- *¿Por qué* está aumentando la temperatura global?
- *¿Por qué* está aumentando el número de animales atropellados en nuestra área?
- *¿Qué sucedería si* a cada estudiante se le diera una computadora al comenzar la escuela?
- *¿Qué sucedería si* cada estudiante trabajara una hora a la semana en una campaña para la limpieza del vecindario?

Escribe sin detenerte durante unos cinco minutos para contestar cada pregunta. Después repasa lo que has escrito y escoge la pregunta que más te interese. Si escoges una pregunta que empieza con «¿por qué?», estarás especulando sobre las causas.

Si escoges una pregunta que empieza con «¿qué sucedería si...?», estarás especulando sobre los efectos.

3. Investiga los medios de comunicación

En un pequeño grupo de compañeros, consulten ejemplares recientes de periódicos y revistas. Estas publicaciones les darán información actual sobre distintos temas de interés, como los deportes, la moda, las computadoras, la economía y el arte. Escribe algunas notas sobre un tema que te interese.

4. Explora causas o efectos

Una vez que hayas elegido tu tema, piensa más en la situación. Ten en cuenta que «especular» significa preguntarse algo o «hacer una suposición». No significa describir las cosas como realmente son, sino como pueden ser.

El evento o situación sobre el que estás especulando puede tener más de una causa o efecto. Recuerda que la **causa** contesta la pregunta «¿por qué?» y el **efecto** contesta la pregunta «¿qué sucedería si...?»

5. Busca pruebas

En la especulación sobre las causas o los efectos, parte de tu trabajo como escritor es persuadir al público de que tu explicación o predicción es creíble. Para ser persuasivo, necesitas usar pruebas como las siguientes:

- razones
- hechos
- estadísticas
- ejemplos
- opiniones expertas
- citas

En un ensayo sobre los posibles efectos de empezar un equipo de debate, por ejemplo, podrías referirte a las experiencias de otras escuelas con equipos de debate que hayan tenido éxito. Para reforzar aún más tus argumentos, incluye los comentarios de estudiantes o entrenadores, y datos sobre los presupuestos y los logros de otros equipos.

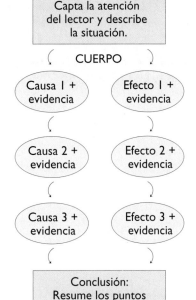

Introducción:
Capta la atención del lector y describe la situación.

CUERPO

Causa 1 + evidencia — Efecto 1 + evidencia

Causa 2 + evidencia — Efecto 2 + evidencia

Causa 3 + evidencia — Efecto 3 + evidencia

Conclusión:
Resume los puntos principales y ofrece comentarios que lleven al análisis.

Así se dice

Para hablar de causas y efectos

porque

debido a

en vista de que

por lo tanto

como resultado

para que

entonces

El borrador

1. Organización

Cuando escribas un borrador, limítate a poner tus pensamientos por escrito. En esta fase, no te preocupes demasiado por la ortografía y la puntuación. Al esbozar tu ensayo, intenta seguir un esquema como el que aparece a la izquierda.

En tu **introducción,** considera empezar con una cita concreta, un hecho o una estadística sorprendente, o una anécdota curiosa. Esto te puede ayudar a captar la atención del lector desde el principio. Después, describe la situación o el evento que piensas tratar. Indica claramente si vas a reflexionar sobre las causas o los efectos. Hacia el final del primer párrafo los lectores deben entender tu tema y tu interés central.

En el **cuerpo** o parte principal de tu ensayo, presenta tus pruebas sobre las causas o los efectos. Puedes usar un **orden cronológico** para presentar una serie de causas o efectos relacionados. Otra opción que tienes es usar el **orden de importancia** en esta parte de tu trabajo: para dar más énfasis, coloca las causas o efectos más importantes al principio o al final.

En la **conclusión,** resume los puntos más importantes. Para terminar, ofrécele a tu público un final que le haga pensar acerca de la situación o del evento.

2. Desarrolla tu estilo: Tipos de oraciones

Tu ensayo puede resultar aburrido si todas las oraciones siguen el mismo patrón. Trata de variar la estructura de las oraciones usando una pregunta, una orden o una exclamación.

3. Enlaza ideas

Indica claramente la relación entre las ideas de tu trabajo usando **palabras de enlace** cuando sea necesario. Las palabras de enlace ayudan a que tu ensayo sea coherente. A la izquierda tienes una lista de enlaces que te podrán ser de utilidad para la especulación sobre las causas o los efectos.

Evaluación y revisión

1. Intercambio entre compañeros

Elige un(a) compañero(a) y lean por turnos sus ensayos. Después completa una o más de las afirmaciones que aparecen en el margen de la página siguiente.

2. Autoevaluación

Usa las siguientes pautas para revisar tu escritura. Añade, elimina o reorganiza los datos de tu ensayo y haz todos los cambios necesarios.

Pautas de evaluación	**Técnicas de revisión**
1. ¿Capto la atención del lector?	1. Empieza con una pregunta, una orden, un hecho notable o una cita.
2. ¿Presento de manera clara el evento o la situación?	2. Contesta las preguntas ¿quién?, ¿qué?, ¿cuándo?, ¿dónde? y ¿cómo?
3. ¿Incluyo especulaciones lógicas sobre causas o efectos?	3. Añade datos y pruebas que apoyen tu argumento.
4. ¿Es clara la organización de mi trabajo?	4. Utiliza el orden cronológico o el orden de importancia.
5. ¿Termino con una conclusión concreta?	5. Vuelve a plantear los puntos principales y añade un comentario final.

Compara las dos siguientes versiones del párrafo introductorio de un ensayo de especulación sobre los efectos.

Así se dice

Para evaluar un trabajo escrito

Puedes tratar de... para captar la atención del lector.

En la introducción podrías haber descrito mejor la situación si hubieras...

Una causa (Un efecto) que puedes haber pasado por alto es...

Me gustaría saber la fuente que has consultado para...

Una de las partes que no entendí claramente fue...

MODELOS

Borrador 1

Iniciar un equipo de debate en nuestra escuela secundaria sería interesante y divertido. Algunos administradores podrían oponerse a los gastos que requeriría mantener un equipo. Muchos estudiantes aprenderían más acerca de temas de actualidad en los debates. Los gastos no son tan altos en el Seminole High, donde hay un equipo de debate que ha tenido éxito. También serviría para aumentar el nivel de autoestima de los estudiantes. Los efectos positivos pesan más que los negativos.

Evaluación: Este párrafo no capta la atención del lector y presenta el tema de manera desorganizada. El escritor expone varios efectos pero no consigue definir el tema.

Borrador 2

«El hacerme parte del equipo de debate me dio mucha confianza en mí misma». Así es como Rosa Sanders, una estudiante de décimo grado de Seminole High en nuestro distrito, evaluó su experiencia en el equipo de debate. ¿Se puede repetir la experiencia de Rosa con el debate? Me atrevo a decir que sí. Los efectos positivos de un activo equipo de debate pueden beneficiar a muchos estudiantes de enseñanza secundaria.

Evaluación: Mejor. El escritor empieza con una cita convincente, identifica el tema e indica que el ensayo explorará efectos. Además, el autor varía la estructura de las frases y usa un tono serio y persuasivo.

Corrección de pruebas

Elige un(a) compañero(a) e intercambien trabajos. Corrige el ensayo de tu compañero(a) detenidamente, marcando los errores que encuentres de gramática, ortografía y puntuación.

Publicación

Considera estas formas de compartir o publicar tu ensayo:

- Ilustra tu ensayo con tablas, diagramas, fotos u otros gráficos apropiados y exhíbelo en el tablón de anuncios de la clase.
- Envía tu ensayo a un experto interesado en el tema que elegiste.
- Organiza una mesa redonda sobre el tema de tu ensayo, junto con otros estudiantes que estén interesados en la situación.

Reflexión

Escribe una redacción corta para completar una o dos de estas oraciones:

- La parte más difícil de escribir este ensayo fue...
- Redactar este ensayo me hizo cambiar de opinión sobre...
- Especular sobre las causas o los efectos es una actividad útil porque...

A ver si puedo...

A. Define las formas narrativas siguientes y cita un ejemplo de cada una.
  1. mito
  2. leyenda
  3. cuento popular
  4. fábula

B. Vuelve a repasar uno de los cuentos que leíste en la Colección 3, pensando en las predicciones que hiciste durante tu lectura. Luego contesta las siguientes preguntas.
  1. ¿Cuáles fueron tus predicciones y en qué se basaron?
  2. ¿Qué conocimientos previos y qué información de la lectura usaste para hacer tus predicciones?
  3. ¿Sucedieron las cosas como habías anticipado? ¿Cuáles de tus predicciones fueron acertadas y cuáles no?

C. Haz una lista de tres grupos inmigrantes a Argentina. Para cada grupo, explica cuándo y por qué vinieron a Argentina y en qué parte del país se asentaron. Luego cita ejemplos de cómo se manifiesta la aportación de cada uno de estos grupos en la cultura argentina.

D. Explica el significado de las siguientes palabras dentro del contexto de la lectura correspondiente. Luego usa cada palabra para escribir un mini-cuento de misterio.
  «Posada de las Tres Cuerdas»: arrepentido, apoderarse, atrapado, arrojar
  «La puerta del infierno»: bendición, insaciable, carcajada, condenado

E. Escoge el sinónimo o antónimo que corresponde a la primera palabra de cada grupo. Luego escribe oraciones para cada palabra y su sinónimo o antónimo correspondiente.

1. **carcomido:**	enredado	envejecido	destruido
2. **destello:**	astilla	brillo	hechizo
3. **inusitado:**	escaso	planeado	fatídico
4. **soberbio:**	formidable	fugaz	inaudito
5. **flamear:**	erguirse	extinguirse	tararear

F. Combina frases de los dos cuadros para crear cinco oraciones sobre «Posada de las Tres Cuerdas». Presta atención al uso del subjuntivo y del indicativo.

> **MODELO** Espero que.../Junchiro
> *Escribes* Espero que Junchiro dé la vuelta y que regrese a su hermano.

Me parece que...	Junchiro
(No) Me gusta que...	la muchacha
Espero que...	la posada
Pienso que...	la música
No puedo creer que...	el hermano de Junchiro
Es raro que...	la araña

G. Escribe seis oraciones compuestas basadas en «Posada de las Tres Cuerdas» o «La puerta del infierno». Incluye una de las siguientes conjunciones en cada oración. Presta atención al uso del subjuntivo y del indicativo.

Conjunciones: con tal (de) que, en cuanto, cuando, después de que, a fin de que, sin que

H. Completa las oraciones con **c, s** o **z**.
  1. En mi ═iudad, la primavera es una esta═ión bellí═ima.
  2. Las plantas empie═an a flore═er en mar═o.
  3. En abril, ha═e un tiempo pre═ioso con ═ielos a═ules y bri═as suaves.
  4. En mayo, todos go═an del clima fre═co antes de que empie═e el calor.

I. Lee el primer párrafo de «Güeso y Pellejo» en la página 153 de tu texto y haz una lista de diez palabras de más de una sílaba. Para cada palabra indica cuál es la sílaba tónica y explica si es la última, penúltima o antepenúltima sílaba.

J. Imagina que te toca escribir un ensayo con el siguiente tema: ¿Qué pasaría si hubiera clases durante todo el año? Primero identifica tres pasos que vas a seguir antes de empezar a escribir. Luego menciona tres tipos de pruebas que podrías incluir para que el ensayo sea convincente. Después explica cómo piensas organizar el ensayo.

Vocabulario esencial

Ampliación
• Vocabulario adicional
  Colección 3

«Posada de las Tres Cuerdas» pág. 129

alcanzar *v.*

apoderarse *v.*

araña *f.*

arrepentido, -da *adj.*

arrojar *v.*

aterrado, -da *adj.*

atrapado, -da *adj.*

atravesado, -da *adj.*

bandeja *f.*

cabalgar *v.*

carcomido, -da *adj.*

cuerda *f.*

encadenar *v.*

enflaquecer *v.*

enroscarse *v.*

espesarse *v.*

esterilla *f.*

fantasma *m.*

flamear *v.*

liviano, -na *adj.*

natal *adj.*

nuca *f.*

obedecer *v.*

pegajoso, -sa *adj.*

proponer *v.*

quemar *v.*

sable *m.*

sordomudo, -da *adj.*

trampa *f.*

vaina *f.*

«La puerta del infierno» pág. 145

aborigen *m.*

alquilar *v.*

ardid *m.*

avaro, -ra *adj.*

bendición *f.*

carcajada *f.*

cavador, -ra *m.* y *f.*

cima *f.*

codicia *f.*

condenado, -da *adj.*

conjurar *v.*

destello *m.*

erguirse *v.*

expiar *v.*

fechoría *f.*

habitar *v.*

huésped *m.* y *f.*

insaciable *adj.*

inusitado, -da *adj.*

mercader *m.* y *f.*

perenne *adj.*

pozo *m.*

soberbio, -bia *adj.*

sustento *m.*

tesoro *m.*

vocerío *m.*

■ Mejora tu vocabulario pág. 158

arrodillarse *v.*

cobarde *adj.*

corriente *adj.*

denso, -sa *adj.*

desocupado, -da *adj.*

detenerse *v.*

engañar *v.*

hacendado, -da *m.* y *f.*

hincharse *v.*

lazo *m.*

ligadura *f.*

malvado, -da *adj.*

miserable *adj.*

patrón, -ona *m.* y *f.*

responder *v.*

vacío, -cía *adj.*

valiente *adj.*

Dentro del corazón

■ **En esta colección, vas a aprender más sobre los siguientes conceptos:**

Lectura
Elementos de literatura: Drama
Estrategias para leer: Reconocer relaciones de causa y efecto

Cultura
Cultura y lengua: España
Panorama cultural: Cuando los problemas te tienen agobiado(a), ¿qué haces para desahogarte?
Comunidad y oficio: Artistas pioneros latinos en Estados Unidos

Comunicación
Así se dice: Para hablar del pasado; para pedir y clarificar una opinión; para hablar de situaciones hipotéticas; para combinar frases; para evaluar un trabajo escrito
Vocabulario: Los modismos
Gramática: El imperfecto del subjuntivo; el condicional; el futuro
Comparación y contraste: El tiempo futuro y los modales en español e inglés

Escritura
Ortografía: El sonido /k/; las palabras llanas
Taller del escritor: Evaluación

↗ internet

MARCAR: go.hrw.com
PALABRA CLAVE:
WN3 CORAZON

© 1996 Artists Rights Society (ARS), New York/ADAGP, Paris. Giraudon/Art Resource, New York.

Les Mariés de la Tour Eiffel (El matrimonio de la Torre Eiffel) de Marc Chagall.

ANTES DE LEER
Mañana de sol

Punto de partida

Un cambio de sentimientos

En esta obra conocerás a doña Laura y don Gonzalo, dos personajes que no parecen tenerse mucha simpatía. Sin embargo, en el transcurso de la historia los personajes empiezan a cambiar. Al ir revelando sus secretos, empiezan a verse el uno al otro de forma diferente.

Piensa en una ocasión en la que cambiaron tus sentimientos hacia alguien o hacia algo, y dibuja un diagrama como el que sigue. En el cuadro de la izquierda escribe palabras que describan lo que sentías al principio. En el cuadro de la derecha, escribe palabras que describan lo que sentiste después.

Experiencia:

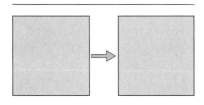

Toma nota

Explica en dos o tres oraciones los motivos que te hicieron cambiar la manera de sentir.

Diálogo con el texto

Leer una obra dramática es algo parecido a leer un cuento. Hay que fijarse en los detalles, usar la imaginación y responder al texto haciendo preguntas y formulando predicciones. En una obra dramática conocemos a los personajes y nos enteramos de sus motivaciones por medio del **diálogo,** es decir, la conversación entre los personajes. Gracias a las **acotaciones escénicas** sabemos cómo hablan y actúan los personajes, y dónde y cuándo tiene lugar la acción. Cuando leas «Mañana de sol», trata de imaginar la obra representada en un escenario.

Elementos de literatura

Drama

Un **drama** es una historia escrita para ser representada ante un público. Seguramente ya habrás tenido la oportunidad de conocer el género dramático en alguna de sus diversas formas, como las obras teatrales, las telenovelas y las películas. El **diálogo** es el vehículo fundamental de un drama; por medio de él se manifiestan los personajes y se

desarrolla la acción de la obra.

En muchas obras dramáticas se usa el **aparte,** técnica mediante la cual uno o varios personajes hablan brevemente de cara al público, para dar a entender que los otros personajes que están en el escenario no los oyen. Esta técnica sirve para darle al público más información sobre el argumento, los personajes o sus verdaderos pensamientos y motivaciones. Cuando leas «Mañana de sol», identifica los momentos en que doña Laura y don Gonzalo hablan por medio del aparte.

> Un **drama** es una historia escrita para ser representada ante un público.
>
> *Para más información, ver la página 202 y el* GLOSARIO DE TÉRMINOS LITERARIOS.

Mañana de sol

Serafín y Joaquín Álvarez Quintero

Personajes

Doña Laura	**Don Gonzalo**
Petra	**Juanito**

Lugar apartado de un paseo público, en Madrid. Un banco a la izquierda del actor. Es una mañana de otoño templada y alegre.

DOÑA LAURA *y* PETRA *salen por la derecha.* DOÑA LAURA *es una viejecita setentona,[1] muy <u>pulcra</u>, de cabellos muy blancos y manos muy finas y bien cuidadas. Aunque está en la edad de chochear;[2] no chochea. Se apoya de una mano en una sombrilla, y de la otra en el brazo de* PETRA, *su criada.*

Doña Laura. Ya llegamos… Gracias a Dios. Temí que me hubieran quitado el sitio. Hace una mañanita tan templada…
Petra. Pica el sol.
Doña Laura. A ti, que tienes veinte años. (*Siéntase[3] en el banco.*) ¡Ay!… Hoy me he cansado más que otros días. (*Pausa. Observando a* PETRA, *que parece impaciente.*) Vete, si quieres, a charlar con tu guarda.
Petra. Señora, el guarda no es mío; es del jardín.
Doña Laura. Es más tuyo que del jardín. Anda en su busca, pero no te alejes.
Petra. Está allí esperándome.

---

1. setentona: mujer de 70 años aproximadamente.
2. chochear: actuar como una persona de mucha edad a la cual se le debilitan sus facultades mentales o físicas.
3. siéntase: se sienta. En el español antiguo los pronombres inacentuados no podían empezar una oración y entonces se decían y se escribían después del verbo.

ADUÉÑATE DE ESTAS PALABRAS
pulcra, -cro *adj.*: muy limpia, impecable.

¿Ocurrirá toda la acción en el parque?

¿Habrá otros personajes en la obra?

Doña Laura tiene su propio banco —debe ir al parque a menudo.

Debe ser que existe una historia de amor entre Petra y el guarda.

Doña Laura. Diez minutos de conversación, y aquí en seguida.

Petra. Bueno, señora.

Doña Laura (*deteniéndola*). Pero escucha.

Petra. ¿Qué quiere usted?

Doña Laura. ¡Que te llevas las miguitas de pan!

Petra. Es verdad; ni sé dónde tengo la cabeza.

Doña Laura. En la escarapela[4] del guarda.

Petra. Tome usted. (*Le da un cartucho de papel pequeñito y se va por la izquierda.*)

Doña Laura. Anda con Dios. (*Mirando hacia los árboles de la derecha.*) Ya están llegando los tunantes.[5] ¡Cómo me han cogido la hora!... (*Se levanta, va hacia la derecha y arroja adentro, en tres puñaditos, las migas de pan.*) Éstas, para los más atrevidos... Éstas, para los más glotones... Y éstas, para los más granujas, que son los más chicos... Je... (*Vuelve a su banco y desde él observa complacida el festín de los pájaros.*) Pero, hombre, que siempre has de bajar tú el primero. Porque eres el mismo: te conozco. Cabeza gorda, boqueras grandes... Igual a mi administrador. Ya baja otro. Y otro. Ahora dos juntos. Ahora tres. Ese chico va a llegar hasta aquí. Bien; muy bien; aquél coge su miga y se va a una rama a comérsela. Es un filósofo. Pero ¡qué nube! ¿De dónde salen tantos? Se conoce que ha corrido la voz... Je, je... Gorrión habrá que venga desde la Guindalera.[6] Je, je... Vaya, no pelearse, que hay para todos. Mañana traigo más.

[*Salen* DON GONZALO *y* JUANITO *por la izquierda del foro.* DON GONZALO *es un viejo contemporáneo de* DOÑA LAURA, *un poco cascarrabias.*[7] *Al andar arrastra los pies. Viene de mal temple, del brazo de* JUANITO, *su criado.*]

Don Gonzalo. Vagos, más que vagos... Más valía que estuvieran diciendo misa...

Juanito. Aquí se puede usted sentar: no hay más que una señora.

---

4. **escarapela:** etiqueta con el nombre, y a veces con la fotografía, que se lleva en el pecho para identificación.
5. **tunantes:** bribones, pícaros.
6. **Guindalera:** un barrio en las afueras de Madrid.
7. *cascarrabias:* persona que se enoja con facilidad.

[DOÑA LAURA *vuelve la cabeza y escucha el diálogo.*]

Don Gonzalo. No me da la gana, Juanito. Yo quiero un banco solo.

Juanito. ¡Si no lo hay!

Don Gonzalo. ¡Es que aquél es mío!

Juanito. Pero si se han sentado tres curas...

Don Gonzalo. ¡Pues que se levanten!... ¿Se levantan, Juanito?

Juanito. ¡Qué se han de levantar! Allí están de charla.

Don Gonzalo. Como si los hubieran pegado al banco... No; si cuando los curas cogen un sitio... ¡cualquiera los echa! Ven por aquí, Juanito, ven por aquí.

[*Se encamina hacia la derecha resueltamente.* JUANITO *lo sigue.*]

Doña Laura (*indignada*). ¡Hombre de Dios!

Don Gonzalo (*volviéndose*). ¿Es a mí?

Doña Laura. Sí señor; a usted.

Don Gonzalo. ¿Qué pasa?

Doña Laura. ¡Que me ha espantado usted los gorriones, que estaban comiendo miguitas de pan!

Don Gonzalo. ¿Y yo qué tengo que ver con los gorriones?

Doña Laura. ¡Tengo yo!

Don Gonzalo. ¡El paseo es público!

Doña Laura. Entonces no se queje usted de que le quiten el asiento los curas.

Don Gonzalo. Señora, no estamos presentados. No sé por qué se toma usted la libertad de dirigirme la palabra. Sígueme, Juanito.

[*Se van los dos por la derecha.*]

Doña Laura. ¡El demonio del viejo! No hay como llegar a cierta edad para ponerse impertinente. (*Pausa.*) Me alegro; le han quitado aquel

---

---

banco también. ¡Anda! para que me espante los pajaritos. Está furioso... Sí, sí; busca, busca. Como no te sientes en el sombrero... ¡Pobrecillo! Se limpia el sudor... Ya viene, ya viene... Con los pies levanta más polvo que un coche.

Don Gonzalo (*saliendo por donde se fue y encaminándose a la izquierda*). ¿Se habrán ido los curas, Juanito?

Juanito. No sueñe usted con eso, señor. Allí siguen.

Don Gonzalo. ¡Por vida... ! (*Mirando a todas partes perplejo.*) Este Ayuntamiento, que no pone más bancos para estas mañanas de sol... Nada, que me tengo que conformar con el de la vieja. (*Refunfuñando, siéntase al otro extremo que* DOÑA LAURA, *y la mira con indignación.*) Buenos días.

Doña Laura. ¡Hola! ¿Usted por aquí?

Don Gonzalo. Insisto en que no estamos presentados.

Doña Laura. Como me saluda usted, le contesto.

Don Gonzalo. A los buenos días se contesta con los buenos días, que es lo que ha debido usted hacer.

Doña Laura. También usted ha debido pedirme permiso para sentarse en este banco que es mío.

Don Gonzalo. Aquí no hay bancos de nadie.

Doña Laura. Pues usted decía que el de los curas era suyo.

Don Gonzalo. Bueno, bueno, bueno... se concluyó. (*Entre dientes.*) Vieja chocha... Podría estar haciendo calceta[8]...

Doña Laura. No gruña usted, porque no me voy.

8. **calceta:** trabajo de punto que se hace a mano.

ADUÉÑATE DE ESTAS PALABRAS

refunfuñando, de **refunfuñar** v.: protestar, quejarse en voz baja.

Grabado de la época de la Puerta del Sol en el centro de Madrid.

Editorial La Muralla, S. A.

Don Gonzalo (*sacudiéndose las botas con el pañuelo*). Si regaran un poco más, tampoco perderíamos nada.

Doña Laura. Ocurrencia es: limpiarse las botas con el pañuelo de la nariz.

Don Gonzalo. ¿Eh?

Doña Laura. ¿Se sonará usted con un cepillo?

Don Gonzalo. ¿Eh? Pero, señora, ¿con qué derecho... ?

Doña Laura. Con el de vecindad.

Don Gonzalo (*cortando por lo sano*). Mira, Juanito, dame el libro; que no tengo ganas de oír más tonterías.

Doña Laura. Es usted muy amable.

Don Gonzalo. Si no fuera usted tan underemetida...

Doña Laura. Tengo el defecto de decir todo lo que pienso.

Don Gonzalo. Y el de hablar más de lo que conviene. Dame el libro, Juanito.

Juanito. Vaya, señor. (*Saca del bolsillo un libro y se lo entrega. Paseando luego por el foro, se aleja hacia la derecha y desaparece.*)

[DON GONZALO, *mirando a* DOÑA LAURA *siempre con rabia, se pone unas gafas prehistóricas, saca una gran lente, y con el auxilio de toda esa cristalería se dispone a leer.*]

Doña Laura. Creí que iba usted a sacar ahora un telescopio.

Don Gonzalo. ¡Oiga usted!

Doña Laura. Debe usted de tener muy buena vista.

Don Gonzalo. Como cuatro veces mejor que usted.

Doña Laura. Ya, ya se conoce.

Don Gonzalo. Algunas liebres y algunas perdices lo pudieran atestiguar.

Doña Laura. ¿Es usted cazador?

Don Gonzalo. Lo he sido... Y aún... aún...

Doña Laura. ¿Ah, sí?

Don Gonzalo. Sí, señora. Todos los domingos, ¿sabe usted? cojo mi escopeta y mi perro, ¿sabe usted? y me voy a una finca de mi propiedad,

cerca de Aravaca[9]... A matar el tiempo, ¿sabe usted?

Doña Laura. Si como no mate usted el tiempo... ¡lo que es otra cosa!

Don Gonzalo. ¿Conque no? Ya le enseñaría yo a usted una cabeza de jabalí que tengo en mi despacho.

Doña Laura. ¡Toma! y yo a usted una piel de tigre que tengo en mi sala. ¡Vaya un argumento!

Don Gonzalo. Bien está, señora. Déjeme usted leer. No estoy por darle a usted más palique.

Doña Laura. Pues con callar, hace usted su gusto.

Don Gonzalo. Antes voy a tomar un polvito. (*Saca una caja de rapé.*[10]) De esto sí le doy. ¿Quiere usted?

Doña Laura. Según. ¿Es fino?

Don Gonzalo. No lo hay mejor. Le agradará.

Doña Laura. A mí me descarga mucho la cabeza.

Don Gonzalo. Y a mí.

Doña Laura. ¿Usted estornuda?

Don Gonzalo. Sí, señora: tres veces.

Doña Laura. Hombre, y yo otras tres: ¡qué casualidad!

[*Después de tomar cada uno su polvito, aguardan los estornudos haciendo visajes,*[11] *y estornudan alternativamente.*]

Doña Laura. ¡Ah... chis!

Don Gonzalo. ¡Ah... chis!

Doña Laura. ¡Ah... chis!

Don Gonzalo. ¡Ah... chis!

Doña Laura. ¡Ah... chis!

---

9. **Aravaca:** pueblo de la provincia de Madrid.
10. *rapé:* tabaco en polvo que se aspira por la nariz.
11. *visajes:* gestos, expresiones de la cara.

ADUÉÑATE DE ESTAS PALABRAS

entremetida, -do *adj.:* que interviene en la vida o los asuntos de otras personas.

atestiguar *v.:* dar testimonio.

jabalí *m.:* tipo de puerco o cerdo salvaje.

palique *m.:* conversación de poca importancia.

Don Gonzalo. Ah... chis!

Doña Laura. ¡Jesús!

Don Gonzalo. Gracias. Buen provechito.

Doña Laura. Igualmente. (Nos ha reconciliado el rapé.)

Don Gonzalo. Ahora me va usted a dispensar que lea en voz alta.

Doña Laura. Lea usted como guste: no me incomoda.

Don Gonzalo (*leyendo*). «Todo en amor es triste; mas, triste y todo, es lo mejor que existe.» De Campoamor,[12] es de Campoamor.

Doña Laura. ¡Ah!

Don Gonzalo (*leyendo*). «Las niñas de las madres que amé tanto, me besan ya como se besa a un santo.» Éstas son humoradas.[13]

Doña Laura. Humoradas, sí.

Don Gonzalo. Prefiero las doloras.[14]

Doña Laura. Y yo.

Don Gonzalo. También hay algunas en este tomo. (*Busca las doloras y lee.*) Escuche usted ésta: «Pasan veinte años: vuelve él... »

Doña Laura. No sé qué me da verlo a usted leer con tantos cristales...

Don Gonzalo. ¿Pero es que usted, por ventura, lee sin gafas?

Doña Laura. ¡Claro!

Don Gonzalo. ¿A su edad?... Me permito dudarlo.

Doña Laura. Déme usted el libro. (*Lo toma de mano de* DON GONZALO *y lee.*) «Pasan veinte años; vuelve él, y al verse, exclaman él y ella: (—¡Santo Dios! ¿y éste es aquél?...) (—Dios mío ¿y ésta es aquélla?...).» (*Le devuelve el libro.*)

Don Gonzalo. En efecto: tiene usted una vista envidiable.

Doña Laura. (¡Como que me sé los versos de memoria!)

Don Gonzalo. Yo soy muy aficionado a los buenos versos... Mucho. Y hasta los compuse en mi mocedad.

Doña Laura. ¿Buenos?

Don Gonzalo. De todo había. Fui amigo de Espronceda,[15] de Zorrilla,[16] de Bécquer[17]... A Zorrilla lo conocí en América.

Doña Laura. ¿Ha estado usted en América?

Don Gonzalo. Varias veces. La primera vez fui de seis años.

Doña Laura. ¿Lo llevaría a usted Colón en una carabela?[18]

Don Gonzalo (*riéndose*). No tanto, no tanto... Viejo soy, pero no conocí a los Reyes Católicos[19]...

Doña Laura. Je, je...

Don Gonzalo. También fui gran amigo de éste: de Campoamor. En Valencia[20] nos conocimos... Yo soy valenciano.

Doña Laura. ¿Sí?

Don Gonzalo. Allí me crié; allí pasé mi primera juventud... ¿Conoce usted aquello?

Doña Laura. Sí señor. Cercana a Valencia, a dos o tres leguas de camino, había una finca que si aún existe se acordará de mí. Pasé en ella algunas temporadas. De esto hace muchos años; muchos. Estaba próxima al mar, oculta entre naranjos y limoneros... Le decían... ¿cómo le decían?... *Maricela*.

Don Gonzalo. ¿*Maricela*?

Doña Laura. *Maricela*. ¿Le suena a usted el nombre?

---

12. **Campoamor:** Ramón de Campoamor y Campoosorio (1817–1901), poeta español.
13. **humoradas:** dichos, frases o sentencias festivas y cómicas.
14. **dolora:** breve composición poética dramática que expresa las tristezas e ironías de la vida.

15. **Espronceda:** José de Espronceda y Delgado (1808–1842), poeta romántico español.
16. **Zorrilla:** José Zorrilla y Moral (1817–1893), poeta español muy conocido por sus leyendas.
17. **Bécquer:** Gustavo Adolfo Bécquer (1836–1870), poeta romántico español muy famoso por sus *Rimas y leyendas*.
18. **¿Lo llevaría... carabela?:** expresión que sugiere que la otra persona es muy vieja.
19. **Reyes Católicos:** Fernando de Aragón e Isabel de Castilla, reyes que se casaron y unificaron a España en el siglo xv.
20. **Valencia:** región y ciudad de la costa oriental de España.

ADUÉÑATE DE ESTAS PALABRAS

mocedad *f.*: juventud, adolescencia.
legua *f.*: medida que indica gran distancia.

Don Gonzalo. ¡Ya lo creo! Como si yo no estoy <u>trascordado</u> —con los años se va la cabeza, —allí vivió la mujer más preciosa que nunca he visto. ¡Y ya he visto algunas en mi vida!... Deje usted, deje usted... Su nombre era Laura. El apellido no lo recuerdo... (*Haciendo memoria.*) Laura. Laura... ¡Laura Llorente!

Doña Laura. Laura Llorente...

Don Gonzalo. ¿Qué?

[*Se miran con atracción misteriosa.*]

Doña Laura. Nada... Me está usted recordando a mi mejor amiga.

Don Gonzalo. ¡Es casualidad!

Doña Laura. Sí que es peregrina casualidad. La *Niña de Plata.*

Don Gonzalo. La *Niña de Plata*... Así le decían los huertanos y los pescadores. ¿Querrá usted creer que la veo ahora mismo, como si la tuviera presente, en aquella ventana de las campanillas azules?... ¿Se acuerda usted de aquella ventana?...

Doña Laura. Me acuerdo. Era la de su cuarto. Me acuerdo.

Don Gonzalo. En ella se pasaba horas enteras... En mis tiempos, digo.

Doña Laura (*suspirando*). Y en los míos también.

Don Gonzalo. Era ideal, ideal... Blanca como la nieve... Los cabellos muy negros... Los ojos muy negros y muy dulces... De su frente parecía que brotaba luz... Su cuerpo era fino, esbelto, de curvas muy suaves... «¡Qué formas de belleza soberana modela Dios en la escultura humana!» Era un sueño, era un sueño...

Doña Laura. (¡Si supieras que la tienes al lado, ya verías lo que los sueños valen!) Yo la quise de veras, muy de veras. Fue muy desgraciada. Tuvo unos amores muy tristes.

Don Gonzalo. Muy tristes.

[*Se miran de nuevo.*]

Doña Laura. ¿Usted lo sabe?

Don Gonzalo. Sí.

Doña Laura. (¡Qué cosas hace Dios! Este hombre es aquél.)

Don Gonzalo. Precisamente el enamorado galán, si es que nos referimos los dos al mismo caso...

Doña Laura. ¿Al del duelo?[21]

Don Gonzalo. Justo: al del duelo. El enamorado galán era... era un pariente mío, un muchacho de toda mi predilección.

Doña Laura. Ya vamos, ya. Un pariente... A mí me contó ella en una de sus últimas cartas, la historia de aquellos amores, verdaderamente románticos.

Don Gonzalo. <u>Platónicos</u>. No se hablaron nunca.

Doña Laura. Él, su pariente de usted, pasaba todas las mañanas a caballo por la veredilla de los rosales, y arrojaba a la ventana un ramo de flores, que ella cogía.

Don Gonzalo. Y luego, a la tarde, volvía a pasar el gallardo <u>jinete</u>, y recogía un ramo de flores que ella le echaba. ¿No es esto?

Doña Laura. Eso es. A ella querían casarla con un comerciante... un cualquiera, sin más títulos que el de enamorado.

Don Gonzalo. Y una noche que mi pariente rondaba la finca para oírla cantar, se presentó <u>de improviso</u> aquel hombre.

Doña Laura. Y le provocó.

Don Gonzalo. Y se <u>enzarzaron</u>.

Doña Laura. Y hubo <u>desafío</u>.

Don Gonzalo. Al amanecer: en la playa. Y allí se quedó malamente herido el provocador. Mi

---

21. **duelo:** combate entre dos personas como consecuencia de un reto.

ADUÉÑATE DE ESTAS PALABRAS

trascordado, de **trascordarse** *v.*: confundirse, trastornarse, perder la memoria.

platónico, -ca *adj.*: idealista.

jinete *m.*: persona que va a caballo.

de improviso *expresión adverbial*: inesperadamente, sin aviso.

enzarzaron, de **enzarzar,** *v.*: entrar en pelea; iniciar una discordia.

desafío, de **desafiar** *v.*: retar a otra persona a pelear para mantener su honor.

----

pariente tuvo que esconderse primero, y luego que huir.

Doña Laura. Conoce usted al dedillo la historia.

Don Gonzalo. Y usted también.

Doña Laura. Ya le he dicho a usted que ella me la contó.

Don Gonzalo. Y mi pariente a mí... (Esta mujer es Laura... ¡Qué cosas hace Dios!)

Doña Laura. (No sospecha quién soy: ¿para qué decírselo? Que conserve aquella ilusión...)

Don Gonzalo. (No presume que habla con el galán... ¿Qué ha de presumirlo?... Callaré.)

[*Pausa*.]

Doña Laura. ¿Y fue usted, acaso, quien le aconsejó a su pariente que no volviera a pensar en Laura? (¡Anda con ésa!)

Don Gonzalo. ¿Yo? ¡Pero si mi pariente no la olvidó un segundo!

Doña Laura. Pues ¿cómo se explica su conducta?

Don Gonzalo. ¿Usted sabe?... Mire usted, señora: el muchacho se refugió primero en mi casa —temeroso de las consecuencias del duelo con aquel hombre, muy querido allá; —luego se trasladó a Sevilla;[22] después vino a Madrid[23]... Le escribió a Laura ¡qué sé yo el número de cartas! —algunas en verso, me consta... —Pero sin duda las debieron de interceptar los padres de ella, porque Laura no contestó... Gonzalo, entonces, desesperado, desengañado, se incorporó al ejército de África, y allí, en una trinchera,[24] encontró la muerte, abrazado a la bandera española y repitiendo el nombre de su amor: Laura... Laura... Laura...

22. **Sevilla:** ciudad del sur de España.
23. **Madrid:** capital de España.
24. **trinchera:** muro, pared o canal hecho de tierra o sacos de arena para proteger a los soldados de la infantería.

La Señora Canals (1905) de Pablo Picasso.

Doña Laura. (¡Qué embustero!)

Don Gonzalo. (No me he podido matar de un modo más gallardo.)

Doña Laura. ¿Sentiría usted a par del alma esa desgracia?

Don Gonzalo. Igual que si se tratase de mi persona. En cambio, la <u>ingrata</u>, quién sabe si estaría a los dos meses cazando mariposas en su jardín, indiferente a todo...

Doña Laura. Ah, no señor, no, señor...

ADUÉÑATE DE ESTAS PALABRAS

ingrata, -to *adj.:* que no siente o expresa agradecimiento.

Don Gonzalo. Pues es condición de mujeres...

Doña Laura. Pues aunque sea condición de mujeres, la *Niña de Plata* no era así. Mi amiga esperó noticias un día, y otro, y otro... y un mes, y un año... y la carta no llegaba nunca. Una tarde, a la puesta del sol, con el primer lucero de la noche, se la vio salir resuelta camino de la playa... de aquella playa donde el <u>predilecto</u> de su corazón se jugó la vida. Escribió su nombre en la arena —el nombre de él, —y se sentó luego en una roca, fija la mirada en el horizonte... Las olas murmuraban su <u>monólogo</u> eterno... e iban poco a poco cubriendo la roca en que estaba la niña... ¿Quiere usted saber más?... Acabó de subir la marea... y la arrastró consigo...

Don Gonzalo. ¡Jesús!

Doña Laura. Cuentan los pescadores de la playa que en mucho tiempo no pudieron borrar las olas aquel nombre escrito en la arena. (¡A mí no me ganas tú a finales poéticos!)

Don Gonzalo. (¡Miente más que yo!)

[*Pausa.*]

Doña Laura. ¡Pobre Laura!

Don Gonzalo. ¡Pobre Gonzalo!

Doña Laura. (¡Yo no le digo que a los dos años me casé con un fabricante de cervezas!)

Don Gonzalo. (¡Yo no le digo que a los tres meses me largué a París con una bailarina!)

Doña Laura. Pero, ¿ha visto usted cómo nos ha unido la casualidad, y cómo una aventura <u>añeja</u> ha hecho que hablemos lo mismo que si fuéramos amigos antiguos?

Don Gonzalo. Y eso que empezamos riñendo.

Doña Laura. Porque usted me espantó los gorriones.

Don Gonzalo. Venía muy mal templado.

Doña Laura. Ya, ya lo vi. ¿Va usted a volver mañana?

Don Gonzalo. Si hace sol, desde luego. Y no sólo no espantaré los gorriones, sino que también les traeré miguitas...

Doña Laura. Muchas gracias, señor... Son buena gente; se lo merecen todo. Por cierto que no sé dónde anda mi chica... (*Se levanta.*) ¿Qué hora será ya?

Don Gonzalo (*levantándose*). Cerca de las doce. También ese bribón de Juanito... (*Va hacia la derecha.*)

Doña Laura (*desde la izquierda del foro, mirando hacia dentro*). Allí la <u>diviso</u> con su guarda... (*Hace señas con la mano para que se acerque.*)

Don Gonzalo (*contemplando mientras a la señora*). (No... no me descubro... Estoy hecho un mamarracho[25] tan grande... Que recuerde siempre al mozo que pasaba al galope y le echaba las flores a la ventana de las campanillas azules...)

Doña Laura. ¡Qué trabajo le ha costado despedirse! Ya viene.

Don Gonzalo. Juanito, en cambio... ¿Dónde estará Juanito? Se habrá engolfado[26] con alguna niñera. (*Mirando hacia la derecha primero, y haciendo señas como* DOÑA LAURA *después.*) Diablo de muchacho...

Doña Laura (*contemplando al viejo*). (No... no me descubro... Estoy hecha una estantigua[27]... Vale más que recuerde siempre a la niña de los ojos negros, que le arrojaba las flores cuando él pasaba por la veredilla de los rosales...)

[JUANITO *sale por la derecha y* PETRA *por la izquierda.* PETRA *trae un manojo de violetas.*]

Doña Laura. Vamos, mujer; creí que no llegabas nunca.

Don Gonzalo. Pero, Juanito, ¡por Dios! que son las tantas...

---

25. mamarracho: persona o cosa defectuosa, ridícula, imperfecta.

26. engolfado: dejado llevar.

27. estantigua: persona alta, seca y mal vestida.

ADUÉÑATE DE ESTAS PALABRAS

predilecto, -ta *adj.*: preferido, favorito.

monólogo *m.*: discurso de una persona sin otro interlocutor.

añeja, -jo *adj.*: antigua, vieja, de muchos años.

diviso, de **divisar** *v.*: ver, notar, percibir.

Petra. Estas violetas me ha dado mi novio para usted.

Doña Laura. Mira qué fino... Las agradezco mucho... (*Al cogerlas se le caen dos o tres al suelo.*) Son muy hermosas...

Don Gonzalo (*despidiéndose*). Pues, señora mía, yo he tenido un honor muy grande... un placer inmenso...

Doña Laura (*lo mismo*). Y yo una verdadera satisfacción...

Don Gonzalo. ¿Hasta mañana?

Doña Laura. Hasta mañana.

Don Gonzalo. Si hace sol...

Doña Laura. Si hace sol... ¿Irá usted a su banco?

Don Gonzalo. No, señora; que vendré a éste.

Doña Laura. Este banco es muy de usted.

[*Se ríen.*]

Don Gonzalo. Y repito que traeré migas para los gorriones.

[*Vuelven a reírse.*]

Doña Laura. Hasta mañana.

Don Gonzalo. Hasta mañana.

[DOÑA LAURA *se encamina con* PETRA *hacia la derecha.* DON GONZALO, *antes de irse con*

JUANITO *hacia la izquierda, tembloroso y con gran esfuerzo se agacha a coger las violetas caídas.* DOÑA LAURA *vuelve naturalmente el rostro y lo ve.*]

Juanito. ¿Qué hace usted, señor?

Don Gonzalo. Espera, hombre, espera...

Doña Laura. (No me cabe duda: es él...)

Don Gonzalo. (Estoy en lo firme: es ella...)

[*Después de hacerse un nuevo saludo de despedida.*]

Doña Laura. (¡Santo Dios! ¿y éste es aquél?...)

Don Gonzalo. (¡Dios mío! ¿y ésta es aquélla?...)

[*Se van, apoyado cada uno en el brazo de su servidor y volviendo la cara sonrientes, como si él pasara por la veredilla de los rosales y ella estuviera en la ventana de las campanillas azules.*]

CONOCE A LOS ESCRITORES

Los hermanos **Serafín Álvarez Quintero** (1871–1938) y **Joaquín Álvarez Quintero** (1873–1944) nacieron y se criaron en la provincia de Andalucía, España. De adolescentes comenzaron a escribir juntos obras de teatro y, a lo largo de toda una vida de colaboración, escribieron más de doscientas.

La mayoría son comedias ligeras de un solo acto que reflejan el habla coloquial y el humor andaluz. Además de «Mañana de sol» (1905), algunos de sus trabajos más importantes son: *Los Galeotes* (1900), *El amor que pasa* (1904) y *Doña Clarines* (1909). Una de sus obras serias, *Malvaloca* (1912), recibió un premio de la Real Academia Española.

El teatro de los hermanos Quintero fue tan popular que, durante cuarenta años, a partir de 1897, en cada temporada teatral de Madrid se representaba al menos una de sus obras.

CREA SIGNIFICADOS

Cuaderno de práctica, págs. 63–64

Así se dice

Para hablar del pasado

Puedes usar estas expresiones para contestar la quinta pregunta de **Crea significados.**

Antes, don Gonzalo era...

De joven, doña Laura tenía (quería)...

En aquel entonces, le gustaba...

Pero luego, él (ella) se volvió...

Con los años, empezó a (dejó de)...

Primeras impresiones

1. ¿Qué te hizo sentir el final de la obra? Explica tu respuesta.

Interpretaciones del texto

2. El término **ironía** se utiliza para describir una situación en la que ocurre lo contrario de lo que se espera. A la luz de lo que sabemos después sobre don Gonzalo y doña Laura, ¿qué ironía hay en la forma en que se tratan el uno al otro al principio de la obra?

3. ¿Por qué quieren don Gonzalo y doña Laura mantener en secreto sus verdaderas identidades?

4. ¿Por qué utilizan los autores la técnica del **aparte** en esta obra?

Conexiones con el texto

5. Doña Laura y don Gonzalo no se reconocen al principio porque ambos han cambiado físicamente. Desde los días en que estaban enamorados, con seguridad han cambiado en otros aspectos también. Haz un cuadro con tus compañeros de clase que muestre cómo podría haber cambiado el carácter de los dos personajes.

doña Laura	don Gonzalo
1. _____	1. _____
2. _____	2. _____

Más allá del texto

6. ¿Cómo te imaginas que será la relación futura entre doña Laura y don Gonzalo?

Cuaderno del escritor

1. Compilación de ideas para una evaluación

Supón que estás preparando una lista de obras dramáticas o películas que recomendarías a otros estudiantes. ¿Incluirías en ella «Mañana de sol»? Antes de decidir, tendrás que hacer una **evaluación** o crítica de las obras o películas en cuestión. Tu evaluación tendría que basarse en criterios o normas razonables. Podrías preguntarte, por ejemplo, hasta qué punto son atractivos los personajes, si el argumento es interesante y si la historia tiene sentido para el lector de hoy. ¿Qué criterios utilizarías para evaluar una película o una obra? Pon tus ideas por escrito.

CRITERIOS DE EVALUACIÓN

1. Argumento: ¿Es lógico el argumento? ¿Tiene sentido el final?
2. Personajes: ¿Son verosímiles los personajes? ¿Es natural el diálogo? Es decir, ¿hablan como lo haría la gente en la vida real?
3. _____
4. _____

Redacción creativa

2. Un diálogo

Busca en libros, periódicos y revistas una foto interesante en la que aparezcan personas hablando entre sí. ¿Dónde y cuándo tiene lugar la escena? ¿De qué pueden estar hablando las personas? ¿Es trivial y cómico el tono de la conversación, o es triste y serio? Imagina la conversación que mantienen estas personas y escríbela en forma de diálogo.

Dramatización

3. Colaboración

En la vida real muchas personas colaboran con otras; en pareja o en equipo, hacen trabajos y proyectos en los que comparten sus diversas destrezas. Aunque la mayoría de los escritores trabajan solos, algunos combinan sus esfuerzos con éxito para escribir un relato o una obra dramática. En «Mañana de sol» colaboraron dos hermanos, Serafín y Joaquín Álvarez Quintero. ¿Cómo crees que lo hicieron? Haz un experimento: colabora con un(a) compañero(a) en una breve obra teatral. Pueden hacerlo de esta manera: cada estudiante inventa un personaje (que puede basarse en una persona real) y decide qué es lo que quiere este personaje. Luego, escriban por turnos el diálogo para los personajes. Si lo prefieres, planea la historia de antemano con tu compañero(a). Recuerden: un buen drama necesita un conflicto. Si quieren, representen la escena ante la clase.

España

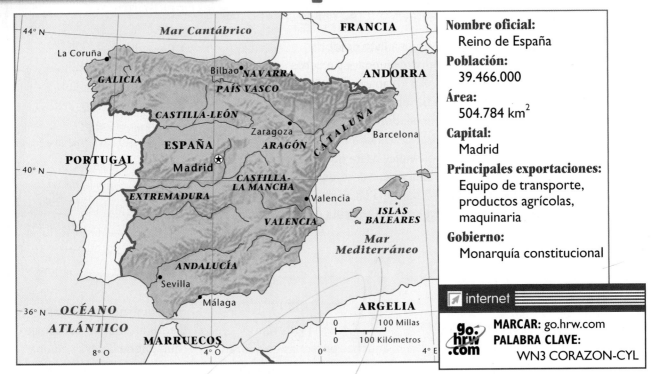

Nombre oficial:
Reino de España

Población:
39.466.000

Área:
504.784 km^2

Capital:
Madrid

Principales exportaciones:
Equipo de transporte, productos agrícolas, maquinaria

Gobierno:
Monarquía constitucional

internet

MARCAR: go.hrw.com
PALABRA CLAVE:
WN3 CORAZON-CYL

España, país plurilingüe

La lengua oficial de España es el español o castellano. Sin embargo, también se hablan otros tres idiomas: el catalán, el gallego y el vasco. El catalán y el gallego se parecen al castellano porque también son lenguas romances, que se derivan todas del latín. En cambio, el vasco o *euskera,* hablado en el País Vasco y en el territorio de Navarra, es un idioma antiguo de origen desconocido. Es la única lengua anterior al latín que ha persistido en la Península Ibérica y no se conoce ningún idioma en el mundo con el que esté relacionado.

Del latín hablado en la Península Ibérica se originaron el castellano (en el centro de la Península), el catalán (en el noreste y este) y el gallego (en el noroeste). El catalán pasó a extenderse por Cataluña, Valencia y las Islas Baleares. El idioma es común a estas tres regiones aunque existen algunas variaciones regionales. En Valencia, por ejemplo, prefieren denominar a su lengua *valenciano,* puesto que los valencianos y los baleares no se consideran catalanes.

El castellano se extendió por el centro y el sur de la Península y como resultado de la gran fuerza política y militar del reino de Castilla, acabó imponiéndose como idioma oficial al unificarse el país en 1512. Su uso se extendió por España y sus territorios y por eso, se le empezó a conocer como el idioma *español.* Sin embargo, en algunas regiones de habla bilingüe, y también en algunos países hispanoamericanos, prefieren seguir llamándolo *castellano.*

La política centralista del país en los siglos XIX y XX condujo a una represión de los idiomas regionales, sobre todo durante la dictadura del general Franco (1936–1975). La llegada de la democracia, sin embargo, ha generado un considerable renacimiento de las culturas regionales, representado especialmente por sus distintas lenguas. La constitución española de 1978 reconoce a todas las lenguas como parte del patrimonio nacional español y observa el deber de protegerlas. De las diecisiete comunidades autónomas (cada una con su propio gobierno) de la España descentralizada, seis cuentan con un idioma regional considerado oficial al igual que el castellano.

No todos los habitantes de las siete comunidades mencionadas hablan la lengua regional. Por lo tanto, los documentos oficiales son bilingües, hay emisoras de radio y televisión en los distintos idiomas y la lengua regional se utiliza en la enseñanza junto con el castellano. Muchas veces se aprenden estas lenguas regionales por presión social, orgullo regional o para facilitar las posibilidades de empleo. Así, el número de hablantes bilingües ha aumentado mucho en los últimos 25 años.

Las lenguas regionales son una parte integrante de la vida y de la personalidad de esas regiones, y muchos habitantes las identifican como faceta de una cultura propia y diferente de la representada por el castellano. El renacimiento de las lenguas regionales es un factor muy importante en la España contemporánea.

El euskera, idioma de los vascos

Aun sin conocer el euskera, se puede notar (como en este letrero bilingüe de Bilbao) cuán diferente es del castellano. Se cree que el euskera se originó hace miles de años en el territorio que hoy es el País Vasco. Además de ser considerada la lengua más antigua de Europa, es el único idioma que se conservó después de la invasión romana de la Península Ibérica (218 a.C.). También ha dejado su huella en el castellano. Varios nombres y apellidos, tales como *Íñigo*, *Javier*, *Aguirre*, *Saralegui* y *Echeverría* vienen del euskera, así como las palabras *izquierdo*, *pizarra* y *boina*.

La gaita gallega

Más del 80% de la población de Galicia habla gallego y se han hecho muchos esfuerzos para promover la lengua y la cultura regional. Los gallegos no sólo se distinguen por su idioma, sino también por las tradiciones que heredaron de los celtas, quienes empezaron a poblar esta región alrededor de 600 a.C. La música de la gaita gallega, reconocida mundialmente, es testimonio de estas raíces celtas todavía vivas en Galicia.

La política en Cataluña

En Cataluña, el sentimiento cultural es primordial y muchos castellano-hablantes sienten la necesidad de aprender catalán, dada la presión social a favor de esta lengua. El orgullo regional y la política separatista de los catalanes también se manifiestan por medio de la propaganda nacionalista que se observa en letreros y anuncios por toda la región. El escudo de Cataluña, al igual que la sardana, el baile nacional, son a la vez expresiones políticas y símbolos tradicionales de la identidad cultural catalana.

Para pedir y clarificar una opinión
Puedes usar estas expresiones para
hacer la actividad en esta página.

Y tú, ¿cómo lo ves?

¿Qué dices sobre esto?

¿Has pensado en... también?

Entonces, lo que quieres decir es...

O sea (En otras palabras)...

¿Te he entendido bien?

Actividad

En grupos de tres, hagan un debate
sobre las ventajas y desventajas del
bilingüismo. El primer miembro
sostiene que las regiones con idiomas
diferentes deben concentrarse en su
propia cultura; el segundo, que sólo
se deben estudiar los idiomas más
hablados en el mundo para poder
comunicarse con más personas; el
tercero, que hay un punto medio
entre el bilingüismo y la necesidad
de mantener el idioma regional.

Modismos y regionalismos

En España, el castellano se caracteriza por el uso del *vosotros,* la forma plural del *tú* (*¿Queréis venir
vosotros?*). Otra característica es la pronunciación de la **c** y la **z** (*espe**c**ial, jue**z***) casi como el sonido
th en inglés. Además, el pluralismo lingüístico de España influye en el habla coloquial. En las
regiones bilingües, se usan palabras de origen catalán, gallego o vasco al hablar el castellano.
Por ejemplo, la palabra vasca *agur,* que significa *adiós,* se puede oír por todo el país.

A lo castellano

cantidad mucho, muy
coladito(a) enamorado(a)
dabuten muy bien, fenomenal
en plan como si
guapamente sí, muy bien

me da corte me da apuro
me mola(n) me gusta(n)
mogollón mucho, un montón
tío(a) chico(a)
vale está bien

—Hola, chicas. ¿Qué **hacéis** esta noche? ¿**Vais** a ir al concierto también?

—Sí, es que va a estar **dabuten,** de verdad. Va a haber un montón de gente allí.

—La verdad es que ese **tío** canta fenomenal. Su último disco **me mola cantidad.**

—Me gustaría que viniera Carlos también, pero **me da corte** invitarlo.

—¿Y por qué? Si hemos salido con él **mogollón** de veces.

—Pues, a lo mejor piensa que estoy **coladita** por él.

—Entonces dile que vamos todos, **en plan** grupo de la escuela, y así no se da cuenta.

—**Vale, guapamente.**

Elementos de literatura

DRAMA

Un **drama** es una historia representada, generalmente en un escenario, por actores que interpretan los papeles de los personajes. Ya conoces algunos de los elementos de un drama porque aparecen también en el cuento y la poesía. Sin embargo, hay otros elementos que son propios del género dramático.

Representación

La palabra «drama» procede de una palabra griega que significa «acción». Así pues, el texto escrito o guión es sólo una parte; para que una obra teatral cobre vida plenamente, debe ser representada. Cuando lees una obra dramática, debes tratar de imaginar a personas reales que den vida a la acción en una **representación.**

Una representación dramática tiene tres elementos esenciales: los **actores**, el **público** y un **espacio escénico** para la representación.

El espacio escénico es tradicionalmente un **escenario.** En representaciones modernas que tienen lugar en teatros, los actores pueden usar los pasillos e incluso todo el teatro. En representaciones al aire libre, las posibilidades creativas del espacio escénico son todavía mayores.

Son varias las técnicas que se pueden utilizar para dar vida a la acción y al ambiente en la representación de una obra. Por ejemplo, en la mayoría de las obras se utilizan **escenografías,** es decir, reproducciones de los lugares en los que se desarrolla la acción, tales como una habitación, un paisaje o cualquier otro lugar. La **iluminación** también contribuye a situar la acción en un tiempo y un lugar, y a crear la atmósfera. Por último, el **vestuario** y el **maquillaje** contribuyen a dar vida a los personajes.

Argumento

Al igual que los cuentos, las leyendas, los cuentos populares y las novelas, las obras teatrales tienen un **argumento,** es decir, lo que acontece a través de la obra. El diagrama que sigue muestra la **trama** o la estructura típica de una obra de teatro:

En la **exposición** de una obra se presenta a los personajes principales y las circunstancias en las que se desarrolla la acción. El elemento más importante de una obra es el **conflicto,** las luchas o los problemas que surgen entre los personajes o dentro de un solo personaje. Algunas obras desarrollan más de un conflicto. Obras cortas como «Mañana de sol» pueden desarrollar varios conflictos diferentes, tanto externos como internos. ¿Cuál de estos dos tipos de conflicto es el más importante en «Mañana de sol»?

El punto culminante de una obra se llama **clímax.** Éste es el momento en que se resuelve el conflicto principal.

¿Cuál es el clímax en «Mañana de sol»?

Diálogo

El **diálogo** es la conversación entre los personajes de una obra. El diálogo es el elemento más importante de un drama. Aparte de las acotaciones de escena, una obra se compone enteramente de diálogo. Los dramaturgos usan el diálogo para hacer progresar la acción y presentar a los personajes. El diálogo también condiciona la **atmósfera** o tono de la obra.

Puesto que en una obra teatral el diálogo ocurre «en vivo», es decir, en presencia de un público que ve y oye lo que dicen los actores, es especialmente importante que el diálogo sea realista y consistente con el carácter de los personajes.

Acotaciones escénicas

Las **acotaciones escénicas** son instrucciones escritas que indican el aspecto y la disposición de la escenografía, y la forma en que los actores deben interpretar el diálogo. Las acotaciones de escena también contienen instrucciones acerca de los gestos y los movimientos de los actores en el escenario.

Al comienzo de «Mañana de sol», por ejemplo, las acotaciones de escena describen el **ambiente** de la obra, o sea, el tiempo y el lugar de la acción. También aquí se describe a los dos personajes que aparecen primero, doña Laura y Petra. Acotaciones tales como «indignada», «entre dientes» y «se miran con atracción misteriosa» indican a los actores cómo interpretar su papel y qué gestos hacer.

Utilería

La **utilería** es un conjunto de objetos que se emplean en un escenario teatral. Aunque «Mañana de sol» es una obra corta, la utilería es muy importante: por ejemplo, la bolsa de migas de pan, el libro que Juanito le entrega a don Gonzalo, los enormes lentes y la caja de rapé. ¿Qué importancia tiene el ramo de violetas al final de la obra?

Al leer una obra

Las pautas siguientes te ayudarán a comprender mejor una obra teatral y a disfrutar más de su lectura:

1. Al leer, identifica el conflicto o los conflictos, ya sean externos o internos. Piensa en las acciones que deben realizar los personajes para resolver esos conflictos.

2. Presta atención a las acotaciones de escena. Suelen dar información importante sobre los sentimientos de los personajes y sobre acciones de las cuales no se dice nada en el diálogo.

3. No te fijes sólo en las palabras. Imagina la obra «en acción».

Punto de partida

¿Por qué creamos?

¿Por qué pintan, dibujan, esculpen, interpretan música o escriben las personas? Para muchas personas, la actividad creativa les permite expresar lo que piensan y sienten, lo que está dentro del corazón. De la misma manera, contemplar un cuadro o leer un buen cuento nos puede ayudar a comprender lo que sentimos y pensamos.

Toma nota

Escribe durante dos o tres minutos lo primero que se te ocurra sobre una canción, una fotografía, un cuento o una película que de alguna manera refleje tus propios pensamientos y sentimientos, o que te ayude a comprenderte mejor.

Telón de fondo

Los motivos de la autora

El pasaje que vas a leer pertenece a *Paula,* un relato autobiográfico que la autora escribió mientras su hija se encontraba en estado de coma. Durante los meses de espera en los pasillos del hospital, Isabel Allende sobrellevó la insoportable angustia llenando cuadernos y cuadernos de notas. Temerosa de que Paula despertara un día y descubriera que había olvidado su pasado, Allende llenó las páginas con la historia de la familia y con historias de su propia vida. El acto de escribir fue para Allende la forma de transmitirle a su hija su propio pasado y sus recuerdos, todo lo que llevaba dentro del corazón.

Estrategias para leer

Reconoce relaciones de causa y efecto

Una manera de comprender mejor un relato, un artículo o un ensayo es reconocer las relaciones de causa y efecto. Los novelistas y los dramaturgos usan a veces relaciones de causa y efecto para desarrollar la trama. Los ensayistas y los periodistas a menudo desarrollan ideas importantes mediante la explicación de relaciones de causa y efecto.

Considera este ejemplo de «La guerra de los yacarés» (página 61):

Causa: Un buque navega por el río de los yacarés y espanta los peces.
Efecto: Los yacarés deciden construir un dique.

En el resto del relato, una serie de causas y efectos conduce a la guerra entre los yacarés y los hombres.

Cuando leas el pasaje de *Paula,* identifica una serie de relaciones de causa y efecto.

Literatura y arte

Marc Chagall

La descripción que Isabel Allende hace de la pintura que encontró en la pared de su cuarto podría aplicarse a gran parte de la obra de Marc Chagall (1887–1985). El artista, cuya fuente principal de inspiración fue el pueblo ruso de Vitebsk, es conocido por su arte poblado de imágenes del mundo de los sueños y la fantasía —combinaciones extrañas de animales, flores, amantes y violinistas sobre tejados.

Chagall pasó la mayor parte de su vida en Francia, donde desarrolló un estilo único que habría de ser su sello inconfundible durante sesenta años.

Chagall ilustró libros y diseñó escenografías y vestuarios para ballets y óperas. Pintó el techo de la Ópera de París, creó murales para la Ópera Metropolitana de Nueva York en Lincoln Center y diseñó vidrieras de colores.

Su espíritu gozoso y poético convirtió a Chagall en uno de los artistas más populares del siglo veinte.

de *Paula*

Isabel Allende

Au village (En el pueblo) (1973) de Marc Chagall.

Al despertar por la mañana encontré una caja con frascos de témpera, pinceles y una nota astuta del miserable Viejo Pascuero,[1] cuya caligrafía era sospechosamente parecida a la de mi madre, explicando que no me trajo lo pedido para enseñarme a ser menos codiciosa, pero en cambio me ofrecía las paredes de mi pieza para pintar el perro, los amigos y los juguetes. Miré a mi alrededor y vi que habían quitado los severos retratos antiguos y el lamentable Sagrado Corazón de Jesús, y en el muro desnudo frente a mi cama descubrí una reproducción a color recortada de un libro de arte. El desencanto me dejó atónita por varios minutos, pero finalmente me repuse lo suficiente como para examinar esa imagen, que resultó ser una pintura de Marc Chagall.[2] Al principio me parecieron sólo manchas anárquicas,[3] pero pronto descubrí en el pequeño recorte de papel un asombroso universo de novias azules volando patas arriba, un pálido músico flotando entre un candelabro de siete brazos, una cabra roja y otros veleidosos personajes. Había tantos colores y objetos diferentes que necesité un buen rato para moverme en el maravilloso desorden de la composición. Ese cuadro tenía música: un tic-tac de reloj, gemido de violines, balidos de cabra, roce de alas, un murmullo inacabable de palabras. Tenía también olores: aroma de velas encendidas, de flores silvestres, de ungüentos de mujer. Todo parecía envuelto en la nebulosa de un sueño feliz, por un lado la atmósfera era cálida como una tarde de siesta y por el otro se percibía la frescura de una noche en el campo. Yo era demasiado joven para analizar la pintura, pero recuerdo mi sorpresa y curiosidad, ese cuadro era una invitación al juego. Me pregunté fascinada cómo era posible pintar así, sin respeto alguno por las normas de composición y perspectiva que la profesora de arte intentaba inculcarme en el colegio. Si este Chagall puede hacer lo que le da la gana, yo también puedo, concluí, abriendo el primer frasco de témpera. Durante años pinté con libertad y gozo un complejo mural donde quedaron registrados los deseos, los miedos, las rabias, las preguntas de la infancia y el dolor de crecer. En un sitio de honor, en medio de una flora imposible y una fauna desquiciada, pinté la silueta de un muchacho de espaldas, como si estuviera mirando el mural. Era el retrato de Marc Chagall, de quien me había enamorado como sólo se enamoran los niños. En la época en que yo pintaba furiosamente las paredes de mi casa en Santiago,[4] el objeto de mis amores tenía sesenta años más que yo, era célebre en todo el mundo, acababa de poner término a su larga viudez casándose en segundas nupcias y vivía en el corazón de París, pero la distancia y el tiempo son convenciones frágiles, yo creía que era un niño de mi edad y muchos años después, en abril de 1985, cuando Marc Chagall murió a los 98 años de eterna juventud, comprobé que en verdad lo era. Siempre fue el chiquillo imaginado por mí. Cuando nos fuimos de esa casa y me despedí del mural, mi madre me dio un cuaderno para registrar lo que antes pintaba: un cuaderno de anotar la vida. Toma, desahógate escribiendo, me dijo. Así lo hice entonces y así lo hago ahora en estas páginas. ¿Qué otra cosa puedo hacer? Me sobra tiempo. Me sobra el futuro completo. Quiero dártelo, hija, porque has perdido el tuyo.

4. **Santiago:** capital de Chile.

1. **Viejo Pascuero:** San Nicolás, Papá Noel.
2. **Marc Chagall:** pintor francés de origen ruso (1887–1985). Pintó cuadros de colores vivos y temas fantásticos.
3. **anárquicas:** sin orden.

ADUÉÑATE DE ESTAS PALABRAS

codiciosa, -so *adj.*: que desea dinero o posesiones excesivamente.
atónita, -to *adj.*: extremadamente sorprendida.
veleidoso, -sa *adj.*: que cambia, inconstante.
ungüento *m.*: sustancia con la que se unta el cuerpo, pomada, crema.
convención *f.*: norma o práctica que es costumbre.
desahógate, de **desahogar** *v.*: aliviar las penas que oprimen a alguien.

I and the Village (Yo y el pueblo) (1911) de Marc Chagall.
Óleo sobre lienzo (6' 3⅝" x 59⅝"; 192.1 x 151.4 cm).

CONOCE A LA ESCRITORA

Las historias de **Isabel Allende** (1942–) se leen en todo el mundo y están traducidas a varios idiomas. Isabel Allende creció en Santiago, Chile, en la casa de sus padres. En el sótano estaba la colección de libros de su padre, y de niña se metía allí con una linterna y alimentaba la imaginación con las obras de los grandes maestros.

A los veinte años empezó a trabajar de periodista y, más tarde, a escribir obras de teatro y a ocuparse de sus hijos. Su vida cambió drásticamente cuando en 1973 Chile sufrió un golpe de estado que acabó con el gobierno de su tío Salvador Allende. Un año y medio más tarde, ella y su familia se vieron forzados a huir a Venezuela.

Durante varios años no escribió nada, confundida por su situación de exiliada y por la dificultad de encontrar trabajo como periodista. En 1981, empezó a escribirle una larga carta a su abuelo en Chile. Un año más tarde ya había escrito 500 páginas, que habrían de convertirse en su primera novela, *La casa de los espíritus* (1982).

Allende había encontrado su verdadera vocación: escribir ficción. Desde entonces, ha publicado *De amor y de sombra* (1984), *Eva Luna* (1987), *Cuentos de Eva Luna* (1989) y *El plan infinito* (1991). La narrativa de Allende está inspirada en la situación política de su país, en la historia de su familia y en sus experiencias personales. En 1992, Allende comenzó a escribir su autobiografía, en forma de una carta, dedicada a su hija que estaba gravemente enferma y que se murió ese mismo año. El libro, que se publicó en 1994, se titula *Paula*. Recientemente, ha publicado otra novela, *Hija de la fortuna* (1999).

Así se dice

Para hablar de situaciones hipotéticas

Puedes usar estas expresiones para contestar la primera pregunta de **Crea significados.**

Si yo hubiera recibido el mismo regalo, yo habría pensado (sentido) que...

Si eso me hubiera pasado, (no) me habría gustado, porque...

Eso me habría parecido...

Nota gramatical

Para hablar de situaciones hipotéticas en el pasado, se usa la fórmula **si** + *pluscuamperfecto del subjuntivo,* seguida por el *condicional perfecto:*
Si me **hubieran hecho** el mismo regalo, **habría querido** pintar el techo de mi cuarto.

CREA SIGNIFICADOS

Cuaderno
de práctica,
págs. 65–66

Primeras impresiones

1. ¿Habrías reaccionado tú de la misma manera al recibir de regalo las pinturas? Explica tu respuesta.

Interpretaciones del texto

2. ¿Crees que la madre de Allende le regaló las pinturas simplemente para enseñarle a la niña una lección sobre la codicia? Explica tu respuesta.

3. ¿Qué rasgos de la pintura de Chagall le llamaron la atención a Allende?

4. ¿Por qué le gustaba tanto a Allende la pintura?

5. ¿Por qué le regaló la madre de Allende a su hija un cuaderno de notas? Compara este regalo con el que Allende esperaba darle a Paula, su propia hija.

Conexiones con el texto

6. ¿Alguna vez has disfrutado del dibujo, la pintura, la escritura u otra actividad creativa? Si tu respuesta es sí, explica por qué.

OPCIONES: Prepara tu portafolio

Cuaderno del escritor

1. Compilación de ideas para una evaluación

¿Te parece que el pasaje de *Paula* está bien logrado como texto literario? Apunta por escrito tu respuesta y justifícala. Piensa en las preguntas siguientes:

- ¿Están claramente presentadas las ideas?
- ¿Describe la escritora claramente lo que vio y sintió?

- ¿Ofrece el pasaje algún mensaje especial? ¿Me ayuda a comprenderme mejor a mí mismo(a) y a otros?
- ¿Puedo comparar la experiencia de la escritora con algún episodio de mi propia vida?

Redacción creativa

2. Una carta

Isabel Allende consideró este episodio lo suficientemente importante como para incluirlo en el libro que estaba escribiendo para su hija. Piensa en un episodio que haya sido importante en tu propia vida y cuéntaselo a alguien en una carta.

Arte

3. Un mural

Localiza en la biblioteca un libro de arte que incluya obras de Marc Chagall. Con un grupo de compañeros de clase, crea un mural que capte el espíritu de la obra de Chagall.

Cuando los problemas te tienen agobiado(a), ¿qué haces para desahogarte?

Desde niña Isabel Allende pintó en su cuarto un mural en el que desahogó las frustraciones de su infancia. Más tarde cambió la pintura por la escritura y en el momento más crítico y doloroso de su vida, escribiendo su propia autobiografía, pudo desahogar el gran dolor que le causaron la larga enfermedad y la muerte de su hija Paula. Les preguntamos a estos dos jóvenes sobre su manera de desahogarse cuando los problemas los agobian. ¿Qué haces tú para distraerte cuando tienes problemas? ¿Por qué?

 ### Róland Lenz
Chile

En lo personal, siempre busco a alguien con quien conversar mis problemas, ya sea un amigo, un familiar, pero alguien que tenga la suficiente confianza. Porque yo creo que conversar los problemas es la mejor manera de solucionarlos. Porque a veces un problema que afecta a uno, uno cree que es demasiado grande, uno se hace como una tormenta en un vaso de agua. Conversándolo con otra persona de repente se encuentra que el problema no es tan grande. Entonces, puede solucionarlo y además sirve para desahogarse, o sea, para contarlo y para que alguien más lo sepa.

¿Tú crees que es bueno también hacer ejercicio?
Sí, yo creo que sí, pero yo creo que eso es más para liberar tensiones, cuando uno está tensionado, estresado. Yo creo que hacer ejercicio hace bien porque uno libera tensiones. Pero cuando uno tiene [un] problema [al] que no le ve salida, yo creo que lo mejor es conversar con alguien; le da otro punto de vista.

¿Tú te preocupas muy seguido?
Sí, me preocupo bastante seguido y me preocupo por pequeñeces. Quizás son pequeñeces para otra persona, pero para mí son cosas grandes.

Blanca García
Nicaragua

Me gusta correr, hacer ejercicio de aeróbicos, ir y estar un tiempo en el gimnasio para poder desahogarme. Si de repente lo que siento es rabia o algo así, me gusta gastar tiempo en el gimnasio. Pero si ya es otra cosa personal o algo que me ponga triste, me gusta ver televisión o leer un libro, meterme en otra historia para olvidarme de la mía y así olvidarme del momento que me está haciendo sentir mal.

Para pensar y hablar

A. ¿Con quién conversa Róland sobre sus problemas? Menciona dos razones por las cuales él dice que hablar con alguien lo ayuda a resolverlos. ¿Por qué piensa Róland que el ejercicio no siempre es la mejor manera de desahogarse? ¿Estás de acuerdo con él?

B. ¿Qué hace Blanca para desahogarse? ¿Cómo trata de olvidar lo que le hace sentir mal?

C. Con un(a) compañero(a), compara las dos respuestas. ¿Cómo se enfrenta cada joven a los problemas? Cuando a ustedes les preocupa un problema, ¿prefieren enfrentarlo como Róland o como Blanca? ¿Por qué? ¿Cómo se refleja la personalidad de una persona en su manera de reaccionar ante los problemas?

D. Escucha una entrevista con Agnés, una joven española. Contesta las siguientes preguntas según lo que ella dice.
 1. ¿Qué hace Agnés cuando se siente agobiada?
 2. ¿Cómo la ayuda la música?
 3. ¿Qué deporte la relaja?

ESTRATEGIAS PARA LEER

Reconocer relaciones de causa y efecto

Una causa es una razón por la que ocurre algo. Un efecto es la consecuencia de lo que ha ocurrido. Quedarse dormido por la mañana es la **causa** de que uno llegue tarde a la escuela, y llegar tarde a la escuela es el **efecto** de quedarse dormido.

Las relaciones de causa y efecto son frecuentes en la literatura. Se pueden encontrar en cuentos, obras de teatro, novelas, ensayos, artículos y biografías. Reconocer relaciones de causa y efecto te ayuda a comprender mejor y a disfrutar más lo que lees.

A veces, las causas y sus efectos forman una reacción en cadena. El efecto de un acontecimiento se convierte a su vez en la causa de otro efecto, y así sucesivamente. El siguiente diagrama de causas y efectos representa una secuencia posible de «Mañana de sol»:

Inténtalo tú

Si estudias el pasaje de *Paula* de Isabel Allende, encontrarás una serie de relaciones de causa y efecto. ¿Cómo pudo el regalo navideño de una niña dar lugar a la creación de un complejo mural y, por último, a toda una vida de expresión y descubrimiento personal? Dibuja un diagrama de causas y efectos similar al que acabas de ver para «Mañana de sol».

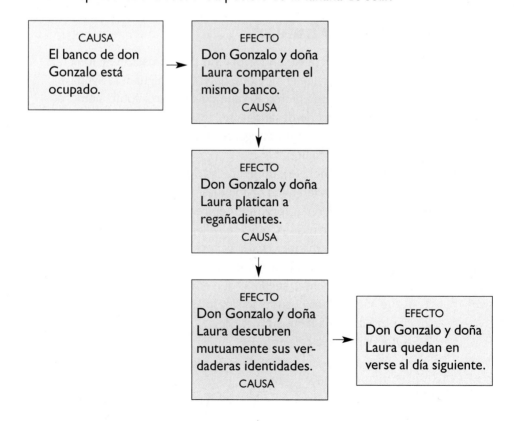

de Versos sencillos

José Martí

XLIV

Tiene el leopardo un abrigo
En su monte seco y <u>pardo</u>:
Yo tengo más que el leopardo,
Porque tengo un buen amigo.

5 Duerme, como en un juguete,
La mushma° en su cojinete
De arce° del Japón: yo digo:
«No hay <u>cojín</u> como un amigo.»

Tiene el conde su <u>abolengo</u>:
10 Tiene la aurora el <u>mendigo</u>:
Tiene ala el ave: ¡yo tengo
Allá en México un amigo!

Tiene el señor presidente
Un jardín con una fuente,
15 Y un tesoro en oro y <u>trigo</u>:
Tengo más, tengo un amigo.

6. **mushma:** mujer joven japonesa.
7. **arce:** tipo de madera muy dura.

ADUÉÑATE DE ESTAS PALABRAS

pardo, -da *adj.:* color oscuro de la tierra.
cojín *m.:* almohadón para sentarse o arrodillarse.
abolengo *m.:* ascendencia o herencia que viene de los antepasados.
mendigo, -ga *m.* y *f.:* persona que vive de pedir limosna.
trigo *m.:* planta cultivada cuyo grano da origen a la harina.

VERDE LUZ

Antonio Cabán Vale

Verde luz de monte y mar,
isla virgen del coral,
si <u>me ausento</u> de tus playas
rumorosas,
5   si <u>me alejo</u> de tus palmas
silenciosas,
quiero volver, quiero volver...
a sentir la tibia arena
y perderme en tus riberas,
10   isla mía, flor <u>cautiva</u>,
para ti quiero tener:
libre tu <u>suelo</u>,
sola tu estrella,
isla <u>doncella</u>,
15   quiero tener.
Verde luz de monte y mar.

ADUÉÑATE DE ESTAS PALABRAS

me ausento, de **ausentarse** *v.:* separarse de una persona o un lugar.
me alejo, de **alejarse** *v.:* irse lejos.
cautiva, -vo *adj.:* que es prisionero o privado de libertad.
suelo *m.:* tierra, terreno.
doncella *f.:* mujer joven.

CONOCE AL ESCRITOR

José Martí (1853–1895) era un joven muchacho en La Habana cuando comenzó a apoyar la rebelión de Cuba contra España. Cuando sus artículos que fomentaban la independencia comenzaron a aparecer en periódicos clandestinos, apenas tenía dieciséis años. Martí fue encarcelado por sus ideas políticas y sentenciado a dos años de trabajos forzados. A los dieciocho años fue deportado a España.

En 1880 se trasladó a Nueva York donde vivió durante quince años y se ganó la vida escribiendo crónicas y artículos de periódicos. En Nueva York también fundó el Partido Revolucionario Cubano. Sus elocuentes discursos y artículos ayudaron a fomentar un sentimiento de orgullo por Cuba.

The Granger Collection, New York

Durante los años que estuvo en Nueva York, Martí produjo mucha de su mejor prosa y poesía. Escribió centenares de crónicas sobre los acontecimientos y la gente estadounidenses, y los envió a diferentes diarios y revistas de América Latina.

También dirigió *La Edad de Oro*, una revista mensual para niños y escribió tres volúmenes de poesía: *Ismaelillo* (1882), *Versos sencillos* (1891) y *Versos libres* (1913).

En 1895, a los cuarenta y dos años, Martí regresó a Cuba para luchar en la guerra de la independencia contra España. Al mes, Martí murió en el combate. Siete años después, Cuba logró independizarse de España. Hoy, a más de cien años de su muerte, José Martí es considerado todavía el más grande patriota cubano.

CONOCE AL ESCRITOR

Antonio Cabán Vale, «El Topo» (1942–   ), nació en Moca, Puerto Rico. En 1961, cuando inició sus estudios en la Universidad de Puerto Rico, un compañero poeta lo bautizó con el apodo de «El Topo». Durante sus años universitarios, publicó algunos poemas en la revista *Guajana*, que presentaba los poemas de los mejores poetas jóvenes del momento. Después de graduarse, trabajó de maestro y se dio cuenta de que la poesía sólo llegaba a un grupo reducido de personas. Resuelto a que más gente conociera su poesía, El Topo empezó a ponerle música a sus poemas, y así fue como inició su carrera musical. Además de grabar doce discos y colaborar con el Grupo Taoné, ha publicado dos libros de

poesía: *Un lugar fuera del tiempo* y *Penúltima salida*. «Verde luz», canción que para muchos es como el himno nacional de Puerto Rico, es una de sus obras más queridas.

A lo largo de su carrera, El Topo se ha dedicado a renovar los géneros folclóricos y populares de Puerto Rico y su obra ha cruzado las fronteras de su país. Pero su éxito no le ha impedido mantener la sencillez y humildad que le permiten identificarse con su público, y sobre lo cual ha comentado: «La raíz del arte está en el pueblo y a él lo debemos devolver convertido en mensajes musicales».

Comunidad y oficio

internet

MARCAR: go.hrw.com
PALABRA CLAVE:
WN3 CORAZON-CYO

Artistas pioneros latinos en Estados Unidos

Las aportaciones artísticas latinas en Estados Unidos abarcan las artes plásticas, la literatura, el teatro, el cine y la música. Gracias a los esfuerzos de estos dos artistas pioneros latinos, y los de muchos más, el público está conociendo mejor esta rica trayectoria.

Carlos Santana, guitarrista y cantante, nació en México y llegó a San Francisco a los ocho años. La fusión del rock, jazz, blues y ritmos afrocubanos que caracteriza su música le dio fama instantánea en el Festival de Woodstock en 1969. Hoy tiene más de treinta discos grabados. *Supernatural,* una colaboración con varios músicos de pop, rock y hip hop, le mereció ocho premios Grammy en el año 2000. Santana también ha sido reconocido por sus obras benéficas *Blues for Salvador, California Earthquake Relief* y *Fundación Milagro.* Tanto su música como sus esfuerzos filantrópicos reflejan su profundo interés por la cultura y la comunidad panamericanas.

Empanadas (1991) de Carmen Lomas Garza. Pintura gouache (20" x 28").

© 1991 Carmen Lomas Garza, Collection of Romeo Montalvo, MD, Brownsville, Texas

Carmen Lomas Garza, pintora y escritora, se crió en Kingsville, Tejas, hija de padres mexicoamericanos. Cuando era niña, sus maestros no le permitían hablar español en la escuela. Esta discriminación la llevó a participar en el movimiento chicano, el cual la motivó a utilizar sus pinturas para fomentar el respeto hacia la comunidad chicana. Su obra se conoce por los *monitos,* o personas pequeñas, quienes se representan en escenas cotidianas en las que se destacan el amor, la familia y las tradiciones de su comunidad.

INVESTIGACIONES

A. Piensa en dos artistas, músicos, actores o escritores latinos a quienes te gustaría conocer. Utiliza Internet u otros recursos para buscar información sobre sus intereses artísticos y sus fuentes de inspiración. Luego escoge a un(a) artista y escribe cinco preguntas que le harías si pudieras hacerle una entrevista.

B. Cómo se refleja en una obra de arte la cultura del artista? Si un(a) artista llega a ser famoso(a) como representante de su cultura, ¿tiene la obligación de ayudar a otros de esa misma comunidad? Formen grupos y justifiquen sus respuestas en un debate.

Cuaderno de práctica, págs. 71–72

■ Vocabulario en contexto

A. Faltan palabras «Mañana de sol»

Completa las oraciones sobre el comienzo del drama con la palabra que falta. Cambia la forma de la palabra si es necesario.

banco	mocedad	reconciliar	charlar
entremetido	refunfuñar	criarse	presentado
glotón	reñir	filósofo	casualidad
miguita	quitar		

1. Una mañana de sol, doña Laura lleva ═══ de pan al parque y les da de comer a los pajaritos.

2. Ella ═══ y bromea con los gorriones, llamándoles ═══ y hasta ═══.

3. Más tarde, don Gonzalo se sienta en el ═══ de doña Laura.

4. Don Gonzalo está de mal humor y viene ═══ porque le han ═══ su lugar unos curas.

5. Al principio don Gonzalo se niega a dirigirle la palabra a doña Laura, por no haber sido los dos ═══.

6. Enojados, ellos empiezan a ═══ y don Gonzalo acusa a doña Laura de ser una ═══.

7. Pero una vez que se han ═══, don Gonzalo comienza a hablar de su ═══ en Valencia, donde él ═══.

8. Es entonces cuando don Gonzalo y doña Laura se dan cuenta de una gran ═══: tienen un pasado en común.

B. Categorías «Mañana de sol»

En otro papel, haz un cuadro como el siguiente. Luego, basándote en «Mañana de sol», decide a qué categoría(s) pertenece cada frase a continuación. Es posible que una frase pertenezca a más de una categoría. Después compara tu cuadro ya completo con el de un(a) compañero(a). Juntos, explíquense por qué colocaron las frases así, citando los acontecimientos y personajes de la obra.

Frases: pulcra, amores platónicos, la finca *Maricela,* el jinete gallardo, mentir, ser desgraciado(a), el enamorado galán, arrojar ramos de flores, desafío, no querer descubrirse, rondar la casa, estar trascordado(a), esconderse después del duelo

MODELO pulcra

Tú Yo la puse en dos categorías: la de «doña Laura» y la del «presente».

Tu compañero(a) Sí, yo también. Dice el texto que doña Laura es una señora muy limpia y arreglada.

doña Laura	don Gonzalo	pasado	presente	sentimientos	acontecimientos
pulcra			pulcra		

C. ¡A escuchar! «Mañana de sol»

Vas a escuchar una serie de oraciones sobre el drama. Primero identifica a qué personaje se refiere cada una de las oraciones: doña Laura o don Gonzalo. Luego escribe «pasado» si la oración se refiere al pasado de los dos protagonistas, o «presente» si se refiere al momento en que tiene lugar la obra.

D. Faltan palabras *Paula*

Completa el resumen de esta narración con la palabra correcta entre paréntesis.
Para una Navidad, a la narradora le hicieron un regalo insólito: una caja con ___1.___ (frascos/manchas) de pintura y ___2.___ (pinceles/ungüentos). Después de reponerse del ___3.___ (desorden/desencanto) que le había hecho sentir el regalo, empezó a examinar la ___4.___ (reproducción/pieza) de un cuadro de Chagall que también le habían dejado. La narradora confiesa que el cuadro la dejó ___5.___ (astuta/atónita). Al principio le pareció lleno de imágenes confusas y ___6.___ (severas/veleidosas). Pero poco a poco, fue descubriendo dentro del cuadro un universo nuevo y ___7.___ (asombroso/codicioso).

Inspirada por lo que había visto, la narradora decidió cubrir las ___8.___ (faunas/paredes) de su cuarto. Pintó sin prestar atención a las ___9.___ (convenciones/composiciones) y las normas de arte que habían tratado de ___10.___ (quitarle/inculcarle) en el colegio. Durante varios años, creó un mural que ___11.___ (registraba/comprobaba) la historia de su vida, con sus alegrías, tristezas y rabias. Más tarde, su madre, que de verdad era muy ___12.___ (célebre/astuta), le hizo entender que también era posible ___13.___ (crecer/desahogarse) escribiendo. Fue entonces cuando la narradora empezó a anotar su vida en cuadernos.

E. ¿Qué significa? *Paula*

Busca la definición que corresponde a cada una de las palabras.

1. codicioso   **a.** verificar, confirmar

2. comprobar   **b.** área de distinto color o forma

3. desorden   **c.** que desea con ansia algo, como riquezas u otros bienes

4. mancha   **d.** enfado, enojo

5. norma   **e.** haber más de lo necesario

6. rabia   **f.** regla sobre cómo se hace una cosa

7. sobrar   **g.** confusión, falta de arreglo

■ Mejora tu vocabulario

Los modismos

En «Mañana de sol», cuando doña Laura le pregunta a don Gonzalo si conoce la finca *Maricela,* éste le contesta: «¡Ya lo creo!» Cuando empiezan a hablar del amor entre el galán y la muchacha, doña Laura le dice a don Gonzalo: «Conoce usted al dedillo la historia». Estas dos oraciones contienen **modismos,** es decir, expresiones del lenguaje coloquial propias a un idioma. Para entender un modismo, hay que considerar el significado de la expresión en su totalidad, ya que generalmente no se puede deducir el significado de un modismo de las palabras individuales que lo forman. Por lo tanto, los modismos no se traducen palabra por palabra a otro idioma. El uso de modismos da vida y personalidad a lo que decimos y escribimos, y hace que el lenguaje que se usa suene más natural y auténtico. A continuación se presentan algunos modismos comunes del español.

dar	En el aeropuerto, los negociantes *se dieron la mano* y se despidieron.
	Al volver a casa, **nos dimos cuenta (de) que** se nos había perdido la llave.
	Salimos por la tarde y **dimos una vuelta** por el centro.
	—¿Por qué no sales con tus amigos? —Es que no **me da la gana.**
hacer	**Se me hace que** es mejor que salgamos temprano.
	¡Cuánta gente! **Hicimos cola** veinte minutos para conseguir entradas.
	Ese Miguel... como él no hay otro. Siempre **hace de las suyas.**
	Se me hizo un nudo en la garganta cuando se murió el héroe.
pasar	Creo que **te pasaste** cuando le hiciste esa broma a Jorge.
	Se dice que los genios suelen **pasar la noche en blanco.**
	El espía se hizo **pasar por** un turista para entrar al país.
	Lo pasamos de lo mejor (fatal) en la fiesta.

poner	Se me *puso la piel de gallina* al oír ese ruido tan raro.
	Cuando mamá supo que se había roto el florero, *puso el grito en el cielo.*
	Nilda y Sonia *se pusieron de acuerdo* en verse el domingo.
	Necesito *ponerme al día (al tanto)* de lo que pasó mientras estuve de viaje.
saber	*Que yo sepa,* no tenemos nada planeado para mañana.
	Miguel *sabe de memoria* las capitales de todos los estados.
	No *sé ni jota de* arte, pero me encantan los museos.
	—¿Qué le pasa a Arturo? —*¿Qué sé yo?* A lo mejor está cansado.
tener	¿Quién *tiene la culpa* por el malentendido?
	El concierto de cumbia *tendrá lugar* en el parque.
	¿Qué *tiene que ver* la contaminación con el efecto invernadero?
	Ten en cuenta que hace frío en la sierra, así que llévate un abrigo.

F. Así como dice la gente

Expresa cada situación de nuevo, usando uno de los modismos presentados anteriormente.

MODELO Los atletas no durmieron la noche antes del campeonato.
   Escribes Los atletas pasaron en blanco la noche antes del campeonato.

1. Isa está de mal humor. No quiere ir a bailar, ni ver un video ni hacer nada.
2. ¡Pobre Fernando! Cuando llegó a clase, vio que no tenía la tarea.
3. El bautizo va a ser esta tarde.
4. Paseamos por el barrio antiguo y sacamos unas fotos.
5. Mi hermana se puso furiosa cuando supo que me había llevado su blusa favorita.
6. Ya tengo memorizado todo el vocabulario para la prueba de mañana.
7. Todos sintieron ganas de llorar en la ceremonia de graduación.
8. A mí me parece que podríamos hacer la fiesta el sábado en vez del viernes.
9. Después del accidente, el policía dijo que el taxista había sido el culpable.
10. El domingo nos divertimos mucho en la playa.
11. El profesor de ciencias políticas quiere que nos enteremos de lo que pasa con las elecciones.

G. Sancocho de modismos

Para cada uno de los verbos a continuación, trata de dar por lo menos un modismo que conozcas o que hayas oído. Luego escribe una oración con ese modismo. Puedes consultar un diccionario si es necesario.

MODELO meter

Escribes meter la pata

Héctor metió la pata cuando dijo que Daniel le caía mal.

1. tomar
2. salir
3. dejar

4. echar
5. creer
6. sacar

■ Aplicación

H. Los modismos en «Mañana de sol» y *Paula*

Vuelve a las lecturas de esta colección y haz una lista de diez modismos que se encuentren allí. Explica qué significa cada uno y después escribe tus propias oraciones con los mismos modismos.

MODELO No me cabe duda: es él... («Mañana de sol»)

Dices «No me cabe duda» significa «Estoy seguro(a)».

Escribes No me cabe duda: ¡La clase de español es la mejor!

I. ¡Adivina la palabra! «Mañana de sol» y *Paula*

Divide la lista de palabras con un(a) compañero(a). Para cada una de tus palabras, escribe una oración que explique el significado de esa palabra en el contexto del cuento. Luego lee tus oraciones a tu compañero(a) para que adivine a qué palabra corresponde tu oración.

Palabras de «Mañana de sol»: casualidad, descubrirse, finca, mentir, platónico
Palabras de *Paula*: codicioso, desahogarse, pared, asombroso, pincel

MODELO duelo

Tú Es la lucha que hubo entre el enamorado y otro hombre en la playa.

Tu compañero(a) ¿Es *duelo*?

Tú ¡Sí!

J. ¡A escribir!

Tu clase de español ha decidido escribir el segundo acto de «Mañana de sol». Primero reúnete con un(a) compañero(a) y decidan lo que va a pasar: ¿Volverán a verse o no don Gonzalo y doña Laura? ¿Se descubrirán? ¿Terminarán peleados o reconciliados? Luego escriban un diálogo de por lo menos quince oraciones en el que incluyan cinco modismos.

Para la lista de **Vocabulario esencial** Ver la página 243

Ampliación

• Oraciones hipotéticas
Hoja de práctica 4-A
• Más usos del imperfecto del subjuntivo
Hoja de práctica 4-B

■ El imperfecto del subjuntivo

En el pasado, el subjuntivo se usa en los mismos contextos que en el presente. En algunos casos que exijan el subjuntivo en el pasado, se usa el imperfecto del subjuntivo:

Cuaderno de práctica, págs. 73–80

> *Te traje mis fotos del viaje para que las vieras.*
> *Esperaba que todos pudieran asistir a la ceremonia de graduación.*
> *Mamá me dijo que la llamara inmediatamente.*
> *Iba a ser difícil que hiciéramos el viaje ese año.*

Cuando el verbo de la cláusula principal está en el pasado, entonces toda la oración cambia al pasado. Por lo tanto, el verbo en subjuntivo de la cláusula subordinada también debe estar en el pasado:

> Te **presto** mi bicicleta con tal que me la **traigas** por la tarde.
>   (presente)   (presente)
> Le **presté** mi bicicleta con tal que me la **trajera** pronto.
>   (pasado)   (pasado)

El imperfecto del subjuntivo se usa...

1. En cláusulas nominales, cuando la cláusula principal expresa influencia, voluntad, duda, negación, emoción, juicio u opinión en el pasado:
> Yo **no creí que** llegáramos a tiempo.
> **Era urgente que** tomaran una decisión.
> **Parecía increíble** que nadie supiera la respuesta.

¿Se te ha olvidado? los usos del subjuntivo Ver las páginas 162–171

2. En cláusulas adverbiales, después de ciertas conjunciones condicionales o temporales, cuando el verbo en la cláusula principal está en el pasado:
> Carlitos no quería ir a la guardería **a menos que** su mamá lo acompañara.
> Le organizaron una fiesta de sorpresa a Beto **sin que** él se diera cuenta.
> Quedaron en llamar **tan pronto como** llegaran del aeropuerto.

3. En cláusulas adverbiales, para referirse a situaciones o acciones hipotéticas:
> Mi papá me da más trabajo, como si ya no tuviera suficiente.
> Sería fabuloso si fuéramos a México este año.

Para formar el imperfecto del subjuntivo, se toma como base la tercera persona plural del pretérito. Se le quita la terminación **-ron** y se le añaden las siguientes terminaciones:

Persona		comprar → compraron	comer → comieron	asistir → asistieron
Singular	yo	compra**ra**	comie**ra**	asistie**ra**
	tú	compra**ras**	comie**ras**	asistie**ras**
	usted, él, ella	compra**ra**	comie**ra**	asistie**ra**
Plural	nosotros(as)	comprá**ramos**	comié**ramos**	asistié**ramos**
	vosotros(as)	compra**rais**	comie**rais**	asistie**rais**
	ustedes, ellos(as)	compra**ran**	comie**ran**	asistie**ran**

¡Ojo! Existen dos variantes del imperfecto del subjuntivo: las formas que terminan en **-ra** y las que terminan en **-se:**

*Si **volvieran** mañana, sería una gran ayuda.*
*Le mandaron que **volviese** al día siguiente.*

En general las formas en **-ra** son más frecuentes, especialmente en América Latina.

¿Te acuerdas?

La forma de **nosotros** en el imperfecto del subjuntivo siempre lleva un acento escrito:
*Nos pidió que **fuéramos** con ellos.*
*Mamá quería que la **llamáramos** con los resultados del examen.*

Si la tercera persona plural del pretérito es irregular o si tiene un cambio de raíz, la misma irregularidad o cambio ocurre en el imperfecto del subjuntivo:

¿Se te ha olvidado?
el pretérito
Ver la página R48

creyeron: *creyera, creyeras...*
dieron: *diera, dieras...*
dijeron: *dijera, dijeras...*
durmieron: *durmiera, durmieras...*
estuvieron: *estuviera, estuvieras...*

fueron: *fuera, fueras...*
hicieron: *hiciera, hicieras...*
pidieron: *pidiera, pidieras...*
pudieron: *pudiera, pudieras...*
supieron: *supiera, supieras...*

Práctica

A. Completa las oraciones con la forma correcta del verbo entre paréntesis.

1. Alejandra nos pide que le (enseñemos/enseñáramos) las fotos de la fiesta.
2. Daniel siempre me acompañaba al cine, con tal que yo (pague/pagara) las entradas.
3. Pasé por el banco ayer para que me (den/dieran) mi nueva tarjeta.
4. Los estudiantes entran al salón antes de que (suene/sonara) la campana.
5. La veterinaria dudaba que Fito (salga/saliera) de la clínica antes del viernes.
6. Esa tarde, mamá me dijo que (vaya/fuera) a ayudar a mis tíos con la mudanza.
7. Cuando éramos niños, podíamos ir al río a nadar con tal que nuestros padres nos (acompañen/acompañaran).
8. Raúl quiere que (compremos/compráramos) una nueva computadora.

B. Todos los años la familia de Jorge hace una gran fiesta para celebrar el aniversario de bodas de sus abuelos. Completa las oraciones con el imperfecto del subjuntivo del verbo subrayado.

1. El año pasado la fiesta <u>fue</u> en casa de mis tíos. Este año pensamos que sería mejor si ===== en un hotel.

2. El sábado <u>salieron</u> todos mis amigos. Querían que ===== con ellos pero no pude, porque tuve que ayudar con los preparativos.

3. Mis padres le <u>compraron</u> un regalo a mi abuela y nos pidieron a mis hermanos y a mí que le ===== uno a mi abuelo.

4. El año pasado <u>invitamos</u> a más de cien personas. Este año papá dijo que ===== a toda la familia, inclusive a los parientes de Nueva York y Miami.

5. No creímos que todos =====, a pesar de que el año pasado sí <u>vinieron</u> casi todos los invitados.

6. <u>Tocaron</u> unos músicos, amigos de mi papá, en la fiesta. Mi abuelo les pidió que ===== «El camino de la vida» mientras bailaba con mi abuela.

7. Mamá y la tía Margarita querían que se ===== los mismos platos que se <u>sirvieron</u> en la boda de mis abuelos.

8. Todos se <u>pusieron</u> muy elegantes. Mamá insistió en que nos ===== vestidos o trajes con corbata.

9. Después de la fiesta, mis primos Pedro y Ramón <u>saltaron</u> a la piscina del hotel totalmente vestidos ¡y querían que todos nosotros ===== también!

C. Escribe cada frase en el imperfecto del subjuntivo para completar las oraciones sobre «Mañana de sol».

1. Doña Laura le dijo a Petra que... (ayudarla a sentarse, darle las miguitas, venir pronto)

2. A don Gonzalo no le gustó que los curas... (estar sentados en su banco, seguir charlando, no levantarse)

3. A doña Laura le molestaba que don Gonzalo... (espantar a los gorriones, hacer tanto ruido, ser tan maleducado)

4. Y a don Gonzalo le molestaba que doña Laura... (insistir en hablarle, regañarle, no irse del banco)

5. Doña Laura le pidió a don Gonzalo que... (darle un poco de rapé, leer los poemas en voz alta, contarle de su mocedad en Valencia)

6. A doña Laura le sorpendió que don Gonzalo... (conocer la finca *Maricela,* acordarse de la muchacha bonita, conocer al dedillo la historia)

7. Y a don Gonzalo le pareció increíble que ella... (saber tantos detalles de la historia, poder describir al joven jinete, hablarle del duelo)

8. ¿Sería mejor que los dos protagonistas... (no darse cuenta de la verdad, no revelarse la identidad, no volver a verse)?

D. Alicia y unos amigos hicieron un viaje a Monterrey el mes pasado. Escribe de nuevo las oraciones sobre el viaje, cambiándolas al pasado.

1. Vamos a salir después de que todos entreguen sus exámenes finales.
2. Es ridículo que justo cuando estamos por salir, Nuria diga que no quiere ir.
3. Mi mamá se preocupa de que salgamos de noche.
4. No creo que la gasolina alcance para llegar a Monterrey.
5. El accidente en la carretera impedirá que lleguemos antes del anochecer.
6. Voy a llamar a mis papás cuando encontremos el hotel.
7. Vamos a comer algo, antes de que se cierren los restaurantes.

E. Completa las preguntas sobre situaciones hipotéticas con el imperfecto del subjuntivo del verbo entre paréntesis.

1. ¿Qué harías si en este momento ══════ (ver) a tu cantante favorito(a)?
2. ¿Cómo sería tu casa si tú mismo(a) ══════ (poder) diseñarla?
3. Si ══════ (tener) que escoger, ¿en qué país vivirías?
4. Si te ══════ (elegir) presidente de la clase, ¿qué actividades propondrías?
5. ¿Qué te gustaría comprar si no ══════ (ser) tan caro?
6. ¿Qué podrías hacer mañana si no ══════ (haber) clases?
7. ¿Cómo te sentirías si ══════ (sacar) una «A» en el próximo examen de español?

F. Escribe un párrafo sobre un evento pasado, en el que se presentó un problema o un malentendido que se solucionó luego. Explica lo que pasó, usando el imperfecto del subjuntivo para expresar lo que querían y esperaban tú y los demás, qué opinaban todos y cómo reaccionaron. Usa las expresiones del cuadro, cambiando sus formas si es necesario.

Quería que...
No creía (creíamos) que...
Me parecía increíble (raro) que...
Era (Fue) interesante que...
Mis padres (amigos) esperaban que...
Todos me dijeron que...
Fue bueno (malo) que...
(No) Me gustaba que...

El año pasado, el entrenador de baloncesto me dijo que tendría que practicar mucho para pasar al próximo equipo. Él quería que me entrenara todos los días.

■ El condicional

El condicional se usa...

I. En combinación con el imperfecto del subjuntivo, para referirse a situaciones o acciones hipotéticas. Se usa la fórmula **si** + *imperfecto del subjuntivo,* seguido por un verbo en el **condicional:**

*Si **viviera** en el campo, **tendría** muchos perros y gatos.*
   (pero vivo en el centro de la ciudad)

*Si te **acostaras** más temprano, te **sentirías** mejor.*
   (pero sigues acostándote muy tarde)

Es posible cambiar el orden de esta fórmula:

*Me **encantaría si pudieras** pasar las vacaciones con nosotros.*
   (pero el viaje es muy caro)

2. Para expresar una acción que estaba por ocurrir en el pasado o aún está por ocurrir en el presente:

*Me dijo que **llegaría** esta mañana.*
*El dependiente explicó que **sería** posible tomar el próximo vuelo.*

3. Para hacer una conjetura sobre una acción en el pasado:

*Lo llamamos varias veces pero no contestó. ¿**Habría** salido?*

Para formar el condicional se toma el infinitivo como base y se le añaden las siguientes terminaciones:

	Persona	-ar	-er	-ir
Singular	yo	comprar**ía**	comer**ía**	asistir**ía**
	tú	comprar**ías**	comer**ías**	asistir**ías**
	usted, él, ella	comprar**ía**	comer**ía**	asistir**ía**
Plural	nosotros(as)	comprar**íamos**	comer**íamos**	asistir**íamos**
	vosotros(as)	comprar**íais**	comer**íais**	asistir**íais**
	ustedes, ellos(as)	comprar**ían**	comer**ían**	asistir**ían**

Los verbos irregulares en el condicional son los siguientes:

caber: cabr- *(cabría, cabrías...)*

decir: dir- *(diría, dirías...)*

haber: habr- *(habría, habrías...)*

hacer: har- *(haría, harías...)*

poder: podr- *(podría, podrías...)*

poner: pondr- *(pondría, pondrías...)*

querer: querr- *(querría, querrías...)*

saber: sabr- *(sabría, sabrías...)*

salir: saldr- *(saldría, saldrías...)*

tener: tendr- *(tendría, tendrías...)*

valer: valdr- *(valdría, valdrías...)*

venir: vendr- *(vendría, vendrías...)*

Práctica

G. Completa las oraciones sobre «Mañana de sol» y *Paula* con la forma correcta del condicional del verbo entre paréntesis.

1. A Petra le ===== (encantar) pasar más tiempo charlando con su novio.

2. Doña Laura les ===== (dar) de comer a todos los pájaros del parque si pudiera.

3. Los pajaritos ===== (tener) mucha hambre si no fuera por doña Laura.

4. ¿De qué ===== (hablar) los tres curas?

5. Juanito ===== (venir) al parque todos los días si su amo le diera permiso.

6. La mamá de la narradora de *Paula* pensó que su hija ===== (poder) sacarle provecho al regalo insólito.

7. Al principio, la narradora no sabía si ===== (ser) posible imitar a Marc Chagall o no.

8. Ella decidió que para pintar no ===== (tener) que seguir las normas establecidas.

9. ¿Qué ===== (haber) pensado Marc Chagall del mural de la narradora?

10. ¿Qué ===== (poner) tú en un mural en tu cuarto?

11. ¿Te ===== (gustar) recibir un regalo como el que le hicieron a la narradora?

H. Completa las oraciones sobre «Mañana de sol» con el imperfecto del subjuntivo o con el condicional, según el contexto.

1. Si no ===== (hacer) tan buen tiempo, el parque ===== (estar) menos concurrido.

2. Don Gonzalo ===== (sentarse) en otro banco si ===== (haber) uno desocupado.

3. ¿Qué ===== (hacer) los pajaritos si doña Laura no les ===== (traer) miguitas de pan todos los días?

4. ¿Qué ===== (decir) don Gonzalo si doña Laura le ===== (decir) quién era en realidad?

5. ¿Cómo ===== (sentirse) doña Laura si don Gonzalo le ===== (confesar) que la había abandonado por una bailarina?

6. ¿Qué ===== (pensar) los criados si ===== (saber) la historia de sus amos?

7. Si uno de los dos personajes no ===== (volver) al parque mañana, ¿qué ===== (pasar)?

I. Un amigo habla de lo que le gustaría hacer para cambiar su vida. Para cada situación o problema, escribe una oración hipotética en la que le das consejos. Usa el condicional y el imperfecto del subjuntivo.

MODELO Necesito graduarme lo antes posible pero me faltan cuatro clases todavía.

Escribes Si tomaras dos clases en el verano, te graduarías este año.

1. Me gustaría aprender a tocar la guitarra pero este año estoy en el coro y también en el equipo de béisbol.
2. Creo que debo buscar trabajo pero no tengo carro.
3. Mis dos mejores amigos viven en Chile ahora. ¡Cómo quisiera visitarlos!
4. No sé qué hacer para tener más amigos.
5. Salgo de noche todos los fines de semana y por eso no estoy listo para las clases el lunes.
6. El autobús es tan lento que todos los días llego tarde a clase.
7. Me gustaría invitar a Isabel a salir conmigo, pero soy tímido y no sé si le caigo bien.
8. Quisiera hacer ejercicio por la mañana antes de clase, pero me siento tan cansado cuando suena el despertador que no me puedo levantar.
9. Sueño con ingresar a la universidad el año que viene, pero la matrícula es muy cara.

J. Entrevista a un(a) compañero(a) de clase, haciéndole las siguientes preguntas. Después contesta las preguntas que tu compañero(a) te hace. Usen el condicional y el imperfecto del subjuntivo en sus respuestas.

Tú ¿Cómo te sentirías si te eligieran presidente de nuestra clase?

Tu compañero(a) Si yo fuera elegido(a) presidente, creo que me sentiría orgulloso(a) pero un poco nervioso(a) también.

1. ¿Qué pasaría si hubiera clases durante todo el año?
2. ¿Qué harías si pudieras conocer a tu actor favorito?
3. ¿Qué harían los estudiantes si las clases empezaran a las dos de la tarde en vez de a las ocho de la mañana?
4. ¿Cómo sería si todos en el país tuvieran carros eléctricos?
5. ¿Qué pasaría si las computadoras supieran hablar?
6. ¿Qué harías si pudieras pasar un fin de semana con tus amigos para tu cumpleaños?
7. ¿Adónde irías si pudieras participar en un programa de intercambio estudiantil?
8. ¿Cómo sería si (no) tuviéramos que llevar uniformes en el colegio?
9. Si pudiéramos tener el baile del fin de año en cualquier lugar, ¿en dónde te gustaría tenerlo y por qué?

■ El futuro

El tiempo futuro se usa...

1. Al hablar de acciones futuras. En muchos casos, además del futuro, se puede usar el presente o la secuencia **ir a** + *infinitivo*:

   Mañana **traigo** el dinero. Mañana **traeré** el dinero.

   Paso por ti a las dos. **Pasaré** por ti a las dos.

   El doctor la **va a atender** en un El doctor la **atenderá** en un momento.
   momento.

2. Para expresar el sentido de orden o mandato:

   No le **dirás** nada a nadie.

   Las tiendas **estarán** cerradas el día de las elecciones.

   Los aspirantes se **presentarán** el lunes a las nueve.

3. Para expresar probabilidad o conjetura en el presente:

   Alguien toca la puerta. *¿**Será** el cartero?*

   *¿Dónde **estará** Juanito?*

Para formar el tiempo futuro se toma el infinitivo como base y se le añaden las siguientes terminaciones:

	Persona	-ar	-er	-ir
Singular	yo	comprar**é**	comer**é**	asistir**é**
	tú	comprar**ás**	comer**ás**	asistir**ás**
	usted, él, ella	comprar**á**	comer**á**	asistir**á**
Plural	nosotros(as)	comprar**emos**	comer**emos**	asistir**emos**
	vosotros(as)	comprar**éis**	comer**éis**	asistir**éis**
	ustedes, ellos(as)	comprar**án**	comer**án**	asistir**án**

En el tiempo futuro, los verbos irregulares son los mismos que en el condicional. Se toman como base las mismas raíces y se les añaden las terminaciones del futuro:

caber: cabr- *(cabré, cabrás...)* **querer: querr-** *(querré, querrás...)*

decir: dir- *(diré, dirás...)* **saber: sabr-** *(sabré, sabrás...)*

haber: habr- *(habré, habrás...)* **salir: saldr-** *(saldré, saldrás...)*

hacer: har- *(haré, harás...)* **tener: tendr-** *(tendré, tendrás...)*

poder: podr- *(podré, podrás...)* **valer: valdr-** *(valdré, valdrás...)*

poner: pondr- *(pondré, pondrás...)* **venir: vendr-** *(vendré, vendrás...)*

Práctica

K. Identifica los verbos en tiempo futuro en las siguientes oraciones. Luego explica si el verbo expresa mandato, conjetura o acción futura.

1. Al sonar la campana, los estudiantes dejarán de escribir.
2. Te traeré lo que quieras del restaurante.
3. Habrá mucho tráfico, porque normalmente ella llega a tiempo.
4. ¿Qué edad tendrá? ¿Será mayor o menor que yo?
5. Estará enamorado, porque si no, no entiendo por qué anda tan distraído.
6. Entonces, ¿vendrás a la reunión o no?
7. ¡Cómo han mejorado las notas de Anselmo! Estudiará mucho ahora.
8. Los viajeros tendrán que mostrar sus pasaportes cada vez que pasen por la aduana.

L. Julia habla de su quinceañera que se celebrará este fin de semana. Escribe la primera serie de oraciones de nuevo, sustituyendo los verbos subrayados por verbos en el tiempo futuro.

MODELO Mañana _tenemos_ que llamar al fotógrafo.
Escribes Mañana tendremos que llamar al fotógrafo.

1. El jueves mis amigas y yo _vamos_ a las tiendas a escoger zapatos.
2. El viernes por la tarde me _pruebo_ el vestido por última vez.
3. El sábado por la mañana me _hace_ el peinado Yolanda, la peluquera de mamá.
4. Mi hermano Pablo dice que algunos de sus amigos de la universidad _vienen_ a la fiesta.

Ahora imagina que Julia está en su fiesta. Escribe las siguientes oraciones de nuevo, usando el tiempo futuro para expresar probabilidad.

5. Debe haber más de cien personas en la casa. No se puede ni caminar.
6. Es posible que todos mis amigos ya estén aquí.
7. Esos chicos allí deben ser los amigos de Pablo.
8. Es probable que quiera presentármelos.

M. Quedaste en hacer algo con unos amigos, pero ellos no aparecen en el lugar de reunión. Escribe dos párrafos breves acerca de la situación. En el primero, especula acerca de las razones por las cuales tus amigos no han llegado. En el segundo, expresa lo que harás tú solo(a) si no llegan, o lo que harán juntos si por fin llegan. Usa diez verbos diferentes en el tiempo futuro.

MODELO Carolina tendrá mucho trabajo en casa...

■ Comparación y contraste

El tiempo futuro y los modales

1. En español se usa el tiempo futuro para expresar mandato, probabilidad y concesión, mientras que en inglés se usan modales como *will, shall, would, might, may, can, could* o *must* para expresar estos mismos conceptos:

Los exámenes se entregarán **a las dos.**	*Exams will (shall) be turned in at two.*
El portero sabrá **dónde está tu maleta.**	*The doorman may (might) know where your suitcase is.*
¿Dónde estará **Pati?**	*Where can (could) Pati be?*
Tomás será **desordenado, pero nunca falla en sus plazos.**	*Tomás might (may) be disorganized, but he never misses a deadline.*

2. En otros casos, para expresar probabilidad o conjetura, el español alterna entre el uso del futuro o del presente con adverbios o frases adverbiales. En contraste, el inglés usa el presente con adverbios, frases adverbiales o el verbo modal *must:*

Estará **atrasada. (Quizás** esté **atrasada.)**	*She is likely to be late.*
Tendrá **unos 25 años.**	*He must be (is probably) about 25.*

3. Para pedir algo, en español se usa el presente, el condicional o algunos modales. En cambio, en inglés se usa *will, would, can* o *could:*

¿Me haces **un favor?**	
¿Me harías **un favor?**	*Will (Would, Can, Could) you do me a favor?*
¿Me puedes (podrías) **hacer un favor?**	

Práctica

A. Traduce del español al inglés o del inglés al español.

1. Los pasajeros usarán la puerta posterior en caso de emergencia.
2. ¿Me prestas tu diccionario?
3. Están tocando. ¿Quién será?
4. ¡Mira qué lindo vestido! Será caro.
5. Tendrá mucho dinero, pero no sabe cómo gastarlo.
6. Will you get that bag down for me, please?
7. You will all bring whatever the coach requires for practice.
8. The clerk might know how to get to that street.
9. He's not turning. He probably can't hear us.

Ampliación

- Palabras con /k/ en español e inglés
  Hoja de práctica 4-C

■ Letra y sonido

El sonido /k/

En español el sonido /k/ casi siempre se escribe con la letra **c** o las letras **qu.**

Se escribe la c...

1. Ante las vocales **a, o** o **u:** *calor, marcar, contar, saco, cuento, cumplir.*

2. Ante cualquier consonante: *claro, escribir, crujiente.*

3. En las palabras que llevan el sonido /k/ a final de sílaba: *acción, bistec, picnic, práctico.*

Se escribe qu...

1. Ante las vocales **e** o **i:** *queso, duque, esquiar, quisieron.* Nota que las letras **qu** se usan en vez de la **c** cuando las vocales **a** u **o** se cambian a **e** o **i:** *caber → quepo, poco → poquito, rico → riquísimo.*

2. En algunas formas de los verbos que terminan en **-car,** como **explicar, sacar** o **tocar.** La **c** cambia a **qu** ante la **e:** *expliqué, saques, toquemos.*

Las pocas palabras españolas que se escriben con **k** son derivadas de lenguas extranjeras: *kilogramo, kilómetro, kiwi, koala.*

Práctica

A. Completa el anuncio para el Supermercado Compracosas con **c, k** o **qu.**

Si usted ═iere la comida más fres═a de la ciudad, venga al Supermercado Compracosas. A═í encontrará el mejor ═eso de ═abra y el más ex═isito café de Puerto Ri═o. Usted no necesita ═ocinar esta noche, pues en Compra-cosas su cena ya está lista para llevar: sopa de ═alabaza, pan ═aliente, ═arne estofada y flan de vainilla ri═ísimo. Y todo de la más alta ═alidad. Esta semana hay des═uentos en los maris═os. El pes═ado está a ═inientos pesos el ═ilo y los ═amarones a trescientos pesos. Y para su próximo pi═nic o barba═oa, ahora hay una gran li═idación de ═ubiertos de plásti═o. El Supermercado Compra-cosas ═eda muy cer═ita de todo, a sólo un ═ilómetro del centro.

B. Completa las oraciones con **c** o **qu**. Presta atención a las palabras que cambian de ortografía.

   1. —¿Está ri≡a la sopa? —Sí, está ri≡ísima.

   2. De chi≡ito, a Nando le gustaba hacer travesuras. Ahora que está casado y tiene sus propios chi≡os, las travesuras no le gustan tanto como antes.

   3. Generalmente sa≡o buenas notas en la clase de inglés pero hoy en la prueba sa≡é una mala nota.

   4. Hijito, ¡no te acer≡es al río! Quédate aquí cer≡a, por favor.

   5. Necesito que mi hermana me expli≡e cómo hacer la tarea de geometría. Ya me lo expli≡ó una vez pero todavía no entiendo.

   6. —¿Dejaste atran≡ada la puerta? —Sí, la atran≡é antes de salir y también cerré las ventanas.

   7. Ayer to≡é el piano una hora entera pero hoy no he to≡ado nada.

   8. —¿Me pasas el fras≡o pequeño, por favor? —¿Cuál? —Ese fras≡ito azul al lado del espejo.

   9. En ese pueblo pes≡ero hay restaurantes excelentes, famosos por servir el pes≡ado más fresco de la región.

   10. El año pasado Lourdes se cho≡ó con una camioneta. Quedó traumatizada por el cho≡e y todavía no quiere conducir.

C. Vuelve a leer las primeras dos páginas de «Mañana de sol». Encuentra y escribe una lista de diez palabras con el sonido /k/. Luego escribe una oración con cada palabra.

   MODELO parque
      Escribes Como hace sol, el parque está lleno.

D. Las siguientes palabras llevan el sonido /k/. Para cada una, escribe por lo menos otra palabra más, con un significado relacionado al de la primera y que también tenga el sonido /k/. Trata de dar ejemplos de palabras que cambien de ortografía de **c** a **qu,** o vice versa. Puedes consultar un diccionario si es necesario.

   MODELO taco
      Escribes taquería, taquito

   1. marcar
   2. chocar
   3. licuado
   4. picar
   5. arco
   6. arrancar
   7. banco
   8. estancar
   9. flaco
   10. pescar
   11. vaca
   12. rico

> **¿Te acuerdas?**
>
> Para representar el sonido /k/, la **c** cambia a **qu** ante la **e** o la **i:**
> *loco* pero *loquísimo*
> *empacar* pero *paquete*

E. Usa las palabras siguientes para escribir seis oraciones originales. Puedes usar cualquier forma de las palabras. Trata de usar dos o tres de las palabras dadas en cada oración.

> **MODELO** cuento, actor, embarcar, buscar
>
> *Escribes* Según el cuento, un día el actor se embarcó a Río de Janeiro en busca de su hija querida.

actor	cosquillas	embarcar	quejarse
atacar	criticar	esqueleto	querer
buscar	cuchillo	platicar	quiosco
casarse	cuento	poco	sacar

■ La acentuación

Las palabras llanas

En la Colección 3, aprendiste que en las palabras de más de una sílaba siempre hay una sílaba tónica, que se pronuncia con más énfasis o intensidad que las otras. Las **palabras llanas** son las que llevan el acento tónico en la penúltima sílaba: **ban**-co, **ár**-bol, pre-**gun**-ta, cua-**der**-no.

La mayoría de las palabras en español son llanas. En esta colección aprenderás sobre las palabras llanas y las reglas para la acentuación escrita de estas palabras.

1. Las palabras llanas que terminan en una vocal, **-n** o **-s** no llevan acento escrito: pin-**ta**-ba, re-**cor**-te, **par**-que, va-len-**cia**-no, **or**-den, pa-**re**-des.

2. Algunas palabras llanas que terminan en vocal llevan acento diacrítico para distinguirlas de otras palabras que se escriben igual:
Estaba **solo** *en el parque.*
Sólo *vinieron dos personas.*
Habla **como** *un loro.*
*¡***Cómo** *ha cambiado la ciudad!*

3. Las palabras llanas terminadas en **-ía** o **-ío** llevan un acento escrito sobre la **í**: es-cri-**bí**-a, te-**ní**-a, des-va-**rí**-o, **tí**-o.

4. Las palabras llanas que no terminan en vocal, **-n** o **-s** llevan acento escrito: **ál**-bum, al-**cá**-zar, a-**zú**-car, **cés**-ped, es-**té**-ril, **fá**-cil, **lá**-piz.

Práctica

F. Vuelve a leer las tres primeras oraciones de *Paula* en la página 206 de tu texto. Encuentra y escribe diez palabras llanas y luego lee las palabras a un(a) compañero(a). Tu compañero(a) debe apuntar las palabras y decidir si necesitan acento escrito o no.

G. Todas las palabras siguientes son llanas. Escríbelas en otro papel, dividiéndolas en sílabas y poniéndoles los acentos escritos necesarios. Después, explica por qué las palabras llevan o no llevan acento escrito.

MODELO   imagen
Escribes   i-ma-gen. No lleva acento escrito porque termina en *-n.*

1. caracter	**8.** fragil	**15.** perdices
2. rosales	**9.** mujeres	**16.** crimen
3. setentona	**10.** gorriones	**17.** decia
4. tonteria	**11.** despedirse	**18.** cristales
5. util	**12.** telescopio	**19.** debieron
6. demonio	**13.** angel	**20.** ilusiones
7. sonriente	**14.** merecen	**21.** jinete

H. Escribe las siguientes oraciones en otro papel, subrayando las palabras llanas y poniéndoles los acentos escritos necesarios.

1. Se presentaron varios candidatos en el certamen del martes pasado.

2. En el claustro hay una estatua de un angel, hecha de marmol.

3. Mientras yo estudiaba para el examen, Ana escuchaba la radio a todo volumen.

4. El juez dijo que era inutil mandar al joven anarquista a la carcel.

5. La nueva computadora es muy util y no se necesita ser muy habil para manejarla.

6. Temo que el virus se reproduzca como un cancer y se disemine por todo el laboratorio.

7. —¿Cuanto te debo por el boleto del partido de futbol? —Solo un dolar.

8. El mono del zoo es muy agil. Sabe abrir latas y le encantan los melocotones en almibar.

9. Para superar esta crisis, vamos a necesitar tiempo, dinero y una buena dosis de paciencia.

10. En la calle, Pedro vio un papelito con las palabras «Entrada gratis» escritas en la margen.

■ Dictado

Taller del escritor

Tarea

Escribe una evaluación.

LA PERSUASIÓN

EVALUACIÓN

Seguramente alguna vez te han hecho preguntas como: «¿Te gustó ese libro?» o «¿Qué te pareció esa película?». Cuando respondes a ese tipo de pregunta, tu respuesta es una forma de **evaluación** porque das tu opinión sobre la calidad de una obra.

Una forma de evaluar o criticar una obra literaria o de arte es compararla con otra, es decir, explicar en qué se parece a la otra obra y en qué se diferencia de ella. Cualquiera que sea tu forma de evaluar una obra, tu opinión debe apoyarse en información fidedigna y razones convincentes.

Antes de escribir

1. Cuaderno del escritor

Repasa las notas que has tomado en tu CUADERNO DEL ESCRITOR. ¿Cuáles fueron tus criterios de evaluación? Trata de encontrar un par de obras a las que puedas aplicar alguno de estos criterios. Ten en cuenta que las obras que escojas deben guardar ciertas semejanzas de forma y de contenido, pero también deben diferenciarse de alguna manera importante.

2. Prepara un cuadro

Una forma de encontrar obras para una evaluación es hacer un cuadro como el que sigue.

Compara		Semejanzas
«Mis primeros versos»	con Fragmento de *Paula*	Ambos son episodios autobiográficos.
«La guerra de los yacarés»	con Fragmento de *Platero y yo*	En estos cuentos los personajes principales son animales.

3. Establece normas para realizar un juicio

Para formular un juicio convincente sobre la calidad de una o varias obras, necesitas utilizar **criterios** o principios razonables. Al principio de una página de tu CUADERNO DEL ESCRITOR, escribe la siguiente pregunta: *¿Qué cualidades debe tener un buen/una buena _____?* (Llena el espacio en blanco con el tipo de obra que vayas a evaluar.) Luego escribe tus ideas. Al preparar tu lista de criterios de evaluación, acuérdate de considerar los elementos literarios importantes de la obra que has escogido.

Si vas a evaluar obras de dos géneros diferentes, tales como un poema y un ensayo, hazte preguntas como éstas:

- ¿Qué cualidades debe tener un buen poema?

- ¿Qué cualidades debe tener un buen ensayo?

- ¿Qué cualidades deben tener ambos?

Tu lista de criterios te ayudará a identificar los puntos fuertes y débiles de las obras que has escogido. Recuerda que puedes añadir nuevos criterios mientras escribes tu ensayo.

4. Recopila datos

En un cuadro como el que aparece a la derecha, haz una lista de datos sobre las dos obras que has escogido. Los datos que recopiles deben incluir semejanzas, diferencias, puntos fuertes y puntos débiles. Utiliza la lista de criterios que has seleccionado para separar lo que te gusta de lo que no te gusta en las dos obras.

5. Formula la idea principal

¿Cómo resumirías tu evaluación de las obras que has escogido? ¿Es una mejor que la otra, o tienen más o menos la misma calidad? La **idea principal** de una evaluación es la opinión que quieres que acepte tu público. Trata de formular esta opinión en una o dos oraciones.

Cuadro de datos

Trabajo 1	Trabajo 2
Semejanzas	
_____	_____
_____	_____
Diferencias	
_____	_____
_____	_____
Puntos fuertes	
_____	_____
_____	_____
Puntos débiles	
_____	_____
_____	_____

Idea principal
En sus relatos autobiográficos, tanto Rubén Darío como Isabel Allende narran las consecuencias de sus primeras experiencias con la poesía y el arte. Allende, sin embargo, describe de una forma más personal y viva cómo su afición por la pintura se convirtió luego en una pasión por la escritura.

I. Introducción
   A. Capta la atención del lector.
   B. Identifica las obras.
   C. Presenta la idea principal.
II. Cuerpo
   A. Compara las obras, mostrando las semejanzas.
   B. Compara las obras, destacando las diferencias.
   C. Utiliza los criterios para evaluar las obras.
   D. Respalda tu evaluación con razones y pruebas.
III. Conclusión
   A. Formula de nuevo tu opinión.
   B. Recomienda una de las dos obras, o las dos.

Así se dice

Para combinar frases

también	aunque
y	pero
asimismo	a pesar de
además	sin embargo
de igual manera	no obstante
igualmente	por el contrario

El borrador

1. Ordena tus ideas

En un borrador preliminar, tu objetivo inmediato es poner tus pensamientos por escrito. Al hacer un borrador de tus ideas, usa un **esquema** como el que aparece a la izquierda.

Trata de captar la atención de tus lectores en la **introducción,** empezando con una cita importante de una de las obras que vas a evaluar. Procura identificar las obras y sus autores en el primer párrafo de tu trabajo. Formula también la idea principal.

En el **cuerpo** de tu ensayo, enfócate en las semejanzas y diferencias entre las obras. Para esta parte del trabajo, puedes organizar los datos mediante el **método de bloque** o el **método punto por punto.** El esquema que aparece en la página siguiente ilustra el uso de estos métodos.

El cuerpo de tu ensayo debe contener también tu evaluación o juicio de las dos obras. Recuerda que este juicio es una opinión. Para convencer a tus lectores, tu evaluación debe basarse en criterios razonables. Debes justificar tus afirmaciones, es decir, aportar pruebas o razones que las respalden, para que sean más convincentes. Puedes utilizar como pruebas experiencias personales, ejemplos de las obras en cuestión y semejanzas con otras obras que guarden relación con éstas.

En la **conclusión** de tu ensayo, acuérdate de formular de nuevo la idea principal. Luego, puedes recomendarle a tu público una de las obras, o las dos.

2. Desarrolla tu propio estilo

Las palabras tienen significados literales, como los que aparecen en los diccionarios, que se llaman **denotaciones.** Las palabras y las frases tienen también **connotaciones,** que son significados que dichas palabras y frases adquieren por asociación emocional o por influencia del contexto o situación en que se utilizan. Al escribir tu ensayo, presta atención a las connotaciones de las palabras que utilizas. Compara estos ejemplos:

Tenía una frente *blanca y ancha.*

De su frente *parecía que brotaba luz.*

3. Relaciona ideas

Acuérdate de utilizar **palabras de enlace** para dejar claras las conexiones entre las ideas del texto. A la izquierda hay algunas expresiones útiles que sirven para combinar tus ideas y formular oraciones más largas.

Evaluación y revisión

1. Intercambio entre compañeros

Intercambia tu trabajo con un(a) compañero(a). Después de leer el borrador, completa uno de los apuntes indicados en el margen.

2. Autoevaluación

Usa las pautas siguientes para revisar tu trabajo.

Pautas de evaluación	**Técnicas de revisión**
1. ¿He captado la atención del lector desde el principio?	**1.** Empieza con una anécdota o cita emocionante.
2. ¿He formulado claramente la idea principal?	**2.** Añade una o dos oraciones que resuman tu opinión de las obras.
3. ¿He presentado mis datos en un orden lógico?	**3.** Usa el método de bloque o el método punto por punto.
4. ¿He aportado pruebas para que mi evaluación sea convincente?	**4.** Aplica los criterios que formulaste antes, y añade nuevas razones u otro tipo de pruebas.
5. ¿Es buena mi conclusión?	**5.** Formula de nuevo la idea principal.

Compara las dos versiones de un párrafo de una evaluación.

MODELOS

Borrador 1

«Mis primeros versos» de Rubén Darío y *Paula* de Isabel Allende son relatos autobiográficos. Los dos escritores han escogido episodios que tuvieron lugar cuando eran jóvenes. Los recuerdos de Darío son de sus primeros intentos de escribir poesía, mientras que la narración de Allende se refiere a sus primeras experiencias con la pintura. Darío quería impresionar a una chica, pero Allende quería expresarse.

Evaluación: Este párrafo menciona algunas semejanzas y diferencias entre las dos obras. Sin embargo, el párrafo no capta el interés del lector y no se formula claramente una idea central.

Método de bloque

Obra 1: «Mis primeros versos»
  Punto 1: Primeras experiencias
  Punto 2: Desafíos y objetivos
  Punto 3: Consecuencias

Obra 2: *Paula*
  Punto 1: Primeras experiencias
  Punto 2: Desafíos y objetivos
  Punto 3: Consecuencias

Método punto por punto

Punto 1: Primeras experiencias
  Obra 1: «Mis primeros versos»
  Obra 2: *Paula*

Punto 2: Desafíos y objetivos
  Obra 1: «Mis primeros versos»
  Obra 2: *Paula*

Punto 3: Consecuencias
  Obra 1: «Mis primeros versos»
  Obra 2: *Paula*

Así se dice

Para evaluar un trabajo escrito

La idea principal de este ensayo es...

Me gustaría saber más sobre...

Los criterios de evaluación del autor son...

La evaluación del autor (no) me convence porque...

Borrador 2

En *Paula*, Isabel Allende dice que su madre le dio «un cuaderno para registrar lo que antes pintaba: un cuaderno de anotar la vida». En «Mis primeros versos», Rubén Darío escribe que quedó «curado, por mucho tiempo, de la manía de hacer versos». Así recuerdan los dos autores momentos claves en su evolución como escritores. Cualquier persona que haya intentado expresarse por medio del arte se sentirá indentificada con estas memorias. Sin embargo, el tono directo y personal de Allende, junto con sus imágenes vivas, su sentido del humor y la manera en que se retrata a sí misma como adolescente, infunde especial emoción y realismo a sus recuerdos.

Evaluación: Mejor. El autor traza claramente las semejanzas entre las dos obras. La formulación de la idea central indica que el autor tiene razones concretas para preferir una obra a la otra.

Corrección de pruebas

Intercambia trabajos con un(a) compañero(a) y corrige su ensayo. Señala cualquier error ortográfico o gramatical.

Publicación

Aquí hay algunas sugerencias que te ayudarán a publicar o dar a conocer tu ensayo:

- Crea junto con tus compañeros de clase una pequeña antología de evaluaciones.
- Lee tu evaluación ante tus compañeros como si se tratara de una reseña para radio o televisión.

Reflexión

Completa una o dos de estas oraciones:

- La parte de este trabajo que me pareció más difícil fue...
- Estoy orgulloso de este ensayo porque...
- Al escribir este ensayo aprendí que la mejor forma de convencer a otras personas es...

A ver si puedo...

A. Define los siguientes elementos del drama. Luego haz un resumen escrito de una película u obra de teatro que hayas visto últimamente, comentando el uso de cuatro de estos elementos y su importancia en la obra.

Elementos: la escenografía, la exposición, el diálogo, la atmósfera, el ambiente, el vestuario, la utilería

B. Escoge una lectura de este texto que te haya gustado. Usando el diagrama de la página 212 como modelo, haz un diagrama de causas y efectos para la lectura que escogiste. Incluye por lo menos tres causas y efectos interrelacionados.

«Posada de las Tres Cuerdas»

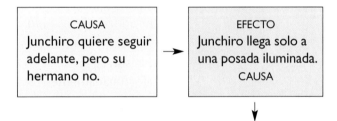

CAUSA	EFECTO
Junchiro quiere seguir adelante, pero su hermano no.	Junchiro llega solo a una posada iluminada. CAUSA

C. Contesta las preguntas con frases completas.
1. ¿Cuáles son los cuatro idiomas que se hablan en España? ¿En qué partes del país se hablan los idiomas regionales?
2. ¿Cuál es la lengua oficial de España y cómo llegó a serlo?
3. ¿Cuál es el idioma de origen desconocido?
4. ¿Qué documento reconoce y protege a todos estos idiomas?
5. ¿Qué motivos tienen los españoles castellanohablantes para aprender una lengua regional?

D. Explica el significado de las siguientes palabras dentro del contexto de la lectura correspondiente. Luego usa cada palabra en una oración original.

«Mañana de sol»: desgraciado, finca, mocedad, embustero
Paula: astuto, desencanto, atónito, norma

E. Vuelve a las páginas 219 y 220 y escoge seis modismos de la tabla. Explica en qué situación emplearías cada modismo y luego escribe una oración con cada uno.

¿Sabes usar el imperfecto del subjuntivo y el condicional? Págs. 222–228

F. Contesta las preguntas con el imperfecto del subjuntivo y el condicional.

1. Si pudieras decorar tu cuarto como quisieras, ¿qué harías?
2. Si tuvieras la oportunidad de leer el diario de alguien famoso, ¿de quién sería y qué crees que encontrarías?
3. Si fuera posible conocer a un artista como Marc Chagall, ¿a quién te gustaría conocer y por qué?

¿Sabes usar el tiempo futuro? Págs. 229–231

G. Escribe cuatro oraciones o preguntas en las que especulas sobre la vida de los dos protagonistas de «Mañana de sol». Luego escribe cuatro oraciones que describan lo que pasará mañana cuando se vean en el parque. Usa ocho verbos en el tiempo futuro.

MODELO   ¿Cómo vivirá doña Laura? Tendrá tres gatos y...

Escritura

¿Sabes deletrear palabras con el sonido /k/? Págs. 232–234

H. Completa las oraciones con **c** o **qu**.

1. Para su ═umpleaños, Marcos ═iere una nueva ra═eta de tenis. Es un chi═o muy atléti═o y es uno de los mejores jugadores del e═ipo de su es═uela.
2. Anoche, mientras regresaban del ═oncierto, a Lourdes y Nelson se les a═abó la gasolina. Nelson me ═ontó que afortunadamente, a los ═ince minutos pasó un policía, ═ien les preguntó si habían tenido un a═cidente.

¿Sabes identificar las palabras llanas? ¿Sabes cuándo llevan acento escrito las palabras llanas? Págs. 234–235

I. En otro papel, escribe las siguientes palabras de nuevo, poniéndoles los acentos escritos necesarios. Después, explica por qué algunas de las palabras llevan acento escrito.

1. album	4. crimen	7. estaciones
2. azucar	5. debil	8. lapiz
3. cesped	6. enorme	9. parecia

¿Sabes escribir una evaluación? Págs. 236–240

J. Imagina que te estás preparando para un examen de literatura en el que tendrás que escribir una evaluación. Repasa la información del TALLER DEL ESCRITOR y luego contesta las preguntas.

1. ¿Cuál es una forma de evaluar una obra literaria?
2. ¿Cuáles son algunos de tus criterios de evaluación para un cuento? ¿una novela? ¿un poema?
3. ¿Qué datos puedes incluir para que tu evaluación sea convincente?
4. ¿Cuáles son dos métodos que puedes emplear al organizar una evaluación?

Vocabulario esencial

Ampliación

• Vocabulario adicional
Colección 4

«Mañana de sol» pág. 187

añejo, -ja *adj.*
atestiguar *v.*
banco *m.*
casualidad *f.*
charlar *v.*
criarse *v.*
de improviso *adv.*
desafiar *v.*
descubrirse *v.*
desgraciado, -da *adj.*
divisar *v.*
duelo *m.*
embustero, -ra *m. y f.*
entremetido, -da *adj.*

enzarzarse *v.*
filósofo, -fa *m. y f.*
finca *f.*
galán *m.*
gallardo, -da *adj.*
glotón, -ona *adj.*
ingrato, -ta *adj.*
jabalí *m.*
jinete *m.*
legua *f.*
marea *f.*
mentir *v.*
miguita *f.*
mocedad *f.*

monólogo *m.*
palique *m.*
platónico, -ca *adj.*
predilecto, -ta *adj.*
presentado, -da *adj.*
pulcro, -cra *adj.*
quitar *v.*
ramo *m.*
reconciliar *v.*
refunfuñar *v.*
reñir *v.*
rondar *v.*
trascordarse *v.*

Paula pág. 205

asombroso, -sa *adj.*
astuto, -ta *adj.*
atónito, -ta *adj.*
codicioso, -sa *adj.*
comprobar *v.*
convención *f.*
desahogar *v.*

desencanto *m.*
desorden *m.*
frasco *m.*
inculcar *v.*
mancha *f.*
norma *f.*
pared *f.*

pincel *m.*
rabia *f.*
registrar *v.*
reproducción *f.*
sobrar *v.*
ungüento *m.*
veleidoso, -sa *adj.*

■ Mejora tu vocabulario pág. 219

dar la mano *v.*
dar una vuelta *v.*
darse cuenta de (que) *v.*
hacer cola *v.*
hacer de las suyas *v.*
(No) me da la gana.
no saber ni jota de *v.*
pasar la noche en blanco *v.*
pasar por *v.*
pasarlo de lo mejor (fatal) *v.*
pasarse *v.*

poner el grito en el cielo *v.*
ponerse al día (al tanto) *v.*
ponerse de acuerdo *v.*
Que yo sepa...
¿Qué sé yo?
saber de memoria *v.*
Se me (nos) hizo un nudo
    en la garganta.
Se me hace que...
Se me pone (puso) la piel
    de gallina.

tener en cuenta *v.*
tener la culpa *v.*
tener lugar *v.*
tener que ver *v.*

COLECCIÓN 5

Caminos

En esta colección, vas a aprender más sobre los siguientes conceptos:

Lectura
Elementos de literatura: Poesía
Estrategias para leer: Hacer una evaluación

Cultura
Cultura y lengua: Chile
Panorama cultural: ¿Alguna vez te has sentido como un extraño o una extraña en medio de tu propia gente?
Comunidad y oficio: Viajando por un mundo multilingüe

Comunicación
Así se dice: Para hablar de un poema; para presentar y apoyar una opinión; para hablar de alguien en el pasado; para evaluar un trabajo escrito
Vocabulario: El vocabulario especializado
Gramática: El presente perfecto del indicativo; el presente perfecto del subjuntivo; el pluscuamperfecto del indicativo; el pluscuamperfecto del subjuntivo; la secuencia de tiempos verbales
Comparación y contraste: El infinitivo y los tiempos verbales en español e inglés

Escritura
Ortografía: El sonido /x/; las palabras agudas, esdrújulas y sobresdrújulas
Taller del escritor: Ensayo sobre problemas y soluciones

internet

MARCAR: go.hrw.com
PALABRA CLAVE:
WN3 CAMINOS

Courtesy of Alberto Gamino.

Estación de Potrerillos de Alberto Gamino (1924–2000). Procedimiento al óleo sobre madera, material más conocido como chapadur (50 cm x 70 cm).

Punto de partida

El camino más largo

La vida es un «camino» lleno de experiencias. En el poema de Alfonso Quijada Urías, un naranjo le hace reflexionar al poeta sobre la tierra que dejó. En el poema de Pablo Neruda, se siguen los pasos de la vida de una tortuga. Al leer los siguientes poemas, piensa en los distintos «caminos» que has seguido en tu vida.

Toma nota

En una hoja de papel, dibuja una línea como en el ejemplo que sigue, y marca en ella las hazañas o los sucesos importantes que te hayan ocurrido a lo largo del «camino» de tu vida hasta ahora.

Empecé a asistir a la escuela.

Conocí a Beatriz, mi mejor amiga.

Nació mi hermanito Julio.

Nos mudamos a Salinas.

Elementos de literatura

La metáfora

La **metáfora** es una figura retórica mediante la cual se compara una cosa con otra sin usar palabras como «igual que» o «como». La metáfora que usa Neruda en «La tortuga» crea un sentido que va más allá del literal pero que no se expresa de manera directa. En este caso, la vida de la tortuga es una metáfora del camino que emprendemos todos: el «camino» de la vida.

> La **metáfora** es una figura retórica mediante la cual se describe una cosa como si fuera otra.
>
> *Para más información sobre la metáfora, ver la página 258 y el GLOSARIO DE TÉRMINOS LITERARIOS.*

Hay un naranjo ahí

Alfonso Quijada Urías

Hay un naranjo enfrente, tras de ese viejo <u>tapial</u> abandonado,
pero no es el mismo naranjo que sembramos,
y es un bello naranjo
5   tan bello que nos hace recordar
aquel naranjo que sembramos

              —en nuestra tierra—

antes de venir a esta casa
tan distante y lejana de aquélla
10   donde sembramos un naranjo
y hasta lo vimos—como éste—florecer.

ADUÉÑATE DE ESTAS PALABRAS

tapial *m.*: trozo de pared que se hace con una mezcla de tierra amasada. Se encuentra por lo general en áreas rurales.

Orange Trees and Gate (Naranjos y portón) (1885) de Winslow Homer. Acuarela.

Art Resource, New York. Private Collection.

CONOCE AL ESCRITOR

En 1968 un grupo de escritores publicó un libro de poesía que iba a cambiar la imagen de la literatura salvadoreña. **Alfonso Quijada Urías** (1940–   ) era uno de ellos.

Quijada Urías nació en Quetzaltepeque, El Salvador, un país que ha sufrido por muchos años los efectos de la guerra. En 1981, Quijada Urías dejó El Salvador para mudarse a Nicaragua. Finalmente, se fue a vivir a México donde trabajó de periodista. En la actualidad vive en Canadá.

En gran parte de su trabajo Quijada Urías muestra los horrores de la guerra en El Salvador y, mejor que cualquiera de los poetas salvadoreños que lo precedieron, describe el mundo de la población urbana de América Central.

Quijada Urías ha publicado cuatro volúmenes de relatos y tres colecciones de poesía. Su obra ha aparecido en muchas antologías nacionales y extranjeras y se ha traducido a cinco idiomas.

La tortuga

Pablo Neruda

La tortuga que
anduvo
tanto tiempo
y tanto vio
5   con
sus
antiguos
ojos,
la tortuga
10   que comió
aceitunas
del más profundo
mar,
la tortuga que nadó
15   siete siglos
y conoció
siete
mil
primaveras,
20   la tortuga
blindada°
contra
el calor
y el frío,
25   contra
los rayos y las olas,
la tortuga
amarilla
y plateada,

21. blindada: protegida con una cubierta muy resistente.

30   con severos
lunares
ambarinos°
y pies de rapiña,°
la tortuga
35   se quedó
aquí
durmiendo,
y no lo sabe.
De tan vieja
40   se fue
poniendo dura,
dejó
de amar las olas
y fue <u>rígida</u>
45   como una plancha de planchar.
Cerró
los ojos que
tanto
mar, cielo, tiempo y tierra
50   <u>desafiaron</u>,
y se durmió
entre las otras
piedras.

32. ambarinos: del color del ámbar. Hay ámbar amarillo, gris, café y negro.
33. rapiña: ave que tiene las garras agudas y fuertes para aprehender a sus víctimas y llevarlas por el aire.

ADUÉÑATE DE ESTAS PALABRAS

rígida, -do *adj.*: sin movimiento, inflexible.
desafiaron, de **desafiar** *v.*: resistir con tenacidad.

CONOCE AL ESCRITOR

Pablo Neruda (1904–1973), cuyo nombre verdadero fue Neftalí Reyes, nació en Parral, Chile, y es considerado uno de los poetas latinoamericanos más importantes del siglo veinte. Cuando tenía tres años se fue con su familia a Temuco, un pueblito fronterizo en el sur. Las duras condiciones de la región y el persistente sonido de la lluvia más tarde tendrían una gran influencia en su poesía.

A los trece años Neruda publicó un artículo en un periódico local donde, poco después, lo pusieron a cargo de la página literaria. Antes de acabar sus estudios secundarios ya publicaba poemas en diferentes periódicos y revistas y había ganado varios concursos literarios.

En 1920 se fue a Santiago a estudiar en la Universidad de Chile. A finales de ese año adoptó el seudónimo de Pablo Neruda. Cuando uno de sus poemas ganó el primer premio en un concurso literario, los patrocinadores le publicaron su primera colección de versos, *La canción de la fiesta* (1921). Ese volumen y el próximo, *Crepusculario* (1923), son de tema romántico y de estructura tradicional.

A mediados de los años veinte, Neruda abandonó el estilo y las técnicas tradicionales. La publicación de *Veinte poemas de amor y una canción desesperada* (1924) lo consagró como un importante poeta nacional.

Neruda entró en el terreno político cuando lo nombraron cónsul honorario en Rangún, Birmania, y poco después en Ceilán y Java. Neruda, que se sentía frustrado y solo en el Lejano Oriente, comenzó a componer *Residencia en la tierra*, una colección de tres volúmenes en los que trabajó desde 1933 hasta 1945. Cuando en 1935 apareció el segundo volumen, Neruda era cónsul en España y ya era conocido internacionalmente como un poeta de renombre.

La vida y la obra de Neruda se vieron profundamente afectadas por la Guerra Civil Española que estalló en 1936. Neruda empezó a escribir poesía y prosa a favor de un cambio social. Uno de sus mayores logros literarios, *Canto general de Chile* (1946), es una obra épica sobre la historia cultural y política de Chile, al mismo tiempo que una exploración sobre la lucha por la justicia en las Américas.

Neruda huyó de Chile en 1949 tras haber criticado severamente al presidente de la nación. En 1953 se le permitió su regreso. Durante los veinte años siguientes escribió con un estilo simple y claro y volvió a temas más introspectivos y personales. En su poesía sobre el amor y la naturaleza, Neruda examina las cosas cotidianas con cuidado y atención. Hay quienes consideran este periodo el mejor de Neruda. En 1971 ganó el Premio Nóbel de Literatura.

CREA SIGNIFICADOS

Cuaderno de práctica, págs. 83–84

Así se dice

Para hablar de un poema

Puedes usar estas expresiones para contestar las preguntas de **Crea significados**.

En el primer (segundo, último) verso...

... y en la estrofa siguiente...

Noto una correspondencia entre la imagen del (de la)... y...

Me llama mucho la atención el ritmo (la personificación) porque...

El uso de versos cortos (repetición) sirve para destacar (subrayar)...

La metáfora (El símil) principal se construye a base de...

Primeras impresiones

1. ¿Qué imagen de «La tortuga» recuerdas con más claridad?

Interpretaciones del texto

2. Neruda escribe lo siguiente acerca de la tortuga: «... y se durmió/entre las otras/piedras». ¿Qué le ha ocurrido a la tortuga al final del poema?

3. ¿Por qué piensas que Neruda elige escribir este poema en versos tan cortos?

4. ¿Por qué ha colocado el autor de «Hay un naranjo ahí» el séptimo verso tan alejado de los demás?

5. ¿Qué crees que siente el narrador de «Hay un naranjo ahí» acerca de su antigua tierra? ¿Y acerca de su nueva vida?

Conexiones con el texto

6. ¿Te has mudado alguna vez? ¿Qué fue lo que tuviste que dejar atrás al trasladarte y qué personas o cosas en tu nueva vida te sirvieron de consuelo?

Más allá del texto

7. ¿Cuáles son las ventajas de pertenecer a dos culturas y hablar más de un idioma? Si piensas que también hay desventajas, descríbelas.

OPCIONES: Prepara tu portafolio

1. Compilación de datos para un ensayo de problemas y soluciones

Cada año cientos de miles de personas vienen a los Estados Unidos y dejan atrás a sus familiares, amigos y el ritmo de vida que llevaban en su tierra. En tu opinión, ¿qué es lo que les resulta más difícil de superar cuando llegan a este país? ¿Por qué? ¿Qué problemas existen y cuáles son las posibles soluciones? Toma notas de tus ideas sobre este tema.

DIFICULTAD
Aprender el idioma
—pronunciar las palabras
—entender la gramática
SOLUCIONES
—hablar con la gente
—tomar clases de inglés
—estudiar mucho

Hablar y escuchar

2. Experiencias inolvidables

Escoge un recuerdo que tengas de un acontecimiento importante. Reúnete con un(a) compañero(a) para explicarle lo que significa para ti este recuerdo. Después, pídele a él o ella que haga lo mismo.

Investigación/Redacción creativa

3. Cuando nací...

Cuando las tortuguitas marinas nacen, su madre ya se ha vuelto al mar. El primer viaje que emprenden a través de la arena rumbo al mar es el más peligroso, pues han de defenderse de depredadores que a menudo las atacan. Haz una investigación sobre los peligros a los que se enfrentan las tortuguitas marinas. Vuelve a escribir el poema desde el punto de vista de una tortuguita que comienza el «camino» de la vida.

Investigación

4. Explica la metáfora

A partir de los años 50, Neruda simplificó el estilo de su poesía para alcanzar un público más amplio. *Odas elementales* (1954) contiene poemas con títulos como «Oda al tomate» y «Oda a la alcachofa» que celebran lo cotidiano de la vida. Busca un poema dentro de esa colección que también use una metáfora y explícala en dos o tres oraciones.

Chile

Historia y política de Chile

Nombre oficial: República de Chile

Población: 15.211.000

Área: 756.626 km²

Capital: Santiago de Chile

Principales exportaciones: Productos minerales e industriales, madera y derivados, fruta y vegetales, productos químicos, pescado

Idiomas: español, aymara, mapuche, rapa nui

Cuando los españoles llegaron a Chile en el siglo XVI, la región estaba habitada por indígenas conocidos colectivamente como mapuches, que en su lengua nativa significa «gente de la tierra». Ellos resistieron la colonización de los españoles; sin embargo, Pedro de Valdivia logró conquistar gran parte del territorio y fundar Santiago, la capital actual del país, en 1541.

La lucha por la independencia del dominio español se inició en 1810, cuando los terratenientes organizaron un cabildo abierto y proclamaron la libertad económica. La independencia absoluta de Chile se logró en 1818 bajo la dirección de Bernardo O'Higgins, quien gobernó el país hasta 1823. Hoy día, los chilenos lo consideran el «Padre de la Patria».

Durante los siguientes ciento cincuenta años, Chile se caracterizó por ser una de las democracias más estables y sólidas de América Latina. No obstante, durante este mismo periodo el país sufrió los efectos de una economía inestable y una serie de crisis políticas y sociales. Los problemas económicos se debieron al constante aumento y disminución de la exportación de cobre y salitre, mientras que la incertidumbre política fue resultado de la continua lucha por el poder entre los partidos políticos.

El descontento de las clases media y obrera con los gobiernos de centro y derecha se manifestó en las elecciones presidenciales de 1970, cuando Salvador Allende, el candidato socialista y marxista de la Unidad Popular, fue elegido presidente. Allende deseaba ejecutar una transición al socialismo, pero la inflación, la paralización de la producción y otros factores motivaron la intolerancia de la clase media hacia la Unidad Popular.

internet

MARCAR: go.hrw.com
PALABRA CLAVE:
WN3 CAMINOS-CYL

El 11 de septiembre de 1973, las fuerzas armadas llevaron a cabo un golpe de estado en el que Allende murió durante el asalto al Palacio Presidencial. Una junta militar, encabezada por el jefe del ejército, Augusto Pinochet, suspendió la constitución, disolvió el congreso y prohibió todos los partidos políticos. Miles de chilenos fueron arrestados o «desaparecidos» (es decir, fueron asesinados), y muchos más salieron al exilio. Una nueva constitución legalizó el régimen hasta 1989. Sin embargo, la opresión política y el continuo empeoramiento de la distribución de riqueza hicieron que el 55% de los chilenos votaran en contra de extender el mandato de Pinochet en el plebiscito de 1988.

El retorno a la democracia ocurrió en diciembre de 1989 cuando la Concertación, una coalición de partidos de centro y de izquierda, ganó la primera elección presidencial en diecinueve años. Muchos de los exiliados pudieron regresar a Chile. En el año 2000 la Concertación comenzó su tercer gobierno, esta vez bajo la presidencia de Ricardo Lagos, el primer presidente socialista desde Salvador Allende. Este gobierno enfrenta enormes desafíos, incluyendo cómo intentar resolver la controversia que existe sobre el enjuiciamiento de Augusto Pinochet por los atropellos a los derechos humanos cometidos durante su mandato.

11 de septiembre de 1973

2000

La Moneda

Al tomar el Palacio Presidencial, hoy conocido como La Moneda, la junta militar derrocó al gobierno socialista de Salvador Allende. Los sectores públicos que habían apoyado a los militares esperaban la estabilidad económica y social. Aunque la política de Pinochet abrió el mercado hacia la inversión extranjera y el país entró en una etapa de prosperidad, pocos chilenos disfrutaban de las nuevas riquezas. El nivel de vida bajó aún más para la mayoría de la población durante la crisis económica de los años ochenta. Como resultado, se inició la actividad social y política para promover el regreso a la democracia.

Artistas en exilio

Los artistas desterrados han logrado expresar los sufrimientos y las añoranzas de todos los chilenos obligados a vivir en el exilio. Individuos y grupos como Isabel y Ángel Parra, Quilapayún e Inti Illimani se inspiraron en el movimiento de *la nueva canción,* que se enfocaba en temas nacionales y folclóricos. Mientras estos artistas interpretaban esta música y su mensaje político en el extranjero, también influían en los nuevos músicos dentro del país. Así nació en Chile otra corriente de música, *el nuevo canto,* que se pudo desarrollar a pesar de la censura implementada por el régimen militar.

Los mapuches

Hoy día, hay más de 900.000 mapuches en Chile. Muchos viven en las zonas al sur del país. Este territorio es parte del patrimonio cultural e histórico de los mapuches, quienes desde la época colonial se han esforzado para preservarlo. Durante el régimen militar, las comunidades indígenas no sólo perdieron sus tierras sino también muchos de sus derechos. Con el regreso a la democracia los mapuches han vuelto a lanzar campañas políticas. Actualmente, sus metas incluyen cuidar el ambiente, restaurar los bosques y evitar la construcción de grandes diques en las zonas naturales.

La cueca

A pesar de los vaivenes políticos y económicos que Chile ha sufrido, los chilenos siempre han saboreado el gusto por la vida. La cueca, el baile nacional de Chile, refleja el amor de los chilenos por sus tradiciones. En este baile folclórico de ritmo acelerado y alegre, el hombre y la mujer agitan sus pañuelos y taconean con gracia para imitar el cortejo entre un gallo y una gallina.

Así se dice

Para presentar y apoyar una opinión

Puedes usar estas expresiones para hacer la actividad en esta página.

Para mí, lo fundamental es...

A lo que voy es esto: Que...

No lo veo así. A mi modo de ver...

Para mí es incorrecto (demasiado simplista) decir que...

¡Un momento! ¿No te (les) parece que... ?

Actividad

Reúnete con dos compañeros para sostener un debate sobre el destierro. Un miembro del grupo apoya la idea de que hay ventajas en el destierro y el otro sostiene que sólo conlleva desventajas. El tercer miembro puede servir de moderador. Pueden mencionar temas como las relaciones familiares, las libertades personales, el estado económico y la educación.

Modismos y regionalismos

En el español de Chile, influyen bastante los idiomas indígenas y los idiomas de los inmigrantes. Por ejemplo, *guagua* viene del quechua, *en pana* viene del francés *en panne,* y *gallo* y *cachar* vienen del inglés *guy* y *catch.* Otra característica de los chilenos, especialmente los jóvenes, es el uso de una forma verbal alternativa al *tú:* se oye *podís* en vez de *puedes* y *hablai* en vez de *hablas.* Además existen expresiones típicamente chilenas que son difíciles de explicar. ¡Hay que ser un poco chileno para cachar el mote!

A lo chileno

al tiro ahora mismo

cachar (el mote) entender

fome pesado

gallo(a) hombre, mujer

guagua bebé

la micro autobús

pega trabajo

pololo(a) novio(a)

quedarse en pana tener el auto descompuesto

taco congestión vehicular

ya sí, de acuerdo

—Oye **galla,** ¿vas a la **pega** ahora?

—No, tengo que ir con mi **pololo** a ver a su prima que tuvo una **guagua** ayer.

—**Ya.** ¿Sales **al tiro?**

—Sí. ¿Me haces un favor? ¿Nos **podís** llevar en tu auto?

—Ay, **se me quedó en pana** ayer en medio de un **taco.** ¿**Cachai** que tuve que venir en **micro** hoy?

—¡Que **fome!**

POESÍA: Recursos de sonido, imágenes y figuras retóricas

PREPARACIÓN AP PRÁCTICA

¿Por qué leemos poesía? El poeta Víctor Hernández Cruz, que nació en Puerto Rico y creció en la ciudad de Nueva York, ha dicho: «la poesía nos hace revelaciones que iluminan lo que era desconocido para nosotros».

El componer un poema requiere habilidad para combinar la inspiración con los recursos más técnicos.

Además de leer poesía por su mensaje y por su contenido, leemos poesía por la manera en que estimula nuestros sentidos.

Muchos poemas son placenteros debido a su cualidad musical. El sonido especial de la poesía se crea mediante recursos tales como la **rima,** el **ritmo,** la **repetición** y el **paralelismo.** Algunos poemas captan nuestra imaginación al dibujar ideas en nuestra mente; esto se consigue con las i**mágenes,** descripciones que despiertan nuestros sentidos.

Dentro de la poesía, también son importantes las **figuras retóricas** tales como el **símil,** la **metáfora,** la **personificación,** el **símbolo** y la **hipérbole.**

Recursos de sonido:
Rima

La **rima** es la repetición de sonidos vocálicos o consonánticos. Normalmente hallamos la rima al final de los versos. Además de crear un sonido placentero, la rima ayuda a destacar las palabras importantes y la relación entre los versos. También, el tipo de **rima** contribuye a formar la estructura de un poema.

En la **rima consonante** o **total,** la repetición del sonido de las vocales y de las consonantes es exacta. Fíjate en el uso de ella que hace José Martí en esta estrofa de *Versos sencillos* (página 213):

Tiene el leopardo un abr**igo**
En su monte seco y p**ardo:**
Yo tengo más que el
   leop**ardo,**
Yo tengo un buen am**igo.**

En la **rima asonante** o **parcial,** sólo se repiten los sonidos de las vocales, como

en esta estrofa de un poema de Gabriela Mistral:

La perdiz duerme en el tr**é**b**ol**
escuchándome l**a**t**ir:**
no te turben mis ali**e**nt**os,**
¡duérmete apegado **a** m**í!**
   —«Apegado a mí»

Ritmo

El **ritmo,** como la rima, ayuda a dar a la poesía una cualidad musical. El ritmo a veces se usa para realzar el contenido de un poema al imitar el sonido de la acción que se está describiendo.

La mejor manera de percibir el ritmo de un poema es leerlo en voz alta. Practica con la siguiente estrofa de Rubén Darío:

Al compás de un canto de
   artista de Italia
que en la brisa errante la
   orquesta deslíe,
junto a los rivales, la divina
   Eulalia
la divina Eulalia ríe, ríe, ríe.
   —«Era un aire suave...»

No todos los poemas tienen rima y ritmo regulares. Por ejemplo, Alfonso Quijada

Urías usa **verso libre**—así se llama a este tipo de versos— en «Hay un naranjo ahí» (página 246).

Repetición y paralelismo

Los poetas realzan ideas o sentimientos por medio de la **repetición** de palabras y frases clave.

El **paralelismo** es la repetición de frases que son similares en su estructura o en su contenido, como en estos versos de «Verde luz» de Cabán Vale (página 214):

si me ausento de tus playas
  rumorosas,
si me alejo de tus palmas
  silenciosas,

Aliteración

Se llama **aliteración** a la repetición de sonidos similares en un grupo de palabras, habitualmente sonidos consonánticos. Al igual que la rima y el ritmo, la aliteración puede dar un mayor énfasis a un grupo de palabras o ayudar a crear un tono particular. ¿Qué sonidos se repiten en estos versos de «La tortuga» de Pablo Neruda (página 248)?

La tortuga que
anduvo
tanto tiempo
y tanto vio

Onomatopeya

Algunas palabras imitan o sugieren el sonido propio de su significado. Algunos ejemplos serían «croar», «silbido» y «zumbido».

El uso de una palabra o de un grupo de palabras que imita el sonido de lo que representan se llama **onomatopeya**. ¿Cómo sugieren el llamado a una puerta los siguientes versos de Nicolás Guillén?

—¡Tun, tun!
—¿Quién es?
—Una rosa y un clavel...
—¡Abre la muralla!
—¡Tun, tun!
                —«La muralla»

Imágenes

Las **imágenes** son un recurso literario que usa el poeta para evocar los cinco sentidos: vista, oído, gusto, olfato y tacto. Al estimular nuestros sentidos, el poeta nos invita a leer de manera más activa e imaginativa.

¿Qué imágenes puedes identificar en los versos del «Romance sonámbulo» de Federico García Lorca (página 334)?

La higuera frota su viento
con la lija de sus ramas
y el monte, gato garduño,
eriza sus pitas agrias.

Figuras retóricas: Símil, metáfora y personificación

Con las figuras retóricas se crea un sentido más allá del literal. Son palabras o frases en una obra literaria que no deben ser interpretadas literalmente. Esto se logra al hacer comparaciones directas o indirectas entre dos cosas, a la vez que se embellece el mensaje del poema. Las figuras retóricas no pertenecen únicamente al género de la poesía sino que también se pueden emplear en los cuentos, los ensayos y

las obras dramáticas. Por lo tanto, son especialmente importantes por la manera en que captan nuestra imaginación y nos permiten ver a las personas, los lugares y las cosas de una manera distinta.

Una de las figuras retóricas que aparece con frecuencia dentro de la literatura es el **símil.** El símil compara dos cosas aparentemente distintas; usa expresiones de comparación como «igual que» y «como». Pablo Neruda usa un símil en «La tortuga»:

dejó
de amar las olas
y fue rígida
**como una plancha de
planchar.**

En cambio, la **metáfora** compara dos cosas distintas sin necesidad de usar palabras que hagan comparaciones directamente. Juan Ramón Jiménez emplea una metáfora en *Platero y yo:* «aquella nube fugaz que veló el campo verde con sus hilos de oro y plata» (página 84).

A veces el escritor no expresa la comparación de manera directa, sino que deja que el lector capte la idea por sí mismo. Neruda en ningún momento escribe que la tortuga representa el curso de la vida. Sin embargo este significado es evidente.

Otra figura retórica es la **personificación,** con la cual se atribuyen cualidades humanas a cosas inanimadas. Busca un ejemplo de personificación en la letra de la canción «Verde luz» de Antonio Cabán Vale (página 214):

isla mía, flor cautiva
para ti quiero tener:
libre tu suelo,
sola tu estrella,
isla doncella,
quiero tener.

Símbolo e hipérbole

Un **símbolo** es una persona, un lugar, un objeto o un suceso que representa valores, ideas o conceptos. Algunos símbolos son bien conocidos: por ejemplo, la bandera blanca simboliza el fin de la hostilidad y un león a menudo representa la realeza. En cambio, otros símbolos adquieren su significado dentro del contexto específico en el que se encuentran.

Recuerda que los símbolos pueden representar distintas cosas para cada individuo. ¿Qué piensas que simboliza el naranjo en el poema de Alfonso Quijada Urías?

La **hipérbole** es la exageración de una cosa. Para crear ese efecto, se puede aumentar o disminuir excesivamente lo que se describe. En «La tortuga», Neruda usa la hipérbole en los versos siguientes:

la tortuga que nadó
siete siglos
y conoció
siete
mil
primaveras,

¿De qué manera afecta el uso de las figuras retóricas el tema de este poema?

ANTES DE LEER
El forastero gentil

Punto de partida

Encuentros inesperados

A veces nuestros caminos se cruzan de manera inesperada. «El forastero gentil» narra la historia de una familia que hospeda a un forastero por sólo una semana. Este huésped afecta a la familia de una manera profunda, incluso a un miembro de la próxima generación.

Toma nota

Los caminos siempre nos llevan hacia nuevas experiencias. En el caso de la amistad, por medio de un(a) amigo(a) podemos conocer a otros amigos. En una hoja de papel, dibuja un «camino» de las amistades que has tenido hasta ahora, usando como modelo el diagrama que aparece a continuación.

Elementos de literatura

La caracterización

Un elemento importante en el relato siguiente es la **caracterización**: la manera en que el escritor crea a un personaje. Al caracterizar a un personaje, el escritor describe no sólo su aspecto físico, sino también su forma de hablar y de actuar y la manera en que los demás personajes lo tratan. Cuando leas la historia, presta atención a los datos que nos da el escritor acerca del forastero, e intenta formar en tu mente una imagen del personaje.

> Por medio de la **caracterización** el escritor nos revela la personalidad de un personaje.
>
> *Para más información sobre la caracterización, ver la página 77 y el GLOSARIO DE TÉRMINOS LITERARIOS.*

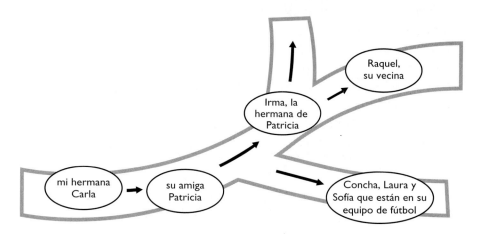

EL FORASTERO GENTIL

Sabine R. Ulibarrí

Man on Path in Country (Hombre en un camino en el campo) de Thomas Duckworth.

Thomas Duckworth/Images.com

Salió del sol. Salió del pinar. Era un hombre grande. Llevaba una carga grande. Alguien lo vio. Pronto lo supieron todos. Ese hombre fue el foco de todas las miradas. Todos <u>especulando</u>: ¿quién será? ¿a qué vendrá?

Conforme se iba acercando por el camino caluroso y polvoriento se iba revelando. Vieron que era un tipo vaquero como en las películas. Sombrero alto y blanco, terciado hacia un lado, por el sol, por el calor. Cotón y pantalón de lona azul, blanquizca por el tiempo y el abuso. Botas de tacón alto. Espuelas chapadas de plata. Las rodajas[1] dejaban sus huellecillas y su tintineo en la capa de polvo del camino. En su lado derecho, en el sitio adecuado, llevaba un pistolón de miedo. Era un americano.

A veces tropezaba. Se le torcía el tobillo. Esas botas de tacones altos no se hicieron para andar. Los hombres de a caballo no nacieron para andar. Se enderezaba y seguía tercamente su camino.

Ya de lejos don Prudencio había analizado la situación. Les dijo a sus hijos que este americano tenía que ser un ladrón o matón, o ambos. Un hombre desesperado y peligroso. Hay que darle todo lo que pida. Si no se lo damos, él se lo va a robar, acaso va a herir o a matar a alguien. «Además», les dijo, «tendremos un enemigo para toda la vida».

Al fin llegó el extranjero hasta el portal de la casa. Allí estaban don Prudencio y sus hijos esperándolo. Alrededor, los peones[2] mirando y esperando. Las mujeres detrás de las cortinas. Todos llenos de curiosidad.

Dejó caer su carga. Era su montura. Dijo que se llamaba Dan Kraven, que se le había roto

1. **rodajas:** estrellas de las espuelas.
2. **peones:** trabajadores de campo o de rancho.

- -

ADUÉÑATE DE ESTAS PALABRAS

especulando, de **especular** v.: reflexionar, desarrollar opiniones e ideas acerca de algo.

- -

una pierna a su caballo y había tenido que matarlo. Tenía sed y hambre. Don Prudencio no hablaba inglés pero sus hijos sí.

Tenía unos ojos azules como el hielo. Tenía una mirada como un rayo azul helado que penetraba y quemaba los ojos de los demás. Una mirada que retaba, amenazaba y desconfiaba a la misma vez.

Venía molido. En todo se le notaba. El cansancio, el hambre y la sed hablan a gritos. Sus gritos silenciosos subían al cielo y aturdían a todos.

Mi tío Victoriano llevó al extranjero al zaguán. Allí en el fresco había una tina llena de agua con un bloque de hielo. Le dio un jumate de calabaza³ lleno de agua helada. Esa agua debió ser agua bendita, el agua de la salvación para ese señor en ese momento. Primero tomó pequeños sorbos. Los detuvo un momento en la boca. Luego se los tragó. Lento y solemne como si aquello fuera algún rito misterioso, casi como si estuviera tomando una extraña comunión. Después tomó largos y hondos sorbos. De inmediato pareció restituido. Parecía milagro. Todos tenían la extraña sensación de que habían presenciado un acto un tanto religioso.

No se le llevó al fuerte donde vivían los peones. Se le dio una habitación de la casa. Le llevaron agua para que se bañara y ropa limpia.

Quién sabe por qué no se le invitó a comer con la familia. Se le llevaba de comer a su cuarto tres veces al día. Quizás sería porque mi abuelo decidió que el comer juntos resultaría demasiado bochornoso para la familia y para él. La verdad es que Dan Kraven estuvo perfectamente satisfecho con el arreglo.

Claro que esta visita dio mucho que hablar a todos. En un lugar donde nunca pasa nada extraordinario esto fue un verdadero acontecimiento. ¿Quién sería? ¿De dónde vendría? ¿Qué anda haciendo aquí? No había gringos por allí. Todos los ranchos del Río de Las Nutrias pertenecían a la familia. Los gringos más cercanos estaban muy

3. **jumate de calabaza:** cáscara dura de una calabaza.

lejos, más allá de Las Tapiecitas, por allá por La Laguna Hedionda. A lo mejor viene perseguido por la ley o por enemigos.

No hubo contestación a las interrogaciones. Dan Kraven no decía nada. No es que no hablara español. Parecía que no hablaba inglés. Hablaba solamente lo indispensable, y cuando era posible, en monosílabos.

Era silencioso y solitario. O no salía de su cuarto, o se paseaba solo por los campos. A veces se le veía revisando los corrales y las caballerizas. Cuando no podía evitarlo, y se encontraba con alguien, siempre saludaba con seria y serena cortesía. Se tocaba el ala del sombrero y decía «Howdy» a los hombres y «Ma'am» a las mujeres sin detener el paso. Sólo con mi abuela se detenía, se quitaba el sombrero, hacía una pequeña reverencia y le decía, «Miss Filomena, Ma'am». Se puede ver que de hablador no le iba a acusar nadie.

A mi tío Victoriano le decía «Víctor», a mi tío Juan, «Johnny». A mi padre, que se llamaba Sabiniano, lo llamó «Sabine». De esto último se dedujo que Dan venía de Texas donde hay un río que se llama Sabine. El nombre se le pegó a mi padre, y cuando yo nací me lo dio a mí.

Mi padre tendría entonces unos ocho años. Era el más joven de sus hermanos. Él fue el que más se le acercó a Dan Kraven. Quién sabe por qué. Tal vez porque en su inocencia los niños son más atrevidos. Quizás porque todos quieren a los niños, hasta los matones. O, aquí está el misterio, acaso Dan Kraven se acordaba

---

ADUÉÑATE DE ESTAS PALABRAS

retaba, de retar *v.*: desafiar.
molido, -da *adj.*: cansado.
aturdían, de aturdir *v.*: turbar, molestar la quietud y calma de alguien.
zaguán *m.*: entrada de una casa.
rito *m.*: ceremonia, costumbre.
restituido, -da *adj.*: repuesto, restablecido.
indispensable *adj.*: necesario, algo de lo que no se puede prescindir.
dedujo, de deducir *v.*: inferir, sacar conclusiones.

---

de un hermanito, o un hijo. Nadie sabe. La verdad es que el misterioso forastero tomaba al niño de la mano y se iban los dos solos en largos paseos por el bosque o por los campos. Paseos silenciosos o de muy pocas palabras. El niño no hablaba porque no sabía qué decir, estando perfectamente satisfecho al lado del alto y misterioso *cowboy*. Él no decía nada porque no quería. La conversación no hacía falta.

Dan Kraven se estuvo en la casa de don Prudencio como una semana. Descansó bien. Se repuso bien. Pero... había en él un extraño cansancio del que no descansaría nunca, del que no se repondría jamás. Era como una desilusión intensa y profunda. Era como si la vida fuera una carga larga y pesada. Era como si no le importara si vivía o no. Creo que allí se encontraba el peligro y el terror que <u>emanaba</u> de este hombre. El que ha perdido las ilusiones y las esperanzas, que no tiene ganas de vivir y no le tiene miedo a la muerte, es el hombre más peligroso. ¿Qué tiene que perder? ¿Qué tiene que ganar?

Hubo momentos en que casi habló. Hubo momentos en que casi se sonrió. Hasta llegaron los de la casa a ver por un instante el hielo de sus ojos deshelarse, el rayo azul de su mirada helada deshacerse. Pero estas fueron chispas <u>fugaces</u> que se apagaban en cuanto nacían. Pronto volvía el americano a su postura insulada y solitaria. Es posible que si se hubiera quedado más, los de la casa lo hubieran visto reír algún día.

Un día fue a buscar a don Prudencio. Por medio de mi tío Victoriano le agradeció todas sus cortesías y le pidió un caballo. Mi abuelo hizo reunir la caballada en el corral. Le dijo a Dan que escogiera. Dan escogió un precioso caballo prieto con las patas blancas. Mi tío Victoriano quiso protestar. Era el suyo. Se llamaba Moro. Mi abuelo lo silenció con una mirada.

Dan Kraven montó en su caballo prieto. Toda la familia y los peones salieron a decirle adiós. Había nacido un extraño cariño por este hombre de la profunda tristeza y de la tremenda pistola. Dijeron algunos que había lágrimas en los ojos de Dan aunque nadie estuvo seguro. Todos le agitaban la mano y le decían «Vaya con Dios», «Adiós», «Vuelva». Él alzó la mano y les dio un saludo casi militar. Y sin decir palabra se fue.

Se fue por donde vino. Por el mismo polvoriento camino. Entró en el pinar. Entró en el sol y desapareció para siempre. Nadie lo volvería a ver. Todos preguntaban en todas partes. Nadie tuvo nunca noticias de un hombre con el nombre de Dan Kraven.

Pasó el tiempo como siempre pasa. No sé cuánto y no me importa. Todos guardaban sus memorias del hombre que un día salió del sol y otro día volvió al sol de donde vino. Era ya todo como si fuera un cuento, una fantasía o un invento. Se hablaba en la casa de él con frecuencia y con cariño, y se preguntaban si algún día volvería.

Una mañana, bien temprano, antes de que la familia se levantara, vino Juan Maés, el caporal,[4] a dar golpes a la puerta. «¡Don Prudencio, don Prudencio, venga al corral ahora mismo!»

Todos, mayores, niños, peones, van corriendo al corral. Allí estaba el caballo palomino más hermoso que nadie había visto, con una buena silla nueva, con un freno[5] chapado de plata y una pechera con conchas de plata.

Mi abuelo se acercó. De la teja de la silla colgaba una correa con estas palabras grabadas, «Para don Prudencio, con eterno agradecimiento». En el mantón[6] de Manila

4. caporal: capataz, persona que tiene a su disposición muchos peones.
5. freno: instrumento de hierro que se mete en la boca del caballo para dirigirlo.
6. mantón: pañuelo grande que sirve de adorno y que se echa generalmente sobre los hombros.

ADUÉÑATE DE ESTAS PALABRAS

emanaba, de **emanar** v.: salir o desprenderse de un cuerpo.
fugaz *adj.*: que desaparece en seguida, de muy poca duración.

---

había una etiqueta que decía, «Para doña Filomena, con todo respeto». En las espuelas decía, «Para Sabine cuando sea hombre y para que no me olvide». En ninguna parte aparecía el nombre de Dan Kraven. No hacía falta. A él no lo vio nadie. Ni lo volvieron a ver.

Otra vez pasó el tiempo. Nací yo, y nacieron mis primos. Todos oímos una y otra vez la historia de Dan Kraven. Todos vimos que el caballo favorito de mi tío Víctor era un hermoso palomino que se llamaba Moro. Todos vimos que en la sala de mi abuela Filomena, donde no entraba nadie, había un colorido mantón de Manila sobre el sofá. Mi padre en días de trabajo llevaba botas viejas con espuelas chapadas de plata. En días de feria y de fiesta llevaba las mismas espuelas con botas nuevas.

Una visita accidental de un hombre raro y fenomenal enriqueció y afectó la vida sentimental de una familia fronteriza y colonial.

Vivió ese hombre en los recuerdos de todos los que lo conocieron hasta que todos murieron.

Aquí estoy yo, que no lo conocí, con el nombre que él me dio con todo orgullo. Aquí estoy yo, que no lo conocí, escribiendo su historia, la historia de un hombre que acaso no tuvo nombre, y que por cierto no tiene cuerpo, para que el mundo, o por lo menos mi gente, conozca su gentileza quieta, callada y silenciosa. Escribo tus memorias, que son las de mi familia y también las mías, Dan Kraven, para que todo el mundo sepa. Quiero que todos sepan que allá en un tiempo hispánico, en un rincón hispánico en un Nuevo México de habla española hubo un gringo gentil, agradecido y generoso. Mi silencioso y misterioso caballero andante,[7] no digas nada. Yo lo digo por ti.

---

7. **caballero andante:** personaje de las novelas de caballería medievales. El caballero andante cabalgaba por el mundo en busca de aventuras.

CONOCE AL ESCRITOR

«El forastero gentil», al igual que muchos otros de los cuentos de **Sabine R. Ulibarrí** (1919–2003), combinan los hechos y la fantasía de la memoria infantil con las leyendas y tradiciones locales. Las primeras dos colecciones de cuentos escritos por Ulibarrí, *Tierra Amarilla* (1964) y *Mi abuela fumaba puros* (1977), presentan la nostalgia por el pueblo norteño de Nuevo México en el cual el autor se crió. Como es de esperar, el propósito que pretende Ulibarrí con su narrativa es el de preservar la antigua cultura hispana que se ve amenazada por los cambios sociales y culturales.

Ulibarrí nació en Santa Fe y se crió en Tierra Amarilla. Cursó sus estudios en la Universidad de Nuevo México antes de ingresar en el *U.S. Army Air Corps* durante la Segunda Guerra Mundial. Se le concedió el *Distinguished Flying Cross* por haber llevado a cabo treinta y cinco misiones de combate. Al regresar de la guerra, Ulibarrí hizo sus estudios de postgrado en la Universidad de Nuevo México, y en la Universidad de California en Los Ángeles. Por muchos años enseñó en la Universidad de Nuevo México, de donde se jubiló al final de su carrera.

Ulibarrí escribió varias colecciones de cuentos y publicó dos poemarios. Su obra le mereció renombre dentro de la literatura y la cultura méxicoamericanas y en 1989 le otorgaron el *Hispanic Heritage Award*.

CREA SIGNIFICADOS

Cuaderno de práctica, págs. 85–86

Primeras impresiones

1. ¿De qué manera hubieras reaccionado a la llegada de Dan Kraven? ¿Hubieras consentido en hospedarlo? Explica tu respuesta.

Interpretaciones del texto

2. ¿Qué clase de hombre es Dan Kraven? Describe su carácter en una o dos oraciones.

3. ¿Por qué causa tanto alboroto la llegada de Dan Kraven al rancho?

4. ¿Qué razones crees que tiene el forastero para guardar silencio?

5. Después de narrar la partida de Dan Kraven, el narrador comenta: «Era ya todo como si fuera un cuento, una fantasía o un invento». Cita los datos concretos del relato que crean todo un mito en torno al forastero.

Preguntas al texto

6. ¿Crees que Dan Kraven merece el título de «caballero andante»? ¿Por qué sí o no?

Más allá del texto

7. Al final del cuento, el narrador le habla al forastero y le dice: «... no digas nada. Yo lo digo por ti». ¿Qué es lo que implica esta historia acerca de las relaciones entre personas que provienen de culturas distintas?

Así se dice

Para hablar de alguien en el pasado

Puedes usar estas expresiones para preparar el **Cuaderno del escritor** en la siguiente página.

Superó (Se enfrentó a) varios obstáculos en la vida, como...

Siempre se esforzó por...

Alcanzó fama cuando...

Su mayor logro fue...

Tenía un carácter tenaz (introvertido, rebelde).

Era una persona muy perspicaz (generosa, compleja).

¿Te acuerdas?

Se usa el pretérito para indicar qué ocurrió o qué hizo alguien en un momento determinado, mientras que el imperfecto describe cómo eran las personas o lugares:

Luchó en contra de la explotación de los trabajadores.

Era una persona humilde que *sabía* escuchar a los demás.

Cuaderno del escritor

1. Compilación de datos para un ensayo de problemas y soluciones

Piensa en un personaje histórico que se enfrentó a un problema y tuvo éxito. ¿Qué recursos empleó para superar su problema y qué cambios logró en la sociedad? ¿Qué tipo de carácter poseía? Toma notas y guárdalas para usarlas más adelante.

Martin Luther King, Jr.:
—Protestó de manera pacífica
—Era un gran orador; dio muchos discursos.
—Luchó por los derechos civiles de los afroamericanos.

Redacción creativa

2. He decidido romper mi silencio...

Aunque Dan Kraven no habla mucho, en este ejercicio podrás darle voz. Desde el punto de vista del forastero, escribe una carta a Sabiniano en la que le explicas la manera en que le afectó la estancia con su familia. Inventa las circunstancias que lo llevaron a parar al rancho del Río de Las Nutrias y narra los eventos que imaginas le han sucedido desde entonces. Después, lee tu carta ante la clase.

Dibujo

3. ¿Adónde lo llevaría el camino polvoriento?

En el relato que nos cuenta Ulibarrí, nunca llegamos a conocer a Dan Kraven en su propio ambiente. ¿Adónde habrá llegado a parar después de marcharse de la casa de don Prudencio? Repasa el texto detenidamente; fíjate en los datos que tengan que ver con su origen. Después, dibuja al estilo de tarjeta postal el pueblo de origen del forastero. Imagina que esta postal va dirigida a don Prudencio y a su familia.

ESTRATEGIAS PARA LEER

Hacer una evaluación

En la vida diaria evaluamos cosas constantemente. Por ejemplo, al comentar una película con un(a) amigo(a), la **evalúas:** es decir, das razones en las que se basa tu opinión. Asimismo, cuando evalúas una obra literaria, desarrollas ciertos **criterios** que te ayudan a establecer su calidad y a contestar la pregunta: «¿Qué hace que un poema, una historia o una película sea buena?» Al evaluar un cuento o una novela, hay ciertos elementos y preguntas que debes considerar:

Personajes	¿Son creíbles los personajes? ¿Logran caracterizar a un personaje las acciones y el diálogo?
Argumento	¿Se desarrolla claramente el conflicto? ¿Tiene el relato una conclusión satisfactoria?
Ambiente	¿Puedes imaginar cómo es el ambiente? ¿Guarda el ambiente alguna relación con la obra?
Punto de vista	¿Cómo afecta el punto de vista al tono y al argumento de la obra? ¿Tendría más efecto la historia si se contara desde otro punto de vista?
Tema	¿Ofrece el tema una moraleja o una perspectiva nueva? ¿Comprendes mejor el asunto después de haber leído la historia?

En cambio, si evalúas un poema, es importante fijarte en los siguientes elementos y criterios:

Ritmo	¿Es musical el ritmo? ¿Es lento? ¿rápido? ¿Subraya ciertos versos?
Imágenes	¿Qué imágenes te impresionan? ¿Qué sentidos estimulan?
Figuras retóricas	¿Qué figuras retóricas usa el poeta? ¿Cómo se relacionan con el tema del poema?

Al evaluar una obra literaria, recuerda de preguntarte si ésta logra su objetivo. Un cuento que pretende ser humorístico, ¿te hace reír? ¿Te conmueve un poema triste?

¿Alguna vez te has sentido como un extraño o una extraña en medio de tu propia gente?

Al encontrarse Dan Kraven, el protagonista del cuento «El forastero gentil», con una familia méxicoamericana, se le considera un extraño, un desconocido de quien se debe tener cuidado porque no habla su idioma ni conoce sus costumbres. Esto hace que Dan se sienta como un extranjero en su propio país. Después de conocerlo un poco mejor, se dan cuenta de que Kraven no es el bandido que creían y de hecho se encariñan con él. Les preguntamos a estas dos jóvenes si alguna vez se habían sentido como extranjeras en medio de su propia gente.

Elena de Telliza
México

Una vez tuve que cambiar de ciudad por una mejor oportunidad de trabajo. Y a pesar de estar en el mismo país, pues cambian mucho las costumbres de un lugar a otro. Llegué y en este lugar de trabajo ya estaba un equipo formado, a pesar de ser gente de mi edad, y encontrar buenos amigos, digo sí fue difícil integrarme a ese equipo que ya estaba por mucho tiempo formado.

¿Por qué fue difícil para ti integrarte a este nuevo equipo de trabajo? Porque ya tenía sus ideas y a lo mejor yo traía nuevas ideas que al principio ellos no aceptaban pero poco a poco y con el tiempo nos fuimos entendiendo muy bien y se dieron las cosas y ahorita estoy bien... lo que pasa es que también tenía mucho que ver que era una ciudad diferente [a] la mía. Eran diferentes los horarios, la comida. Extrañaba yo a mi gente también y yo creo que todo eso influyó mucho para que me fuera un poquito difícil unirme a ese equipo de trabajo.

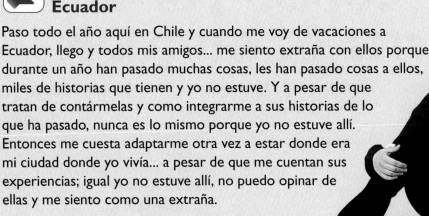

Paulina Sámper
Ecuador

Paso todo el año aquí en Chile y cuando me voy de vacaciones a Ecuador, llego y todos mis amigos... me siento extraña con ellos porque durante un año han pasado muchas cosas, les han pasado cosas a ellos, miles de historias que tienen y yo no estuve. Y a pesar de que tratan de contármelas y como integrarme a sus historias de lo que ha pasado, nunca es lo mismo porque yo no estuve allí. Entonces me cuesta adaptarme otra vez a estar donde era mi ciudad donde yo vivía... a pesar de que me cuentan sus experiencias; igual yo no estuve allí, no puedo opinar de ellas y me siento como una extraña.

Para pensar y hablar

A. ¿Por qué se mudó Elena a otra ciudad? Menciona dos razones por las cuales ella se sentía incómoda en ese nuevo lugar.

B. ¿Cuál es el problema principal de Paulina? ¿Qué hacen sus amigos para aliviar su malestar?

C. Con un(a) compañero(a), compara las dos respuestas. ¿Qué tienen en común? ¿Cuáles son las causas de la incomodidad que sienten Elena y Paulina? ¿Conocen ustedes una ciudad o región que tenga costumbres muy distintas o similares a las costumbres del lugar donde viven ahora? ¿A ustedes les gusta conocer a gente nueva o prefieren quedarse en un círculo más íntimo y cerrado? ¿Por qué?

D. Escucha una entrevista con Eugenia, una joven residente en México. Contesta las siguientes preguntas según lo que ella dice.

   1. ¿De dónde es Eugenia?

   2. Según ella, ¿la gente de la capital es más cortés o menos cortés que la gente del sur del país?

   3. ¿Qué le pasa a esta joven cuando vuelve a su país de origen?

de Coplas por la muerte de su padre

Jorge Manrique

1

Recuerde el alma dormida,
avive el <u>seso</u> y despierte
contemplando
cómo se pasa la vida,
5   cómo se viene la muerte
tan callando,
    cuán presto° se va el placer,
cómo, después de acordado,
da dolor;
10   cómo, a nuestro parecer,
cualquiera tiempo pasado
fue mejor.

2

    Pues si vemos lo presente
cómo en un punto se es ido
15   y acabado,
si juzgamos sabiamente,
daremos lo no venido
por pasado.
    No <u>se engañe</u> nadie, no,
20   pensando que ha de durar
lo que espera
más que duró lo que vio,
pues que todo ha de pasar
por tal manera.

3

25   Nuestras vidas son los ríos
que van a dar en la mar,
que es el morir;
allí van los señoríos°
derechos a se acabar
30   y consumir;
    allí los ríos <u>caudales</u>
allí los otros medianos
y más chicos,
y llegados, son iguales
35   los que viven por sus manos
y los ricos.

••••••

5

    Este mundo es el camino
para el otro, que es <u>morada</u>
sin pesar;
40   mas <u>cumple</u> tener buen tino°
para andar esta jornada
sin errar.
    Partimos cuando nacemos
andamos mientras vivimos
45   y llegamos
al tiempo que fenecemos°
así que cuando morimos
descansamos.

ADUÉÑATE DE ESTAS PALABRAS

seso *m.:* buen juicio.
se engañe, de **engañarse** *v.:* cerrar los
   ojos a la verdad.
caudal *adj.:* principal, de mucha agua.
morada *f.:* estancia o permanencia habitual
   en un lugar.
cumple, de **cumplir** *v.:* importar, convenir.

---

7. presto: pronto.
28. señorío: territorio perteneciente al señor,
conjunto de personas de distinción.
40. tener buen tino: tener juicio o facilidad para
hacer una cosa.
46. fenecemos: morimos.

7

50 Ved de cuán poco valor
son las cosas tras que andamos
y corremos,
que, en este mundo traidor
aun primero que miramos
las perdemos;

55 de ellas deshace la edad,
de ellas casos desastrados
que <u>acaecen</u>,
de ellas, por su calidad,
en los más altos estados

60 <u>desfallecen</u>.

8

Decidme: La hermosura,
la gentil frescura y tez
de la cara,
la color y la blancura,

65 cuando viene la vejez,
¿cuál se para?°
Las mañas y ligereza
y la fuerza corporal
de juventud,

70 todo se torna graveza
cuando llega al arrabal
de <u>senectud</u>.

10

Los estados y riqueza
que nos dejen a deshora

75 ¿quién lo duda?
no les pidamos firmeza,
pues son de una señora
que se muda.
Que bienes son de Fortuna

80 que revuelven con su rueda
presurosa,
la cual no puede ser una
ni estar estable ni queda
en una cosa.

12

85 Los placeres y dulzores
de esta vida trabajada
que tenemos,
no son sino <u>corredores</u>
y la muerte, la <u>celada</u>

90 en que caemos.
No mirando a nuestro daño,
corremos a rienda suelta°
sin parar;
desque vemos el engaño

95 y queremos dar la vuelta,
no hay lugar.

ADUÉÑATE DE ESTAS PALABRAS

acaecen, de **acaecer** *v.:* suceder.
desfallecen, de **desfallecer** *v.:* debilitar, disminuir las fuerzas.
senectud *f.:* vejez.
corredor *m.:* soldado encargado de descubrir y observar al enemigo.
celada *f.:* emboscada, trampa.

---

66. ¿cuál se para?: ¿cómo termina? ¿a qué fin llega?
92. a rienda suelta: de manera descontrolada, sin freno ni regla.

CONOCE AL ESCRITOR

Como otros nobles de su tiempo, **Jorge Manrique** (1440–1479), destacado poeta castellano del siglo XV, vivió en una época en que la imagen del perfecto cortesano dependía del cultivo de las armas y de las letras. Sobrino del marqués de Santillana, el gran poeta medieval, Manrique escribió unas cincuenta poesías amatorias, que se consideran entre las mejores composiciones de la poesía cancioneril.

Sus versos más conocidos son las «Coplas», una elegía inspirada por la muerte de su padre, don Rodrigo Manrique. El poema empieza con unas reflexiones sobre la vida y la muerte; luego pasa a enumerar una serie de personajes que, a pesar de su grandeza, no pudieron evitar el fin inevitable: la muerte. Manrique describe a su padre como un modelo de virtudes cristianas y guerreras, cuyas hazañas le garantizaron no sólo la vida de la fama, sino también la vida eterna.

Manrique fue soldado también, y su vida estuvo marcada por la inestabilidad política que resultó de las guerras civiles entre varios pretendientes al trono de Castilla. Murió en 1479, sólo tres años después de su padre, en un asalto al castillo de Garci-Muñoz.

de Soledades y Campos de Castilla

Antonio Machado

Yo voy soñando caminos
de la tarde. ¡Las colinas
doradas, los verdes pinos,
las polvorientas encinas!...°
5 ¿Adónde el camino irá?
Yo voy cantando, viajero
a lo largo del <u>sendero</u>...
—La tarde cayendo está—.
«En el corazón tenía
10 la <u>espina</u> de una pasión;
logré <u>arrancármela</u> un día:
ya no siento el corazón.»
Y todo el campo un momento
se queda mudo y sombrío
15 meditando. Suena el viento
en los álamos° del río.
La tarde más se oscurece
y el camino que serpea
y débilmente blanquea,
20 se enturbia y desaparece.
Mi cantar vuelve a plañir:
«Aguda espina dorada,
quién te pudiera sentir
en el corazón <u>clavada</u>.»

4. **encina:** tipo de árbol.
16. **álamo:** tipo de árbol.

XXIX

Caminante, son tus <u>huellas</u>
el camino, y nada más;
caminante, no hay camino,
se hace camino al andar.
5 Al andar se hace camino,
y al volver la vista atrás
se ve la senda que nunca
se ha de volver a <u>pisar</u>.
Caminante, no hay camino,
10 sino <u>estelas</u> en la mar.

XLIV

Todo pasa y todo queda
pero lo nuestro es pasar,
pasar haciendo caminos,
caminos sobre la mar.

XLV

Morir... ¿Caer como gota
de mar en el mar inmenso?
¿O ser lo que nunca he sido:
uno, sin sombra y sin sueño,
5 un solitario que avanza,
sin camino y sin espejo?

ADUÉÑATE DE ESTAS PALABRAS

sendero *m.*: camino, vereda.
espina *f.*: astilla pequeña y puntiaguda, como de madera.
arrancármela, de **arrancar** *v.*: sacar, quitar.
clavada, -do *adj.*: sujetada, fijada.

huella *f.*: señal que deja el pie en la tierra.
pisar *v.*: poner los pies en el suelo al andar.
estela *f.*: espuma y agua removida que deja tras sí un barco al moverse por el agua.

CONOCE AL ESCRITOR

Antonio Machado (1875–1939), uno de los poetas españoles más celebrados, fue la voz poética de la Generación del '98. Machado nació en Sevilla y se trasladó temprano a Madrid, donde asistió al Instituto Libre de Enseñanza. Se doctoró en literatura en Madrid, estudió en París, y luego enseñó francés en Soria y Segovia, ciudades de su amada y adoptiva Castilla, y en Baeza, ciudad andaluza. Después de la Guerra Civil Española (1936–1939), el poeta huyó de la dictadura franquista y se refugió en Collioure, Francia, donde murió poco después.

Antonio Machado de Joaquín Sorolla.

Machado publicó cuatro libros de poesía, entre los cuales se destacan *Soledades* (1902) y *Campos de Castilla* (1912). En *Soledades,* el poeta se enfoca en los temas de la interioridad, la soledad, los ensueños y el dilema de cómo vivir en un presente que nos lleva inevitablemente a la muerte. Temas como éstos, junto con símbolos dinámicos como el agua y las fuentes, se reiteran a lo largo de *Soledades* y *Campos de Castilla.* En los poemas de *Campos de Castilla,* se nota el asombro de Machado, poeta andaluz, ante la belleza austera de Castilla. El paisaje castellano se convierte en protagonista y en vehículo para los sentimientos del poeta mismo, tales como la melancolía, el amor, la nostalgia y la esperanza. En el famoso poema XXIX de *Campos de Castilla,* «Caminante, son tus huellas...», las tierras castellanas ofrecen un fondo dramático en el que se reúnen algunos elementos claves de la poesía de Machado: el camino, la mar y el fluir de la vida hacia un fin desconocido.

Comunidad y oficio

internet

MARCAR: go.hrw.com
PALABRA CLAVE:
WN3 CAMINOS-CYO

Viajando por un mundo multilingüe

Desde 1996, el turismo mundial ha generado más de 440 mil millones de dólares al año y esta cifra sigue aumentando. Tanto ir y venir requiere la contratación de personas multilingües que puedan atender a los viajeros desde el momento en que hacen las reservas hasta que vuelven a casa.

Las líneas aéreas siempre tratan de emplear a personas multilingües como los asistentes de vuelo y los agentes de reservas. Tales empleados pueden ganar mejores sueldos y tener más oportunidades de trabajar en el extranjero. **Carmen Ito,** anteriormente agente de reservas para una aerolínea en la Ciudad de México, trabajó por muchos años informando al público sobre destinos, horarios y tarifas. Contratada por su dominio del japonés, español e inglés, ella atendía a los clientes japoneses, hispanohablantes y angloparlantes. En su tiempo libre, aprovechaba las tarifas reducidas que le ofrecía la compañía para viajar a África, Asia, Europa y todas las Américas.

Originario del estado de Indiana, **Ron Mader** ha escrito dos guías sobre el ecoturismo en México y Honduras, y ahora se dedica a promoverlo en toda Latinoamérica. Ha viajado por México, Honduras, Ecuador y Estados Unidos, dando conferencias para fomentar el interés en el ecoturismo. Cuando no viaja, vive en la Ciudad de México donde publica una revista en línea. Ahora que reside permanentemente en el extranjero, el saber hablar español le facilita tanto su vida profesional como la personal.

INVESTIGACIONES

A. Para hacer un viaje al extranjero, ¿con cuántas personas tendrías que hablar? ¿Qué oficios tendrán esas personas y en qué manera les será útil conocer otro idioma? ¿Conoces a alguien que tenga un trabajo relacionado con el turismo? ¿Es necesario que él o ella hable otra lengua? ¿Por qué sí o no?

B. El club de negocios, junto con el club de español, quiere llevar a cabo una feria laboral en tu escuela. Usando Internet u otros recursos, busquen cinco oficios relacionados con el turismo o ecoturismo. En grupo, hagan un cartel que describa lo que se hace en cada oficio y por qué sería útil el conocimiento del español.

Cuaderno de práctica, págs. 91–92

■ Vocabulario en contexto

A. Categorías «Hay un naranjo ahí» y «La tortuga»

En otro papel, haz dos esquemas como los que ves a continuación. Luego completa cada esquema con las siguientes palabras y frases. Ponlas en la categoría apropiada, basándote en los dos poemas.

De «Hay un naranjo ahí»: sembramos, lo vimos florecer, tras de ese viejo tapial, una casa lejana, una tierra distante

De «La tortuga»: profundo, nadó siete siglos, los rayos y las olas, plateada, severos lunares ambarinos, rígida, como una plancha de planchar, los ojos que tanto desafiaron, se durmió entre las otras piedras

B. ¿Qué significa? «Hay un naranjo ahí» y «La tortuga»

Escoge el significado que mejor corresponde a las palabras subrayadas. Usa las pistas del contexto y vuelve a las lecturas si es necesario.

1. Hay un naranjo enfrente, tras de ese viejo <u>tapial</u> abandonado...
   a. pozo   **b.** trozo de pared

2. ... nos hace recordar aquel naranjo que <u>sembramos</u> —en nuestra tierra— ...
   a. plantamos   **b.** vimos

3. ... antes de venir a esta casa tan distante y <u>lejana</u>...
   a. remota   **b.** olvidada

4. ... y hasta lo vimos —como éste— <u>florecer</u>.
   a. brotar   **b.** morir

5. la tortuga que comió aceitunas del más <u>profundo</u> mar...
   a. abundante   **b.** hondo

6. la tortuga amarilla y <u>plateada</u>, con severos lunares ambarinos...
   a. de caparazón duro   **b.** del color de plata

C. Faltan palabras «El forastero gentil»

Completa las oraciones sobre este cuento con la palabra que falta. Cambia la forma de la palabra si es necesario.

caballeriza	perseguido	molido	espuela
polvoriento	indispensable	insulado	atrevido
carga	tintineo	revisar	gentileza
cariño	especular	pinar	deducir
zaguán	sorbo	amenazar	reponerse

1. El forastero salió del ===== y se acercó por el camino =====.

2. Al acercarse, se escuchaba el ===== de sus ===== chapadas de plata.

3. Todos ===== acerca de la identidad del forastero. ¿Era ladrón? ¿Venía ===== por la ley?

4. El forastero, ===== por el calor y el cansancio, dejó caer su =====.

5. Lo llevaron al ===== y le dieron de beber. El forastero tomó el agua a grandes =====.

6. El forastero habló muy poco, sólo lo =====, pero se pudo ===== que era tejano.

7. Pasó mucho tiempo ===== los corrales y las =====.

8. Durante la semana en que estuvo en el rancho, el forastero ===== y todos le tomaron =====.

9. El niño Sabiniano, quizás el más ===== de todos, supo reconocer la extraña ===== del forastero.

10. Nunca dejó de ser un personaje misterioso: silencioso, =====, con unos ojos azules que =====.

D. ¿Qué significa? «El forastero gentil»

Busca la definición que corresponde a cada una de las palabras.

1. bochornoso   **a.** ilusión

2. colorido   **b.** ponerse derecho, erguirse

3. enderezarse   **c.** de modo obstinado o tenaz

4. esperanza   **d.** perder el equilibrio al toparse con algo

5. herir   **e.** que causa vergüenza

6. montura   **f.** que tiene diversos colores

7. tercamente   **g.** hacerle daño a alguien

8. tropezar   **h.** conjunto de accesorios de una silla de montar

E. ¡A escuchar! «El forastero gentil»

Vas a escuchar unas oraciones sobre el cuento. En un papel, escribe el número de la oración que corresponde a cada frase o palabra.

a. ══════ una familia fronteriza

b. ══════ un rito religioso

c. ══════ la mirada del forastero

d. ══════ comer con la familia

e. ══════ Sabine

f. ══════ la montura

g. ══════ el colorido mantón de seda

■ Mejora tu vocabulario

El vocabulario especializado

Cuando se quiere hablar de temas, actividades o campos específicos, muchas veces hay que recurrir a un **vocabulario especializado.** Se puede decir que el vocabulario especializado es ese conjunto de palabras que permite describir algo con mayor claridad y exactitud. El uso de un vocabulario especializado es indicio de cierto nivel de sofisticación y preparación académica, y hace que el lenguaje que uno usa sea más flexible y acertado. Uno de los mayores retos al estudiar otro idioma es el de adquirir ese tipo de vocabulario, y la mejor manera de lograrlo es por medio de la lectura. A continuación se presentan dos grupos de palabras especializadas relacionadas con las lecturas de la Colección 5.

Los árboles y el cultivo de las frutas

En su poema, Alonso Quijada Urías se refiere a dos naranjos: el que dejó atrás al irse de su tierra y el que sembró en su nueva tierra. El narrador de «El forastero gentil» describe la salida del forastero del pinar. ¿Te has fijado en la relación que hay entre los nombres de ciertos árboles, los frutos de los mismos y los terrenos donde se cultivan? Por ejemplo, la *naranja* es el fruto del *naranjo,* y un huerto plantado de naranjos es un *naranjal.* Un *pinar* es un bosque de *pinos.* Este patrón (que tiene sus excepciones) te ayudará a reconocer y usar palabras especializadas relacionadas con los campos de la agricultura y la botánica.

Los colores

Lee de nuevo «La tortuga». ¿Cómo te imaginas a «la tortuga amarilla y plateada, con severos lunares ambarinos»? ¿Por qué crees que Neruda describe así a la tortuga y su caparazón? ¿Qué efectos visuales y emotivos se crean por el uso de tales colores, algo especializados y menos comunes? Ahora lee otra vez los primeros párrafos de «El forastero gentil». ¿Qué imagen tienes de la ropa del vaquero «de lona azul, blanquizca por el tiempo y el abuso»? Para ti, ¿cuál es la distinción entre *blanca* y *blanquizca?*

• El usar colores poco empleados, en vez de recurrir siempre a los más frecuentes, sirve para hacer más vivas y precisas tus descripciones. ¿De qué color es el cielo de una noche de verano? Es azul, pero también puede ser *zafireo* o *aguamarino*. ¿Y de qué color se vuelven las hojas del otoño: amarillas, rojas y pardas, o a lo mejor *doradas* y *bermejas*? Por último, ten en cuenta que este vocabulario especializado debería emplearse con moderación. Una sobreabundancia de colores como *azur, escarlata* o *rosáceo* puede distraer al lector y resultar un poco exagerado.

F. ¿Cómo se clasifican?

Haz un cuadro como el siguiente y clasifica las palabras según las tres categorías dadas.

Palabras: el plátano, la nuez, el castañar, la viña, el platanal, el peral, el nogueral, la peraleda, el castaño, la vid, el nogal, la pera, la castaña, la uva

	el fruto	el árbol/la planta	el terreno cultivado
MODELO	la cereza	el cerezo	el cerezal

G. ¿De qué color es?

Piensa en objetos que se puedan describir con los colores siguientes y escribe una breve descripción de cada objeto, sin mencionar el color. Luego lee tu descripción a un(a) compañero(a) para que adivine de qué color es el objeto mencionado.

MODELO	blanquizco
Escribes	Unos bluejeans viejos, puestos a secarse al sol.
Dices	¿De qué color son unos bluejeans viejos, puestos a secarse al sol muchas veces?
Tu compañero(a)	Son blanquizcos.

1. azabache
2. canela
3. amarillento
4. dorado

5. negruzco
6. verdín
7. rojizo
8. turquesa

■ Aplicación

H. ¡Adivina la palabra! «El forastero gentil»

Divide la lista de palabras con un(a) compañero(a). Para cada una de tus palabras, escribe una oración que explique el significado de esa palabra en el contexto del cuento. Luego lee tus oraciones a tu compañero(a) para que adivine a qué palabra corresponde tu oración.

Palabras: pinar, espuelas, chapado, especular, montura, atrevido, caballerizas, insulado

MODELO herir

Tú Al principio, don Prudencio tenía miedo de que el forastero le hiciera esto a alguien del rancho.

Tu compañero(a) ¿Es *herir*?

Tú ¡Sí!

I. Más palabras especializadas

En el cuadro a continuación se presentan algunos temas y conceptos relacionados con las lecturas de la Colección 5. Haz un cuadro parecido en otro papel. Luego piensa en por lo menos cuatro palabras especializadas que serían útiles al hablar de cada tema, y completa el cuadro con esas palabras. Escoge uno de los seis temas y escribe oraciones originales con todas las palabras especializadas que has puesto en esa categoría.

tema o concepto	verbos	sustantivos	adjetivos	otra
el exilio	refugiarse	el asilo político	desesperado	la nostalgia
los jardines				
las tortugas marinas				
el mar				
la vida en un rancho				
la equitación				

J. ¡A escribir! «El forastero gentil»

Imagina que ha pasado un año desde que el forastero se fue del rancho, pero Dan Kraven y el niño Sabiniano siguen recordando ese tiempo. Escoge a uno de los dos personajes y desde el punto de vista de ese personaje, escríbele una carta al otro. Incluye las siguientes palabras en tu carta.

Para la lista de **Vocabulario esencial** *Ver la página 303*

Palabras: caballeriza, cariño, desafiar, esperanza, gentileza, lejano, molido, perseguido, plateado, revisar, tropezar

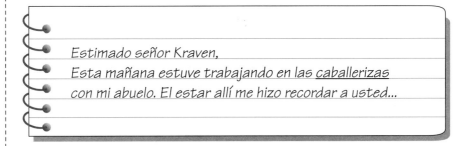

Estimado señor Kraven,
Esta mañana estuve trabajando en las caballerizas
con mi abuelo. El estar allí me hizo recordar a usted...

Gramática

Ampliación
- El presente perfecto
  Hoja de práctica 5-A
- Los usos del participio pasado
  Hoja de práctica 5-B

Cuaderno de práctica, págs. 93–100

■ El presente perfecto del indicativo

El **presente perfecto,** también conocido como el **pretérito perfecto,** indica una acción realizada en un tiempo pasado que llega hasta el presente, o una acción concluida en el presente cuyos efectos o consecuencias todavía son evidentes:

> *Este mes el médico* **ha tenido** *muchos pacientes.* (el mes no ha concluido)
> *Todavía no* **hemos oído** *nada de Marisa.* (y seguimos sin saber nada)
> *¿***Has ido** *alguna vez a la capital?* (en tu vida, desde el pasado hasta ahora)

El presente perfecto se usa...

1. Para referirse a hechos finalizados recientemente que tienen repercusiones en el momento presente. En contraste, el pretérito simple se refiere a hechos que implican otro tiempo más alejado y definitivamente concluido:
> *Pablo no* **ha ido** *a ver el Ballet Folklórico.* (pero todavía lo puede ver)
> *Pablo no* **fue** *a ver el Ballet Folklórico.* (mientras estuvo en la capital)

2. En muchos casos con expresiones adverbiales que indican frecuencia: *siempre, nunca, alguna vez, muchas veces, hasta ahora, últimamente, ya, todavía.* En este caso, el presente perfecto se refiere a acciones que han ocurrido (o no) varias veces a través del tiempo. En algunos casos, también se puede usar el pretérito, pero a veces el significado varía:
> *Nunca* **he estado** *en Cancún.* (en mi vida)
> **Estuve** *en Cancún tres veces.* (mientras estuve en México el año pasado)
> *Ernesto siempre* **ha sido** *muy travieso.* (y todavía lo es)
> *Siempre* **fue** *el más travieso de la clase.* (de niño)

El presente perfecto del indicativo se forma con el presente del indicativo del verbo **haber** más el **participio pasado** del verbo en cuestión. Para formar el participio pasado, se añade la terminación **-ado** a los verbos en **-ar** y se añade la terminación **-ido** a los verbos en **-er** e **-ir:**

haber (presente del indicativo)	
yo	he
tú	has
usted, él, ella	ha
nosotros(as)	hemos
vosotros(as)	habéis
ustedes, ellos(as)	han

+

participio pasado
cant**ado**
com**ido**
viv**ido**

- Hay algunos verbos que tienen un participio pasado irregular:

abrir: *abierto*	**morir:** *muerto*
cubrir: *cubierto*	**poner:** *puesto*
descubrir: *descubierto*	**romper:** *roto*
decir: *dicho*	**resolver:** *resuelto*
escribir: *escrito*	**ver:** *visto*
hacer: *hecho*	**volver:** *vuelto*

Práctica

A. Completa las oraciones con la forma correcta del verbo entre paréntesis. Si ambas formas son posibles, indica si expresan alguna diferencia de significado.

1. ¿Alguna vez (has ido/fuiste) a Argentina? Lola ya (ha estado/estuvo) allí muchas veces.

2. La semana pasada a Laura se le (han perdido/perdieron) las llaves. Todavía no las (ha encontrado/encontró).

3. Hasta el momento nunca (he vuelto/volví) al pueblo donde me (he criado/crié).

4. Roberto (ha hecho/hizo) muchos viajes en su vida y los sigue haciendo.

5. Desde que (ha llegado/llegó) mi primo a la ciudad, (nos hemos divertido/nos divertimos) mucho.

6. Los padres de Paloma (han estado/estuvieron) muy preocupados últimamente porque ella (ha estado/estuvo) enferma.

B. Completa las oraciones con la forma correcta del presente perfecto del verbo entre paréntesis.

1. Carlos siempre corre dos kilómetros, pero esta semana no ═════ (hacer) ejercicio.

2. —Jaime, ¿═════ (ver) a Alicia? —Sí, la vi hace un rato en la cafetería.

3. Julia está escribiendo un cuento. Ya ═════ (escribir) la primera parte.

4. A mis amigos no les interesa el fútbol, pero yo siempre ═════ (ser) una gran aficionada.

5. No llovió el mes pasado, pero este mes ═════ (llover) a cántaros.

6. Tenemos que resolver todos los problemas de matemáticas, pero hasta ahora sólo ═════ (resolver) dos.

7. Nuestro perro es muy travieso. Ayer rompió un cinturón de cuero y hoy ═════ (romper) las zapatillas de papá.

8. Iban a abrir la nueva piscina esta semana, pero veo que no la ═════ (abrir) todavía.

El presente perfecto del subjuntivo

En los casos que exigen el uso del subjuntivo en las cláusulas subordinadas, se usa el **presente perfecto del subjuntivo** para referirse a acciones ya completas en el momento presente. Nota el contraste entre el presente y el presente perfecto del subjuntivo:

*Dudo que María **haga** la tarea.*

*Dudo que ya **haya hecho** la tarea.*

*Me alegro que te **guste** la idea.*

*Me alegro que te **haya gustado** la idea.*

*Es increíble que **digan** eso.*

*Es increíble que **hayan dicho** eso.*

El presente perfecto del subjuntivo se forma con el presente del subjuntivo del verbo **haber** más el participio pasado del verbo en cuestión:

haber (presente del subjuntivo)	
yo	**haya**
tú	**hayas**
usted, él, ella	**haya**
nosotros(as)	**hayamos**
vosotros(as)	**hayáis**
ustedes, ellos(as)	**hayan**

+

participio pasado
lleg**ado**
ten**ido**
decid**ido**

Práctica

C. Completa las oraciones sobre una fiesta de sorpresa con la forma correcta del verbo entre paréntesis. Usa el presente perfecto del subjuntivo o del indicativo.

1. ¡Qué bueno que todos ══════ (llegar) tan temprano!

2. Me gusta que todos nosotros ══════ (contribuir) a la fiesta.

3. No creo que Esteban y Lupe ══════ (terminar) de hacer los entremeses.

4. Me parece que Silvia ══════ (invitar) a sus primos también.

5. Qué raro que Jorge no ══════ (llevar) nada de comer.

6. Esperamos que nadie le ══════ (decir) nada a Susana acerca de la fiesta.

7. Me preocupa que Isa todavía no ══════ (poner) el estéreo en la sala.

8. ¡Qué bonito se ve el patio! Es obvio que ustedes lo ══════ (arreglar) todo muy bien.

9. ¡Ay, las velas para el pastel! Parece que a nadie se le ══════ (ocurrir) traerlas.

10. ¡Chsst! Escóndanse todos. Creo que Susana y sus amigas por fin ══════ (venir).

D. Escribe tus reacciones a estas noticias que viste en el periódico escolar usando las expresiones del cuadro y el presente perfecto del subjuntivo.

> **MODELO** Científicos descubren otro planeta dentro de nuestro sistema solar.
>
> *Escribes* Dudo que hayan descubierto otro planeta.

Es increíble que...	Parece mentira que...
Es horrible que...	Es maravilloso que...
Dudo que...	Me alegra mucho que...
No creo que...	(No) Me gusta que...

1. Descubren que el chocolate es bueno para la salud.

2. Se escapan tres elefantes y dos gorilas del zoológico.

3. Estudiantes de nuestro colegio piden más tarea.

4. Los marcianos llegan a las costas de Texas.

5. Encuentran fósiles de dinosaurios en el sótano de la Casa Blanca.

6. LOS PROFESORES DECIDEN ACABAR CON LOS EXÁMENES.

7. La junta escolar propone que no haya vacaciones.

8. Biólogos afirman que los chimpancés han desarrollado su propio idioma.

E. Escríbele una carta electrónica a un(a) amigo(a). En la carta, menciona lo que ha pasado últimamente y tus reacciones a los acontecimientos recientes. Usa por lo menos ocho verbos en el presente perfecto del indicativo o del subjuntivo.

> **MODELO** Querido José Luis,
>
> Te escribo para contarte lo que me ha pasado hoy. No te lo vas a creer...

■ El pluscuamperfecto del indicativo

El **pluscuamperfecto** (también llamado **pretérito pluscuamperfecto**) indica una acción del pasado que ocurrió anteriormente a otro hecho del pasado:

Nos comimos todo el pastel que había preparado *mi madre.*

Cuando por fin salimos para la playa, ya había terminado *de llover.*

Ayer a la una me encontré con Arturo. Lo invité a almorzar, pero él ya había almorzado.

En el último ejemplo, hay dos acciones en el pretérito *(me encontré, invité)* que tuvieron lugar a la una, y una acción anterior que tuvo lugar antes *(había almorzado)*. Esta acción previa se expresa en el pluscuamperfecto, que significa «más que perfecto, más que pasado». El español es muy preciso al expresar esta secuencia de tiempos, y por lo tanto el pluscuamperfecto se usa bastante.

El pluscuamperfecto del indicativo se forma con el imperfecto del indicativo del verbo **haber** más el participio pasado del verbo en cuestión:

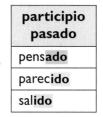

haber (imperfecto del indicativo)	
yo	había
tú	habías
usted, él, ella	había
nosotros(as)	habíamos
vosotros(as)	habíais
ustedes, ellos(as)	habían

+

participio pasado
pens**ado**
parec**ido**
sal**ido**

Práctica

F. Escribe las oraciones de nuevo, cambiándolas al pasado. Usa el pluscuamperfecto del indicativo.

MODELO   Tengo que devolver los libros que saqué de la biblioteca.
Escribes   Tuve que devolver los libros que había sacado de la biblioteca.

1. Quiero ir contigo al cine pero no he hecho la tarea.
2. Hoy no voy a salir de la casa porque he estado enfermo últimamente.
3. Sé que Antonio quiere salir con Teresa porque me lo dijo su hermana.
4. Tienes dolor de cabeza porque no has comido nada en todo el día.
5. Creo que ellos se han equivocado y que han ido a otro lugar.
6. No sé si ha llegado mi amigo Bernabé.
7. Me voy a poner el suéter que me regalaste.
8. Me dice Laura que salió muy bien en el examen de química.
9. Quiero hablar con Daniel pero veo que ya ha salido para casa.
10. Mamá está enojada porque mis amigos me han llamado cuatro veces.

G. Se te desinfló una llanta y llegaste tarde al baile de fin de año. Al llegar, tus amigos te pusieron al tanto de todo lo que había ocurrido antes de tu llegada. Escribe ocho oraciones sobre lo que ya había pasado, usando el pluscuamperfecto de ocho verbos.

> **MODELO** Pues, me dijo Carmela que todos habían cenado ya. Daniel me dijo que...

■ El pluscuamperfecto del subjuntivo

El pluscuamperfecto del subjuntivo se usa...

1. Para expresar una acción pasada anterior a otra acción pasada, en un contexto que exige el uso del subjuntivo:

> *Parecía mentira que a nadie le **hubiera gustado** mi idea.*
> *Ana dudaba que yo ya **hubiera hecho** la tarea.*

El verbo de la cláusula subordinada debe ir en pluscuamperfecto del subjuntivo si había una duda, preferencia o reacción emocional sobre un hecho que ya había ocurrido:

> *Juan no creía que le **hubieran dicho** la verdad.*
> *A la profesora le sorprendió que ya le **hubiéramos entregado** la tarea.*

2. Al hablar de situaciones hipotéticas del pasado, para indicar hechos que podrían haber ocurrido de otra forma:

> *Si **hubiéramos salido** a tiempo, no habríamos perdido el vuelo.*

Las situaciones hipotéticas acerca del pasado se expresan con la fórmula **si** + *pluscuamperfecto del subjuntivo*, seguida por un verbo en el condicional perfecto:

> *Si eso me **hubiera pasado** a mí, no sé lo que **habría hecho** en su lugar.*
> *Si me **hubieras explicado** todo, no **habríamos tenido** ese malentendido.*

3. Con *ojalá*, para lamentarse acerca de ciertas acciones del pasado:

> *¡Ojalá **hubiéramos llegado** a tiempo!*

El pluscuamperfecto del subjuntivo se forma con el imperfecto del subjuntivo del verbo **haber** más el participio pasado del verbo en cuestión:

haber (imperfecto del subjuntivo)	
yo	hubiera
tú	hubieras
usted, él, ella	hubiera
nosotros(as)	hubiéramos
vosotros(as)	hubierais
ustedes, ellos(as)	hubieran

+

participio pasado
esper**ado**
pod**ido**
asist**ido**

Práctica

H. Escribe las oraciones de nuevo, cambiándolas al pasado. Usa el pluscuamperfecto del subjuntivo.

MODELO   Dudo que ya haya salido.
Escribes   Dudaba que ya hubiera salido.

1. No creo que le haya dicho eso.
2. Javier siente que Yoli no haya podido asistir.
3. Rosa lamenta que Margarita haya llegado tan tarde.
4. Vale la pena que hayamos trabajado tanto en ese proyecto.
5. Puede ser que Augusto ya haya entrado al cine.
6. Es mejor que se lo hayas dicho todo a tus padres.
7. Si tuvieras más cuidado, lo podrías acabar todo mucho antes.
8. Si invitáramos a Beto a ir con nosotros al campamento, aceptaría en seguida.
9. Si me avisaras con anticipación, sería mucho más fácil ayudarte con los problemas.
10. Ojalá me tocara la lotería.

I. Las siguientes oraciones están basadas en algunas de las lecturas de las Colecciones 3, 4 y 5 de este texto. Explica cómo te habrías sentido o qué habrías hecho si hubieras estado en el lugar de alguno de los personajes.

MODELO   Al ver que un forastero desconocido se acercaba, todos sintieron miedo.
Escribes   Si yo hubiera estado allí, me habría asomado a la ventana para verlo llegar.

De «Posada de las Tres Cuerdas»
1. Junchiro insistió en seguir adelante por el bosque, aunque era tarde.
2. De repente Junchiro se dio cuenta de que había caído en una trampa.
3. Al día siguiente, Junchiro y su hermano encontraron una gigantesca araña muerta.

De «Mañana de sol»
4. Don Gonzalo no quería sentarse en el banco de doña Laura.
5. Don Gonzalo dijo que doña Laura era una entremetida.
6. Don Gonzalo y doña Laura decidieron no revelarse la identidad el uno al otro.

De «El forastero gentil»
7. Mientras estuvo en el rancho, Dan Kraven no le explicó a nadie quién era.
8. Iba con el niño Sabiniano y los dos caminaban por el rancho.
9. Como muestra de agradecimiento, Dan Kraven le mandó a la familia un caballo precioso, unas espuelas de plata y un mantón de seda.

■ La secuencia de tiempos verbales

La **secuencia de tiempos verbales** se refiere a la concordancia que tiene que haber entre el verbo de la cláusula principal y el verbo de la cláusula subordinada. El tiempo del verbo de la cláusula subordinada se determina por el tiempo del verbo de la cláusula principal. Por lo tanto, cualquier cambio de tiempo en la cláusula principal afecta el tiempo verbal de la cláusula subordinada:

Presente	Pasado
Dice que *piensa* hacerlo.	*Dijo* que *pensaba* hacerlo.
Dice que lo *hará*.	*Dijo* que lo *haría*.
Dice que ya lo *ha hecho*.	*Dijo* que ya lo *había hecho*.
Quiere que lo *hagas*.	*Quería* que lo *hicieras*.
Lo *voy a hacer* en cuanto *llegues*.	Lo *iba a hacer* en cuanto *llegaras*.
Me *extraña* que lo *haya hecho* así.	Me *extrañó* que lo *hubiera hecho* así.

Para determinar el tiempo del verbo de la cláusula subordinada, hay que determinar si la acción es simultánea, posterior o anterior a la del verbo de la cláusula principal. Cuando la acción es simultánea o posterior, el verbo subordinado se comporta de manera diferente de cuando la acción es anterior.

La siguiente tabla presenta lo que ocurre cuando la acción de la cláusula subordinada es **simultánea o posterior** a la del verbo principal. En general, un verbo que no está en el pasado va seguido por otro que tampoco está en el pasado. Un verbo del pasado va seguido por otro verbo simple, también del pasado.

	Cláusula principal	Cláusula subordinada (Acción simultánea o posterior)
Presente	Dice Dirá Ha dicho Dile	que sale. saldrá mañana. salgamos ya.
Pasado	Dijo Decía Había dicho Diría Habría dicho	que salió entonces. salía de allí. saldría al día siguiente. saliéramos ya.

La segunda tabla presenta lo que ocurre cuando la acción de la cláusula subordinada es **anterior** a la del verbo principal. En general, si el verbo principal no está en un tiempo pasado, el verbo de la cláusula subordinada tiene que estar en un tiempo pasado, como el presente perfecto, el imperfecto o el pretérito. En cambio, si el verbo principal está en un tiempo pasado, el verbo de la cláusula subordinada puede ser también pretérito o imperfecto, pero tiende a ser una forma compuesta, como el pluscuamperfecto.

¿Se te ha olvidado? **los tiempos compuestos** Ver las páginas R52 y R57

	Cláusula principal		Cláusula subordinada (Acción anterior)
Presente (indicativo)	**Dice** **Dirá** **Ha dicho** **Dile**	que	**ha salido** ya. **salió** ayer. **salía** ayer.
Presente (subjuntivo)	Le **extraña** Le **extrañará** Le **ha extrañado**	que	**hayamos salido** ya. **saliéramos** tan temprano.
Pasado (indicativo)	**Dijo** **Decía** **Había dicho** **Diría** **Habría dicho**	que	**salió** de allí en seguida. **salía** de allí siempre. **había salido** corriendo. **habría salido** ya.
Pasado (subjuntivo)	Le **extrañó** Le **extrañaba** Le **había extrañado** Le **extrañaría** Le **habría extrañado**	que	**hayas salido** ya. **hubieras salido** ya.

Práctica

J. Completa las oraciones con la forma correcta del verbo entre paréntesis. Primero decide si la acción del verbo subordinado es anterior, simultánea o posterior a la del verbo principal. En los casos donde puede haber más de una respuesta, explica la diferencia de significado.

1. Juan dijo que le (gusta/gustaba) la clase.
2. Mis amigos no creen que (vengas/vinieras) mañana a nuestra fiesta.
3. Paula tenía un admirador que siempre le pedía que (vaya/fuera) con él a los bailes.
4. Los estudiantes desmintieron el rumor de que ellos (pidieran/hubieran pedido) más tareas.
5. Cuando trabajaba allí, el jefe me prohibió que (hablara/hubiera hablado) por teléfono con mis amigos.
6. Hasta que le entregamos la tarea, la profesora había dudado que (podamos/pudiéramos) resolver todos los problemas.
7. El padre de Juan Ángel se alegró cuando oyó que a su hijo le (dan/habían dado) un premio.
8. El guía dijo que sería mejor que (comamos/comiéramos) antes de salir.
9. Aunque el consejero le avisó que esa clase (era/sería) difícil para ella, Sonia decidió matricularse de todas formas.

K. Completa las oraciones con la forma correcta del verbo entre paréntesis. En algunos casos puede haber más de una respuesta correcta.

1. Cuando lo llamé, Juan Miguel dijo que no ===== (hacer) la tarea todavía. Por eso no pudo salir.
2. No creo que Raúl se ===== (adaptar) muy bien al clima de Florida, ya que hasta ahora sólo ha vivido en sitios fríos.
3. La señora Guillén me recordó que la boda ===== (ser) a las cuatro de la tarde.
4. Mis primos venezolanos se alegraban mucho de que nosotros ===== (ir) a visitarlos tan a menudo.
5. El profesor de matemáticas nos aconsejó que ===== (estudiar) mucho para ese examen.
6. La profesora de inglés permitió que los estudiantes ===== (entregar) el trabajo un poco tarde, para que todos pudieran terminarlo.
7. Cuando vuelva a la ciudad donde se crió, mi madre verá que todo ===== (cambiar).
8. Era natural que los alumnos y profesores ===== (sentirse) conmovidos durante la ceremonia de graduación.

L. Contesta las siguientes preguntas con oraciones completas. Al escribir tus respuestas, presta atención a la secuencia de tiempos verbales.

1. Cuando eras pequeño(a), ¿qué te aconsejaban y qué te prohibían tus padres?
2. De niño(a), ¿cómo imaginabas que sería ser mayor?
3. ¿Cuáles son tres cosas que ya habías aprendido antes de cumplir los diez años?
4. ¿Qué habían hecho ya tus padres o tus abuelos cuando ellos tenían la edad que tienes ahora?
5. ¿Cómo crees que será tu vida cuando te gradúes?
6. ¿Cómo te sentiste tu primer día en tu colegio? ¿Qué te habían dicho tus amigos y familiares acerca del lugar?
7. De las cosas que han sucedido este año, ¿cuál te ha gustado, sorprendido o desilusionado más? Explica.
8. ¿Cómo cambiaría tu vida si no hablaras y estudiaras español?
9. Si pudieras cambiar algo que ya pasó en tu vida, ¿qué sería? ¿Cómo sería tu vida ahora si ese evento no hubiera sucedido, o si hubiera sucedido de otra forma?

■ Comparación y contraste

El infinitivo y los tiempos verbales

1. En español, el tiempo del verbo de la cláusula subordinada indica cuándo ocurre la acción. En contraste, la cláusula subordinada en inglés a menudo no registra cambio en el tiempo verbal porque se expresa por medio de un infinitivo:

Quiero que cierres la puerta.	*I want you to shut the door.*
Quería que cerraras la puerta.	*I wanted you to shut the door.*

2. En español, si el sujeto de la cláusula subordinada es distinto del sujeto de la cláusula principal, éste se expresa en general con un verbo conjugado. Este verbo debe seguir la secuencia de los tiempos verbales. En cambio, en inglés las acciones de la cláusula subordinada —ya sean del presente o del pasado— se expresan mediante un infinitivo:

Es importante que lo hagamos.	*It's important for us to do it.*
Era importante que lo hiciéramos.	*It was important for us to do it.*
Necesita que le eches una mano.	*He needs you to lend him a hand.*
Necesitaba que le echaras una mano.	*He needed you to lend him a hand.*

Es raro que estés **tan nervioso.**	*It's strange for you to be so nervous.*
Sería raro que estuvieras **tan nervioso.**	*It would be strange for you to be so nervous.*
Les pido que me escuchen.	*I'm asking you to listen to me.*
Les pedí que me escucharan.	*I asked you to listen to me.*

Práctica

A. Combina frases de las dos columnas para crear seis oraciones completas. Presta atención a la secuencia de los tiempos verbales en las dos cláusulas.

MODELO   Es mejor que, salir
Escribes   Es mejor que hayamos salido temprano, porque ahora parece que va a llover.

Quiero que...	ayudar
Mis amigos me pidieron que...	estudiar
Era importante que...	hacer
Es necesario que...	ir
Mis padres me aconsejan que...	llegar
Es mejor que...	practicar
Quería que...	salir
Mi amigo(a) me dijo que...	terminar
	venir

B. Traduce las oraciones al español. Presta atención al tiempo verbal de la cláusula principal al traducir la cláusula subordinada.

1. Ask him to stop by my house after school.

2. Mom told me to get ready to leave right away.

3. Sofía wanted us to see that movie.

4. Raúl had promised to call me that afternoon.

5. Julia invited me to eat at her house.

6. It would be better for us to find out now rather than later.

7. It was natural for you to feel a little worried.

8. Daniel said for us to call him before the party.

Ortografía

Cuaderno
de práctica,
págs. 101–102

■ Letra y sonido

El sonido /x/

El sonido /x/ se puede escribir con la **g** o la **j**:

> Por lo **g**eneral, el señor **J**iménez prefiere traba**j**ar
> en el **j**ardín.
> La **j**efa di**j**o que era ur**g**ente corre**g**ir el error
> inmediatamente.

¡Ojo! No debe confundirse el símbolo /x/, que representa el sonido de la **j** y a veces de la **g**, con la letra **x** y su sonido correspondiente.

Para representar el sonido /x/, se escribe la **g**...

1. Ante la **e** o la **i**: *gemelos, gente, geometría, gimnasio, girar, gitano*. Nota que ante la **a**, la **o** o la **u**, la **g** tiene otro sonido: *garaje, golfo, gusto.*

2. En las combinaciones **-gel-, -gen-, -geo-** o **-gest-:** *congelar, general, geología, gesto.*

3. En los sufijos **-gia, -gía, -gio** y **-gión:** *alergia, psicología, colegio, región.*

4. En los infinitivos de los verbos que terminan en **-ger** y **-gir** y en muchas de sus formas: *acoger, escoger, proteger, corregir, dirigir, elegir, exigir, surgir.* Nota que ante la **a** o la **o**, la **g** en estos verbos cambia a **j**: *escoger → escojo, corregir → corrijamos, proteger → protejas.*

Se escribe la **j**...

1. Ante cualquier vocal, pero siempre ante la **a**, la **o** o la **u**: *jabón, jefe, jirafa, jornada, juguete.* La **j** siempre se pronuncia como /x/.

2. En las palabras que empiezan con **aje-** o **eje-:** *ajedrez, ajeno, ejemplo.*

3. En los sufijos **-aje, -jera** y **-jero:** *mensaje, pasaje, tijeras, extranjero.*

4. En los verbos que terminan en **-jar, -jear, -jer** y **-jir:** *dibujar, trabajar, hojear, tejer, crujir.*

5. En el pretérito e imperfecto del subjuntivo de los verbos **decir** y **traer** y también en sus compuestos, como **predecir** o **atraer:** *dijeron, trajeras, predijiste, atrajeran.*

6. En el pretérito e imperfecto del subjuntivo de los verbos que terminan en **-ducir:** *condujeron, produjéramos, tradujiste.*

¿Se te ha olvidado?
el pretérito
Ver la página R48

Práctica

A. Vuelve a las lecturas de la Colección 5 de este libro. Encuentra y escribe una lista de diez palabras con el sonido /x/. Luego escribe una oración con cada palabra.

MODELO   ojos (de «El forastero gentil»)
Escribes   El forastero tenía ojos azules.

B. Completa las oraciones con **g** o **j**.

I. Los pasa═eros se eno═aron cuando el a═ente de via═es les di═o que se había perdido todo el equipa═e.

2. Cuando terminemos estos e═ercicios de ál═ebra y ═eometría, la profesora quiere que corri═amos la tarea de ayer.

3. En ═ulio tra═eron ═eranios y ═irasoles del vívero para el ═ardín.

4. Eli═ieron a Sonia como presidenta del conse═o estudiantil. Es una chica de ideas ori═inales, y muy traba═adora e inteli═ente.

5. En su homena═e, el ═eneral del e═ército elo═ió al sar═ento por su valentía durante la emer═encia.

6. Mi hermana es in═eniera y mi hermano estudia arqueolo═ía y geolo═ía.

7. Me cae bien el profesor de dibu═o. Es una persona de mucha ima═inación y la clase es ═enial.

8. Nadie contradi═o a la ═efa cuando anunció que era ur═ente fi═ar otra fecha límite para el proyecto.

9. Llovía a cántaros y el via═ero se alo═ó en un refu═io. Aunque había un agu═ero en el techo, no tenía ener═ías para seguir el camino.

C. Completa las oraciones con la forma correcta del verbo entre paréntesis. Presta atención a las formas verbales que cambian de ortografía.

I. El taxista ═════ (conducir) al hospital rápidamente. ¡Tardó sólo quince minutos!

2. Las autoridades ═════ (restringir) el acceso a la fábrica ayer.

3. La escritora esperaba que su novela ═════ (traducirse) al español.

4. Es posible que mañana ═════ (surgir) otro problema con el programa.

5. —Entonces, yo te ═════ (recoger) en el aeropuerto esta tarde. —Bien, hasta luego.

6. Es urgente que todos nosotros ═════ (proteger) a los animales en peligro de extinción.

7. Cuando le pregunté a Roberto, se ═════ (encoger) de hombros y ═════ (decir) que no sabía nada.

8. El virus se ══════ (reproducir) en seguida y se extendió por todo el laboratorio.

9. El profesor de lenguas nos ══════ (exigir) mucho. Por eso, yo siempre ══════ (corregir) mis composiciones varias veces antes de entregárselas.

D. Usa por lo menos ocho de las siguientes palabras para escribir ocho oraciones originales basadas en «El forastero gentil». Puedes usar cualquier forma de las palabras.

> **MODELO** gente
> *Escribes* La gente que vivía en el rancho quería saber quién era Dan Kraven.

acoger	extranjero	jamás	personaje
alojar	generoso	joven	traer
decir	gente	lejos	viajar
escoger	imaginar	origen	viejo

■ La acentuación

Las palabras agudas, esdrújulas y sobresdrújulas

En la Colección 4 aprendiste que las palabras llanas son las que llevan el acento tónico en la penúltima sílaba: *vie-jo, ám-bar, án-gel, hués-ped, na-ran-jo, tor-tu-ga, a-cei-tu-na.* En esta colección aprenderás sobre otros tres grupos de palabras y su acentuación: las palabras **agudas,** las **esdrújulas** y las **sobresdrújulas.**

¿Se te ha olvidado?
las palabras llanas
Ver la página 234

1. Las palabras agudas son las que llevan el acento tónico en la última sílaba: *co-mió, fu-gaz, gen-til, rin-cón, flo-re-cer.*

2. Se les añade un acento escrito a las palabras agudas que terminan en vocal o en **-n** o **-s:** *na-dó, sem-bré, can-ción, de-trás.*

3. Las palabras esdrújulas son las que llevan el acento tónico en la antepenúltima sílaba. Todas las palabras esdrújulas llevan acento escrito, sin excepción: *rí-gi-da, pá-gi-na, me-tá-fo-ra, ex-plí-ca-me, es-tu-vié-ra-mos.*

4. Las palabras sobresdrújulas llevan el acento tónico en la preante-penúltima sílaba. Todas las pala-bras sobresdrújulas llevan acento escrito, sin excepción: *con-tán-do-nos-lo, a-prén-de-te-las, de-vúel-ve-me-los.*

¡Ojo! Las palabras sobresdrújulas resultan al combinarse formas verbales con pronombres personales, pospuestos al verbo:

> *mande* ⟶ **mán**denoslas
> *contesta* ⟶ con**tés**tamelo

Práctica

E. Escribe las palabras siguientes en otro papel, dividiéndolas en sílabas. Luego indica si las palabras son llanas, agudas, esdrújulas o sobresdrújulas y ponles los acentos escritos necesarios. Explica por qué las palabras llevan o no acento escrito.

MODELO   rincon

Escribes   rin-cón. Es aguda y lleva acento escrito por ser palabra aguda que termina en -*n*.

1. piramide
2. sembramos
3. pantalon
4. reparemelo
5. panico

6. tapial
7. camara
8. severo
9. curiosidad
10. cesped

11. transportandonoslo
12. ademas
13. pelicula
14. pidaselos
15. durmio

F. Antes de entregar tu composición sobre la poesía, debes pasarla en limpio. En otro papel, escribe el siguiente párrafo de nuevo, poniendo los acentos escritos necesarios.

> El escribir poesia requiere habilidad para combinar la
> inspiración con los recursos poéticos más técnicos.
> Algunos de los recursos que emplean los poetas son la
> rima, el ritmo, la repeticion y las imágenes. También son
> importantes las figuras retóricas tales como el símil, la
> metáfora, la personificación, el símbolo y la hiperbolé.

Dictado

A. Vas a escuchar una serie de oraciones basadas en «El forastero gentil». Escribe lo que oyes. Presta atención especial a la **g** y la **j**.

B. Vas a escuchar una serie de palabras relacionadas con las lecturas de esta colección. Escribe lo que oyes. Luego divide las palabras en sílabas. Indica si cada palabra es llana, aguda o esdrújula y pon los acentos escritos necesarios.

Taller del escritor

Tarea
Escribe un ensayo sobre problemas y soluciones.

Objetivos de un ensayo sobre problemas y soluciones

1. Describir un problema importante.
2. Explorar posibles soluciones.
3. Proponer y defender la mejor solución.

LA PERSUASIÓN

ENSAYO SOBRE PROBLEMAS Y SOLUCIONES

En un **ensayo sobre problemas y soluciones,** un escritor analiza un problema importante y propone lo que considera la mejor solución. La nota dominante de este tipo de ensayo es la persuasión, pues en la mayoría de los casos el escritor trata de convencer a sus lectores de que la solución propuesta es de hecho la mejor. A este género pertenecen los artículos de opinión que aparecen en periódicos y revistas. Ahora tú tienes la oportunidad de hablar de un tema que te parezca importante: vas a escribir tu propio ensayo sobre problemas y soluciones.

Antes de escribir

1. Cuaderno del escritor

Repasa las notas que has tomado a lo largo de esta colección por si te interesa explorar más a fondo alguno de los problemas sobre los cuales escribiste. A continuación aparecen algunas sugerencias que pueden ayudarte a pensar en posibles temas para un ensayo:

TRABAJO EN CURSO

- ¿Me afecta el problema solamente a mí, o afecta también a muchas otras personas?
- ¿Qué importancia tiene el problema para las personas a quienes afecta?
- ¿Tiene solución el problema?

2. Examina los medios de comunicación

También es posible encontrar buenos temas para este tipo de ensayo cuando examinas los medios de comunicación. Hojea periódicos y revistas y presta atención a programas de radio y televisión hasta dar con un problema que te interese: por ejemplo, una carretera peligrosa que pasa cerca de tu casa, las personas desamparadas, la violencia en la televisión.

Práctica

E. Escribe las palabras siguientes en otro papel, dividiéndolas en sílabas. Luego indica si las palabras son llanas, agudas, esdrújulas o sobresdrújulas y ponles los acentos escritos necesarios. Explica por qué las palabras llevan o no acento escrito.

> **MODELO** rincon
> *Escribes* rin-cón. Es aguda y lleva acento escrito por ser palabra aguda que termina en *-n*.

1. piramide	**6.** tapial	**11.** transportandonoslo
2. sembramos	**7.** camara	**12.** ademas
3. pantalon	**8.** severo	**13.** pelicula
4. reparemelo	**9.** curiosidad	**14.** pidaselos
5. panico	**10.** cesped	**15.** durmio

F. Antes de entregar tu composición sobre la poesía, debes pasarla en limpio. En otro papel, escribe el siguiente párrafo de nuevo, poniendo los acentos escritos necesarios.

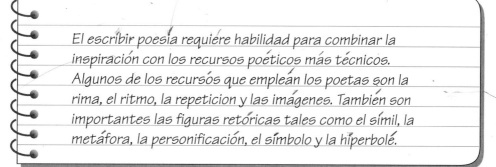

El escribir poesia requiere habilidad para combinar la inspiración con los recursos poéticos más técnicos. Algunos de los recursos que emplean los poetas son la rima, el ritmo, la repeticion y las imágenes. También son importantes las figuras retóricas tales como el símil, la metáfora, la personificación, el símbolo y la hiperbolé.

Dictado

A. Vas a escuchar una serie de oraciones basadas en «El forastero gentil». Escribe lo que oyes. Presta atención especial a la **g** y la **j**.

B. Vas a escuchar una serie de palabras relacionadas con las lecturas de esta colección. Escribe lo que oyes. Luego divide las palabras en sílabas. Indica si cada palabra es llana, aguda o esdrújula y pon los acentos escritos necesarios.

Taller del escritor

Tarea

Escribe un ensayo sobre problemas y soluciones.

Objetivos de un ensayo sobre problemas y soluciones

1. Describir un problema importante.
2. Explorar posibles soluciones.
3. Proponer y defender la mejor solución.

LA PERSUASIÓN

ENSAYO SOBRE PROBLEMAS Y SOLUCIONES

En un **ensayo sobre problemas y soluciones,** un escritor analiza un problema importante y propone lo que considera la mejor solución. La nota dominante de este tipo de ensayo es la persuasión, pues en la mayoría de los casos el escritor trata de convencer a sus lectores de que la solución propuesta es de hecho la mejor. A este género pertenecen los artículos de opinión que aparecen en periódicos y revistas. Ahora tú tienes la oportunidad de hablar de un tema que te parezca importante: vas a escribir tu propio ensayo sobre problemas y soluciones.

Antes de escribir

1. Cuaderno del escritor

Repasa las notas que has tomado a lo largo de esta colección por si te interesa explorar más a fondo alguno de los problemas sobre los cuales escribiste. A continuación aparecen algunas sugerencias que pueden ayudarte a pensar en posibles temas para un ensayo:

- ¿Me afecta el problema solamente a mí, o afecta también a muchas otras personas?
- ¿Qué importancia tiene el problema para las personas a quienes afecta?
- ¿Tiene solución el problema?

2. Examina los medios de comunicación

También es posible encontrar buenos temas para este tipo de ensayo cuando examinas los medios de comunicación. Hojea periódicos y revistas y presta atención a programas de radio y televisión hasta dar con un problema que te interese: por ejemplo, una carretera peligrosa que pasa cerca de tu casa, las personas desamparadas, la violencia en la televisión.

3. Explora un problema y su solución

Cuando hayas encontrado un problema que te interese, explóralo más a fondo; toma notas sobre los siguientes aspectos del problema: historia, alcance, relación con otros problemas, causas, efectos.

Cuando no te quepa duda de que comprendes bien el problema, empieza a tomar notas sobre posibles soluciones. Hazte preguntas como las que aparecen a la derecha. Al analizar las soluciones, piensa en las ventajas e inconvenientes de cada una y en la posibilidad de llevarlas a la práctica.

Toma notas en un cuadro como el que sigue sobre las ventajas e inconvenientes de cada solución. Este ejemplo ilustra cómo evaluó un escritor algunas soluciones posibles al problema de la falta de espacio en los vertederos de basura.

Preguntas para encontrar soluciones

- ¿Qué soluciones se han intentado antes?

- ¿Hasta qué punto fueron eficaces?

- ¿Sería mejor considerar una sola solución? ¿Por qué?

- ¿Qué solución aportaría el mayor beneficio al mayor número de personas?

Problema: El vertedero municipal de basura está casi lleno.		
Posibles soluciones	**Ventajas**	**Inconvenientes**
1. construir un nuevo vertedero	solución rápida y a corto plazo	costoso; no ataca la raíz del problema; injusto para los habitantes de la zona
2. transportar la basura en camión a una planta a cincuenta millas de distancia	da un respiro al vertedero local	caro; no es una solución permanente
3. rediseñar el vertedero existente y lanzar una campaña de reciclaje	ataca la raíz del problema; genera ingresos para la ciudad	llevará tiempo cambiar las costumbres de la gente

Hecho y opinión

- Un **hecho** es algo que ha ocurrido o que es cierto. Los hechos se pueden comprobar en obras de consulta, tales como enciclopedias, almanaques o en un atlas.

- Una **opinión** es una declaración que expresa una creencia o un juicio.

Esquema para un ensayo de problemas y soluciones

I. Introducción
   A. Capta la atención del lector.
   B. Presenta el problema.
II. Cuerpo
   A. Explica la gravedad del problema.
   B. Presenta y analiza las posibles soluciones.
   C. Propone y defiende la mejor solución.
III. Conclusión
   A. Resume la propuesta.
   B. Pide que se tomen medidas.

4. Descubre y respalda la mejor solución

Después de comparar las ventajas e inconvenientes de las posibles soluciones del cuadro, elige la mejor solución. Ésta es normalmente la alternativa más práctica y justa, la que ofrece el mayor beneficio al mayor número de personas. Pero la mejor solución a un problema rara vez es la solución perfecta: normalmente, hay que hacer concesiones.

En un ensayo sobre problemas y soluciones se propone no sólo una solución al problema, sino también razones convincentes que la justifiquen. Para defender tu propuesta, enumera los datos que puedes aportar como pruebas. Entre esos datos se encuentran los siguientes: hechos, razones, anécdotas, ejemplos, estadísticas y opiniones de expertos. Ten en cuenta, al presentar tus pruebas, la diferencia entre **hecho** y **opinión.**

El borrador

1. Escribe tu primer borrador

Para captar la atención del lector desde la **introducción,** comienza tu ensayo con un hecho sorprendente, una anécdota o una cita. En el **cuerpo** de tu ensayo, trata de explicar la importancia y el alcance del problema. Luego analiza los pros y los contras de las posibles soluciones. Por último, presenta la mejor solución y defiéndela con pruebas concretas. En la **conclusión,** presenta de nuevo la mejor solución al problema, o sea, la más práctica. En la oración final, puedes incluso animar a tus lectores a entrar en acción. Tal vez te resulte útil seguir un esquema como el que aparece a la izquierda.

2. Desarrolla tu propio estilo

Al analizar las posibles soluciones a un problema, es posible que tengas que referirte a acontecimientos probables más que a hechos ya conocidos. Da tus opiniones a favor y en contra de las soluciones propuestas. En estos casos, seguramente tendrás que usar las formas verbales del **condicional** y del **subjuntivo.**

3. Relaciona ideas

Utiliza **palabras de enlace** para que tus lectores comprendan cómo se relacionan tus ideas. Hay una lista de palabras de enlace en el MANUAL DE COMUNICACIÓN.

Evaluación y revisión

1. Intercambio entre compañeros

Intercambia borradores con un(a) compañero(a). Luego completa una o más de las oraciones a la derecha.

2. Autoevaluación

Emplea las pautas siguientes para revisar tu borrador. Añade, elimina o reorganiza datos de tu ensayo, y corrige lo que sea necesario en la expresión y la estructura.

Pautas de evaluación

1. ¿Capto la atención del lector desde el principio?

2. ¿Planteo claramente el problema y su alcance?

3. ¿He analizado los pros y los contras de las posibles soluciones?

4. ¿He explicado y justificado con claridad la mejor solución?

5. ¿Termino con una conclusión fuerte?

Técnicas de revisión

1. Empieza con una breve anécdota, cita o hecho sorprendente.

2. Aporta pruebas y razones que demuestren la gravedad del problema.

3. Aporta datos sobre posibles soluciones y evalúalos.

4. Presenta la solución propuesta y justifícala con pruebas concretas.

5. Reformula la mejor solución y anima a tu público a apoyarla con acciones pertinentes.

Así se dice

Para evaluar un trabajo escrito

El primer párrafo (no) me llamó la atención porque...

El problema que se discute es importante porque...

Me gustaría saber más sobre...

Las razones que respaldan la mejor solución son...

Por último, (no) estoy de acuerdo con la propuesta del escritor porque...

Compara las dos versiones siguientes de un párrafo inicial de un ensayo sobre problemas y soluciones.

MODELOS

Borrador 1

El vertedero municipal de basura está casi lleno. La cantidad de basura que generamos aumenta cada año. En poco tiempo ya no habrá sitio para más. Las autoridades municipales encargadas del problema tienen distintas opiniones sobre la mejor forma de resolverlo.

Evaluación: Este párrafo plantea el problema pero no consigue captar la atención del lector desde el principio. El estilo del escritor es monótono y repetitivo.

Borrador 2

«¿Invertir en basura?» «¿Ganar dinero en el sector de materiales reciclables?» Aunque esto parezca una broma, el rápido aumento en fechas recientes del valor de los productos reciclados ha atraído la atención de los expertos financieros. El precio de las botellas de plástico usadas, por ejemplo, se ha duplicado en menos de cinco años. Dentro de dos años, cuando el vertedero municipal llegue al límite de su capacidad, nuestras autoridades tendrán que buscar una salida al problema del vertido de basura. El reciclaje se perfila como la mejor solución.

Evaluación: Mejor. Este párrafo empieza con preguntas sorprendentes. A continuación, el autor plantea el problema y ofrece la mejor solución.

Corrección de pruebas

Intercambia trabajos con un(a) compañero(a) de clase y corrige detenidamente su texto. Señala cualquier error gramatical, de ortografía y de puntuación.

Publicación

Aquí hay algunas sugerencias que pueden ayudarte a publicar o dar a conocer tu ensayo:

- Utiliza el ensayo como base para un discurso ante la clase, la escuela o un grupo de la comunidad.
- Presenta tu ensayo al periódico escolar o local como artículo de opinión.
- Utiliza tu ensayo como «propuesta» para una mesa redonda en la que participen otros estudiantes interesados en resolver el problema.

Reflexión

Escribe una breve respuesta a una de estas preguntas:

- ¿Qué has aprendido en este trabajo sobre la resolución de problemas en la vida real?
- ¿Qué has aprendido sobre la mejor manera de convencer a otras personas para que acepten tu punto de vista?

Apuntes para la reflexión
Gracias a esta tarea he aprendido que los problemas más importantes no tienen fácil solución. Lo mejor que se puede esperar es encontrar una solución que sea justa y razonable, y que se pueda llevar a la práctica.

A ver si puedo...

A. Vuelve a leer los poemas de José Martí y Antonio Cabán Vale (págs. 213–214) y de Alfonso Quijada Urías y Pablo Neruda (págs. 246–248). Encuentra y cita ejemplos de los siguientes recursos estilísticos y figuras retóricas.

1. rima consonante
2. rima asonante
3. verso libre
4. paralelismo
5. símbolo
6. símil
7. metáfora
8. personificación
9. hipérbole

B. Haz una lista de cinco preguntas que debes considerar al hacer un resumen de «El forastero gentil». Ten en cuenta los siguientes elementos: personajes, argumento, ambiente, narrador, tema.

C. Explica la importancia de los siguientes lugares, grupos, personas y fechas en la historia y la política de Chile.

1. los mapuches
2. Bernardo O'Higgins
3. 1818
4. Salvador Allende
5. 11 de septiembre de 1973
6. Augusto Pinochet
7. 1989
8. Ricardo Lagos

D. Explica el significado de las siguientes palabras dentro del contexto de la lectura correspondiente. Luego usa cada palabra en una oración original.

«Hay un naranjo ahí»: florecer, lejano, naranjo
«La tortuga»: desafiar, rígido, piedra
«El forastero gentil»: deducir, especular, indispensable

E. Escoge una actividad a la que dedicas tu tiempo libre y haz una lista de diez palabras especializadas relacionadas con esa actividad. Luego usa las palabras para escribirle una carta a un(a) amigo(a) por correspondencia. En la carta, describe cómo se hace y por qué te interesa esa actividad. Consulta un diccionario si es necesario.

F. Escribe diez oraciones sobre esta semana, pensando en estas preguntas: ¿Qué has hecho? ¿Qué no has hecho todavía? ¿Ha pasado algo que te haya hecho feliz o triste? Usa el presente perfecto del indicativo para relatar lo que ha sucedido y el presente perfecto del subjuntivo para expresar tus reacciones.

¿Sabes usar el pluscuam-
perfecto del indicativo
y del subjuntivo?
Págs. 284–286

G. Escribe seis oraciones sobre lo que crees que le había pasado a
Dan Kraven y lo que él había hecho antes de su llegada al rancho.
Usa el pluscuamperfecto.

MODELO   El año pasado, Dan Kraven se había trasladado a...

¿Sabes usar correctamente
la secuencia de tiempos
verbales? Págs. 287–291

H. Contesta las siguientes preguntas con oraciones completas,
prestando atención a la secuencia de tiempos verbales.
   1. Cuando eras niño(a), ¿qué esperabas ser cuando fueras mayor?
   2. ¿Alguna vez te han dado malos consejos tus amigos? ¿Qué te
      aconsejaron?
   3. ¿Cuál ha sido un momento importante de tu vida? ¿Cómo se
      lo contarás a tus amigos o a tus hijos en el futuro?
   4. Si pudieras tener talento para cualquier deporte, ¿a qué
      deporte jugarías?
   5. Si hubieras vivido hace cien años, ¿en qué manera habría sido
      distinta tu vida?

I. Completa el párrafo con **g** o **j**.

Eduardo traba▭aba como in▭eniero cuando conoció a su

pare▭a, Sol. Ella tenía un puesto e▭ecutivo con una a▭encia

publicitaria. Se conocieron en una competencia de a▭edrez

donde salieron finalistas de su re▭ión. Lo que le atra▭o a

Eduardo fue la inteli▭encia de ella y la manera ló▭ica en que

ella ▭ugaba. La corte▭ó por un año cuando por fin decidieron

casarse. Para la luna de miel via▭aron al extran▭ero.

¿Sabes identificar las
palabras agudas, esdrúju-
las y sobresdrújulas?
¿Sabes cuándo llevan
acento escrito estas
palabras? Págs. 294–295

J. Explica qué son las palabras agudas, esdrújulas y sobresdrújulas y
da dos ejemplos de cada grupo. Luego escribe las siguientes
palabras en otro papel. Clasifica cada una como aguda, esdrújula
o sobresdrújula y ponles los acentos escritos necesarios.
   1. despues
   2. divertidisimo
   3. examenes
   4. diciendomelo
   5. tambien
   6. heroe
   7. murcielago
   8. autobus
   9. regalasela
   10. acuatico

¿Sabes escribir un
ensayo sobre problemas
y soluciones?
Págs. 296–300

K. Identifica cinco pasos a seguir en la preparación, redacción y
evaluación de un ensayo sobre problemas y soluciones.

Vocabulario esencial

Ampliación

• Vocabulario adicional
Colección 5

«Hay un naranjo ahí» pág. 246

florecer *v.*
lejano, -na *adj.*

naranjo *m.*
sembrar *v.*

tapial *m.*

«La tortuga» pág. 248

desafiar *v.*
lunar *m.*
ola *f.*
piedra *f.*

plancha *f.*
plateado, -da *adj.*
profundo, -da *adj.*
rayo *m.*

rígido, -da *adj.*
severo, -ra *adj.*
siglo *m.*

«El forastero gentil» pág. 260

amenazar *v.*
atrevido, -da *adj.*
aturdir *v.*
bochornoso, -sa *adj.*
caballeriza *f.*
carga *f.*
cariño *m.*
chapado, -da *adj.*
colorido, -da *adj.*
deducir *v.*
emanar *v.*
enderezarse *v.*
especular *v.*

esperanza *f.*
espuela *f.*
fronterizo, -za *adj.*
fugaz *adj.*
gentileza *f.*
herir *v.*
indispensable *adj.*
insulado, -da *adj.*
molido, -da *adj.*
montura *f.*
pegársele algo (a alguien) *v.*
perseguido, -da *adj.*
pinar *m.*

polvoriento, -ta *adj.*
reponerse *v.*
restituido, -da *adj.*
retar *v.*
revisar *v.*
rito *m.*
sorbo *m.*
tercamente *adv.*
tintineo *m.*
tropezar *v.*
zaguán *m.*

■ Mejora tu vocabulario pág. 277

amarillento, -ta *adj.*
azabache *m.*
bermejo, -ja *adj.*
blanquizco, -ca *adj.*
castaño *m.*
cereza *f.*
cerezo *m.*

dorado, -da *adj.*
naranjal *m.*
negruzco, -ca *adj.*
nogal *m.*
platanal *m.*
rojizo, -za *adj.*
rosáceo, -cea *adj.*

turquesa *adj.*
verdín *adj.*
vid *f.*
viña *f.*
zafíreo, -rea *adj.*

Tierra, sol y mar

En esta colección, vas a aprender más sobre los siguientes conceptos:

Lectura

Elementos de literatura: La novela
Estrategias para leer: Hacer un resumen

Cultura

Cultura y lengua: Perú
Panorama cultural: ¿Hay algún lugar que se haya grabado en tu memoria?
Comunidad y oficio: El español en los medios de comunicación

Comunicación

Así se dice: Para expresar semejanzas y diferencias; para combinar frases; para evaluar un trabajo escrito; para reflexionar sobre un trabajo escrito
Vocabulario: Los cognados
Gramática: El infinitivo; el gerundio; las preposiciones
Comparación y contraste: Los gerundios, los infinitivos y las preposiciones en español e inglés

Escritura

Ortografía: Los sonidos /r/ y /rr/; los diptongos y los hiatos
Taller del escritor: Artículo informativo

internet

MARCAR: go.hrw.com
PALABRA CLAVE:
WN3 TIERRA

Courtesy of the Museo Dolores Olmedo.

Primero de una serie llamada *Puestas del sol* (1956)
de Diego Rivera. Óleo y templa sobre lienzo.

ANTES DE LEER
de Valle del Fuego

Punto de partida

Un lugar inolvidable

El valle andino descrito en este ensayo «dejó su marca incandescente y su vorágine de vida» en la memoria de unos expedicionarios. ¿Hay algún lugar que se haya grabado en tu memoria, ya sea por su belleza o por el significado que haya tenido para ti?

Toma nota

Escribe sin detenerte durante dos o tres minutos acerca de un lugar que haya captado tu interés. Describe cómo es el lugar y explica por qué te resulta atractivo. Después, reúnete con un(a) compañero(a) y comparen sus apuntes. ¿Qué semejanzas y qué diferencias encuentras?

Elementos de literatura

Alusión

Cuando Balaguer dice que «una fuerza ciclópea empujó hacia arriba», hace referencia a los *cíclopes*, unos seres mitológicos del poema épico *La Odisea*. Esta famosa obra se escribió entre 900 y 700 a.C. y se cree que su autor fue el poeta griego Homero. Los cíclopes, quienes pertenecían a la raza de gigantes de un solo ojo, eran conocidos por su fuerza extraordinaria. Balaguer compara la fuerza que creó las montañas de los Andes con la fuerza bruta de los cíclopes. Una referencia como ésta a una obra literaria, una persona, un lugar o un suceso conocido se llama **alusión**. La literatura está llena de alusiones a los antiguos mitos griegos y romanos.

> Una **alusión** es una referencia a una obra literaria, una persona, un lugar o un suceso conocido.
>
> *Para más información sobre la alusión, ver el GLOSARIO DE TÉRMINOS LITERARIOS.*

de VALLE DEL FUEGO

Alejandro Balaguer

A principios del mes de marzo varios expedicionarios fuimos a realizar un documental al corazón de los Andes arequipeños,[1] a una región volcánica que llamamos «El Valle del Fuego».

1. arequipeños: de Arequipa, segunda ciudad más grande de Perú, localizada al suroeste de ese país.

Durante un mes nos internamos en lugares increíbles del cañón del Colca, donde afloran volcanes humeantes, géiseres y aguas termales[2] que nos hablaron de un pasado prehistórico hecho presente.

Anduvimos por el «reinado de la vicuña»,[3] cazando imágenes de la fauna que habita las frías lagunas de las alturas, y luego descendimos al cañón, coronado por los gigantes nevados.

Es tan profundo, que parece como si un gigante lo hubiera desgarrado. El cañón del Colca es una extensa rajadura donde corre el río Colca, entre paredes verticales de 3.400 metros, que son como un libro abierto que cuenta la historia del planeta.

En sus entrañas, perseguimos al cóndor, «señor de los cielos», en su peregrinar vertiginoso por el valle.

Sobre su vuelo, antiguas civilizaciones tejieron historias fantásticas y reivindicaron su dominio en las nubes.

Así, entramos al universo de los collaguas y los cabanas,[4] que basaron sus costumbres en el culto a la tierra y su trabajo.

Compartimos sus ritos paganos y sus creencias religiosas, adoptadas con la dominación española.

El «Valle del Fuego» dejó su marca incandescente y su vorágine[5] de vida en nuestras memorias.

Un manto blanco cubre las faldas del volcán Hualca-Hualca.

Se abren las nubes cargadas de helada en la «cordillera del fuego», y abajo, el valle se divide a tajo[6] por el temperamental río Colca.

Nuestras manos se petrifican como garras sobre las riendas, y el ascenso por la quebrada es cada vez más lento.

A lo lejos, una columna de vapores emerge de un abismo parecido a las fauces abiertas de un ser mitológico, custodiado por el «Apu» Hualca-Hualca. Es el géiser, exhalando aliento de las profundidades del planeta, que nos anuncia la entrada a un mundo prehistórico, con pozas en ebullición[7] y riachuelos humeantes.

Rumbo a la cumbre, nuestros caballos resoplan por la falta de aire, y el «señor de los cielos» se hace presente. Es el cóndor, el ave voladora más grande, que se eleva sobre nosotros en su santuario volcánico.

Vemos a los adultos, vestidos de negro y blanco con casi tres metros de tamaño volando junto a los más jóvenes, de color grisáceo. Van haciendo acrobacias, aprovechando las corrientes de aire, sobre una manada de venados que corren entre milenarias yaretas.

La yareta es una planta alucinante, de formas redondas que a primera impresión parece una piedra cubierta de musgo, y sólo crece sobre los 4.500 metros. Forma un corredor verde de entrada a la cima del Hualca-Hualca.

La vuelta al «Valle del Fuego» se nos hace tensa y cuidadosa. Una fina capa de nieve va borrando nuestro camino de retorno. Sobre los 5.000 metros somos una diminuta caravana perdida en el techo de los Andes.

No cabe duda que el cóndor es el amo y señor de los cielos del valle. Pero, casi tocando las nubes, hay otro dominio de pampas extensas, cubiertas de un pasto recio, el ichu, y de

---

7. **ebullición:** agitación de un líquido por efecto del calor.

- -

ADUÉÑATE DE ESTAS PALABRAS

géiser *m.:* corriente de agua caliente o de vapor que sale de la tierra como una fuente.
fauna *f.:* reino animal.
entraña *f.:* parte más interna.
vertiginoso, -sa *adj.:* muy rápido, muy veloz.
se petrifican, de **petrificarse** *v.:* convertirse en piedra o roca, hacerse rígido.
fauces *f. pl.:* parte trasera de la boca de un mamífero.
diminuta, -to *adj.:* extremadamente pequeña.

- -

2. **aguas termales:** fuentes naturales de agua caliente.
3. **vicuña:** mamífero rumiante similar a la llama. Vive en los Andes y su lana es muy apreciada.
4. **los collaguas y los cabanas:** grupos indígenas del sur de Perú.
5. **vorágine:** intensidad, fuerza o vigor.
6. **tajo:** división o corte abrupto y profundo.

lagunas gélidas, que es donde reina la vicuña. Allí es el techo del mundo, y cuatro colosos nevados demarcan su frontera con la tierra de los hombres: Arequipa. Son los volcanes Misti, el Chachani, el Ubinas y el Pichupichu, que custodian extensas pampas pulidas por el viento.

Es un ambiente bello, rudo y de horizontes abiertos, donde pastan libres las vicuñas en grupos familiares formados por un macho y hasta seis hembras. A veces suelen verse machos solteros vagando errantes en grupos de 40 o 50.

Las vicuñas son camélidos[8] que poseen el más delicado y fino pelo. En todo su dominio hay calmos espejos de agua, lagunas visitadas por pequeñas aves migratorias y también por articulados flamencos,[9] gaviotas andinas de cara negra, y aves acuáticas como la ajoya y la huallata.

Pero este frío mundo, que puede bajar hasta 20°C bajo cero, no ha sido liberado de la mano

8. **camélidos:** mamíferos como el camello, el dromedario, la alpaca y la vicuña.
9. **flamencos:** aves zancudas de cuello largo y patas largas y delgadas.

destructora del hombre. Camiones cargados de tola, un arbusto enano usado para combustible, bajan repletos hacia las panaderías de Arequipa sin temer a las heladas en los colosos tutelares,[10] desertizando el reinado de la vicuña.

Hubo un tiempo, hace millones de años, en el corazón de los Andes arequipeños, cuando los volcanes aún lanzaban fuego y lava, en que un cataclismo[11] increíble abrió una herida profunda de 100 km sobre la joven piel del planeta.

Como si las manos de un gigante hubieran quebrado la tierra de cuajo,[12] se formó el cañón del Colca y comenzaron a bajar las aguas por sus entrañas, cuando precipitaron los cielos cargados de nubes. Millones de años después, parte del río se hundió aún más. Sus laderas se elevaron muy alto, y una fuerza ciclópea[13] empujó hacia arriba, naciendo la cordillera de los Andes. Subieron los cerros y los volcanes hasta los 3.400 metros y dejaron muy abajo al río Colca.

También sus lagunas se impulsaron hacia arriba, junto a una ola titánica[14] de lodo y de piedras. Luego, sus fondos lacustres[15] se secaron, convirtiéndose en terrazas sumamente onduladas que después el hombre convirtió en andenes. Así, el cañón del Colca fue tallado con amor por la mano del hombre collagua, artífice de canales y andenes inmejorables, a través del tiempo.

10. **tutelares:** que protegen o amparan. Aquí se refiere a los volcanes que parecen vigilar la naturaleza que está a sus pies.
11. **cataclismo:** catástrofe o desastre de proporciones inmensas.
12. **de cuajo:** completamente, de raíz, radicalmente.
13. **ciclópea:** monstruosa. Los cíclopes eran gigantes de un ojo según la mitología griega.
14. **titánica:** inmensa, gigantesca.
15. **lacustres:** relativos a un lago.

ADUÉÑATE DE ESTAS PALABRAS

gélida, -do *adj.*: muy fría, helada.
custodian, de **custodiar** *v.*: cuidar, guardar, vigilar, observar desde una altura.
acuática, -co *adj.*: relacionada con el agua.
desertizando, de **desertizar** *v.*: transformar o convertir en un desierto.

CONOCE AL ESCRITOR

Alejandro Balaguer (1959–) nació en Buenos Aires, Argentina, aunque vive en Lima, Perú, desde 1984. Ha informado sobre eventos noticiarios en Sudamérica y en el Caribe como corresponsal de fotografía para las agencias *Associated Press* y *Sygma*. Su obra fotográfica, que capta las costumbres y el ambiente natural de Latinoamérica, aparece en las páginas de prestigiosas publicaciones por todo el mundo.

Balaguer es autor de dos libros: *Rostros de la guerra* y *El álbum de la arena* (1996), considerados por muchos como testimonios fotográficos muy importantes sobre Perú.

Actualmente, Balaguer dirige la institución Terra Incógnita, una organización peruana que tiene como meta la conservación de las maravillas naturales y las costumbres indígenas de Latinoamérica.

CREA SIGNIFICADOS

Cuaderno de práctica, págs. 103–104

Primeras impresiones

1. ¿Te gustaría hacer un viaje al «Valle del Fuego»? ¿Por qué?

Interpretaciones del texto

2. ¿Qué sentían los expedicionarios por el valle que estaban explorando? Cita fragmentos del texto para respaldar tu respuesta.

3. Balaguer usa la **personificación** cuando describe al río Colca como «temperamental». ¿Qué otros ejemplos de personificación puedes encontrar?

4. En la mitología griega, los Titanes eran una familia de gigantes. Explica la **alusión** que hay en la frase «una ola titánica de lodo y piedras».

Conexiones con el texto

5. Los expedicionarios respetaban los animales de la región, especialmente el cóndor y la vicuña. ¿Te ha llamado alguna vez la atención algún animal? Explica tu respuesta.

OPCIONES: Prepara tu portafolio

Cuaderno del escritor

1. Compilación de ideas para un artículo informativo

Como muchos artículos sobre lugares poco comunes, en el «Valle del Fuego» se sugieren muchos temas para investigar: fotografía, alpinismo, los animales salvajes y los fenómenos naturales de la región. Escribe tres o cuatro cosas que te gustaría saber sobre cada uno de estos temas.

Redacción creativa

2. «Cazando imágenes»

Los expedicionarios «cazaron imágenes» para ilustrar su ensayo acerca de una parte poco conocida del mundo. Reúne algunas fotografías sobre un tema que te interese y prepara tu propio ensayo fotográfico. Si lo deseas, puedes tomar fotografías de tu vecindario o de un parque cercano y usar esas imágenes como punto de partida para tu informe.

Investigación

3. Planea una expedición

Reúnete con un grupo de compañeros y planeen una expedición a un lugar que les interese. Para comenzar, piensen qué es lo que necesitan saber de la región antes de viajar. Por ejemplo, ¿el clima de la región es frío como en los Andes arequipeños? ¿Qué clase de plantas y animales van a encontrar? ¿Cómo es el terreno? Luego hagan una investigación sobre el lugar que van a visitar.

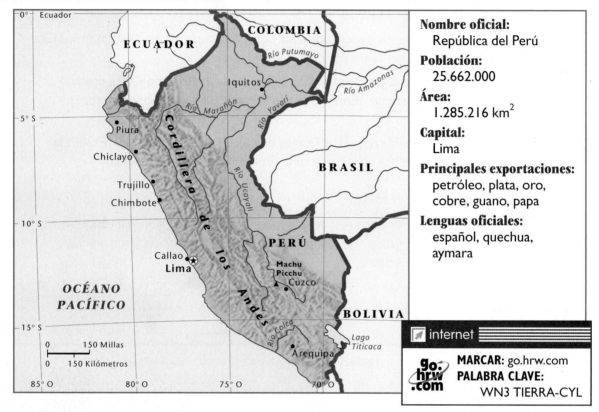

Nombre oficial:	República del Perú
Población:	25.662.000
Área:	1.285.216 km^2
Capital:	Lima
Principales exportaciones:	petróleo, plata, oro, cobre, guano, papa
Lenguas oficiales:	español, quechua, aymara

internet

MARCAR: go.hrw.com
PALABRA CLAVE:
WN3 TIERRA-CYL

La historia y política de Perú

¿Qué significa *Perú*? Una de las primeras historias del país cuenta que cuando un español le preguntó a un indígena cómo se llamaban las tierras que los conquistadores veían por primera vez desde el mar, éste las señaló con el dedo y dijo: «*pirú*». Se dice que desde entonces se llamó Perú a toda la región, sin saber qué significaba exactamente esa palabra. Hoy, se sabe que «*pirú*» es una palabra quechua que supone una tierra de abundancia. Durante la época colonial, en Europa se decía «vale un Perú» para indicar que algo valía mucho. Los inmensos recursos naturales del país eran vastos y sirvieron para desarrollar la economía europea.

Perú fue el centro del gran imperio incaico desde el siglo XII hasta 1532. Una leyenda del origen del imperio dice que Mama Ocllo y Manco Cápac, los padres míticos de los incas, salieron del Lago Titicaca y recibieron órdenes del Sol de encontrar una tierra fértil en donde se hundiera la lanza de Manco Cápac. Según la leyenda, ahí fundarían el imperio. Mientras buscaban, la pareja iba impartiendo sus conocimientos a los pueblos que encontraban. Así la gente aprendió las técnicas de la agricultura y el arte de la cocina. Un día llegaron a un valle en donde Manco Cápac pudo hundir su lanza. Ese lugar es hoy la ciudad de Cuzco, la que fue la capital del imperio incaico.

Los españoles, dirigidos por Francisco Pizarro, llegaron a Perú en 1532 y rápidamente conquistaron el territorio. En 1535 fundaron la ciudad de Lima, la capital actual. Durante la época colonial, España explotó al máximo las riquezas de Perú, usando como siervos a los nativos. Como consecuencia, entre 1536 y 1783 hubo grandes rebeliones indígenas, siendo la más importante la de Túpac Amaru II en 1780. Al mismo tiempo, los criollos (descendientes de españoles nacidos en Perú), que ya eran también un grupo social fuerte, comprendieron que la dominación española estaba en contra de sus intereses. Por eso, iniciaron la lucha por la independencia que se obtuvo en 1821.

Durante su periodo como república, Perú ha enfrentado muchos de los retos que conlleva ser un país independiente, como resolver conflictos en la demarcación de su territorio y responder a las necesidades de los diferentes grupos sociales. Más recientemente, el país ha tenido que enfrentar problemas económicos, como el control de la inflación, tanto como problemas sociales como el terrorismo, la corrupción y el narcotráfico. Sin embargo, la década de los 90 trajo consigo muchos cambios para el panorama del país. En abril de 1990 Alberto Fujimori, hijo de inmigrantes japoneses, fue elegido presidente de Perú. Fujimori disolvió el Congreso, suspendió la Constitución e impuso la censura. Luego, al encarcelar al líder Abimael Guzmán, derribó al grupo guerrillero Sendero Luminoso, el cual había aterrorizado a Perú durante varias administraciones. Una nueva constitución fue aprobada en 1993, y en 2000 Fujimori fue elegido presidente por tercera vez, pero no sin que esto causara una gran controversia. Pocos meses después de la elección, debido a una serie de escándalos políticos, Fujimori se vio obligado a renunciar la presidencia y se fue del país. Aunque el porvenir de Perú es algo incierto, dos de las metas de Alejandro Toledo, presidente electo de 2001, son reducir el desempleo y combatir la pobreza— dos metas difíciles de alcanzar.

La gente de Perú
La diversidad étnica de la población peruana ha sido la base de la mezcla de las diferentes tradiciones que han influido en el país por más de 20.000 años. Esta diversidad ya existía desde el imperio incaico, pero aumentó con la migración española y más tarde con las varias oleadas de esclavos negros traídos desde África durante la época colonial. Aunque muchos de los peruanos son mestizos (de sangre europea e indígena), desde el siglo XIX Perú ha acogido inmigrantes de China, Japón, Italia y otros países.

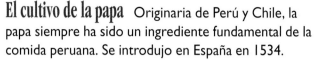

El cultivo de la papa

Originaria de Perú y Chile, la papa siempre ha sido un ingrediente fundamental de la comida peruana. Se introdujo en España en 1534. Actualmente en Perú se cultivan más de doscientas variedades del tubérculo, de diversas formas y colores. Por medio del impresionante sistema de terrazas, se sigue cultivando la papa por métodos tradicionales en la región andina.

Paredes antiguas

Paredes incaicas como éstas forman la base arquitectónica de muchos edificios antiguos de Cuzco. Se cuenta que ni un cuchillo cabe entre las piedras de los muros construidos por los incas hace más de 500 años. Estas enormes rocas se cortaron con instrumentos de piedra dura y se colocaron sin usar ninguna argamasa. Hasta hoy no se sabe cómo se trasladaron estas piedras, ni cómo fueron colocadas una encima de otra.

Grupos indígenas

Hoy en día el 54% de la población peruana es indígena y se encuentra principalmente en los Andes y la selva amazónica. Los idiomas que hablan las diferentes comunidades son tan diversos como las zonas geográficas que habitan. En la sierra, los descendientes de los incas y los grupos dominados por ellos hablan quechua y aymara. Los nativos de la inmensa selva amazónica abarcan 53 grupos étnicos distintos, cuyos idiomas se clasifican en doce familias lingüísticas.

Para expresar semejanzas y diferencias

Puedes usar estas expresiones para hacer la actividad en esta página.

Las dos leyendas coinciden en...

Las semejanzas (diferencias) más marcadas son...

Creo que tienen en común los siguientes rasgos...

Pero en algunos aspectos,... es totalmente distinto a la (al)...

Hay semejanzas pero también veo diferencias...

Se destacan las semejanzas (diferencias) entre... y...

Actividad

Desde su descubrimiento, el imperio de los aztecas de México ha sido comparado con el imperio incaico de Perú. Investiga la leyenda de cómo descubrieron los aztecas el lugar en donde se asentaron y construyeron Tenochtitlán, la capital de su imperio. Con un(a) compañero(a), compárala con la leyenda del origen de Cuzco que se presenta en el ensayo. Organicen sus datos en una tabla y analicen estas dos preguntas: ¿Qué elementos tienen en común las leyendas? ¿Cuáles son las diferencias? Pueden hacer representaciones de estas leyendas en un cartel.

Modismos y regionalismos

Debido a su variedad cultural, el castellano de Perú tiene muchas palabras y expresiones derivadas de otras lenguas. Por ejemplo, *chifa* viene de la palabra *comer* en chino, *chompa* viene del inglés *jumper* y la palabra inglesa *watchman* se ha transformado en *guachimán*. Como en todas partes, uno sabe que un verdadero *pata* es alguien que nos puede ayudar a resolver nuestras *paltas*.

A lo peruano

chifa restaurante de comida china

chompa suéter

guachimán encargado de la seguridad de casas, negocios o edificios públicos

palta problema, conflicto

pata amigo

verla(lo) verde pensar que la solución de algo es muy difícil

—Oye, ¿qué tal si vamos al cine a ver la nueva película de misterio?

—Me gustaría ir, pero hay una **palta...** el estreno es esta noche, y como es tarde, seguro que ya no quedan entradas.

—No te preocupes, el **guachimán** es mi **pata.** Tal vez nos pueda conseguir entradas.

—Igual, **la veo verde...** Mejor vamos al **chifa,** ¡y ya!

—Bueno, de acuerdo, pero voy a sacar mi **chompa,** porque hace frío.

Elementos de literatura

LA NOVELA

La **novela** es una obra narrativa extensa, escrita en prosa. Su extensión suele ser mayor de 100 páginas. Generalmente se considera a *Don Quijote* (1605 y 1615), obra del escritor español Miguel de Cervantes, como la primera novela moderna europea. Las novelas son la forma más popular de ficción que se escribe en nuestros días.

Los elementos principales de la novela son los mismos que los del cuento: el **argumento,** los **personajes,** el **ambiente,** el **punto de vista** y el **tema.** (Ver las páginas 76–79.) Sin embargo, la novela, por su mayor extensión, permite un mayor grado de complejidad en la caracterización de los personajes. Los cuentos generalmente presentan uno o dos personajes en profundidad, mientras que en una novela puede haber media docena de personajes principales. De la misma manera, mientras que en el cuento el argumento se limita a una sola serie de acciones, en la novela se presentan historias paralelas o varias series de acciones interconectadas.

Las novelas no sólo se caracterizan por tener un mayor número de personajes y de series de acciones que los cuentos, sino que presentan también una mayor variedad de lugares y temas. No es raro que un novelista incluya tres o cuatro temas relativos al comportamiento humano en una sola novela. Basándote en tu lectura de los fragmentos de *Aydin* de Jordi Sierra i Fabra, ¿cuáles son los temas principales que presenta el autor?

Las novelas pueden tener diversos temas y formas. La **novela histórica** presenta personajes y lugares relacionados con un evento o periodo histórico. Dos ejemplos son *El general en su laberinto* del colombiano Gabriel García Márquez, sobre el héroe sudamericano Simón Bolívar, y *Gone with the Wind* de la estadounidense Margaret Mitchell. La **novela de ciencia ficción** se centra en los extraños sucesos que pueden acontecer en el futuro o en un escenario fantástico pero creíble. Dos ejemplos son *Lágrimas de luz* del español Rafael Marín Trechera, sobre un joven que usa las armas del teatro y del circo para luchar contra una corporación totalitaria regida a su vez por una supercomputadora, y *Frankenstein* de la inglesa Mary Shelley. La **novela psicológica** explora las emociones y los pensamientos de los personajes. *Cinco horas con Mario* del español Miguel Delibes trata de una viuda que conversa con su difunto marido, y *Catcher in the Rye* del estadounidense J.D. Salinger narra la rebelión personal y social de un adolescente. En estas dos novelas, el lector puede entender la psicología de los protagonistas a través de sus propias palabras. Otros tipos de novela incluyen la **novela policíaca,** la **novela de misterio** y las **novelas del viejo oeste.**

ESTRATEGIAS PARA LEER

Hacer un resumen

Cuando le comentas a alguien sobre un libro que leíste, un programa de televisión o una película que viste o algo que te sucedió, a menudo haces un resumen. Al hacer un resumen, recuentas en breve los sucesos y las ideas principales.

Cuando resumes un relato, hablas de los sucesos y los personajes más importantes; destacas las causas de los sucesos y cómo éstos se relacionan. Tal vez te hayas dado cuenta que cuando vuelves a contar una historia o a recordar un incidente varias veces, lo entiendes mejor y se vuelve más «tuyo». Así, tienes un sentido más claro del orden de los acontecimientos y sabes cuáles son los sucesos más significativos de la narración.

De la misma manera, resumir un artículo o un ensayo te ayuda a entender y a recordar mejor lo que leíste. Cuando resumes un artículo o un ensayo, concentras tu atención en el tema del texto y en los puntos claves que destaca el escritor. Los únicos hechos y detalles que necesitas citar son aquéllos que ilustran los puntos más importantes del texto.

Al resumir una narración —un cuento, una novela, un drama o un episodio de la vida real— hazte estas preguntas:

> **Inténtalo tú**
>
> Después de leer los capítulos tomados de *Aydin* (página 319), escribe un resumen para alguien que no conozca el texto. Ten en cuenta que esta persona no está familiarizada con el contenido; asegúrate de explicarle claramente los acontecimientos de la historia, igual que las acciones y los sentimientos de los personajes.

> **Argumento:** ¿Cuáles son los principales acontecimientos para el desarrollo de la historia?
> **Personajes:** ¿Qué personajes son más importantes? ¿Qué información sobre los personajes es necesario saber para entender la historia? ¿Por qué sienten o actúan los personajes de la manera en que lo hacen?
> **Tema:** ¿Cuál es el asunto central de la historia?

Al resumir un artículo o un ensayo, hazte estas preguntas:

> **Asunto:** ¿De qué trata el texto?
> **Tema:** ¿Cuáles son los principales asuntos que destaca el escritor? ¿Cuál es el propósito del artículo o del ensayo?
> **Detalles:** ¿En qué datos se basan los asuntos que destaca el escritor?

ANTES DE LEER
de Aydin

Punto de partida

Los derechos de los animales

¿Debe usarse a los animales para hacer experimentos? ¿Debe encerrarse a los animales en zoológicos? La cuestión de los derechos de los animales ha sido fuente de acalorado debate y controversia. Entre compañeros, analicen lo que saben acerca de los derechos de los animales. Compartan sus opiniones.

Toma nota

Escribe tres o cuatro oraciones que resuman las opiniones de tus compañeros.

Telón de fondo

¿Qué sucedió?

Los capítulos que vas a leer son parte de una novela basada en lo que realmente le pasó a una ballena beluga que se escapó de un laboratorio ucraniano en el mar Negro. Jordi Sierra i Fabra tomó los hechos básicos de un suceso y los convirtió en una historia emocionante y alentadora.

En los primeros seis capítulos del libro se cuenta cómo la ballena beluga llega a un pequeño puerto pesquero en Turquía, y cómo la descubre un niño muy cariñoso llamado Godar. Los pescadores del puerto nombran a la ballena «Aydin», que significa «claridad» en turco.

Estrategias para leer

Encuentra el tema

El **tema** es el mensaje que encierra el relato sobre la vida o sobre la naturaleza humana. Por lo general, un escritor no presenta el tema directamente; el lector debe identificarlo a partir de las pruebas que aparecen en el relato. Identificar el tema te ayuda a entender y a valorar mejor la literatura.

Para identificar el tema de un relato piensa cómo el escritor, por medio de los personajes, destaca algún aspecto de la naturaleza humana. Cuando leas los capítulos tomados de *Aydin*, considera las siguientes preguntas:

- ¿Quiénes son los personajes centrales?

- ¿Por qué son importantes esos personajes para el relato?

- ¿Qué conflictos enfrentan?

- ¿Qué piensan y sienten los personajes sobre las cuestiones más importantes del relato?

«Aydin»
LA BALLENA DE LA DISCORDIA

Los pescadores que la encontraron le pusieron de nombre «Aydin», que en turco significa «claridad». La ballena beluga macho de 500 kilos que escapó el pasado mes de febrero de un laboratorio ucraniano del mar Negro, buscó refugio en el puerto turco de Gerze, donde fue alimentada por los pescadores locales. Aydin había sido utilizada para experimentos desconocidos en ese laboratorio y pudo escapar a causa de una tormenta que rompió las redes que la encerraban. Pronto pasó a las primeras páginas de los periódicos porque se la disputaban tres países: Ucrania, Turquía y el Reino Unido, donde varios grupos conservacionistas decidieron hacer algo para protegerla. Estos últimos pretendían que Aydin fuera puesta en libertad en el mar de Siberia, a más de 3.000 kilómetros de Gerze, donde las aguas están menos contaminadas, y con ese fin recaudaron en pocos días cerca de medio millón de pesetas, que sirvieron de momento para que a Aydin no le faltase pescado para comer. Los pescadores turcos que la han adoptado dicen que Aydin ha utilizado su libertad de elección y prefiere quedarse en Gerze. Los trámites legales están en curso y mientras tanto el destino de la ballena blanca, acostumbrada al trato humano, sigue siendo incierto.

—*El País*, abril 1992

CAPÍTULO 7

Con el primer sol balanceándose por encima de la línea del horizonte, las barcas entraron en el puerto cabeceando perezosas, apagados los motores, plegadas las velas o quietos los remos. Bajo el silencio amable de aquella primera hora en la mañana, las miradas de los hombres buscaron algo en las tranquilas aguas atrapadas frente a sus ojos, escrutando arriba y abajo, contenida la respiración, con las sonrisas prestas a dibujarse en unos rostros que ya las tenían preparadas y cinceladas en su ánimo. Superada la bocana,[1] el balanceo casi desapareció, se hizo placidez, y el conjunto de embarcaciones de todos los tamaños, calados y clases se esparció por el espejo azul como si, en lugar de navegar por él, flotaran por encima suyo.

Alguien levantó una mano.

Y en esa mano un pez hizo <u>centellear</u> sus escamas bajo los todavía tibios rayos del sol.

Esperaron.

De pronto, inesperadamente, lo mismo que un volcán marino en erupción, expulsada de su interior a toda velocidad, Aydin salió verticalmente debajo de la mano. Se elevó los tres metros que la separaban de su presa, y con una delicadeza asombrosa, sin siquiera tocar los dedos, atrapó el pez con su boca y cayó de nuevo al agua con una flexible maniobra llena de plasticidad[2] en su gesto.

Sólo entonces los pescadores de Gerze rom-

1. **bocana:** estrecha entrada a una bahía.

2. **plasticidad:** elasticidad, flexibilidad.

- -

ADUÉÑATE DE ESTAS PALABRAS

centellear *v.*: brillar, despedir rayos de luz.

- -

pieron su silencio. Estallaron en gritos, rieron y aplaudieron, comentaron lo que ya era habitual en los últimos días y se abrazaron ante el espectáculo que todavía les[3] llenaba de maravilloso pasmo.

Tras ello, una docena de manos, sosteniendo una docena de peces, repitió el gesto del primer pescador que, aquel día, había tenido el honor y el orgullo de ofrecer la primera comida a su ballena.

La ballena de los pescadores de Gerze.

Godar no se lanzó al agua. No le importaba el frío de la mañana, su cuerpo estaba habituado. Tampoco lo hizo ninguno de los otros jóvenes repartidos en los distintos barcos de la pequeña flota pesquera. Habían decidido seguir unas normas. No mezclar el momento de la alimentación con el de los juegos, y no jugar con Aydin todas las horas del día. La ballena, tanto como ellos, necesitaba descansar. Además, quedaba una rutina por mantener y seguir: llevar las barcas al puerto, descargar sus capturas, preparar la venta..., el ritual de la vida que ni siquiera la presencia excitante de su nueva vecina podía alterar.

Aydin esperaba su pez. Le miraba desde el agua haciendo sus sonidos característicos. Parecía reñirle, parecía apremiarle, parecía quererle.

Godar se puso la presa entre los dientes y asomó la cabeza fuera de la borda. Hubo murmullos de admiración. Aydin subió despacio, lentamente, impulsada por sus aletas, y retiró el pez de los labios de Godar sin apenas rozarle.

Se produjo otra ovación cuando se dejó caer al agua, engullendo el pescado al mismo tiempo.

—¡Bien! —gritó Godar levantando sus dos manos al aire.

¿Tenía que ir a tierra? ¡Oh!, ¿de veras tenía que ir a tierra?

—Mira —le dijo su primo dándole unos golpecitos en el hombro.

Siguió la dirección de su brazo, apuntando a la playa. En ella vio a su abuelo, y a otras personas, agitando las manos. Era extraño. Nunca lo hacían, a menos que estuvieran llamándole.

Y eso era precisamente lo que estaban haciendo.

—¡Godar! —escuchó sus distantes voces batidas por la algarabía[4] de su alrededor.

Su abuelo sostenía algo entre las manos. Agudizó la vista y descubrió que se trataba de un periódico. Primero sonrió. Aydin se estaba haciendo famosa desde que aquel periodista había hablado de ella. Ahora, aquella página con su fotografía presidía la cabecera de su cama, claveteada a la pared. Aydin y él, juntos en el agua. Era una estupenda imagen.

Sin embargo...

No, no podía tratarse de algo habitual, otro reportaje, otra fotografía. No le llamarían desde la playa. No agitarían sus brazos dando urgencia a su reclamo. Sucedía algo.

Una señal de alarma se disparó en su mente.

Se sentó a los remos y su primo le secundó[5] sin necesidad de hablar. Los dos se apartaron del grueso de barcas situado ahora casi en el centro del puerto, e iniciaron la maniobra de aproximación a la playa. Otros pescadores los imitaron, por inercia y porque el grupo que daba voces aumentaba, se hacía más y más denso, con mujeres y niños alertando las barcas de los suyos, abuelos, padres, hermanos, maridos, hijos...

Godar fue el primero en llegar. Saltó a la orilla cuando todavía la barca se hallaba en plena carrera, antes de que su quilla[6] rozara contra la arena del fondo. Su abuelo le esperaba con el periódico entre las manos.

No le gustó lo que vio en sus ojos.

---

4. **algarabía:** confusión de voces.
5. **le secundó:** lo hizo también, lo siguió.
6. **quilla:** casco inferior de un barco.

ADUÉÑATE DE ESTAS PALABRAS
pasmo *m.:* asombro.
engullendo, de **engullir** *v.:* tragar la comida deprisa.

---

3. **les:** El autor usa *le(s)* como pronombre del objeto directo en vez de *lo(s)*. Este uso es común en España.

—¿Qué sucede? ¿Qué pasa? —quiso saber alarmado al detenerse frente a él.

Empezaron a hablar casi todos al mismo tiempo, y algunas mujeres, niños y niñas se apartaron para recibir a las otras barcas que se aproximaban y darles la noticia. Godar fue incapaz de escucharles. Miraba a su abuelo, que era el único que no hablaba. Las palabras le envolvían, zumbaban por su cerebro como avispas enloquecidas. Eran palabras que no comprendía, pero que le alertaban más y más.

Badur le puso el periódico en las manos.

Le costó centrarse en él, leer los titulares. Uno se refería a la próxima Olimpíada de Barcelona y hacía referencia a los atletas turcos ya preparados para competir en ella; otro debatía el habitual problema del Kurdistán; un tercero comentaba la guerra de los Balcanes.

Aydin era el tema del cuarto, el más pequeño de los artículos. El titular rezaba expresivamente: «Guerra por Aydin, la ballena de Gerze».

Levantó los ojos, incapaz de seguir leyendo.

—Abuelo...

Se encontró con su <u>hermetismo</u>, sus ojos profundos, su reflexiva serenidad, y entonces volvió al artículo, y reunió las suficientes fuerzas para leerlo, primero de forma rápida y convulsiva, después más sosegadamente, para permitir que las palabras penetraran en su razón.

«Aydin, la ballena beluga macho de 500 kilos que vive tranquilamente desde hace unos días en Gerze, al cuidado de los pescadores locales, se ha convertido en un inesperado problema internacional en las últimas horas.

Acaba de saberse, porque los responsables así lo han anunciado, que Aydin se escapó el pasado mes de febrero de un laboratorio ucraniano del mar Negro, donde era sometida a diversos experimentos científicos que no han sido revelados. Aydin logró escapar de su encierro al romperse las redes que la retenían a causa de una tormenta. La República de Ucrania ha recla-

mado de forma oficial al gobierno turco la devolución de su ballena a instancias del citado laboratorio, dueño legal de Aydin.

Pero paralelamente, grupos ecologistas del Reino Unido han iniciado una campaña en Londres para evitar que la ballena vuelva a su lugar de origen. Reclaman de las autoridades ucranianas la <u>divulgación</u> y la naturaleza de los experimentos científicos a que era sometida en ese laboratorio, algo que los responsables del mismo se han negado a manifestar. En Londres, estos grupos ecologistas están reuniendo dinero para ayudar a que Aydin sea liberada, dinero que, momentáneamente, servirá para la alimentación de la ballena mientras se estudia su petición de que sea liberada en el mar de Siberia, a 3.000 kilómetros de Gerze, donde las aguas no están contaminadas.

A todo ello, por supuesto, hay que añadir que las autoridades turcas han defendido la libre elección de Aydin para vivir en el lugar que ella misma ha escogido, Gerze, donde los pescadores se han unido en torno a su mascota.

La historia, pues, promete ser tan apasionante como internacional. Tres países, Turquía, el Reino Unido y Ucrania, luchan ahora mismo por Aydin, y cada uno representa una parte legal del caso: la propiedad ucraniana, el deseo de los ecologistas británicos y la razón turca atendiendo a lo que parece ser la voluntad de Aydin de quedarse en sus aguas.

El <u>contencioso</u> está siendo recogido por los medios informativos del mundo entero, que han puesto a Gerze en el mapa de la actualidad. La batalla no ha hecho más que empezar, y en ella se juega el destino de

---

ADUÉÑATE DE ESTAS PALABRAS

hermetismo *m.*: cualidad de ser impenetrable, de no dejarse conocer.
divulgación *f.*: acción de dar a conocer algo al público.
contencioso *m.*: algo que se discute en la corte.

Aydin, que se ha convertido también en el símbolo de una nueva clase de libertad. ¿O es la misma de siempre, la única libertad que todos conocemos?»

—Abuelo... —volvió a decir Godar levantando la vista del periódico, intentando bajar el nudo que acababa de albergarse en su garganta.

Se escucharon gritos, voces airadas, el clamor de los pescadores de Gerze con la noticia esparciéndose entre ellos como una lluvia repentina y amarga.

No encontró ninguna respuesta en Badur, pero...

¿Acaso no lo era ya aquel muro de protesta levantado a su alrededor?

¿Acaso la decisión de Aydin, que era la más importante, no había sido ya tomada?

CAPÍTULO 8

La plaza de la <u>mezquita</u> ya no era un lugar agradable y tranquilo, sino un hervidero de personas caminando de un lado a otro, esparciendo su presencia por todos los confines de Gerze. El pequeño bar de la esquina, donde se reunían casi envueltos en la discreción los hombres para tomar té caliente, estaba ahora colapsado por una muchedumbre que pedía bebidas y agitaba sus cuerpos tanto como su dinero a la espera de un turno que tardaba en llegar, dada la <u>aglomeración</u>. Las calles estrechas que convergían en la playa se habían convertido en ríos humanos de doble sentido, en el ir y venir casi incesante desde que se levantaba el Sol hasta su puesta.

En apenas dos semanas, los habitantes del pueblo se habían visto obligados a darle la espalda al mar, para atender el exceso de visitantes, albergarlos y saciar su interés acerca de Aydin.

Un interés por el que estaban dispuestos a pagar.

Especialmente los periodistas, los hombres de la radiodifusión y aún más los de la televisión, y no sólo turcos. Los había preferentemente estadounidenses, y también ingleses, franceses, alemanes y hasta japoneses. A cada paso se escuchaban los «clics» de las cámaras, o las voces en lenguas extranjeras que tal vez jamás habían sonado en Gerze, hablando y destacando cómo tomar un mejor plano o narrando una historia más en torno a la ballena de la discordia.

Así la llamaban: *la ballena de la discordia*.

Y todo porque tres países se la disputaban en la distancia y a través de los medios informativos tanto como de los habituales foros internacionales.

Llegó casi a la playa, y se asustó una vez más del número de personas reunido en ella. Diyan había instalado un tenderete en la misma entrada, apoyado en la pared de su casa. Ofrecía *productos marinos* a los curiosos, a los visitantes que buscaban un recuerdo. Los *productos* no eran otra cosa que los habituales objetos, conchas o especies extraídas del fondo del mar Negro. Los precios, en cambio...

—¡Ah, Godar, qué buena cosa es el turismo! —le dijo la mujer de Diyan al verle pasar por delante de su mostrador.

No era como en la hermosa Capadocia, a la que un día su padre, siendo niño, le había llevado casi en peregrinación, pero se aproximaba. Recordaba aquel viaje por ser el primero que había realizado en su vida, y por el número ingente[1] de personas que vio en aquella tierra labrada por la naturaleza. Pero de la misma forma que entonces, ahora sentía miedo, de la gente, de su presencia, de su invasora indiferencia, de su arrogancia y su superioridad llena de <u>conmiserativa</u> amabilidad. Aydin era una

1. **ingente:** muy grande.

---

celebridad; y Gerze, el punto focal de ese destello.

Su abuelo le había dicho:

—No temas, todo pasará, como pasan las nubes por el cielo. Cuando hay muchas y su aspecto es plomizo, estallan y dan paso a la lluvia que lava la tierra. Tras ella, las nubes se van y desaparecen.

¿Cuándo desaparecerían los invasores?

¿Cuándo dejarían a Aydin en paz? Quizá, si no se hablase tanto de ella, los ucranianos no la reclamarían y los ingleses se olvidarían de su peregrina idea de «salvarla» y «liberarla», tan lejos, en las aguas del mar de Siberia. Había mirado en el libro dónde estaba eso, y se había sentido muy abrumado.[2]

Un grupo de hombres rana arrastraba una pequeña embarcación de goma negra con motor fuera borda por la arena de la playa abandonando el agua, ante la expectación y la curiosidad de la gente. Eran médicos, oceanógrafos, veterinarios, biólogos; lo mismo que antes o después serían expertos en otras materias. Cámaras submarinas, productores y realizadores de documentales filmando las escenas de la nueva vida de Aydin. En unos días, millones de personas en el mundo entero, cómodamente sentadas en las butacas y las sillas de sus casas, verían por televisión «la extraordinaria película de la no menos extraordinaria ballena beluga que había escapado de su cárcel de cristal para refugiarse entre los pescadores de Gerze».

—Los hombres consumen historias cuando las suyas no les reportan demasiado —había seguido hablando su abuelo—. Necesitan evadirse, y necesitan reír y llorar, recordar de vez en cuando que ellos también quieren huir y no pueden. Aydin es un símbolo y un sueño. Por eso ahora la aman y se muestran interesados en su historia. Cuando ese cariño se convierta en envidia, y en indiferencia, y en olvido, todo volverá a la calma, nosotros y ella.

2. **abrumado:** molesto, preocupado.

Los hombres devoraban la vida que los devoraba a sí mismos.

—¡Godar!

Alguien le cogió por un brazo, le retuvo, y al girar primero la cabeza y después el cuerpo, se encontró frente a una cámara de televisión, junto a una mujer de exquisita belleza que sonreía de forma equitativa,[3] primero a él y luego al ojo circular de la cámara. Con su mano libre sostenía un micrófono en el que podían leerse las siglas[4] de su emisora. No sabía si aquello era una grabación o una emisión en directo, así que no se atrevió a moverse.

—Ante nosotros, uno de los protagonistas de esta maravillosa aventura, sin duda uno de los personajes más buscados y deseados a lo largo de estos días en Gerze, además de la propia Aydin. Se trata de Godar, el muchacho de quince años que fue el primero en ver a la ballena y que hoy es uno de sus mejores amigos. Dime, Godar, ¿qué sentiste la primera vez ante algo tan insólito como ver aparecer una ballena aquí, en este rincón tan apartado del mundo?

¿Rincón apartado? A veces no entendía las expresiones ni los matices[5] de los periodistas. ¿Apartado para quién? Para él, Gerze era el centro del mundo, del universo.

Trató de ser amable, respondió a las preguntas. Tampoco era difícil. En unos días las había respondido un centenar de veces, siempre las mismas. Al comienzo se sintió importante. Pero de eso hacía mucho. Ahora estaba cansado, tan cansado como aturdido.

—¿Qué opinas de esas dos mil quinientas libras reunidas por los ecologistas de Gran Bretaña y que van a servir para alimentar a Aydin?

—Nosotros ya la alimentábamos —respondió con gravedad—. No pasaba hambre.

—Sin embargo, es una ayuda extraordinaria, prueba del interés que este caso ha despertado. ¿No lo crees así?

—Sí, tal vez.

Quería irse, pero la mano de la mujer le retenía. Olía bien. Era lo único agradable de la situación.

—¿Qué harás cuando se lleven a Aydin?

Se olvidó de la cámara y la miró directamente, a los ojos. Algo debió de ver ella en los suyos, porque dejó de sujetarle y parpadeó ligeramente perpleja. Iba a repetir la pregunta ante la tardanza de Godar en responder.

—No se la llevarán —dijo de pronto el muchacho—. Y no porque sea nuestra, sino porque se pertenece a sí misma, es libre. ¿Por qué no la dejan en paz para que decida su futuro?

Ella arqueó las cejas. Sólo eso. Ya no le respondió. Bajó el micrófono y, dirigiéndose al hombre que sujetaba la cámara, le dijo:

—Está bien, corta. ¿Crees que servirá si la montamos de alguna forma y suprimimos el final? —agregó en un tono hastiado.[6]

Godar se alejó de allí, tratando de pasar desapercibido hasta llegar a su casa.

CAPÍTULO 9

Godar vio salir el Sol por la línea del horizonte marino y, apoyado en su barca, con la cabeza entre las manos, permaneció unos segundos en silencio, viendo el nacimiento de un nuevo día, mientras a su alrededor el veloz desplazamiento de Aydin mecía la embarcación con un suave oleaje.

Otra jornada envuelta en el suspenso y la incertidumbre.

Dejó de mirar el Sol barriendo las sombras de la noche que aún se extendían a su espalda, más allá del pueblo. La razón fue que la ballena sacó la cabeza fuera del agua y se interpuso en su visión. Le lanzó una serie de sus habituales sonidos.

6. **hastiado:** disgustado.

3. **equitativa:** en igual proporción.
4. **siglas:** letras iniciales que se usan como abreviatura.
5. **matices:** sentidos de las palabras.

—Sólo me quedan tres —le dijo Godar tras echar una ojeada al cubo del pescado—. ¿Es que siempre tienes hambre?

Aydin pareció responderle. Ni siquiera se movió.

—¿Cómo lo haces? —le preguntó el muchacho.

No esperó a que volviera a sumergirse. Alargó una mano, cogió un pescado y lo pasó al otro lado de la borda. Aydin agitó la cabeza y abrió la boca. Godar se lo llevó hasta ella.

Cuando la ballena lo hubo aprisionado entre sus fauces, desapareció suavemente, sin siquiera levantar una salpicadura.

—Eres increíble —la despidió momentáneamente Godar.

No tardaría en volver. No se iría hasta que le enseñase el cubo vacío. Era el animal más inteligente que jamás había conocido. Más aún que Jaili, el perro de Isai. Se preguntaba si todo aquello era natural, producto de su instinto, o si se lo habrían enseñado los hombres del laboratorio, al otro lado del mar Negro. Y si era así, ¿cómo?

Los hombres del laboratorio.

La ley decía que Aydin les pertenecía, que era de ellos.

Ni siquiera sabía qué ley era ésa.

No esperó a que el animal se lo pidiera.

En esta ocasión, agarró el penúltimo pez y sacó la mano más allá de la amura,[1] sin moverse, con la cabeza apoyada en el otro brazo. Mentalmente contó hasta diez.

Al llegar a siete, Aydin apareció ante él, sin hacer ruido, y le cogió el pez de los dedos.

—¿Cómo lo ves? —le preguntó—. ¿Acaso puedes olerlo desde ahí abajo?

Desde que los medios informativos habían perdido interés en el caso, la paz y la calma retornaban de forma gradual a Gerze, pero incluso así, siempre aparecía alguien: un fotógrafo, un curioso, un representante de aquí

o un uniformado hombre de allá. Hablaban y hablaban. Y a ellos les tocaba esperar. Se decía que el fin estaba próximo. La ley. Sólo la reticencia de los pescadores de Gerze y la cada día más débil del gobierno mantenían las cosas como estaban.

—Aydin —llamó Godar.

El último pescado.

Cada día al amanecer, se levantaba en silencio, cogía la barca y salía para estar un tiempo a solas con la ballena. Ahora sus amaneceres eran así, aunque muy pronto volverían a salir a pescar, todas las barcas, igual que antes de la conmoción. La vida recuperaba lentamente su pulso en Gerze. Para ellos, el animal era ya tan familiar como el minarete[2] de la mezquita. Uno estaba en tierra y el otro, en el mar.

Sacó la mano con el pez, pero no alargó el brazo.

De nuevo contó hasta diez, y en esta ocasión Aydin surgió frente a él al llegar a nueve. Esperó. Sus ojillos parecían mirar su comida, pero también a Godar. El muchacho apartó su otro brazo de la borda y lo llevó hasta la cabeza de la ballena.

La acarició.

—Tú quieres quedarte aquí, ¿verdad?

Le respondió. Fueron una suerte de sonidos llenos de cadencia, leves chasquidos, tonos agudos.

Decían que estaba habituada al trato humano, y que por esa razón era tan pacífica, tan cordial, tan alegre. Decían que ya había nacido prisionera, y que por la misma razón era tan amigablemente feliz con las personas.

Pero él sabía que era mucho más que eso, y que la ballena blanca era la suma de todos los prodigios de la madre naturaleza.

2. **minarete:** torre desde la cual se llama a los musulmanes a rezar.

ADUÉÑATE DE ESTAS PALABRAS
reticencia *f*.: reserva, desconfianza.
cadencia *f*.: sonidos que se repiten con regularidad.
----

1. **amura:** lado de un barco donde éste se empieza a estrechar para formar la proa.

Le dio el último pescado.

Y en el momento en que Aydin se hundía una vez más en las aguas del puerto, tan silenciosamente como las otras ocasiones, Godar escuchó su nombre, marcado por la urgencia y batido por un nervioso tono de desesperación. Su nombre repetido una y otra vez.

Miró hacia la orilla. Reconoció a su primo Takshir, dando saltos, agitando los brazos, reclamando su atención. Eran tan fuertes sus gritos y el imperioso corte de su voz, que por las puertas de las casas empezaron a salir sus habitantes, probablemente ya despiertos o a punto de hacerlo como cada día al alba. Pero Takshir sólo le hablaba a él.

—¡Vienen por ella! ¡Lo han dicho por la radio! ¡Se llevan a Aydin, Godar! ¡Se la llevan hoy!

Se puso en pie, mientras las palabras iban penetrando despacio, una a una, por los vericuetos[3] colapsados de su cerebro, reclamando una atención que se desvanecía al mismo tiempo que su fuerza y su valor. Takshir continuó hablándole a gritos desde la orilla, pero él ya no le escuchó. Sostenido por sus piernas firmemente sujetas al fondo de la bamboleante barca, miró el agua y, como si su mente ya fuese una con la de Aydin, la ballena emergió de nuevo frente a él.

La verdad se hizo presencia en la razón de Godar.

—Vete..., ¡vete! —le dijo al animal—. Se acabó, ¿entiendes? ¡Has de irte! ¡Si quieres ser libre, has de irte! ¡Vete, Aydin!

La ballena blanca volvió a responderle.

—¡No hay más pescado! ¿Lo ves? —se agachó, cogió el cubo vacío y se lo enseñó—. ¡Ya no lo habrá más! ¡Vete!

Jamás creyó que pudiera hacerlo, pero le arrojó el cubo. La ballena lo esquivó fácilmente. Tras ello dio un salto.

—¡No es un juego! —se sintió desesperado.

La tensión emocional, mantenida casi en

---

3. **vericuetos:** caminos por los que es difícil andar.

estado larvado a lo largo de los últimos días, estallaba finalmente, y le arrastraba con ella.

—¡No es un juego! ¿Es que no lo ves? Escapa, Aydin, mira ese mar..., ¡míralo! ¡Es tuyo! Por favor...

La ballena se sumergió. Apenas si permaneció cinco segundos fuera de su vista. Salió majestuosa, como una flecha blanca apuntando al cielo antes de doblarse ligeramente y volver a caer al agua. La desesperación se agolpó en los ojos de Godar en forma de lágrimas. Cogió uno de los remos y lo separó de la argolla que lo mantenía junto a la barca. Después lo levantó con todas sus fuerzas intentando golpear al animal.

Aydin saltó una vez más, lanzó un agudo sonido, provocó una inmensa ola al caer al agua. Godar ya no pudo levantar por segunda vez el remo.

—No es un juego... —repitió muy débilmente—. Maldita testaruda... No es un juego... Vete, Aydin. Vete y sé libre...

Le cayó una súbita lluvia encima cuando la cola de la ballena azotó el agua igual que una mano.

Y aunque con pesar, tuvo que sonreír.

Después de todo, aquél era uno de sus mejores trucos.

AYDIN SE ESCAPA OTRA VEZ Y VUELVE A TURQUÍA

Gerze. —Aydin, una ballena beluga que el año pasado se escapó de un laboratorio ucraniano en el mar Negro y llegó a las costas de Turquía, se ha vuelto a escapar. Y Aydin, recordando el buen trato que le dispensaron los pescadores de Gerze, ha regresado con sus amigos.

—El Periódico, abril 1993

CONOCE AL ESCRITOR

Jordi Sierra i Fabra (1947–   ) nació en Barcelona, España. Aunque comenzó estudios de arquitectura, se ha dedicado principalmente a la música y a la literatura. A lo largo de su carrera, ha dirigido programas de radio y ha escrito numerosos artículos para revistas de música. Entre sus obras de tema musical se incluyen la enciclopedia *Historia de la música Rock* y el *Diccionario de los Beatles*.

Desde 1971, fecha en la que empezó a dedicarse a la literatura infantil y juvenil, Sierra i Fabra ha ganado varios premios literarios, entre ellos el Premio Gran Angular de Literatura Juvenil (1980) por su libro *El cazador*. Se le volvió a conceder este premio dos veces más, en 1982 y en 1990. *Aydin*, novela a la que pertenecen los capítulos que acabas de leer, ganó el Premio Edebé de Literatura Infantil y Juvenil (1994). Si te gustó *Aydin*, quizá también te guste leer *Los tigres del valle*, libro de la misma serie.

CREA SIGNIFICADOS

Cuaderno de práctica, págs. 105–106

Primeras impresiones

1. ¿Qué sentiste cuando Godar recibió la noticia de que se iban a llevar a Aydin?

Interpretaciones del texto

2. ¿Por qué se le llama a Aydin «la ballena de la discordia»?

3. El abuelo de Godar explica el extraordinario interés en Aydin con la siguiente oración: «Los hombres consumen historias cuando las suyas no les reportan demasiado». ¿Qué significado tiene esta afirmación?

4. ¿Qué simboliza Aydin para la gente de Gerze?

Conexiones con el texto

5. ¿Crees que los animales pueden comunicarse con la gente de la manera en que Aydin se comunica con Godar? ¿Qué ejemplos conoces?

Más allá del texto

6. ¿Sabes de otros animales, reales o ficticios, cuyo derecho a la libertad haya sido fuente de controversia? Explica tu respuesta.

OPCIONES: Prepara tu portafolio

Cuaderno del escritor

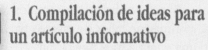

1. Compilación de ideas para un artículo informativo

Los capítulos seleccionados de *Aydin* nos dan cierta información acerca de las ballenas beluga. Escribe en tu cuaderno una lista de otros datos sobre estos animales que te interesaría investigar.

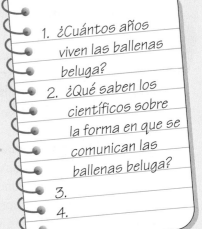

1. ¿Cuántos años viven las ballenas beluga?

2. ¿Qué saben los científicos sobre la forma en que se comunican las ballenas beluga?

3.

4.

Hablar y escuchar

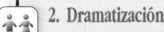

2. Dramatización

Reúnete con un(a) compañero(a) y lean en voz alta la escena en la cual Godar es entrevistado por una reportera. Uno de ustedes debe hacer el papel de entrevistador(a) y el otro el de Godar. Lean expresivamente; hagan que los personajes cobren vida. Después, representen la escena para sus compañeros de clase.

¿Hay algún lugar que se haya grabado en tu memoria, ya sea por su belleza o por el significado que haya tenido para ti?

El viaje por el corazón de los Andes, descrito en el fragmento de «Valle del Fuego», fue una experiencia inigualable para Alejandro Balaguer y los otros expedicionarios. La belleza del paisaje, la flora, la fauna y los habitantes de la región son imágenes que siempre quedarán grabadas en su memoria. ¿Por qué crees que la naturaleza puede causar tal impresión en la gente? Les preguntamos a dos jóvenes si alguna vez habían conocido un lugar tan majestuoso e inolvidable como el que se describe en «Valle del Fuego». En tu opinión, ¿es necesario salir de la ciudad para estar en contacto con el mundo natural? ¿Por qué?

 Francisco Calvillo
Guatemala

Visité un lugar que no es muy explorado cerca de un área arqueológica muy importante en Guatemala: Tikal. Visité la parte que se llama Sayaxché. Aquí hay muchísimos lugares arqueológicos donde no van muchos turistas... Al estar sobre estos templos mayas desenterrados todavía, me imaginé miles de metros hacia abajo de [la] estructura. Sentí una energía muy fuerte, un escalofrío... Sentir el misterio, los secretos [y] tanta cultura bajo mis pies fue muy interesante... Había muchísima vegetación. Recuerdo la primera vez que vi la ceiba, que es el árbol nacional de Guatemala. Es enorme, uno de los árboles más grandes del mundo [con] un tronco gigantesco... Y de lo más curioso que vi, aparte del árbol de chicle y miles de flores extrañas, [fueron] unos monos aulladores. Primero piensas que son lobos, pero son monos que están aullando, gritando, comunicándose. Cuando te ven pasar, te tiran cocos. Tiraban piedras, cocos, lo que encontraban y te caían encima. Fue chistosísimo.

Martín Limón
México

El cañón del Sumidero en Chicoasén, Chiapas. Es tan impresionante, tan majestuosa su belleza que en esos momentos tú piensas qué tan insignificantes y diminutos somos ante toda la belleza de la naturaleza que Dios nos da. Porque es una cosa impresionante, no sé cómo describirla, pero esa altura, esas montañas verdes que hay, el ambiente, el clima silvestre, el río —muy bonito, muy padre. Se quedó grabado en mi memoria por siempre.

¿Fue una excursión familiar o fue un motivo de trabajo?
Fue una excursión familiar. Yo nunca pensé [que fuera] tan maravilloso el lugar. Cuando me dijeron «Vamos ahí», yo dije pues, órale vamos. Al llegar quedé impresionado ante toda la belleza de la naturaleza.

Para pensar y hablar

A. ¿Qué es Tikal y qué se puede visitar allí? ¿Cómo se sintió Francisco al estar allí? ¿Con qué tipos de vegetación y animales tuvo contacto?

B. ¿Qué pensaba Martín al ver el cañón del Sumidero? ¿Cómo lo describe?

C. Con un(a) compañero(a), compara las dos respuestas. ¿Qué descripción les parece más viva? ¿Qué descripción les hace sentir que están en el lugar? ¿Por qué? ¿Han tenido una experiencia similar? ¿Qué pasó?

D. Escucha una entrevista con Daniela, una joven chilena. Contesta las siguientes preguntas según lo que ella dice.
   1. ¿Qué es Mancera y dónde está? ¿Qué forma tiene?
   2. ¿Con quién fue Daniela a Mancera?
   3. ¿Cómo es el clima allí?

Romance sonámbulo

Federico García Lorca

Verde que te quiero verde.
Verde viento. Verdes ramas.
El barco sobre la mar
y el caballo en la montaña.
5 Con la sombra en la cintura,
ella sueña en su <u>baranda</u>,
verde carne, pelo verde,
con ojos de fría plata.
Verde que te quiero verde.
10 Bajo la luna gitana,
las cosas la están mirando
y ella no puede mirarlas.

Verde que te quiero verde.
Grandes estrellas de <u>escarcha</u>
15 vienen con el pez de sombra
que abre el camino del alba.
La <u>higuera</u> frota su viento
con la <u>lija</u> de sus ramas,
y el monte, gato garduño,
20 eriza sus <u>pitas</u> agrias.

Pero ¿quién vendrá? ¿Y por dónde?...
Ella sigue en su baranda,
verde carne, pelo verde,
soñando en la mar amarga.

25 —Compadre, quiero cambiar
mi caballo por su casa,
mi montura por su espejo,
mi cuchillo por su manta.

ADUÉÑATE DE ESTAS PALABRAS

baranda *f.*: en un balcón, antepecho compuesto de balaustres.
escarcha *f.*: capa de hielo que se forma en las madrugadas del invierno.
higuera *f.*: árbol cuyo fruto es el higo.
lija *f.*: papel que sirve como abrasivo para pulir madera.
pita *f.*: tipo de planta cuyas hojas son largas, triangulares y puntiagudas.

Compadre, vengo <u>sangrando</u>,
30 desde los puertos de Cabra.
—Si yo pudiera, mocito,
este trato se cerraba.
Pero yo ya no soy yo,
ni mi casa es ya mi casa.
35 —Compadre, quiero morir
decentemente en mi cama.
De acero, si puede ser,
con las sábanas de holanda.
¿No ves la herida que tengo
40 desde el pecho a la garganta?
—Trescientas rosas morenas
lleva tu <u>pechera</u> blanca.
Tu sangre <u>rezuma</u> y huele
alrededor de tu faja.
45 Pero yo ya no soy yo,
ni mi casa es ya mi casa.
—Dejadme subir al menos
hasta las altas barandas.
¡dejadme subir!, dejadme
50 hasta las verdes barandas.
Barandales de la luna
por donde <u>retumba</u> el agua.

Ya suben los dos compadres
hacia las altas barandas.
55 Dejando un rastro de sangre.
Dejando un rastro de lágrimas.
Temblaban en los tejados
farolillos de hojalata.

Mil panderos de cristal
60 herían la madrugada.

Verde que te quiero verde,
verde viento, verdes ramas.
Los dos compadres subieron.
El largo viento dejaba
65 en la boca un raro gusto
de hiel, de menta y de albahaca.
—¡Compadre! ¿Dónde está, dime,
dónde está tu niña amarga?
—¡Cuántas veces te esperó!
70 ¡Cuántas veces te esperara,
cara fresca, negro pelo,
en esta verde baranda!

Sobre el rostro del <u>aljibe</u>
<u>se mecía</u> la gitana.

75 Verde carne, pelo verde,
con ojos de fría plata.
Un <u>carámbano</u> de luna
la sostiene sobre el agua.
La noche se puso íntima
80 como una pequeña plaza.
Guardias civiles borrachos
en la puerta golpeaban.

Verde que te quiero verde.
Verde viento. Verdes ramas.
85 El barco sobre la mar.
Y el caballo en la montaña.

ADUÉÑATE DE ESTAS
PALABRAS

carámbano *m.:* pedazo de hielo largo y
puntiagudo.

CONOCE AL ESCRITOR

Federico García Lorca (1898–1936) nació en Andalucía. Hijo de un granjero y una maestra, pasó sus primeros diez años en su pueblo natal, Fuente Vaqueros. Los ritmos de la vida rural —la tranquilidad, el aislamiento, la convivencia con la naturaleza— además de las leyendas, las tradiciones y la lengua de los campesinos andaluces, figurarían más tarde en su poesía y drama.

En 1909 la familia se mudó a Granada, donde Lorca cursó estudios de secundaria en una escuela progresista y luego ingresó en la Universidad de Granada. En 1918 se publicó su primer libro, *Impresiones y paisajes,* y un año más tarde Lorca se trasladó a la Universidad de Madrid. Allí conoció a varios poetas y artistas vanguardistas españoles como Salvador Dalí, Luis Buñuel, Rafael Alberti y Pedro Salinas.

Entre 1921 y 1922, Lorca escribió el *Poema del cante jondo,* un libro de versos inspirados en el «cante jondo» o la canción profunda de los gitanos andaluces. Su obra poética más célebre, *Romancero gitano* (1928) también se caracteriza por su tono doloroso y sus temas populares. El lenguaje evocador de Lorca, su imaginación fértil y su íntima comprensión de los sentimientos humanos convirtieron a

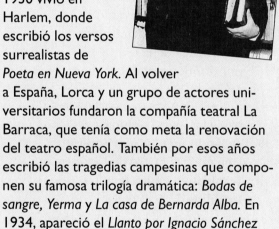

los dieciocho poemas del *Romancero* en pequeñas obras maestras.

Durante el año 1930 vivió en Harlem, donde escribió los versos surrealistas de *Poeta en Nueva York.* Al volver a España, Lorca y un grupo de actores universitarios fundaron la compañía teatral La Barraca, que tenía como meta la renovación del teatro español. También por esos años escribió las tragedias campesinas que componen su famosa trilogía dramática: *Bodas de sangre, Yerma* y *La casa de Bernarda Alba.* En 1934, apareció el *Llanto por Ignacio Sánchez Mejías,* una de las más bellas elegías de la literatura mundial.

Los grandes temas literarios de Lorca —el amor y el deseo, la violencia y la muerte— se ven reflejados en su propia vida. Sospechado de izquierdista, tal vez por ser partidario de los marginalizados social y económicamente, este hombre de pasión y compasión murió a manos de los franquistas en 1936, al principio de la Guerra Civil Española.

Comunidad y oficio

internet

MARCAR: go.hrw.com
PALABRA CLAVE:
WN3 TIERRA-CYO

El español en los medios de comunicación

El dominio del español hace posible una carrera en los medios de comunicación, no sólo en los periódicos y programas de radio y televisión dirigidos a hispanohablantes, sino también en medios con una difusión más amplia. **María Hinojosa** ha sobresalido en la radio y la televisión porque ha forjado un público atento a la información que difunde ella sobre la comunidad hispana. La falta de representación de los latinos en Estados Unidos fue lo que motivó a Hinojosa a trabajar con los medios de comunicación: «Como joven mexicana inmigrante creciendo en Chicago, mi familia y yo éramos invisibles. Quise ser escuchada y tener voz».

De su carrera, resalta su colaboración con *Latino USA,* un programa de *National Public Radio,* su labor como corresponsal para CNN, los libros que ha escrito y los muchos premios que le han sido otorgados por sus reportajes sobre jóvenes, armas y pandillas. Ha recibido muchos elogios y premios por promover una imagen positiva del latino a través de los medios de comunicación.

Dice ella: «Cuando prendía las noticias de niña, nunca veía a ningún reportero latino ni a ninguna mujer. Desempeño esta labor para que los jóvenes digan 'Estoy viendo a una mujer que se parece a mí, que no está avergonzada de quién es. Quiero ser como ella; quiero dar voz'. También traigo a los medios otra perspectiva».

Hinojosa habla de un día en que acompañó a un candidato durante una visita a Spanish Harlem en Nueva York, junto con otros reporteros que no hablaban español: «Me encontré con un hombre que se negó a ser entrevistado por otros; le pregunté si lo podía entrevistar en español y accedió. Al rato le pregunté si le podía hacer unas preguntas en inglés, y me las contestó porque ya sentía confianza. ¡El español me permite darle voz a los que no la tienen! Mis conocimientos de la cultura me permiten entender las sutiles y no tan sutiles diferencias entre los grupos de latinoamericanos y las preocupaciones de cada uno; esto crea una profundidad que sobresale en mis reportajes».

INVESTIGACIONES

A. ¿Por qué son importantes los medios de comunicación en español? En grupo expliquen por qué es importante que haya participación latina en los medios nacionales de difusión en inglés. Después consideren cómo los medios de comunicación en inglés pueden dirigirse al público hispanohablante.

B. Investiga por Internet u otros recursos cuáles son los medios de comunicación disponibles en español en tu comunidad. ¿Quiénes son los reporteros bilingües que trabajan para los medios de comunicación al nivel local o nacional? ¿Se dirigen algunos al público hispanohablante? Con un(a) compañero(a), escríbele una carta a un reportero bilingüe, destacando los asuntos que debe tratar. Presenten sus recomendaciones a la clase.

Vocabulario

Cuaderno de práctica, págs. 109–110

■ Vocabulario en contexto

A. Faltan palabras «Valle del Fuego»

Completa las oraciones sobre la narración con la palabra que falta. Cambia la forma de la palabra si es necesario.

alucinante	habitar	temperamental	fauna
peregrinar	reinado	combustible	realizar
internarse	milenario	dominio	entraña
coloso	culto	fauces	techo

1. Esta narración cuenta del viaje ===== que hizo un grupo de expedicionarios para ===== un documental.

2. Ellos ===== en los Andes arequipeños por un mes, filmando la flora y la ===== del cañón de Colca.

3. Bajaron hasta el río Colca y allí, en lo que el narrador llama las ===== del planeta, vieron el ===== del majestuoso cóndor.

4. El narrador personifica al valle, caracterizando al río Colca como ===== y comparando el abismo del géiser con las ===== de algún gigante mitológico.

5. Luego subieron a las alturas, al vasto ===== de las pampas donde ===== y pastan las vicuñas.

6. El narrador llama al lugar el ===== del mundo, rodeado por cuatro ===== que son los cuatro volcanes.

7. El Valle del Fuego es un lugar antiquísimo, =====, donde perduran los ritos de los indígenas y su ===== a la tierra.

8. Según el narrador, el Valle del Fuego, ===== del cóndor y de la vicuña, se ve ahora amenazado por el consumo de la tola, un arbusto usado para =====.

B. ¿Qué significa? «Valle del Fuego»

Escoge el significado que mejor corresponde a las palabras subrayadas. Usa las pistas del contexto y vuelve a la lectura si es necesario.

1. ... en lugares increíbles del cañón del Colca, donde afloran volcanes <u>humeantes</u>...
   - **a.** que echan humo
   - **b.** que están húmedos

2. Nuestras manos <u>se petrifican</u> como garras sobre las riendas...
   - **a.** se arrugan
   - **b.** se ponen rígidas

3. Sobre los 5.000 metros somos una <u>diminuta</u> caravana perdida en el techo de los Andes.
   - **a.** desaparecida
   - **b.** muy pequeña

4. Pero, casi tocando las nubes... hay otro dominio de lagunas <u>gélidas</u>...
   a. muy frías, como el hielo   b. del color de la gelatina

5. Cuatro volcanes <u>nevados</u> demarcan su frontera con la tierra de los hombres.
   a. cubiertos de nieve   b. nuevos, que hicieron erupción hace poco

6. Camiones cargados de tola... bajan repletos hacia las panaderías de Arequipa...
   <u>desertizando</u> el reinado de la vicuña.
   a. abandonando   b. convirtiendo en desierto

7. Así, el cañón del Colca fue <u>tallado</u> con amor por la mano del hombre collagua...
   a. labrado y esculpido   b. deshecho

C. Faltan palabras *Aydin*

Completa el resumen del fragmento de la novela con la palabra correcta entre paréntesis.

El fragmento comienza por la mañana, con la vuelta de la ___1.___ (embarcación/cadencia) al puerto de Gerze. Todos los pescadores del pueblo esperan silenciosos, ___2.___ (escrutando/estallando) arriba y abajo buscando a Aydin. Ellos están encargados de la ___3.___ (alimentación/aglomeración) de la ballena beluga, cuya historia ___4.___ (invasora/insólita) ha resultado en una disputa internacional. Aydin, llamada la «ballena de la ___5.___ (discordia/divulgación)» por la prensa, se escapó de su ___6.___ (maniobra/encierro) en un laboratorio ucraniano al romperse las ___7.___ (redes/presas) durante una tormenta. Ahora las autoridades ucranianas están ___8.___ (reclamando/riñendo) al gobierno turco la ___9.___ (divulgación/devolución) inmediata de la ballena. Por su parte, los pescadores de Gerze opinan que Aydin, una vez ___10.___ (disputada/liberada), no debería ser ___11.___ (sometida/seguida) otra vez a los experimentos del laboratorio.

Godar, el muchacho turco, está preocupado por la ___12.___ (incertidumbre/reticencia) que rodea el futuro de la ballena. Al darse cuenta que los ucranianos por fin vienen por su querida Aydin, en su ___13.___ (hermetismo/desesperación) intenta pegarle al animal para que ése se vaya. Para Godar, la ballena es una maravilla en la que se reúnen todos los ___14.___ (prodigios/contenciosos) de la naturaleza, y quisiera que Aydin pudiera ejercer su propia ___15.___ (maniobra/voluntad).

D. ¡A escuchar! *Aydin*

Vas a escuchar una serie de oraciones sobre la novela. Identifica a qué personaje o grupo se refiere cada una de las oraciones.

Personajes: Aydin, Godar, los periodistas, los pescadores turcos, los ucranianos

■ Mejora tu vocabulario

Los cognados

Los **cognados** son palabras que por compartir el mismo origen, se escriben de una manera similar y tienen el mismo significado en dos idiomas. El español y el inglés comparten muchísimos cognados derivados del latín. El saber reconocer los cognados es de gran utilidad, pues permite predecir el significado de muchas palabras sin tener que recurrir constantemente al diccionario. Hay cognados que se escriben exactamente igual en los dos idiomas, como *error* o *animal*. Sin embargo, en la mayoría de los casos los cognados no se escriben de igual forma.

Inglés	Ejemplos	Español	Ejemplos
-cc-	a**cc**ept	**-c-**	a**c**eptar
-ch-	ar**ch**, **ch**emistry	**-c-, -qu-**	ar**c**o, **qu**ímica
-ct-	contra**ct**, adje**ct**ive	**-t-**	contra**t**o, adje**t**ivo
-e	violenc**e**, silenc**e**	**-ia, -io**	violenc**ia**, silenc**io**
-mm-	co**mm**on	**-m-**	co**m**ún
-mm-	i**mm**ense	**-nm-**	i**nm**enso
-nn-	i**nn**ocent	**-n-**	i**n**ocente
-ph-	ele**ph**ant, **ph**armacy	**-f-**	ele**f**ante, **f**armacia
-pp-	o**pp**osite	**-p-**	o**p**uesto
-ss-	profe**ss**or	**-s-**	profe**s**or
-tion	posi**tion**	**-ción**	posi**ción**
-ty	universi**ty**	**-dad**	universi**dad**
-y	famil**y**, Jul**y**	**-ia, -io**	famil**ia**, jul**io**

También hay ocasiones en las que la escritura de dos palabras es la misma o muy parecida en las dos lenguas, pero el significado es completamente diferente en sus usos más frecuentes. Éste es el caso de los **cognados falsos,** también clasificados como **términos equívocos.** Por ejemplo, *pariente, suceso* y *librería* no significan lo mismo que *parent, success* y *library.* Es importante tener en cuenta el contexto en que aparecen los cognados y consultar el diccionario siempre que haya alguna duda.

E. Amigos falsos

Completa las oraciones con la palabra correcta entre paréntesis. Después de completar las oraciones, explica qué significan los cognados falsos. Consulta un diccionario si es necesario.

MODELO   Me levanté ayer pensando que me esperaba otro día (ordinario/típico) pero —¡vaya sorpresa!— sucedieron muchas cosas insólitas.

Escribes   La respuesta correcta es *típico. Ordinario* significa «vulgar, grosero».

1. Nereida se va a graduar de la escuela secundaria en junio. Piensa (aplicar/mandar solicitudes) a tres (colegios/universidades) de mucho prestigio. Es una chica (con una buena preparación/muy educada) y está claro que va a tener (éxito/suceso) en el futuro.

2. —Hoy Lupe no (atendió/asistió a) clase. ¿Estará enferma? —No, está con su abuelo. Me contó ella que ayer (ingresaron/admitieron) a su abuelo al hospital con problemas cardíacos.

3. El (personaje/carácter) de la novela que más me llama la atención es la ballena. Creo que el mensaje de la obra es que (todas las criaturas/todos los seres) tienen el derecho a la libertad.

4. Roberto y Tamara tuvieron (un argumento/una discusión) el sábado pasado, pero como acabo de verlos en el café riendo y conversando, (supongo/asumo) que ya hicieron las paces.

5. Desde el principio, Antonio les decía a todos que las cosas iban a salir mal, pero como siempre, (lo ignoraron/no le hicieron caso). Cuando por fin los demás (se dieron cuenta de/realizaron) su error, ya era demasiado tarde.

6. Las autoridades reconocieron al piloto por su (valentía/coraje) durante el secuestro. Éste, por medio de una (decepción/trampa) ingeniosa, logró convencer a los secuestradores que abandonaran su plan.

F. Las apariencias engañan

Identifica el cognado falso en cada oración. Escribe la oración de nuevo, reemplazando el término equívoco con la expresión o palabra correcta.

MODELO El dependiente de esa tienda estuvo muy rudo conmigo.
Escribes El dependiente de esa tienda estuvo muy descortés conmigo.

1. Este restaurante es carísimo, pero es uno de los más populares de la ciudad. Es casi imposible conseguir una mesa.

2. Para su quinceañera, la madrina de Herlinda le hizo un presente maravilloso: un viaje a Nueva York.

3. Muy buenas tardes, señora. ¿En qué le puedo asistir?

4. La consejera me avisó que le entregara la información para mi solicitud lo más pronto posible.

5. Aunque le dije a Miguel que lo acompañaría al concierto, actualmente no tengo ganas.

6. Antes de registrarse para las clases de español avanzado, hay que hablar con la directora.

7. La empleada, molesta por el ruido, le pidió a su colega que removiera el radio de la oficina.

8. Con una caricia gentil, la veterinaria trató de calmar al perro asustado.

9. Antes el cóndor era un ave rara, en peligro de extinción, pero en las últimas décadas la población ha aumentado bastante.

■ Aplicación

G. Los cognados en «Valle del Fuego» y *Aydin*

Vuelve a una de las lecturas de esta colección y haz una lista de diez cognados que se encuentren allí. Si es necesario, consulta un diccionario para determinar si son verdaderos cognados o términos equívocos. Escribe el equivalente en inglés de cada palabra y luego escribe tus propias oraciones con los cognados.

MODELO velocidad *(Aydin)*
Escribes El equivalente en inglés es *velocity*.
En el centro, el límite de velocidad es de 30 millas por hora.

H. ¡A contestar!

Contesta las preguntas con oraciones completas. Al escribir tus respuestas, presta atención a las palabras subrayadas.

1. ¿Recuerdas alguna ocasión en que te hayas sentido <u>petrificado(a)</u> por el miedo? ¿Qué pasó?
2. ¿Con quién preferirías conversar: con una persona que cuente relatos <u>insólitos</u> y <u>alucinantes</u>, o con alguien caracterizado por su <u>reticencia</u>? ¿Por qué?
3. ¿Qué podrías hacer para resolver la <u>discordia</u> entre dos amigos?
4. ¿Qué harías si alguien te <u>riñera</u> por algo que no hiciste? ¿Sentirías <u>desesperación</u> o frustración ante ese <u>trato</u> injusto?
5. ¿Cómo te sientes cuando las cosas suceden <u>inesperadamente</u>? En tu opinión, ¿las sorpresas y la <u>incertidumbre</u> son agradables o desagradables? Explica.
6. ¿Qué crees que será necesario hacer para <u>realizar</u> tus sueños?

I. ¡A escribir!

Imagina que formas parte de una expedición oceanográfica para investigar las ballenas beluga y su hábitat. A ti te toca apuntar las experiencias del grupo para luego hacer un documental. Describe lo que tú y los demás expedicionarios ven y hacen. Incluye las siguientes diez palabras y consulta el glosario para verificar su significado si es necesario. Las palabras se pueden incluir en el orden que quieras.

Palabras: gélido, acuático, habitar, alucinante, fauna, embarcación, engullir, presa, alimentación, inesperadamente

En junio, salió nuestra embarcación del puerto de Woods Hole, Massachusetts, en búsqueda de la ballena beluga.

Para la lista de Vocabulario esencial
Ver la página 363

Gramática

- Los gerundios y el presente progresivo
  Hoja de práctica 6-A
- Los usos del infinitivo
  Hoja de práctica 6-B
- La ortografía de los infinitivos
  Hoja de práctica 6-C

■ El infinitivo

El infinitivo es una forma verbal invariable que no especifica la persona, el número, el tiempo, el modo o el aspecto de una acción o un estado:

¿Te gustaría ir al cine?
No la vi salir.

Tenemos que hacerlo para mañana.

Cuaderno de práctica, págs. 111–120

El infinitivo se usa...

1. Como sustantivo, sujeto de la oración. En estos casos, el infinitivo puede ir precedido opcionalmente del artículo **el:**

*(El) **hacer** ejercicio es bueno para la salud.*
*(El) **dormir** tan poco te puede causar problemas.*

¡Ojo! En la gran mayoría de los infinitivos no hay diptongos, aún cuando las formas conjugadas de estos mismos verbos sí tienen diptongos al cambiarse las vocales de la raíz:

tener pero **tienes, tiene**
acostar pero **acuesto, acuestas**

Hay pocas excepciones a esta regla, como *amueblar, arriesgar* y *secuestrar.*

2. Como sustantivo, complemento directo de otro verbo:

*Pablo desea **tomar** un refresco.*
*Les recomiendo **ver** esa película.*

3. Como complemento de verbos de percepción, como **escuchar, oír, sentir** o **ver:**

*La vi **pasar** apurada.*

*Los escuché **discutir.***

4. Como complemento de preposiciones, modificando a sustantivos, a adjetivos o a otros verbos:

*Es un buen restaurante para **comer** mariscos.* (**para comer** modifica a **restaurante**)
*Esta canción es difícil de **interpretar.*** (**de interpretar** modifica a **difícil**)
*Vino para **trabajar** en el proyecto.* (**para trabajar** modifica a **vino**)

5. Como complemento de **al** en locuciones adverbiales. En estos casos el infinitivo puede indicar una acción simultánea al verbo principal o una causa del verbo principal:

*Al **salir** me di cuenta que llovía.* (acción simultánea)
*Al **ver** que nadie llegaba se fue.* (causa del verbo principal)

6. En avisos, instrucciones u órdenes:

*No **fumar.***
***Cocer** a fuego lento.*
*Prohibido **tirar** basura.*

Práctica

A. Completa las oraciones con el infinitivo del verbo subrayado.

1. Ya le <u>di</u> mi teléfono. Le voy a ===== mi dirección electrónica.
2. Antes de ===== el resultado, ya <u>sabía</u> que habíamos ganado el partido.
3. Si no te <u>creyeron</u> a ti, ¿por qué me van a ===== a mí?
4. ¿<u>Pidieron</u> café? Yo quería ===== algo de comer también.
5. El avión <u>saldrá</u> a las doce, de modo que tenemos que ===== de casa a las diez.
6. Nosotros <u>fuimos</u> por tren y no nos gustó. Les sugiero ===== por avión.
7. Yo <u>saqué</u> veinte dólares de la máquina. ¿Cuánto piensas ===== tú?
8. —¿<u>Viste</u> a Viviana? —Sí, la acabo de ===== con su hermana.
9. No sé si tú <u>entiendes</u> este punto, que para mí es difícil de =====.

B. Completa las oraciones sobre la expedición al Valle del Fuego con la forma correcta del verbo entre paréntesis.

1. (Subir/Subiendo) a las alturas del Valle del Fuego fue maravilloso.
2. Al (llegar/llegando) a los Andes, los expedicionarios vieron el ichu.
3. Se (internaron/internar) en el valle y fueron a (buscar/buscaron) provisiones.
4. El (ver/vieron) los cóndores fue el mejor premio para los expedicionarios.
5. El cañón es un excelente lugar para (observar/observando) los cóndores.
6. El grupo subió a 5.000 metros de altura, sin (temerle/temiéndole) al frío de veinte grados bajo cero.
7. Cuando nosotros (ir/vayamos) al cañón del Colca tomaremos muchas fotos.
8. Este paisaje es imposible de (ver/veamos) en otra región del planeta.
9. Los expedicionarios pararon para (descansar/descansaron) en su descenso al río.
10. Las leyes peruanas prohíben que los expedicionarios (cazar/cacen) vicuñas.

C. Escribe las siguientes oraciones de nuevo, reemplazando las palabras subrayadas por un infinitivo y haciendo cualquier otro cambio que sea necesario.

MODELO   Te llamaré cuando llegue a mi casa.
   Escribes   Te llamaré al llegar a mi casa.

1. A ellos sólo les importa <u>la diversión</u>.
2. Fue el único <u>que me escuchó</u>.
3. Lo hice para <u>que se tranquilizaran</u>.
4. <u>No prestó atención</u> a nuestras opiniones y se fue.
5. Pienso que no valió la pena <u>la compra de</u> tanta comida.
6. Seguiremos trabajando más tarde. Ahora es necesario <u>que descansemos</u>.
7. Sus ocupaciones impiden <u>que Marta salga</u> este fin de semana.

D. Imagina que tu mejor amigo(a), que ahora vive en otro estado, viene a visitarte. Escribe un párrafo sobre la visita, describiendo lo que ustedes piensan hacer, las actividades que les gusta hacer juntos(as) y lo que otros les han recomendado hacer. Usa el infinitivo de diez verbos diferentes.

MODELO Al saber que mi amigo Juan Luis venía, me puse muy feliz.

El gerundio

El **gerundio** es otra forma del verbo que no especifica la persona, el número, el tiempo, el modo o el aspecto de una acción o un estado:

*Luis siguió **estudiando**, mientras los otros chicos ya estaban **durmiendo**.*
***Viviendo** lejos, tengo que salir temprano de casa.*

El gerundio se usa...

1. Como complemento de verbos como **andar, continuar, estar, ir** y **seguir,** para indicar una acción en desarrollo:

*Carlos **está descansando**.*

*Ana **continuó trabajando** hasta la medianoche.*

*Todos **andan quejándose**.*

*Espérame, que ya **voy llegando** a la cita.*

2. Para presentar una acción simultánea o anterior a la del verbo principal. El gerundio puede indicar la manera en que se realiza la acción del verbo principal o su causa:

***Pasando** frente al museo, vi a un grupo de turistas.*
*Salió de la sala **gritando** y **derribando** sillas.*
*Logró graduarse en tres años **tomando** clases durante el verano.*
***Teniendo** poco tiempo, voy a concentrarme en un solo tema.*
***Siendo** tarde, no podemos esperar más.*

Para formar el gerundio, se añaden las siguientes terminaciones a la raíz del infinitivo:

-ar	-er	-ir
bail**ando**	com**iendo**	abr**iendo**
trabaj**ando**	sab**iendo**	escrib**iendo**

Los gerundios de los siguientes verbos son irregulares o tienen cambios ortográficos:

1. Los verbos en **-ir** que cambian de raíz, como **dormir, pedir, repetir, sentir, servir** y **vestir:**

*El bebé está **durmiendo**.*
***Sintiéndote** así, ¿por qué insistes en venir?*
*Parece que están **pidiendo** más cambios.*

¿Se te ha olvidado? los verbos que cambian de raíz Ver las páginas 104 y 109

2. Los verbos cuyas raíces terminan en vocal. En estos casos, la terminación -**iendo** cambia a -**yendo**:

*¿Qué estás **leyendo**?*

*Julio está **trayendo** la comida ahora.*

*¿Siguen **creyendo** que ésa es la mejor idea?*

3. Los verbos **decir, ir, poder** y **venir**:

decir: *diciendo*   **poder:** *pudiendo*

ir: *yendo*   **venir:** *viniendo*

Práctica

E. Completa las oraciones con el gerundio del verbo subrayado.

1. Ayer <u>busqué</u> las llaves en casa. Ahora seguiré ===== en el carro.

2. No <u>comas</u> tan rápido. ===== así, no disfrutarás del verdadero sabor de este platillo.

3. Durante las vacaciones <u>dormía</u> hasta diez horas todas las noches. Ahora, estoy ===== sólo seis.

4. El semestre pasado <u>leímos</u> unos cuentos de Cortázar. Ahora estamos ===== una de sus novelas.

5. Ya <u>viste</u> la parte moderna de la ciudad. ===== la plaza, comprobarás que ésta es una de las ciudades más antiguas de las Américas.

6. Esta mañana <u>limpié</u> parte de la casa. Continuaré ===== por la tarde.

7. No <u>creo</u> que fuera culpa tuya. Sigo ===== que fue culpa mía.

8. No me importa lo que <u>diga</u>. Siempre está ===== tonterías.

9. Debes <u>ir</u> más despacio. Puedes causar un accidente ===== tan apurada.

10. No ===== convencerla, me fui. ¿Crees que tú <u>podrás</u> convencerla?

F. Completa el párrafo sobre *Aydin* con el gerundio de los verbos entre paréntesis.

Esa tarde, Godar estaba ___1.___ (dormir) en la playa. Se sentía cansado porque ese día habían estado ___2.___ (pescar) desde las dos de la mañana hasta el mediodía. Hombres y mujeres pasaban por su lado, ___3.___ (llevar) el pescado al mercado y ___4.___ (arreglar) las redes en sus botes, mientras Godar continuaba ___5.___ (soñar) con su Aydin. De pronto una voz lo despertó. Era su primo Tarik que venía ___6.___ (correr) y ___7.___ (decir) que Aydin había regresado. ___8.___ (Levantarse), Godar vio que toda la gente corría por la playa. Cuando llegaron todos al borde del agua, efectivamente, vieron que Aydin pasaba a lo lejos, ___9.___ (echar) agua entre los botes que aún estaban en la bahía.

G. Escribe las siguientes oraciones de nuevo, reemplazando las palabras subrayadas por un gerundio y haciendo cualquier otro cambio que sea necesario.

> **MODELO** Traje estas flores <u>porque pensé</u> que te gustarían.
> *Escribes* Traje estas flores pensando que te gustarían.

1. <u>Al pasar</u> por la plaza, oí que la música ya había comenzado.
2. Se empapó la ropa <u>cuando bañó al perro</u>.
3. <u>Como no tenía</u> mucho tiempo, sólo visité una parte de la ciudad.
4. <u>Mientras conducía</u> por la autopista, vi pasar a Tomás.
5. Santiago <u>todavía piensa</u> que quiero salir con él.
6. <u>Si llegamos</u> temprano, tendremos tiempo para dar una vuelta por el centro.
7. <u>Si ves</u> sólo el lado negativo de las cosas, nunca vas a estar feliz.
8. <u>Ya que te sientes</u> mal, deberías cancelar tu presentación.

H. Imagina que vives en el pueblito de Godar, de la novela *Aydin*. Desde tu perspectiva, escribe un párrafo en el que vuelvas a contar lo que pasó cuando llegaron los periodistas. Añade tus propios detalles al cuento, mencionando las acciones de la gente, así como tus propias experiencias y reacciones. Usa el gerundio de ocho verbos diferentes.

> **MODELO** Yo estaba pescando cerca de la playa cuando vi que varios carros nuevos llegaban al pueblo...

■ Las preposiciones

Las **preposiciones** son palabras que relacionan dos unidades gramaticales en una oración:

Estaremos en Lima temprano.   *¿Conoces la casa de Pedro?*
La clase termina a las ocho.   *Paso por ti en seguida.*

El significado de esa relación es muy variado, pero siempre la unidad que sigue a la preposición es un sustantivo o un elemento que funciona como un sustantivo (pronombre, infinitivo, adjetivo o cláusula). Algunas preposiciones comunes son:

a	de	excepto	salvo
ante	desde	hacia	según
bajo	en	hasta	sin
con	encima	para	sobre
contra	entre	por	tras

Una **locución preposicional** es la combinación de una preposición con otra preposición u otras palabras. Al igual que las preposiciones simples, tales combinaciones o locuciones sirven para relacionar dos unidades en una oración:

Trabaja en lugar de perder   *No habrá partido a causa de la tormenta.*
*   el tiempo.*

Saldremos *a eso de* las cuatro.

No me dijo mucho *en cuanto a* sus planes.

En vez de quejarte, deberías buscar soluciones.

Pasamos *en frente de* la torre.

Las preposiciones se usan...

1. Para establecer relaciones temporales:

Almorzaremos **a** las dos.

Me graduaré **en** dos años.

Por esa temporada, yo vivía en Atlanta.

Dejemos este capítulo **para** la tarde.

2. Para establecer relaciones espaciales:

Los invitados subieron **a** la terraza.

Salió corriendo **de** su oficina.

La conocí **en** el colegio.

Vive **por** tu barrio.

Muévete **para** allá.

Caminaremos **hasta** el puente.

Te llamaré **desde** mi casa.

3. Para establecer la manera en que se realiza la acción, o el instrumento o medio con el cual se realiza:

Escribiré mi ensayo **a** mano.

Me contestó **de** mal humor.

Siempre me habla **en** broma.

Fuimos **en** carro.

Me enteré de la noticia **por** televisión.

4. Para establecer la causa o el propósito de la acción principal:

Estábamos roncos **de** tanto gritar.

El niño necesita algo **para** comer.

Voy **a** que me corten el pelo.

Vengo **por** ti.

5. Para establecer relaciones de posesión:

Los parques **de** la ciudad son preciosos.

¿Se te ha olvidado?

por y para

Ver la página R63

Vale la pena recordar los distintos significados y usos de las preposiciones **por** y **para**:

por	para
Espacio (lugar de tránsito): *Caminamos **por** la playa.*	Espacio (punto de llegada, destino): *Salieron **para** la playa esta mañana.*
Tiempo (duración o cantidad de tiempo): *Trabajaré **por** la tarde.* *Vivió en Chile **por** tres años.*	Tiempo (fecha límite): *¿Lo vas a tener listo **para** mañana?* ***Para** esas fechas, ya estaremos en México.*
Causa o motivo: ***Por** ser tu cumpleaños, preparé este pastel.*	Propósito u objetivo: *Preparé este pastel **para** tu cumpleaños.*

Práctica

I. Identifica las preposiciones en las siguientes oraciones. Luego explica qué relación establecen las preposiciones entre las dos unidades que conectan.

1. El domingo estuvimos paseando en el carro de Sergio sin planes específicos.
2. Te estuvimos llamando desde las diez hasta las dos.
3. Como no contestaste, llamamos a Geraldo para preguntarle dónde vivías.
4. Él sólo sabía que vivías en el barrio Miraflores, entre el parque y el cine.
5. Los tres fuimos a dar vueltas por tu barrio a ver si te encontrábamos.
6. Después de una hora, nos aburrimos de tanto buscar y nos fuimos.
7. Antes de irnos, paramos en una cafetería para comernos un helado.
8. ¡Cómo nos íbamos a imaginar que tu casa estaba detrás de esa misma cafetería!

J. Completa las oraciones sobre la expedición al Valle del Fuego con la preposición correcta entre paréntesis.

1. Los expedicionarios estuvieron en el cañón del Colca (por/desde) un mes.
2. Anduvieron (por/para) el «reinado de la vicuña».
3. El río Colca corre (entre/antes de) paredes de 3.400 metros.
4. Los collaguas y los cabanas basaron sus costumbres (desde/en) el culto a la tierra y al trabajo.
5. El cóndor se elevaba (en/sobre) nosotros.
6. La temperatura puede bajar (tras/hasta) veinte grados bajo cero.
7. Los camiones cargados de tola iban (lejos de/hacia) Arequipa.
8. Los expedicionarios subieron (según/sin) miedo a la altura.
9. Las aguas bajaban (para/por) las entrañas del cañón.

K. Es el fin del año escolar y todos están pensando en el verano. ¿Qué proyectos, viajes, cursos o trabajos tienes planeados? Escribe diez oraciones sobre tus propios planes y los de algunos amigos. Usa por lo menos diez preposiciones diferentes. Puedes incluir las siguientes preposiciones y locuciones preposicionales u otras.

MODELO Este verano, voy a trabajar por la mañana en una guardería infantil. Está cerca de mi casa y...

a	cerca de	después de	lejos de
a causa de	con	en lugar de	para
a pesar de	de	entre	por
antes de	desde	hasta	sin

■ Comparación y contraste

Los gerundios y los infinitivos

1. Hay casos en que el uso del gerundio en español coincide con el de la forma *-ing* en inglés:

Estoy esperando.	*I'm waiting.*

Sin embargo, en español se usa el gerundio menos de lo que se usa la forma *-ing* en inglés. El español emplea el infinitivo como sujeto de la oración o complemento de un verbo, mientras el inglés alterna entre la forma *-ing* y el infinitivo:

Manejar sin licencia es ilegal.	*Driving (To drive) without a license is unlawful.*
Odio lavar **los platos.**	*I hate washing (to wash) dishes.*

2. El español usa el infinitivo como complemento de una preposición, mientras que el inglés usa la forma *-ing*:

Renunció sin dar **explicaciones.**	*She quit without giving an explanation.*

3. En ciertos sintagmas adjetivos, el español usa el infinitivo, un sustantivo, un adjetivo o inclusive una cláusula, mientras que el inglés usa la forma *-ing*:

Necesito más papel para escribir.	*I need more writing paper.*
Toma lecciones de canto.	*Take singing lessons.*
Esa película es aburrida.	*That movie is boring.*
Los que viven **lejos vienen en autobús.**	*Those living far away come by bus.*

Práctica

A. Completa las oraciones con la forma correcta del verbo entre paréntesis.

1. (Empezar/Empezando) temprano es una buena idea.
2. ¡Cómo me fastidia (recibir/recibiendo) llamadas de propaganda!
3. Odio (volver/volviendo) a casa con esta lluvia.
4. Se fue sin (despedirse/despidiéndose).
5. Puedes sacar buenas notas en esta clase (estudiar/estudiando) un poco todos los días.
6. Ya me cansé de (escuchar/escuchando) esa música.
7. (Comer/Comiendo) frutas y verduras es muy saludable.
8. (Ser/Siendo) bilingüe, Ramiro tiene más oportunidades de empleo.
9. A Carolina le encanta hacer las tareas (hablar/hablando) por teléfono.

Las preposiciones

I. Hay muchos casos en que el español y el inglés difieren en cuanto a las preposiciones:

Se enojaron con Lucho.	*They got mad at Lucho.*
Anoche soñé con mis amigos.	*Last night I dreamed about my friends.*
La decisión depende de ti.	*The decision depends on you.*
Se enamoró de Ramón.	*She fell in love with Ramón.*
Estoy tratando de ayudarte.	*I am trying to help you.*
Se rieron de lo que dije.	*They laughed at what I said.*
Ellas insistieron en pagar.	*They insisted on paying.*

2. A veces, uno de los idiomas usa preposición y el otro no:

Le pediré más dinero.	*I'll ask him for more money.*
Ana escuchaba la radio.	*Ana was listening to the radio.*
Busca tus llaves en ese cajón.	*Look for your keys in that drawer.*
Pensamos ir a Colorado.	*We are planning on going to Colorado.*
¿Estás esperando el autobús?	*Are you waiting for the bus?*
Ya lo terminó de escribir.	*She already finished writing it.*
Se dará cuenta de su error.	*He will realize his mistake.*
Ayer no asistí a clase.	*I didn't attend class yesterday.*

Práctica

B. Completa las oraciones con la preposición correcta, si es necesario.

1. ¡Soñaba tanto ====== comprarme esa guitarra eléctrica!

2. Ahora todo depende ====== ella.

3. El problema consistirá ====== lograr que todos participen.

4. Estuvimos esperando ====== una llamada de Camilo, pero nunca llamó.

5. Me olvidé ====== pagar la cuenta.

6. No te rías ====== lo que digo.

7. Recomiendo ====== traer un buen diccionario.

C. Traduce del español al inglés o del inglés al español.

1. ¿A quién esperan?

2. ¿Qué clase de regalo estás buscando?

3. Los músicos amenazaron con cancelar el concierto.

4. No te preocupes por nosotros, pues llegaremos a tiempo.

5. I asked for permission from the principal.

6. Listen to this song!

7. I realized something was wrong when Jorge didn't attend class.

8. Why didn't you look for your keys in your backpack?

Ortografía

Cuaderno de práctica, págs. 121–122

Ampliación

• Palabras con **d, l** y **r**
  Hoja de práctica 6-D
• Los diptongos
  Hoja de práctica 6-E
• Los hiatos
  Hoja de práctica 6-F

■ Letra y sonido

Los sonidos /r/ y /rr/

La letra **r** tiene dos sonidos: la /r/ simple y la /rr/ múltiple. A veces la **r** representa el sonido simple y a veces representa el sonido múltiple. En cambio, la **rr** siempre representa el sonido múltiple:

—*¿Quién crees que va a ganar la carrera?*
—*El pelirrojo. Es argentino y corre más rápido que todos.*
—*Ya veremos. Mira, van a empezar ahora.*

Como la pronunciación de la **r** depende de su posición dentro de la palabra, puede haber confusión al escribir palabras con estos dos sonidos.

Se escribe la *r*...

1. Para representar el sonido /r/ simple entre vocales: *cura, mira, oro, Perú.*

2. En los grupos consonánticos **br, cr, dr, fr, gr, pr** y **tr**: *obrero, creencia, dramático, fresco, grave, presente, otro.* En estos casos la **r** representa el sonido /r/ simple también.

3. Para representar el sonido /r/ simple al final de una sílaba o de una palabra: *árbol, carga, charla, corto, guardia, actor, favor, poder.* Nota que todos los infinitivos terminan en **-r:** *llegar, tomar, venir, ver.*

4. Para representar el sonido /rr/ múltiple al principio de una palabra: *rana, recuerdo, rizo, ropa, rumbo.* La **rr** nunca se escribe al principio de una palabra.

5. Para representar el sonido /rr/ múltiple después de la **n,** la **l** y la **s:** *enredo, enriquecer, alrededor, Israel.*

Se escribe la *rr*...

1. Sólo entre vocales: *arranque, burro, error, horrible.*

2. En ciertas palabras compuestas, cuando la primera palabra termina en vocal y la segunda empieza con **r:** *Costa Rica → costarricense, guarda ropa → guardarropa, pelo rojo → pelirrojo, Puerto Rico → puertorriqueño.* También se escribe **rr** al combinarse un prefijo que termina en vocal con una palabra que empieza con **r:** *contrarrevolución, irresponsable.*

Hay algunas palabras con **r** y **rr** que se pronuncian y se escriben casi igual pero que tienen significados muy diferentes:

*Va a ser muy **caro** alquilar un **carro** por dos semanas.*
*Mi **perro** Capitán es grande **pero** manso.*

Práctica

A. Las siguientes oraciones están basadas en la lectura sobre el Valle del Fuego. Léelas en voz alta e identifica las palabras con **r** o **rr**. Clasifica cada sonido como /r/ simple o /rr/ múltiple.

1. En marzo, varios expedicionarios fueron al corazón de los Andes peruanos a realizar un documental.
2. El narrador describe los lugares increíbles que vieron y filmaron los miembros del grupo.
3. El río Colca corre entre las paredes verticales del cañón.
4. Dice el escritor que el cañón es tan profundo que parece como si un gigante lo hubiera desgarrado.
5. En este lugar, el «reinado de la vicuña», también vieron al cóndor, el señor de los cielos.
6. Para el narrador, el valle forma parte de un mundo prehistórico y misterioso.
7. Es evidente el respeto y el amor que siente Balaguer por ese «ambiente bello, rudo y de horizontes abiertos».

B. Vuelve a leer las primeras dos páginas del fragmento de *Aydin*. Encuentra y escribe seis palabras con el sonido /r/ simple y seis con el sonido /rr/ múltiple. Luego escribe una oración con cada palabra.

MODELO primer (/r/ simple)
  Escribes Me perdí en los pasillos del colegio el primer día de secundaria.

C. Completa las oraciones con **r** o **rr**.

1. Antes de salir, el profeso☰ tuvo que bo☰ar el piza☰ón y co☰egir las ta☰eas que le entrega☰on sus alumnos ayer. Tardó bastante porque encont☰ó va☰ios e☰ores.
2. Después de la de☰ota a manos de las fue☰zas contra☰evolucionarias, el gue☰ero he☰ido le pidió soco☰o a un compañero. El otro lo a☰astró del campo de batalla y lo escondió detrás de un a☰busto al lado del a☰oyo.
3. Nadie creía que la policía detuviera al lad☰ón de la tienda de mascotas. Sin emba☰go, esa misma tarde inte☰ogaron a un señor que habían visto co☰iendo por la calle con varios cacho☰os y pe☰os de ☰aza pura.
4. Esta pastele☰ía sirve los mejo☰es postres del ba☰io, pero el se☰vicio es ho☰ible. Sentémonos aquí, en la te☰aza. ¿Qué te gusta☰ía pedir: a☰oz con leche o helado de f☰esa?
5. En el sótano de la cated☰al descub☰ieron un ó☰gano viejo, un armario ☰oto, varios libros fo☰ados en cuero y un impresionante ☰etrato del vi☰ey, fi☰mado por un famoso pintor costa☰icense.

D. Completa las oraciones con la palabra correcta entre paréntesis.

1. Los expedicionarios cancelaron la excursión a la cima del (cero/cerro) Negro porque habían pronosticado temperaturas de diez grados bajo (cero/cerro) con fuertes nevadas.

2. A Teresa le gustaría comprarse un (caro/carro) nuevo, pero como el modelo que le gusta es tan (caro/carro), no va a ser posible.

3. Los lunes y jueves voy al ensayo de (coro/corro) de mi escuela, y los martes y viernes (coro/corro) con el resto del equipo de atletismo.

4. Regina siempre (ahora/ahorra) parte de su sueldo y (ahora/ahorra) piensa usar ese dinero para comprarse una computadora.

5. Me acabo de (enterar/enterrar) que ayer (enteraron/enterraron) a don Jacinto Flores, vecino de mis tíos. Tenía 91 años.

6. (Mira/Mirra) esta pulsera de (corai/corral) que me regalaron. ¿Te gusta?

7. Ese caballo es un (fiero/fierro). Por eso lo tenemos apartado en el (coral/corral).

8. De niño, Fernando (quería/querría) ser actor pero ahora estudia para ingeniero. Si fuera posible, él (quería/querría) construir carreteras y puentes cuando se gradúe.

■ La acentuación

Los diptongos y los hiatos

Cuando aparecen dos vocales contiguas en una palabra, el resultado es un **diptongo** o un **hiato.**

1. En español, las cinco vocales (**a, e, i, o, u**) se clasifican en **vocales fuertes** y **vocales débiles.** Las vocales **a, e** y **o** son fuertes y las vocales **i** y **u** son débiles.

2. El **diptongo** es la combinación de dos vocales que se pronuncian en una misma sílaba. Los diptongos resultan cuando se combinan dos vocales débiles *(fui, ciu-dad)*, una vocal fuerte con otra débil *(ai-re, oi-go)* o una vocal débil con otra fuerte *(dio-sa, con-ti-guo)*. Hay catorce combinaciones que forman diptongo:

ai, ay: *baile, hay*	**iu:** *viuda*
au: *auto*	**oi, oy:** *heroico, soy*
ei, ey: *reina, ley*	**ou:** *Bou*
eu: *reunir*	**ua:** *agua*
ia: *limpia*	**ue:** *fuego*
ie: *piel*	**ui, uy:** *cuidado, muy*
io: *violento*	**uo:** *cuota*

¿Se te ha olvidado?
la división de palabras en sílabas
Ver la página 116

3. Si el acento tónico cae en un diptongo formado con una vocal fuerte y otra débil, el acento escrito se coloca en la vocal fuerte: *des-pués, na-ción, trái-ga-me.* Si el acento tónico cae en un diptongo formado con dos vocales débiles, el acento escrito se coloca en la última vocal: *cuí-da-te.*

4. En las combinaciones **gue, gui, que** y **qui** la **u** es siempre muda y no forma un diptongo con la siguiente vocal: *gue-rra, gui-tarra, que-rer, qui-tar.*

5. El **hiato** es lo contrario de un diptongo. El hiato es la pronunciación de dos vocales contiguas en dos sílabas distintas: *ma-es-tro, ba-lan-ce-o, son-rí-e, con-ti-nú-a.* Los hiatos resultan cuando hay dos vocales fuertes contiguas (*tra-er, pe-or, le-er*), una vocal fuerte y una vocal débil tónica (*ra-íz, o-í-do, ba-úl*) o una vocal débil tónica y una vocal fuerte (*pú-a, a-le-grí-a*).

6. Las palabras que tienen vocales en hiato siguen las reglas generales de acentuación: *le-ón, po-e-ma, ca-ó-ti-co.* Si un hiato se forma con una vocal débil tónica (**i** o **u**), ésta siempre lleva acento escrito: *cre-ís-te, ca-í-da, ac-tú-o.*

Práctica

E. Pronuncia las siguientes palabras en voz alta y luego escríbelas en otro papel, dividiéndolas en sílabas. Identifica el diptongo o el hiato en cada palabra.

> **MODELO**   golpear
> *Escribes*   gol-pe-ar. Las vocales *e-a* resultan en hiato.

1. balanceándose	**8.** presencia	**15.** leer
2. respiración	**9.** habían	**16.** periódico
3. días	**10.** línea	**17.** inercia
4. nuevo	**11.** reír	**18.** cuidado
5. agua	**12.** hastiado	**19.** guía
6. frío	**13.** quiero	**20.** despacio
7. maniobra	**14.** caer	**21.** discordia

F. Los siguientes pares de palabras contienen las mismas combinaciones vocálicas. Determina si las combinaciones de cada par forman hiatos o diptongos.

1. piano, decía	**5.** bueno, gradúe
2. ríe, bien	**6.** continúo, antiguo
3. frío, unión	**7.** legua, actúa
4. causa, aúlla	**8.** increíble, peine

■ Dictado

A. Vas a escuchar unas oraciones basadas en el fragmento de *Aydin*. Escribe lo que oyes. Presta atención especial a los sonidos /r/ y /rr/.

B. Vas a escuchar una serie de palabras relacionadas con las lecturas de esta colección. Escribe lo que oyes. Subraya la combinación vocálica en cada palabra y clasifica cada grupo de vocales como un diptongo o un hiato. Presta atención especial a los acentos escritos.

Taller del escritor

PREPARACIÓN AP PRÁCTICA

Tarea
Escribe un artículo informativo.

LA EXPOSICIÓN

ARTÍCULO INFORMATIVO

En un artículo informativo comunicas hechos a tu público de una manera descriptiva e interesante. Un tipo importante de escritura informativa es aquella en la que se explica cómo hacer algo. Ahora tienes la oportunidad de escribir un trabajo de este tipo.

Antes de escribir

1. Cuaderno del escritor

Para comenzar la búsqueda de un tema de escritura mira los apuntes que has tomado en tu CUADERNO DEL ESCRITOR. ¿Encuentras algún tema que te gustaría investigar?

TRABAJO EN CURSO

2. Preguntas

Para encontrar un buen tema para tu trabajo puedes hacerte las siguientes preguntas:

- ¿Qué sé hacer bien?
- ¿Cuáles son mis pasatiempos?
- ¿Cómo funciona un(a) _____?
- ¿Qué proceso natural me llama la atención?

Instrucciones para escoger un tema
Para escoger un tema para tu informe, utiliza las siguientes instrucciones:

- Escoge algo que sepas hacer bien o que te interese.
- Escoge algo que tenga valor o le interese a otras personas.

3. Piensa en tu público y en la idea principal

Después que hayas escrito algunos apuntes sobre dos o tres posibles temas, escoge el que más te guste. Considera los intereses de tu público. ¿Por qué podrían interesarse los lectores en la información que les presentas? Trata de resumir en una sola oración la idea principal de tu informe. Por ejemplo, si estuvieras escribiendo sobre cómo se hace un teatro de títeres, la idea principal podría resumirse de la siguiente manera: «Para crear su propia compañía de teatro de títeres, todo lo que usted necesita es su imaginación y unos pocos materiales baratos».

4. Enumera los pasos y los materiales

Cuando explicas cómo hacer algo, presentas los pasos o las etapas del proceso y los materiales que se requieren, y defines los términos que no son conocidos para tus lectores.

Imagina que recorres, paso a paso, el proceso que quieres explicar. Luego, haz un cuadro como éste.

Tema: Cómo construir un teatro de títeres.

Pasos	Materiales	Términos
1. Construir el escenario y el telón	Cajas grandes de cartón, papel o cartulina a colores, pedazo grande de tela	Telón, cartulina
2. Dibujar un boceto de cada títere	Papel, lápiz	
3. Cortar dos piezas de tela	Tela gruesa (lana o fieltro)	Fieltro
4. Poner alfileres y coser las piezas	Aguja, hilo y alfileres	
5. Decorar cada títere	Botones, cintas y lentejuelas	Lentejuelas

5. Análisis de los detalles

En un artículo informativo sobre cómo hacer algo, necesitas proporcionar a tus lectores una lista completa y ordenada de los pasos a seguir. Cuando termines tu cuadro, analiza los detalles y hazte preguntas como las que se presentan en la lista a la derecha.

Evaluación de los detalles de un informe

1. Sin estos detalles, ¿pueden los lectores cometer un error?

2. ¿Está completa la lista de pasos?

3. ¿Están los pasos en el orden correcto?

Esquema para un artículo informativo

I. Introducción
   A. Capta la atención del lector.
   B. Especifica el proceso.
   C. Anuncia la idea principal.
II. Cuerpo
   A. Enumera los materiales necesarios.
   B. Explica el orden de los pasos.
III. Conclusión
   Resume la idea principal.

Así se dice

Para combinar frases
   a continuación
   antes
   cuando
   después
   en primer lugar
   en segundo lugar
   en tercer lugar
   entonces
   finalmente

Así se dice

Para evaluar un trabajo escrito
   El tema me interesa porque...
   Quiero saber más acerca de...
   Un término que no entendí fue...
   La idea principal de este trabajo es...

El borrador

1. Organización

Escribir el primer borrador te da la oportunidad de anotar tus ideas sin preocuparte demasiado de la ortografía y la gramática. Sin embargo, si organizas cuidadosamente tu material, deberás tener claro lo que quieres escribir.

Para formar el **cuerpo** de tu informe, usa el cuadro que hiciste antes de ponerte a escribir. Para las otras partes de tu trabajo sigue un **esquema** como el que se presenta a la izquierda.

2. Relaciona ideas

Ordena los pasos en la secuencia adecuada. Relaciona tus ideas con algunas palabras de enlace, como las que aparecen a la izquierda.

3. Desarrolla tu propio estilo

Para mejorar tu estilo mientras escribes el primer borrador, elimina las palabras innecesarias y utiliza un lenguaje directo y simple.

Compara estos ejemplos:

Utilizando tu voz creativa y hábilmente, puedes darle a cada títere una personalidad única e individual.	Utiliza tu voz creativamente para darle a cada títere su propia personalidad.
Construye tu escenario utilizando cajas grandes de cartón. Después, crea la decoración del escenario utilizando fotografías o diseños tomados de telas.	Construye tu escenario con cajas grandes de cartón. Después, usa fotografías o diseños tomados de telas para hacer los decorados.

Evaluación y revisión

1. Intercambio entre compañeros

Reúnete con un pequeño grupo de compañeros y, por turno, lean en voz alta sus borradores. Después de cada lectura, cada miembro del grupo debe completar una o varias de las oraciones que aparecen a la izquierda.

2. Autoevaluación

Para revisar tu texto, usa las siguientes pautas.

Pautas de evaluación	**Técnicas de revisión**
1. ¿Logro captar el interés de los lectores desde el principio?	1. Comienza con un detalle poco común, un hecho sorprendente o una cita.
2. ¿Identifico con claridad los procedimientos y la idea central?	2. Explica el asunto y la idea principal del proceso en una o dos oraciones.
3. ¿Especifico cuáles son los materiales que se necesitan?	3. Añade una lista de los materiales necesarios antes de explicar el proceso.
4. ¿Están todos los pasos en el orden adecuado?	4. Añade los detalles indispensables y elimina los innecesarios. Presenta los pasos y etapas en orden.
5. ¿Defino los términos poco familiares?	5. Define los términos que tu público pueda desconocer.
6. ¿Termino con una conclusión convincente?	6. Resume la idea principal.

Compara las siguientes versiones de un párrafo inicial.

MODELOS

Borrador 1

El asunto de este artículo informativo es cómo hacer tus propios títeres y también cómo hacer un escenario para el espectáculo de los títeres. Éste puede parecer un proyecto complicado. ¡De hecho no existe tal dificultad! Mi hermano Roberto no me creyó cuando le dije que nosotros podíamos tener éxito en este proyecto. Yo quería presentar un espectáculo de títeres como un regalo para el aniversario de bodas de mis padres.

Evaluación: Este párrafo no logra atraer la atención del lector. El párrafo también incluye algunas repeticiones innecesarias y el autor no precisa la idea principal.

Borrador 2

«¡Imposible!» Eso fue lo que mi hermano dijo cuando le conté la sorpresa que les quería dar a nuestros padres en su aniversario de bodas. «¿Cómo podemos preparar un espectáculo con títeres en una semana?», dijo Roberto. Explicándole mi plan poco a poco, me las arreglé para convencerlo. Para crear tu propia compañía de títeres todo lo que necesitas son algunos materiales baratos y un poco de imaginación.

Evaluación: Mejor. El autor empieza con un diálogo que presenta la escena y luego destaca el asunto y la idea principal.

Corrección de pruebas

Intercambia trabajos con un(a) compañero(a) y corrige cuidadosamente su artículo. Señala cualquier error de gramática, de ortografía o de puntuación. Recuerda que la precisión es muy importante en un artículo informativo, por lo tanto presta particular atención a la verificación de los hechos y los términos técnicos.

Publicación

Considera los siguientes medios para publicar o difundir tu artículo informativo:

- Envía tu trabajo a una revista especializada en pasatiempos (puedes encontrar las direcciones en un directorio o en la biblioteca).

- Ilustra tu artículo con dibujos, cuadros o fotografías; después colócalo en el tablero de anuncios de tu aula.

- Con tus compañeros de clase, organiza una feria cuyo tema sea «Cómo hacer...» para los estudiantes más jóvenes.

Reflexión

Escribe una breve reflexión sobre el trabajo que has hecho al escribir este informe. Completa una o dos de las oraciones que se presentan a la izquierda.

Así se dice

Para reflexionar sobre un trabajo escrito

Elegir este tema para mi trabajo ha resultado fácil (difícil) porque...

Escribir y revisar este trabajo me ha mostrado que soy bueno(a) para...

En el curso de mi trabajo descubrí que me gustaría averiguar más sobre...

A ver si puedo...

A. Contesta las siguientes preguntas según la información presentada en ELEMENTOS DE LITERATURA.
  1. ¿Cuáles son las características de la novela?
  2. ¿Cuáles son los cinco elementos principales de la novela? ¿Cómo se compara el desarrollo de estos elementos en una novela con su desarrollo en un cuento?
  3. Identifica tres formas de novela y cita un ejemplo de cada una.

B. Imagina que acabas de leer una novela, un cuento o un artículo, y quieres describírselo a tu profesor(a) de literatura. Haz una lista de tres preguntas esenciales que debes hacerte al resumir cada una de estas formas narrativas.

C. Explica la importancia de los siguientes nombres, personas, lugares y fechas en la historia y política de Perú.
  1. la palabra «Perú»
  2. Mama Ocllo y Manco Cápac
  3. Cuzco
  4. Francisco Pizarro
  5. Túpac Amaru II
  6. 1821
  7. Alberto Fujimori
  8. Sendero Luminoso

D. Explica el significado de las siguientes palabras dentro del contexto de la lectura correspondiente. Luego usa cada palabra en una oración original.
  «Valle del Fuego»: custodiar, dominio, milenario, temperamental
  Aydin: asombroso, disputar, reclamar, estallar

E. Escoge la expresión en español equivalente a las palabras subrayadas, según el contexto. Presta atención a los términos equívocos.
  1. a romance between two friends
    a. unos amores
    b. un romance
  2. a friend who moved away
    a. que se mudó
    b. que se movió
  3. some notes from class
    a. notas
    b. apuntes
  4. a novel translated into Spanish
    a. trasladada
    b. traducida
  5. a very simple problem
    a. simple
    b. sencillo
  6. private music lessons
    a. clases particulares de música
    b. clases privadas de música

¿Sabes usar los infinitivos
y los gerundios?
Págs. 343–350

F. Completa las oraciones sobre el fragmento de *Aydin* con la forma verbal correcta entre paréntesis.

1. El (entablar/entablando) una amistad con Aydin fue una experiencia inolvidable para Godar.
2. En lugar de (regresar/regresando) al puerto, Godar se quedó (pensaba/pensando) en la ballena.
3. La plaza se llenó de periodistas (caminaban/caminando) de un lado a otro.
4. El dinero se usará para (alimentar/alimentando) a Aydin.
5. Al (ver/viendo) a su abuelo, Godar supo que algo había pasado.
6. Vino su primo, (decir/diciendo) que por fin venían las autoridades a (llevarse/llevándose) a Aydin.

G. Escribe seis oraciones con los siguientes pares de preposiciones.

MODELO Los expedicionarios vieron al cóndor volar <u>sobre</u> el valle y perderse <u>entre</u> las nubes.

1. con/sin
2. en/hacia
3. desde/hasta
4. de/entre
5. a/según
6. por/para

Escritura
¿Sabes deletrear palabras
con los sonidos /r/ y /rr/?
Págs. 352–354

H. Completa este fragmento de «Valle del Fuego» con **r** o **rr**.

Como si las manos de un gigante hubie☰an queb☰ado la tie☰a de cuajo, se fo☰mó el cañón del Colca y comenza☰on a baja☰ las aguas po☰ sus ent☰añas, cuando p☰ecipitaron los cielos ca☰gados de nubes. Millones de años después, pa☰te del río se hundió aún más. Sus lade☰as se eleva☰on muy alto y una fue☰za ciclópea empujó hacia a☰iba, naciendo la co☰dillera de los Andes. Subie☰on los ce☰os y los volcanes hasta los 3.400 m y deja☰on muy abajo al ☰ío Colca.

¿Sabes deletrear y
pronunciar palabras con
diptongos o hiatos?
Págs. 354–355

I. Pronuncia los siguientes pares de palabras en voz alta. Luego divide las palabras en sílabas y determina si cada una contiene un diptongo o un hiato.

1. farmacia, armonía
2. continúo, continuo
3. reí, rey
4. oigo, oído
5. actúa, actual
6. miedo, fríe

J. Imagina que tienes que redactar un artículo informativo para tu periódico escolar sobre tu pasatiempo preferido. Repasa el TALLER DEL ESCRITOR y luego contesta las siguientes preguntas.

1. ¿Cuáles son tres de los pasos que debes tomar antes de preparar el borrador para el artículo?
2. ¿Cúales son las tres secciones principales del borrador y qué elementos debes considerar dentro de cada sección?

Vocabulario esencial

Ampliación
• Vocabulario adicional
  Colección 6

«Valle del Fuego» pág. 307

acuático, -ca *adj.*	fauces *f. pl.*	petrificarse *v.*
alucinante *adj.*	fauna *f.*	quebrada *f.*
coloso *m.*	géiser *m.*	realizar *v.*
combustible *m.*	gélido, -da *adj.*	reinado *m.*
culto *m.*	habitar *v.*	tallar *v.*
custodiar *v.*	humeante *adj.*	techo *m.*
desertizar *v.*	internarse *v.*	temperamental *adj.*
desgarrar *v.*	milenario, -ria *adj.*	vertiginoso, -sa *adj.*
diminuto, -ta *adj.*	nevado *m.*	
dominio *m.*	pasto *m.*	
entraña *f.*	peregrinar *v.*	

Aydin pág. 319

aglomeración *f.*	divulgación *f.*	maniobra *f.*
alimentación *f.*	embarcación *f.*	mezquita *f.*
asombroso, -sa *adj.*	encierro *m.*	pasmo *m.*
aturdido, -da *adj.*	engullir *v.*	presa *f.*
cadencia *f.*	escrutar *v.*	prodigio *m.*
centellear *v.*	esparcirse *v.*	reclamar *v.*
conmiserativo, -va *adj.*	estallar *v.*	red *f.*
contencioso *m.*	hermetismo *m.*	refugiarse *v.*
desesperación *f.*	incertidumbre *f.*	reñir *v.*
desplazamiento *m.*	inesperadamente *adv.*	reticencia *f.*
devolución *f.*	insólito, -ta *adj.*	sometido, -da *adj.*
discordia *f.*	invasor, -ra *adj.*	trato *m.*
disputar *v.*	liberado, -da *adj.*	voluntad *f.*

■ Mejora tu vocabulario pág. 340

actualmente *adv.*	atender *v.*	ordinario, -ria *adj.*
admitir *v.*	avisar *v.*	pariente *m.*
aplicar *v.*	carácter *m.*	popular *adj.*
argumento *m.*	educado, -da *adj.*	suceso *m.*
asumir *v.*	ignorar *v.*	suponer *v.*

SECCIONES DE REFERENCIA

ASÍ SE DICE

COLECCIÓN 1

Para expresar los sentimientos

A mí me dio lástima porque...

A él (ella) le dio mucha alegría (rabia) cuando...

Me sentí orgulloso(a) y emocionado(a), ya que...

Él (Ella) se sintió decepcionado(a) y dolido(a),
puesto que...

Se burlaron (Se enfadaron) todos cuando...

Recuerdo una ocasión cuando me sentí... porque...

Ver la página 8.

Para hablar de causas y efectos

Los problemas de... se deben a...

Las acciones de... resultaron en...

Los efectos de los desastres naturales (la inflación)
son...

Debido a la guerra (al huracán, al terremoto)...

A causa de la situación política (económica)...

Las consecuencias de... serían...

Si eso sucediera aquí, entonces habría (tendríamos)...

Ver la página 12.

Para narrar una experiencia en el pasado

Estaba en el primer grado cuando hice (aprendí a)...
por primera vez.

Una vez cuando tenía diez años, tuve que...

Recuerdo el primer día que intenté...

Era una presentación (un concierto) para...

Fue entonces cuando me asusté (me caí) y...

Al final todos aplaudieron (me felicitaron).

Ver la página 22.

Para combinar frases

primero	mientras
después	más tarde
antes	cuando
ya	posteriormente
luego	repentinamente
finalmente	entre tanto

Ver la página 52.

Para evaluar un trabajo escrito

Mi parte favorita del episodio fue...

Me interesaba saber más sobre...

Quería saber cómo te sentías cuando...

Entiendo por qué este episodio fue tan importante
para ti, porque...

Ver la página 53.

Para reflexionar sobre un trabajo escrito

La técnica más útil para encontrar un tema fue...
porque...

Me gustó escribir sobre mis propios pensamientos y
sentimientos porque...

Escribir me demostró que soy bueno(a) para... pero
necesito más práctica en...

Si tuviera que hacer otra tarea como ésta, escribiría
sobre aquella ocasión...

Ver la página 54.

COLECCIÓN 2

Para hacer una descripción

Me parece que el... era vengativo (rencoroso, astuto).

Se me hace que el... era sabio (valiente, engañoso).

Los hombres son tan trabajadores (persistentes, decididos) como...

Los yacarés pequeños eran menos listos (ingeniosos) que...

El oficial es más testarudo (arrogante) que...

Ver la página 70.

Para hacer comparaciones y contrastes

Por un lado...

En primer lugar...

Con relación a eso...

En contraste...

Por otro lado...

Visto desde ese punto de vista...

Ver la página 75.

Para hablar de lo que se debe hacer

Hace falta que todos luchemos (nos preocupemos) por...

Es importante que todo el mundo comparta (se dé cuenta de)...

Es indispensable que las autoridades eviten (acaben con)...

Es necesario apreciar (cuidar)...

Sería buena idea prevenir (promover)...

Ver la página 86.

Para combinar frases

antes	entre tanto
cuando	finalmente
de pronto	mientras
después	por fin
durante	por último
entonces	ya

Ver la página 120.

Para evaluar un trabajo escrito

Mi parte favorita de este cuento fue...

Me gustaría saber más acerca de...

El personaje más real era...

Para mí la parte más importante fue...

Al final, pensé... porque...

Ver la página 120.

COLECCIÓN 3

Para expresar certeza

Estaba seguro(a) que algo malo iba a ocurrir cuando...

Se me hace (Me parece) que... no se da cuenta de...

No cabe la menor duda que... representa...

Es obvio (evidente) que... se arriesgó cuando...

Ver la página 136.

Para presentar y conectar ideas

Como punto de partida...

En primer lugar...

Al mismo tiempo...

Con relación a eso...

Conviene indicar (señalar)...

También viene al caso...

Ver la página 141.

Para expresar certeza o duda

Estoy de acuerdo que los avaros se merecían...

No puedo creer (Parece mentira) que... no se den cuenta de...

Creo (Pienso) que... representa(n)...

Está claro que la moraleja es...

Ver la página 148.

Para hablar de causas y efectos

porque	como resultado
debido a	para que
en vista de que	entonces
por lo tanto	

Ver la página 178.

Para evaluar un trabajo escrito

Puedes tratar de... para captar la atención del lector.

En la introducción podrías haber descrito mejor la situación si hubieras...

Una causa (Un efecto) que puedes haber pasado por alto es...

Me gustaría saber la fuente que has consultado para...

Una de las partes que no entendí claramente fue...

Ver la página 179.

COLECCIÓN 4

Para hablar del pasado

Antes, don Gonzalo era...

De joven, doña Laura tenía (quería)...

En aquel entonces, le gustaba...

Pero luego, él (ella) se volvió...

Con los años, empezó a (dejó de)...

Ver la página 196.

Para pedir y clarificar una opinión

Y tú, ¿cómo lo ves?

¿Qué dices sobre esto?

¿Has pensado en... también?

Entonces, lo que quieres decir es...

O sea (En otras palabras)...

¿Te he entendido bien?

Ver la página 201.

Para hablar de situaciones hipotéticas

Si yo hubiera recibido el mismo regalo, yo habría pensado (sentido) que...

Si eso me hubiera pasado, (no) me habría gustado, porque...

Eso me habría parecido...

Ver la página 208.

Para combinar frases

también	aunque
y	pero
asimismo	a pesar de
además	sin embargo
de igual manera	no obstante
igualmente	por el contrario

Ver la página 238.

Para evaluar un trabajo escrito

La idea principal de este ensayo es...

Me gustaría saber más sobre...

Los criterios de evaluación del autor son...

La evaluación del autor (no) me convence porque...

Ver la página 239.

COLECCIÓN 5

Para hablar de un poema

En el primer (segundo, último) verso...

... y en la estrofa siguiente...

Noto una correspondencia entre la imagen del (de la)... y...

Me llama mucho la atención el ritmo (la personificación) porque...

El uso de versos cortos (repetición) sirve para destacar (subrayar)...

La metáfora (El símil) principal se construye a base de...

Ver la página 250.

Para presentar y apoyar una opinión

Para mí, lo fundamental es...

A lo que voy es esto: Que...

No lo veo así. A mi modo de ver...

Para mí es incorrecto (demasiado simplista) decir que...

¡Un momento! ¿No te (les) parece que... ?

Ver la página 255.

Para hablar de alguien en el pasado

Superó (Se enfrentó a) varios obstáculos en la vida, como...

Siempre se esforzó por...

Alcanzó fama cuando...

Su mayor logro fue...

Tenía un carácter tenaz (introvertido, rebelde).

Era una persona muy perspicaz (generosa, compleja).

Ver la página 265.

Para evaluar un trabajo escrito

El primer párrafo (no) me llamó la atención porque...

El problema que se discute es importante porque...

Me gustaría saber más sobre...

Las razones que respaldan la mejor solución son...

Por último, (no) estoy de acuerdo con la propuesta del escritor porque...

Ver la página 299.

COLECCIÓN 6

Para expresar semejanzas y diferencias

Las dos leyendas coinciden en...

Las semejanzas (diferencias) más marcadas son...

Creo que tienen en común los siguientes rasgos...

Pero en algunos aspectos,... es totalmente distinto a la (al)...

Hay semejanzas pero también veo diferencias...

Se destacan las semejanzas (diferencias) entre... y...

Ver la página 315.

Para combinar frases

a continuación	en segundo lugar
antes	en tercer lugar
cuando	entonces
después	finalmente
en primer lugar	

Ver la página 358.

Para evaluar un trabajo escrito

El tema me interesa porque...

Quiero saber más acerca de...

Un término que no entendí fue...

La idea principal de este trabajo es...

Ver la página 358.

Para reflexionar sobre un trabajo escrito

Elegir este tema para mi trabajo ha resultado fácil (difícil) porque...

Escribir y revisar este trabajo me ha mostrado que soy bueno(a) para...

En el curso de mi trabajo descubrí que me gustaría averiguar más sobre...

Ver la página 360.

GLOSARIO DE TÉRMINOS LITERARIOS

Encontrarás más información sobre las definiciones de este GLOSARIO en las páginas que se citan al final de cada entrada. Por ejemplo, para profundizar en la definición de **Aliteración** el GLOSARIO te remite a la página 257 de este libro.

Algunas referencias que aparecen al final de ciertas entradas remiten a otras entradas del GLOSARIO que contienen información estrechamente relacionada con aquellas. Por ejemplo, al final de **Autobiografía** hay una referencia a la definición de **Biografía.**

ACOTACIONES ESCÉNICAS **En un drama, las instrucciones que el autor escribe sobre la escenografía y la representación se llaman *acotaciones escénicas.*** Las acotaciones escénicas pueden desempeñar un papel importante en la acción o en la atmósfera de una obra, como ocurre en algunos momentos de «Mañana de sol» de Serafín y Joaquín Álvarez Quintero (página 187).

Ver las páginas 186 y 203.

ALITERACIÓN **La *aliteración* es la repetición de sonidos similares en un grupo de palabras.** Antonio Cabán Vale usa la aliteración de los sonidos **m** y **s** en «Verde luz» (página 214):

> Verde luz de monte y mar,
> isla virgen del coral,
> si me ausento de tus playas
> rumorosas,
> si me alejo de tus palmas
> silenciosas...

Ver la página 257.

ALUSIÓN **Una referencia a una obra literaria, una persona, un lugar o un suceso histórico se llama *alusión.*** La alusión es una manera de relacionar una cosa con otras que ya conocemos, para entenderla mejor. Algunas alusiones hacen referencia a los mitos de la antigua Grecia y Roma, la Biblia o eventos históricos importantes. Por ejemplo, Alejandro Balaguer hace alusión a la mitología griega en su artículo «Valle del Fuego» (página 307).

Ver las páginas 306 y 311.

AMBIENTE **El *ambiente* es el tiempo y lugar en que se desarrolla la acción de una narración.** Normalmente, el ambiente se establece al principio de una obra literaria: por ejemplo, en «La puerta del infierno» (página 145), Antonio Landauro describe el ambiente en los primeros párrafos del cuento. El ambiente a menudo juega un papel importante en la acción de un relato, como ocurre en «La guerra de los yacarés» de Horacio Quiroga (página 61). El ambiente también contribuye a la atmósfera de un relato; por ejemplo, en «Posada de las Tres Cuerdas» de Ana María Shua (página 129), la noche oscura y el denso bosquecillo crean una atmósfera de misterio y suspenso.

Ver las páginas 77, 119 y 203.

ANTICIPACIÓN **Un escritor utiliza la *anticipación* para sugerir que un acontecimiento sucederá más adelante.** Por ejemplo, en el cuento «Posada de las Tres Cuerdas» de Ana María Shua (página 129), los detalles de la posada que no le llaman la atención a Junchiro y la extraña apariencia y el comportamiento de la jovencita anticipan sucesos extraños que sucederán más tarde.

Ver las páginas 77 y 128.

APARTE **En una obra dramática, un *aparte* es el momento en el que un personaje se dirige al público sin que otros personajes lo oigan.** En los momentos en que se indica el aparte en el guión, se quiere dar la impresión de que el personaje está pensando en voz alta, sin que los demás personajes se enteren de lo que dice.

Ver la página 186.

ARGUMENTO El *argumento* es la serie de sucesos que ocurren en un cuento, un drama o una novela. La relación de los sucesos entre sí se llama **trama.** Por lo general, la trama consiste en los siguientes elementos relacionados entre sí: exposición, conflicto, clímax y desenlace. Su estructura se puede representar gráficamente de la manera siguiente:

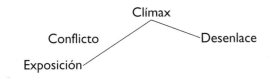

Ver las páginas 14, 76, 119 y 202.
Ver también *Trama.*

ARTÍCULOS Los *artículos de noticias* cuentan acontecimientos importantes de la vida diaria. Normalmente, este tipo de artículo se publica en la primera sección de los periódicos. Hay un ejemplo de un artículo de noticias al comienzo del fragmento de *Aydin* (página 320). «Valle del Fuego» de Antonio Balaguer (página 307) es un artículo que se publicó en una revista. **Los *artículos de opinión* son textos breves y convincentes que presentan la postura de un periódico o una persona sobre algún tema controvertido.** Aparecen normalmente en las páginas de opinión de los periódicos.

Ver la página 13.

ATMÓSFERA La *atmósfera* es el carácter general de una obra literaria. A menudo se puede describir con uno o dos adjetivos, como *misteriosa, melancólica* o *jovial.* El escritor crea la atmósfera por medio del lenguaje, utilizando imágenes, sonidos y descripciones que transmiten una sensación especial. «Posada de las Tres Cuerdas» (página 129) tiene una atmósfera de horror y misterio.

Ver las páginas 77 y 203.
Ver también *Tono.*

AUTOBIOGRAFÍA Una *autobiografía* es un relato verídico en el que una persona escribe sobre su propia vida. *Me llamo Rigoberta Menchú y así me nació la conciencia* de Rigoberta Menchú (página 92) es una autobiografía. En un **episodio autobiográfico,** el escritor describe un incidente de su propia experiencia. El fragmento de *Paula* de Isabel Allende (página 205) es un episodio autobiográfico.

Ver las páginas 13 y 204.
Ver también *Biografía.*

BIOGRAFÍA La *biografía* es la historia verídica de la vida de una persona escrita por otra persona. Las biografías se basan en personajes reales. Una *semblanza* es una descripción breve de los acontecimientos de la vida de un individuo y de los rasgos de su personalidad.

Ver la página 13.

CARACTERIZACIÓN El conjunto de técnicas que utiliza un escritor para crear los personajes de una obra literaria se llama *caracterización.* En el caso de la **caracterización directa,** el escritor cuenta directamente a los lectores cómo es un personaje. Pero es más frecuente que el escritor revele el carácter de un personaje por medio de la **caracterización indirecta,** que incluye las técnicas siguientes:

- mostrar al personaje en acción
- utilizar las palabras del personaje en el diálogo
- describir la apariencia física del personaje
- revelar pensamientos y sentimientos del personaje
- mostrar las reacciones de otras personas al personaje

Por ejemplo, Jordi Sierra i Fabra utiliza una combinación de técnicas directas e indirectas para caracterizar a Godar en *Aydin* (página 319).

Ver las páginas 14, 77 y 259.

CLÍMAX El *clímax* es el momento culminante de un cuento, un drama o una novela que determina su desenlace. Por ejemplo, el momento en que Junchiro arroja su sable y lo clava en la caja del instrumento de la jovencita es el clímax de «Posada de las Tres Cuerdas» de Ana María Shua (página 129).

Ver las páginas 76 y 202.
Ver también *Argumento.*

CONFLICTO **El elemento central de un cuento, un drama o una novela es el** *conflicto,* **o la lucha entre personajes o fuerzas opuestas. En los** *conflictos externos,* **un personaje lucha con otra persona, un grupo o una fuerza de la naturaleza.** Este tipo de conflicto es el que presenta Horacio Quiroga en «La guerra de los yacarés» (página 61). **En los** *conflictos internos,* **la lucha tiene lugar dentro de la mente de un personaje.** Las preocupaciones de Víctor en el cuento «Primero de secundaria» de Gary Soto (página 16) son producto de su conflicto interno.

Ver las páginas 14, 76, 119 y 202.

CUENTO **Un** *cuento* **es una obra breve de ficción escrita en prosa, en la que normalmente se presentan uno o dos personajes principales y un solo ambiente central.** Un cuento contiene normalmente los siguientes elementos: exposición, conflicto (del cual surgen las complicaciones), clímax y desenlace.

Ver la página 76.
Ver también *Argumento.*

CUENTO POPULAR **Un** *cuento popular* **es una historia tradicional que a menudo incluye personajes irreales como gigantes, dragones y animales que hablan.** Las versiones más conocidas de algunos cuentos populares se originaron en Europa, como las historias de la Cenicienta o la Bella Durmiente, y a menudo se llaman *cuentos de hadas.*

Ver la página 142.

DESENLACE **En el** *desenlace* **se resuelven definitivamente los conflictos.** En el cuento «Posada de las Tres Cuerdas» de Ana María Shua (página 129), el desenlace se produce cuando los hermanos se reúnen y descubren que la jovencita en realidad es una araña.

Ver la página 77.

DIÁLOGO **La conversación entre los personajes de un cuento, una novela o un drama se llama** *diálogo.* El diálogo es especialmente importante en el teatro, ya que por medio de éste se desarrolla la acción y el carácter de los personajes. En las novelas y los cuentos, el diálogo normalmente se indica con rayas. En las obras de teatro, el diálogo aparece sin rayas.

Ver las páginas 186 y 203.

DRAMA **Un** *drama* **es una historia que se escribe para ser representada por actores y actrices que desempeñan el papel de los personajes.** Es posible apreciar un drama en su versión escrita, pero lo ideal es verlo representado en un escenario. Los elementos básicos de una obra dramática son los mismos que los de las novelas y los cuentos: exposición, conflicto, clímax y desenlace. El texto de una obra teatral contiene normalmente **acotaciones escénicas,** que son instrucciones escritas por el dramaturgo acerca de la escenografía, la forma en que los actores deben interpretar el diálogo, sus gestos y sus movimientos sobre el escenario. La acción de un drama se apoya casi completamente en el **diálogo** (lo que dicen los personajes). La representación se completa con ciertos elementos especiales, como la escenografía, la iluminación, el vestuario, el maquillaje y la utilería.

Ver las páginas 186 y 202.
Ver también *Aparte, Diálogo*
y *Acotaciones escénicas.*

ENSAYO **Un** *ensayo* **es un texto breve escrito en prosa para informar, convencer o entretener al lector.** Un **ensayo formal** tiene generalmente un tono serio y reflexivo. Su función es comentar un tema de interés o presentar una idea original. Un **ensayo personal** es a menudo informal, coloquial o incluso humorístico. Los ensayos personales con frecuencia reflejan los sentimientos o los gustos del autor.

Ver las páginas 13 y 296.

EPISODIO AUTOBIOGRÁFICO **El** *episodio autobiográfico* **es una versión más corta de la autobiografía en la que el autor enfatiza un solo**

evento o episodio breve de su vida. «Mis primeros versos» de Rubén Darío (página 3) es un ejemplo del episodio autobiográfico.

Ver las páginas 13 y 50.
Ver también Autobiografía.

ESPACIO ESCÉNICO El lugar donde se representa una obra dramática se llama el *espacio escénico*. Tradicionalmente es un **escenario,** pero puede incluir otros lugares también, particularmente en las obras modernas y en las representaciones al aire libre.

Ver la página 202.
Ver también Drama.

ESCENOGRAFÍA Las *escenografías* son las reproducciones de los lugares en los que se desarrolla la acción de una obra dramática, tales como una habitación, un paisaje o cualquier otro lugar.

Ver la página 202.
Ver también Drama.

EXPOSICIÓN Al comienzo de un cuento, una novela o un drama, por medio de la *exposición* se presenta la situación básica al introducir al menos un personaje principal. Los párrafos iniciales de «La guerra de los yacarés» de Horacio Quiroga (página 61) componen la exposición del relato.

Ver las páginas 76 y 202.

FÁBULA Una *fábula* es una narración corta que ofrece una lección moral o práctica. En la mayoría de las fábulas, los personajes son animales que hablan y actúan como las personas, como en las antiguas fábulas griegas de Esopo.

Ver la página 143.

FICCIÓN Cualquier invención o producto de la imaginación se llama *ficción*. En la literatura, la novela y el cuento se consideran ficción. La ficción puede ser completamente imaginaria, como en «La guerra de los yacarés» de Horacio Quiroga (página 61), o puede basarse parcialmente en acontecimientos históricos, como en *Aydin* de Jordi Sierra i Fabra (página 319). Sin embargo, en este tipo de ficción realista el autor a menudo altera personajes, hechos o datos para lograr un efecto determinado.

Ver la página 76.

FIGURAS RETÓRICAS Una *figura retórica* hace una variación o una combinación especial del lenguaje común para lograr mayor expresividad. Las figuras retóricas más frecuentes son el **símil** («El bosque es como una cortina verdosa»), la **metáfora** («El bosque es una cortina silenciosa») y la **personificación** («El bosque duerme con tranquilidad»).

Ver las páginas 14, 246, 257 y 258.

FLASHBACK Un escritor utiliza un *flashback*, o narración retrospectiva, cuando interrumpe la acción principal para volver atrás y contar lo que ocurrió en el pasado o en una escena anterior.

Ver la página 77.

HIPÉRBOLE La *hipérbole* es una exageración para lograr un efecto especial. Pablo Neruda utiliza la hipérbole en su poema «La tortuga» (página 248).

Ver la página 258.

IMÁGENES Las *imágenes* son representaciones de cosas o ideas que estimulan cualquiera de los cinco sentidos (vista, oído, tacto, gusto y olfato) por medio del lenguaje. La mayoría de las imágenes son visuales; se basan en el sentido de la vista para crear cuadros en la mente del lector. En su artículo «Valle del Fuego» (página 307), Alejandro Balaguer crea una imagen de la nieve que cubre el volcán, describiéndola de un modo pintoresco: «Un manto blanco cubre las faldas del volcán Hualca-Hualca».

Ver las páginas 14, 120 y 257.

INTRODUCCIÓN

Ver *Exposición.*

IRONÍA **La *ironía* es un contraste entre la apariencia y la realidad.** La ironía se da en cuentos, novelas, obras dramáticas, ensayos y poemas. Sus efectos van de lo levemente humorístico a lo inquietante, incluso trágico. Hay tres tipos principales de ironía:

1. **Mediante la *ironía verbal,* un escritor o hablante dice una cosa con un sentido muy diferente a lo que aparenta.** Por ejemplo, en «Mañana de sol» (página 187) de Serafín y Joaquín Álvarez Quintero, la ironía verbal es evidente en el momento en que hablan doña Laura y don Gonzalo:

   DON GONZALO: Mira, Juanito, dame el libro; que no tengo ganas de oír más tonterías.
   DOÑA LAURA: Es usted muy amable.

2. **La *ironía de sucesos* se produce cuando lo que ocurre es muy diferente de lo que esperamos que suceda.** En «La guerra de los yacarés» (página 61), es irónico que los yacarés combatan a los oficiales de la marina con torpedos y que el ejército naval sea atacado con sus propias armas.

3. **La *ironía dramática* se produce cuando el lector sabe algo que un personaje no sabe.** En «Mañana de sol» (página 187), por ejemplo, doña Laura y don Gonzalo mantienen en secreto sus verdaderas identidades, aunque nosotros sabemos la verdad.

Ver las páginas 78, 79 y 196.

LENGUAJE FIGURADO **El *lenguaje figurado* es el uso de palabras o frases en una obra literaria que crean un significado diferente del literal.**

Ver las páginas 14 y 257.
Ver también *Figuras retóricas.*

LEYENDA **Las *leyendas* son historias heredadas del pasado sobre hechos o sucesos extraordinarios.**

Las leyendas parten de un hecho real, es decir, están basadas en algo que ocurrió en el pasado. Sin embargo, lo característico de las leyendas es que los hechos que cuentan han sido alterados o exagerados con el paso del tiempo. Las leyendas antiguas, como las historias sobre la guerra de Troya en la Grecia clásica y las historias sobre la conquista de México y Perú, se transmitieron oralmente a través de generaciones antes de ser relatadas por escrito.

Ver la página 142.

METÁFORA **La *metáfora* es una figura retórica que compara dos cosas distintas de manera indirecta.** Las metáforas aparecen en todos los géneros literarios, pero son especialmente importantes en la poesía. Las metáforas se diferencian de los símiles, que emplean palabras de comparación como, por ejemplo, *como* o *igual que.* Pablo Neruda emplea metáforas en estos versos de «La tortuga» (página 248):

> Cerró
> los ojos que
> tanto
> mar, cielo, tiempo y tierra
> desafiaron,
> y se durmió
> entre las otras
> piedras.

Ver las páginas 246, 257 y 258.

MITO **Un *mito* es una historia antigua en la que generalmente participan seres sobrenaturales, y que sirve para explicar un fenómeno natural.** La mayoría de los mitos se transmitieron oralmente antes de ser relatados por escrito. Así, es posible encontrar el mismo mito en varias versiones diferentes. En los mitos con frecuencia también suceden cosas que no tienen una explicación lógica.

Ver la página 142.

NARRADOR **El *narrador* es la persona que cuenta la historia.**

Ver *Punto de vista.*

NOVELA Las *novelas* son narraciones largas escritas en prosa que normalmente tienen más de 100 páginas. Las novelas utilizan todos los elementos de los cuentos, como caracterización, ambiente, punto de vista y tema. Puesto que las novelas son más largas que los cuentos, pueden presentar un mayor número de personajes principales y más de un ambiente central. Además, las novelas a menudo tienen argumentos paralelos o cruzados. *Aydin* de Jordi Sierra i Fabra (página 319) es un ejemplo de novela.

Ver la página 316.

ONOMATOPEYA Se llama *onomatopeya* al uso de palabras cuyos sonidos imitan o sugieren su significado. Ejemplos de palabras onomatopéyicas son *susurrar, borbotón* y *tintineo.*

Ver la página 257.

PARALELISMO El *paralelismo* es la repetición de palabras o de ideas que son similares en la forma, el significado o el sonido. Antonio Cabán Vale usa el paralelismo en estos versos de «Verde luz» (página 214):

> si me ausento de tus playas
> rumorosas,
> si me alejo de tus palmas
> silenciosas...

Ver la página 257.

PERSONAJE Un *personaje* es una persona o un animal en una obra literaria.

Ver la página 76.
Ver también *Caracterización.*

PERSONIFICACIÓN Por medio de la *personificación* se le dan características y sentimientos humanos a un animal o a un objeto. Por ejemplo, Horacio Quiroga personifica a los animales en su cuento «La guerra de los yacarés» (página 61).

Ver las páginas 60, 70, 258 y 311.

POESÍA La *poesía* se escribe por medio de un lenguaje que rompe con los sentidos y significados tradicionales y literales de las palabras por medio de imágenes y figuras retóricas. A veces se escribe en una rima fija con un ritmo determinado y con un número específico de versos. Se usa también el **verso libre,** que no tiene una rima o un ritmo fijo, ni un número específico de versos.

Ver también *Figuras retóricas,*
Verso libre, Imágenes, Ritmo y *Rima.*

PROSA Se llama *prosa* a la forma escrita que no es poesía. Los ensayos, los cuentos, las novelas, los artículos periodísticos y las cartas están todos escritos en prosa.

Ver *Poesía.*

PUNTO DE VISTA El *punto de vista* de una historia es la posición desde la cual está narrada. Se usan con mayor frecuencia el punto de vista en primera persona, el punto de vista omnisciente en tercera persona y el punto de vista limitado en tercera persona.

1. En el *punto de vista en primera persona,* un personaje narra la historia con sus propias palabras y se incluye a sí mismo en el relato. Juan Ramón Jiménez utiliza este punto de vista en *Platero y yo* (página 81).

2. En el *punto de vista del narrador omnisciente en tercera persona,* el narrador no participa en el relato que narra y sabe todo lo que los personajes dicen y piensan. «La puerta del infierno» de Antonio Landauro (página 145) tiene un punto de vista omnisciente en tercera persona.

3. En el *punto de vista limitado en tercera persona,* el narrador no participa en la historia y se concentra en los pensamientos y sensaciones de un solo personaje (o de un grupo de personajes). Gary Soto utiliza este punto de vista en «Primero de secundaria» (página 16), así como Horacio Quiroga en «La guerra de los yacarés» (página 61).

Ver las páginas 78 y 119.
Ver también *Narrador.*

REPETICIÓN La *repetición* es un recurso por medio del cual se repiten palabras, frases, ritmos o sonidos. Cuando se usa en la poesía, la repetición crea un efecto musical y enfatiza las ideas importantes. Antonio Cabán Vale usa la repetición en la canción «Verde luz» (página 214), así como Antonio Machado en «Caminante, son tus huellas...» (página 272).

Ver la página 257.

REPRESENTACIÓN La *representación* es la actuación o interpretación de una obra dramática. Toda representación tiene tres elementos esenciales: los **actores** o intérpretes, que asumen los papeles de los personajes del drama; un **público** o una audiencia de espectadores; y un **espacio de representación**, que no siempre es un escenario.

Ver la página 202.
Ver también *Drama*.

RIMA Los dos tipos principales de rima son la **rima consonante** o **total** y la **rima asonante** o **parcial**. En la *rima consonante o total* los sonidos de las vocales y las consonantes se repiten de manera idéntica. Estos versos de «Coplas por la muerte de su padre» de Jorge Manrique (página 270) son un ejemplo de rima consonante:

> Nuestras vidas son los **ríos**
> que van a dar en la m**ar,**
> que es el mor**ir;**
> allí van los seño**ríos**
> derechos a se acab**ar**
> y consum**ir;**

En la *rima asonante o parcial* sólo se repite el sonido de las vocales, como en este ejemplo del «Romance sonámbulo» de Federico García Lorca (página 334):

> Verde que te quiero verde.
> Verde viento. Verdes **ramas.**
> El barco sobre la mar
> y el caballo en la mont**aña.**

> Con la sombra en la cintura,
> ella sueña en su **baranda,**
> verde carne, pelo verde,
> con ojos de fría **plata.**

Ver la página 256.

RITMO El *ritmo* es un énfasis repetitivo que se escucha en una serie de palabras o sonidos. El ritmo es especialmente importante en la poesía, aunque no todos los poemas tienen un esquema rítmico fijo. Los siguientes elementos contribuyen a crear el ritmo de un poema: rima, sílabas acentuadas y número de sílabas de los versos. Los efectos del ritmo en un poema son la presencia de una cualidad musical, la imitación de una acción concreta o el logro de un tono o efecto general. La mejor forma de apreciar el ritmo de un poema o de un texto en prosa es leerlo en voz alta.

Ver la página 256.
Ver también *Verso libre*.

SEMBLANZA Una descripción breve que presenta información selecta sobre la vida de una persona se llama *semblanza*.

Ver *Biografía*.

SÍMBOLO Un *símbolo* es una persona, un lugar, un objeto o un suceso que representa valores, ideas o conceptos. Todos conocemos muchos símbolos convencionales de la vida diaria: por ejemplo, el corazón se usa para significar el amor. En la literatura, los símbolos adquieren significados personales y a menudo sorprendentes de acuerdo al contexto. Además de su significado literal, un símbolo puede tener más de un significado figurativo. Por ejemplo, en «Coplas por la muerte de su padre» de Jorge Manrique (página 270), los ríos son símbolos de la vida, que fluyen inevitablemente hacia el mar, que se presenta como símbolo de la muerte. En *Aydin* de Jordi Sierra i Fabra (página 319), para los pescadores de Gerze la ballena es un símbolo de la libertad.

Ver la página 258.

SÍMIL Un *símil* es una comparación entre dos cosas mediante el uso de las palabras *como, igual que, más que* o *parecido*. Cuando el narrador de *Aydin,* de Jordi Sierra i Fabra, dice «Las palabras la envolvían, zumbaban por su cerebro como avispas enloquecidas» (página 322), utiliza un símil.

Ver la página 258.
Ver también *Metáfora*.

SUSPENSO El *suspenso* es la incertidumbre que siente el lector sobre lo que puede ocurrir en una historia. Ana María Shua crea un buen efecto de suspenso en «Posada de las Tres Cuerdas» (página 129), como también lo hace Antonio Landauro en «La puerta del infierno» (página 145).

Ver la página 76.

TEMA La idea principal de una obra literaria se llama *tema*. Es importante distinguir entre el tema de una obra literaria, es decir, lo que expresa en un sentido general, y el asunto, es decir, de lo que trata el argumento a un nivel superficial. A veces los escritores definen el tema directamente. Pero por lo general el lector tiene que pensar en todos los elementos de la obra y preguntarse lo que quiere decir el autor sobre la vida o la conducta humana.

Ver las páginas 79 y 318.

TONO El *tono* es la actitud que adopta el escritor hacia un asunto. El tono de un escritor puede ser irónico, como en «La guerra de los yacarés» de Horacio Quiroga (página 61); reflexivo, como en «La tortuga» de Pablo Neruda (página 248) o en «El forastero gentil» de Sabine Ulibarrí (página 260); doloroso, como en «Yo voy soñando caminos...» de Antonio Machado (página 272); o

gozoso, como en «Tiene el leopardo un abrigo...» de José Martí (página 213).

Ver también *Ironía*.

TRADICIÓN ORAL Las historias de la *tradición oral* son narraciones que se transmiten de boca en boca y de generación en generación. En muchas culturas del mundo, la tradición oral ha servido para transmitir mitos, leyendas y cuentos populares durante miles de años. «Posada de las Tres Cuerdas» (página 129) de Ana María Shua es una adaptación de un cuento popular japonés. «La puerta del infierno» (página 145) de Antonio Landauro presenta una leyenda de la comunidad izalqueña de El Salvador. El cuento «Güeso y Pellejo» (página 153) de Ciro Alegría se basa en una leyenda de la región de los Andes. En el mundo actual, la tradición oral sigue jugando un papel importante en la transmisión de historias familiares y costumbres populares.

Ver la página 142.

TRAMA Se llama *trama* la forma en que un escritor presenta, ordena y relaciona los sucesos que tienen lugar en el relato.

Ver las páginas 76 y 202.

UTILERÍA La *utilería* es el conjunto de objetos que se emplean en un escenario teatral.

Ver la página 203.

VERSO LIBRE La poesía sin rima o esquema rítmico fijo se llama *verso libre*. El verso libre a menudo emplea formas y ritmos imaginativos y sorprendentes. Alfonso Quijada Urías utiliza el verso libre en «Hay un naranjo ahí» (página 246).

Ver las páginas 256 y 257.

MANUAL DE COMUNICACIÓN

EL PROCESO DE LA REDACCIÓN

Las principales etapas de la redacción

El proceso de redactar consta de seis etapas:

- Antes de escribir
- Borrador
- Evaluación y revisión
- Corrección de pruebas
- Publicación
- Reflexión

Los escritores no siempre siguen este orden. Por ejemplo, muchos escritores hacen una corrección de pruebas antes de evaluar y revisar sus borradores. Algunos, en cambio, prefieren revisar sus borradores a medida que los escriben. Al preparar tu portafolio, encontrarás el método que mejor te conviene.

Escribir con computadora

La computadora te proporciona fácil acceso a una gran cantidad de información, a la vez que elimina muchas tareas repetitivas y aburridas. A continuación te ofrecemos algunos consejos para que escribas tus proyectos en la computadora (recuerda guardar tu trabajo después de cada paso en el archivo de reserva).

Antes de escribir

- Usa la computadora para anotar tus ideas y para escribir sin temor a cometer errores.

- Para trabajos de investigación, puedes encontrar información útil en los CD-ROMs de los índices computarizados de publicaciones y en las bases de datos.

Borrador

- Podrás escribir tus ideas más rápidamente en la computadora que escribiendo a mano. Puedes hacer tus borradores sin preocuparte por errores de ortografía o gramática.

Evaluación y revisión

- La computadora te permite revisar tu borrador sin tener que volver a copiarlo o reescribirlo; sólo tienes que añadir, cortar o mover el material según te convenga.

- Puedes imprimir diferentes versiones de tu trabajo y evaluar su contenido, organización y estilo.

Corrección de pruebas y publicación

- Un progama de corrección ortográfica te ayudará a encontrar y corregir muchos errores de ortografía.

- Los diferentes programas para revisar textos te permitirán experimentar y probar diferentes tipos de letras y diseños; la computadora te ayudará a darle a tu trabajo escrito una apariencia profesional.

Símbolos para la revisión y la corrección de pruebas

SÍMBOLO	EJEMPLO	SIGNIFICADO DEL SÍMBOLO
≡	Estados unidos	Hacer mayúscula una letra minúscula
/	4 de Noviembre	Hacer minúscula una letra mayúscula
∧	papilería	Cambiar una letra
∧	en fente	Poner una palabra, letra o signo de puntuación que no aparece
ℓ	según es parece	Quitar una palabra, letra o signo de puntuación
	deslizzante	Quitar una letra y cerrar el espacio
tr	la anguila entre mis manos se deslizó.	Cambiar de lugar el material dentro del círculo
#	#—¡Ay!— gritó.	Empezar otro párrafo
⊙	Se asomó desde los arbustos⊙	Poner un punto
∧	Ernesto el hermano mayor de Alfonso apareció.	Poner una coma

EL PÁRRAFO

La idea principal y su desarrollo

Una de las maneras más comunes de organizar el trabajo escrito es por medio de **párrafos.** Éstos se combinan para producir textos más largos y completos, como un cuento, un artículo periodístico o una carta.

Casi todos los párrafos tienen una **idea principal.** Ésta es la idea o el tema alrededor de la cual se organiza el párrafo; todas las oraciones en un párrafo deben relacionarse con ella.

Identificación de la idea principal y la oración principal

La idea principal de un párrafo se puede expresar directa o indirectamente. En el primero de los casos, la encontramos en la **oración principal.** Ésta se puede colocar en cualquier parte del párrafo, pero generalmente está al principio. Cuando la oración principal se encuentra más adelante, sirve para unir ideas y mostrar al lector qué relación hay entre esas ideas. En el siguiente párrafo sobre el papel del maíz dentro de las culturas de las Américas, observa cómo la idea fundamental se presenta en la oración principal, que aparece en letra cursiva, y luego se desarrolla.

De todos los principales alimentos de los indígenas del hemisferio occidental —el maíz, los frijoles, los chiles y la calabaza— el maíz ha sido a lo largo de la historia el más importante. Hace alrededor de 5.000 años, en el Valle de Tehuacán en el sur de México, se descubrió que el maíz seco podía almacenarse. Este descubrimiento fue un factor vital para el desarrollo de la civilización, ya que produjo el establecimiento de comunidades en localidades permanentes. Tan importante como la capacidad de almacenar el maíz era su preparación. Los indígenas de América Central molían la mezcla de maíz y cal, llamada **nixtamal,** hasta convertirla en una masa sin levadura que sería el ingrediente principal de las tortillas y los tamales. El hallazgo de técnicas apropiadas de preparación de alimentos como el maíz hizo posible la vida sedentaria.

Los **párrafos narrativos,** aquellos que cuentan una serie de sucesos, no tienen una oración que exprese directamente la idea principal. En este tipo de párrafo, el lector va juntando detalles para entender la idea principal. En el siguiente ejemplo, los detalles expresan, indirectamente, que Víctor espera encontrarse con Teresa.

El patio triangular y pequeño de la escuela bullía con estudiantes que hablaban de sus nuevas clases. Todo el mundo estaba de buen humor. Víctor se apresuró hacia la zona donde comían los alumnos que habían traído sus propios almuerzos y se sentó y abrió su libro de matemáticas. Movió los labios como si leyera, pero pensaba en otra cosa. Levantó la vista y miró a su alrededor. No estaba Teresa.

—Gary Soto, «Primero de secundaria»

Desarrollo con detalles secundarios

Los **detalles secundarios** explican, prueban o amplían la idea principal de un párrafo. Pueden ser sucesos, hechos, imágenes, ejemplos, razones y citas.

Unidad y coherencia

Un buen párrafo posee **unidad y coherencia.** En un párrafo que tiene unidad, todas las oraciones están relacionadas con la idea principal. Un párrafo es coherente cuando todas las ideas están relacionadas, tienen sentido y su lectura es fácil de seguir.

Para ayudar al lector a seguir tus ideas, utiliza **palabras de enlace** que muestren la coherencia que hay entre las oraciones.

PALABRAS DE ENLACE		
De tiempo		
al fin	enseguida	mientras
antes	entonces	mientras tanto
cuando	eventualmente	primero
de pronto	finalmente	ya
después	luego	
De lugar		
a través de	debajo	primero
alrededor	dentro	segundo
aquí	encima	sobre
arriba	fuera de	
bajo	junto a	
De importancia		
además	lo más importante	primero
al menos	para empezar	principalmente
entonces	por último	segundo
finalmente	porque	sobre todo
De comparación		
además	cual	otro
asimismo	del mismo modo	también
como	igualmente	y
De contraste		
a pesar de	incluso	sin embargo
aunque	no obstante	todavía
en lugar de	pero	
De causa		
dado que	por	puesto que
debido a	porque	ya que
De efecto		
así pues	como resultado	por consecuencia
así que	entonces	por lo que

Ejemplo de entrada

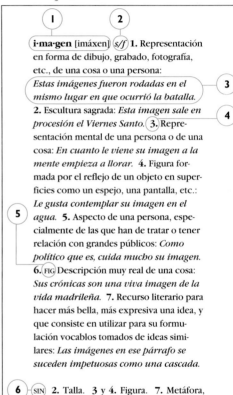

TÉCNICAS DE ESTUDIO

Uso del diccionario

1. **Entrada.** La entrada nos provee la definición y el significado de la palabra y nos muestra la ortografía correcta. A veces se incluye la pronunciación. También nos indica si lleva mayúscula o si se puede escribir de otras maneras. Los adjetivos se dan generalmente en sus dos formas: masculina y femenina.

2. **Clasificación morfológica.** Estas clasificaciones suelen estar abreviadas y nos indican cómo se usan las palabras en la oración (como nombre, verbo, adverbio, etc.); para los nombres se da el género. Algunas palabras tienen diferentes funciones y, para éstas, el diccionario ofrece la abreviatura correspondiente antes de cada definición.

3. **Ejemplos.** Palabras o frases en cursiva que nos muestran cómo se usa la palabra definida.

4. **Definiciones.** Si la palabra tiene más de un significado, las distintas definiciones van numeradas o marcadas con letras.

5. **Otros usos.** Estas especificaciones identifican las palabras que tienen significados especiales o que se usan de un modo diferente en ciertas ocasiones.

6. **Sinónimos y antónimos.** Algunas veces se enumeran sinónimos y antónimos al final de la entrada. Puedes encontrar otros sinónimos y antónimos en un **tesauro,** que es otro tipo de libro de referencia.

Interpretación de mapas, cuadros y gráficos

Tipos de mapas

- Los **mapas topográficos** muestran el paisaje natural de un área. A veces están sombreados para dar una sensación de **relieve** (formaciones tales como montañas, colinas y valles) y se usan colores distintos para mostrar **elevaciones** (la altura sobre o por debajo del nivel del mar).

- Los **mapas políticos** indican unidades políticas, como países y estados. Suelen señalar las fronteras con líneas, las ciudades importantes con puntos y las capitales con estrellas dentro de un círculo. Los mapas políticos se usan también para proporcionar información como cambios territoriales o alianzas militares.

- Los **mapas de usos especiales** presentan información específica, tales como rutas de exploradores, resultados de elecciones y el lugar de determinados cultivos, industrias o poblaciones. Los mapas literarios al principio de este libro (páginas v–vii) son ejemplos de mapas de usos especiales.

Cómo interpretar un mapa

1. **Identifica cuál es el objetivo del mapa.** Su título e indicaciones te mostrarán cuál es el tema y el área geográfica que cubre.

2. **Estudia la leyenda.** La **leyenda** o **clave** explica el significado de cualquier símbolo, línea, color o sombreado que presente el mapa.

3. **Observa las direcciones y las distancias.** Los mapas incluyen a menudo una **rosa de los vientos** o **indicador direccional,** que señala dónde están el norte, el sur, el este y el oeste. Si no hay indicador direccional, da por entendido que el norte se encuentra en la parte superior del mapa, el oeste a la derecha, etcétera. Muchos

mapas también incluyen una escala para ayudarte a comparar las distancias representadas con las reales.

4. **Ten en cuenta el área que rodea la zona cubierta por el mapa.** Los mapas dan la **latitud** (número de grados al norte o al sur del ecuador) y la **longitud** (número de grados al este o al oeste del meridiano de Greenwich en Inglaterra) de cualquier lugar en la Tierra. Algunos mapas también contienen **mapas de localización,** que muestran la situación del área representada en relación con territorios colindantes o con el mundo. (Encontrarás un mapa de localización en la página vii.)

Tipos de cuadros

- Un **flujograma** refleja una secuencia de acontecimientos o los pasos de un proceso. Estos tipos de cuadros muestran relaciones de causa y efecto.

- Un **diagrama temporal** muestra sucesos históricos en **orden cronológico** (el orden en que sucedieron). Observa también el ejemplo de la página 246.

- Un **organigrama** nos muestra la estructura de una organización: la función de cada parte, su importancia y cómo se relacionan las diferentes partes entre sí.

- Por medio de columnas, una **tabla** presenta datos, generalmente estadísticos, en categorías fáciles de entender.

Cómo interpretar un cuadro

1. **Lee el título** para identificar el propósito del cuadro.

2. **Lee los rótulos, las secciones y las indicaciones** del título para averiguar qué categorías lo forman y qué datos se ofrecen para cada una de ellas.

3. **Analiza los detalles.** Sigue las líneas y las flechas para comprender la dirección o el orden de los sucesos o los pasos. Lee los números cuidadosamente y toma nota de los datos, los intervalos de tiempo y los incrementos o disminuciones de las cantidades.

Tipos de gráficos

- Los **gráficos lineales** muestran generalmente cambios en cantidades a lo largo del tiempo. Sus componentes básicos son una línea horizontal, llamada eje horizontal, y una vertical, llamada eje vertical. Normalmente, el eje vertical indica números o porcentajes, mientras que el horizontal muestra periodos de tiempo. Los puntos muestran el número o el porcentaje de lo que se mide o se cuenta a través del tiempo. Los puntos se conectan para crear el gráfico.

- Los **gráficos de barras** suelen usarse para comparar cantidades dentro de categorías determinadas.

Gráfico lineal

Gráfico de barras

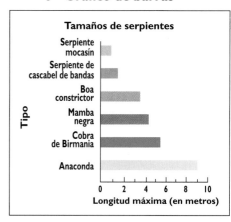

Gráfico circular

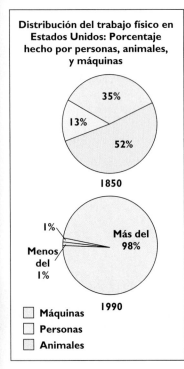

Distribución del trabajo físico en Estados Unidos: Porcentaje hecho por personas, animales, y máquinas

35%

13%

52%

1850

1%

Más del 98%

Menos del 1%

1990

☐ Máquinas
☐ Personas
☐ Animales

• Los **gráficos circulares** sirven para ilustrar proporciones; dividen un círculo en secciones de diferentes tamaños, como rebanadas de un pastel.

Cómo interpretar un gráfico

1. **Lee el título** para identificar el tema y propósito del gráfico.

2. **Lee las indicaciones en cada eje, barra o sección** para ver qué tipo de información se ofrece.

3. **Analiza los datos.** Toma nota de aumentos o disminuciones en las cantidades. Busca tendencias, relaciones y variaciones en los datos.

Estrategias para tomar un examen

Antes de comenzar a responder un examen, **analízalo.** Observa los elementos que lo componen y decide cómo administrar tu tiempo. Si cada pregunta tiene la misma importancia en la calificación, deja para el final las que más tiempo te tomen.

En las **preguntas de selección múltiple** debes elegir la respuesta correcta entre una lista de respuestas posibles.

MODELO   El tema de un cuento expresa su ___ .

      A. sujeto   **C.** conflicto

      B. mensaje   **D.** ambiente

Cómo contestar preguntas de selección múltiple

Lee la pregunta o la afirmación cuidadosamente.

• Asegúrate de que la comprendes antes de examinar las opciones.

• Busca palabras como *no* o *siempre,* que eliminarán alguna de las opciones.

Lee todas las alternativas antes de seleccionar una respuesta.

• Elimina las que sepas que son incorrectas.

• Piensa cuidadosamente en las opciones restantes y selecciona la que tiene más sentido.

En las **preguntas de cierto/falso** debes decidir si una afirmación dada es correcta o falsa.

MODELO   C___ F___ Gary Soto nació en México, pero se mudó a Estados Unidos cuando era niño.

Cómo contestar preguntas de cierto/falso

Lee la afirmación cuidadosamente: puedes concluir que es falsa si parte de la información es falsa.

Busca palabras clave: términos como *siempre* o *nunca* pueden ayudarte a encontrar las respuestas.

Los **ejercicios de relacionar columnas** consisten en emparejar correctamente los elementos de dos listas.

MODELO   Busca la definición que corresponde a cada una de las palabras.

    ___ **1.** ambiente **A.** historia de la vida de una persona

    ___ **2.** biografía **B.** representación verbal de cosas o ideas

    ___ **3.** metáfora **C.** tiempo y espacio en que ocurre la acción

    ___ **4.** imágenes **D.** hace una comparación indirecta

Cómo hacer ejercicios de relacionar columnas

Lee las instrucciones cuidadosamente: a veces no usarás todos los elementos de una columna, mientras que en otras ocasiones éstos tendrán más de una pareja.

Examina las columnas para identificar elementos relacionados: primero, relaciona los elementos que conoces; luego, evalúa aquéllos sobre los que estás menos seguro.

Completa el resto de las parejas: trata de encontrar las relaciones con más sentido entre los elementos que te quedan.

Los **ejercicios de analogía** te piden que reconozcas la relación que existe entre dos palabras y que identifiques otro par de palabras con una relación similar.

MODELO   Selecciona las palabras que tienen la misma relación que
ORACIÓN : PÁRRAFO :: _____ : _____

    A. nombre : verbo **C.** oración : cuento

    B. párrafo : ensayo **D.** poesía : ficción

Hay diferentes tipos de analogías, pues dos conceptos se pueden relacionar de muchas maneras diferentes.

Cómo hacer ejercicios de analogía

Analiza las primeras palabras: razona cuál es la relación entre ellas (la relación entre una *oración* y un *párrafo* es la de «parte de un todo»; una *oración* es parte de un *párrafo*).

Expresa la analogía con una afirmación o pregunta: por ejemplo, en ORACIÓN : PÁRRAFO, el primer elemento es parte del segundo. ¿En qué otra alternativa sucede lo mismo?

Encuentra la mejor alternativa para completar la analogía: selecciona las palabras que tienen el mismo tipo de relación que las primeras (una *oración* es parte de un *párrafo* del mismo modo que un *párrafo* es parte de un *ensayo*).

PREGUNTAS DE ENSAYO		
Verbo clave	Tarea o actividad	Ejemplo de pregunta
Analizar	Dividir algo en partes para examinar la función de cada una.	Analiza el personaje del Surubí en «La guerra de los yacarés».
Comparar	Buscar parecidos (a veces comparar significa «comparar y contrastar»).	Compara el tema de «Mis primeros versos» con el de «Primero de secundaria».
Contrastar	Buscar diferencias.	Contrasta el tono de «Mis primeros versos» con el del fragmento de Paula.
Definir	Dar los detalles concretos que caracterizan a algo.	Define el término onomatopeya.
Describir	Expresar una imagen en palabras.	Describe el ambiente de «Posada de las Tres Cuerdas».
Discutir	Examinar en detalle.	Discute el tema de «Mañana de sol».
Explicar	Dar razones.	Explica por qué la anticipación crea suspenso.
Identificar	Comentar características específicas.	Identifica las características de un personaje.
Enumerar	Poner en orden los pasos de un proceso o ciertos detalles sobre un tema.	Enumera las partes principales del argumento.
Resumir	Revisar brevemente los puntos principales.	Resume la historia «Posada de las Tres Cuerdas».

Cómo contestar preguntas de ensayo

Las **preguntas de ensayo** requieren que escribas respuestas en uno o más párrafos. Antes de comenzar a responder a una pregunta de ensayo, léela e identifica los **verbos clave.** Estos verbos te dicen qué tipo de respuesta se te está pidiendo. También te indican si la respuesta se compone de una o más partes.

Aprendizaje en equipo

Cuando trabajas en equipo con un grupo de compañeros, combinas tus habilidades y conocimientos con los de ellos para aprender más de lo que podrías aprender por tu cuenta. Tu grupo tendrá un propósito específico, como por ejemplo, buscar y compartir ideas o información, resolver un problema, completar un proyecto o presentar conclusiones ante un grupo mayor. Una vez que conozcan el propósito del grupo, consideren cuánto tiempo tienen para cumplir su objetivo. Decidan entonces cómo van a realizar su tarea.

Funciones y responsabilidades

Cada miembro se hace responsable de participar activamente en el trabajo del equipo, escuchando con respeto a los demás y cooperando con ellos para conseguir el objetivo propuesto.

Los miembros del grupo pueden ejercer diferentes funciones. El desempeño de algunas, como las que siguen, se puede prolongar mientras dure el trabajo del equipo:

- **Líder:** Se asegura de que el grupo no se salga del rumbo marcado, anima a cada miembro a participar y ayuda a resolver conflictos.

- **Secretario:** Toma notas de toda información relevante.

Otras funciones se pueden intercambiar entre los miembros del equipo:

- **Vocero:** comparte una idea o respuesta con el grupo.

- **Ampliador:** propone preguntas al vocero con el fin de obtener más información.

- **Animador:** alienta al vocero y al ampliador en sus intervenciones.

Procura estar siempre listo para defender tus comentarios; recuerda que una **opinión válida** está respaldada por hechos y detalles. Por ejemplo, si afirmas que el personaje principal de la historia que tu grupo está analizando es un cobarde, tienes que proveer ejemplos del texto que demuestren su falta de valentía.

A veces te sentirás incómodo al compartir tus pensamientos y sentimientos con el grupo; no te sientas presionado a la hora de expresarlos. Es importante que cada miembro del grupo respete la privacidad de los demás. Intenta hablar de la tarea o del tema sin referirte a ti mismo.

Control de grupo

Después de finalizar una actividad en grupo, piensa qué consiguió tu equipo y cuán bien trabajaron juntos. ¿Resolvieron los conflictos de una manera positiva? ¿Tuvo todo el mundo la oportunidad de participar? Traten de completar juntos las siguientes frases:

Creo que hoy hicimos bien: _____.

Podríamos mejorar en: _____.

ESTRATEGIAS DE LECTURA Y PENSAMIENTO CRÍTICO

Parafrasear y resumir

Parafrasear significa expresar las ideas de otros con tus propias palabras, de manera que sean más fáciles de entender. A diferencia de un resumen, una paráfrasis es generalmente tan larga como el texto original.

Cómo escribir una paráfrasis

1. Lee cuidadosamente el texto para identificar la idea principal y los detalles secundarios. Busca en un diccionario las palabras que no conozcas.

2. Vuelve a escribir la idea principal y los detalles secundarios con tus propias palabras. Sigue el mismo orden de las ideas del texto. Trabaja frase por frase, acorta oraciones o estrofas largas y expresa las ideas complejas de manera clara y sencilla.

3. Asegúrate de que tu paráfrasis diga lo mismo que el original, pero en tus propias palabras.

Aquí tienes un poema y su paráfrasis:

> **«Hay un naranjo ahí»**
> Hay un naranjo enfrente, tras de ese viejo tapial
> abandonado,
> pero no es el mismo naranjo que sembramos,
> y es un bello naranjo
> tan bello que nos hace recordar
> aquel naranjo que sembramos
> > —en nuestra tierra—
> antes de venir a esta casa
> tan distante y lejana de aquélla
> donde sembramos un naranjo
> y hasta lo vimos—como éste—florecer.
> > —Alfonso Quijada Urías

La paráfrasis

Hay un naranjo detrás de un tapial abandonado frente a su casa. La belleza del naranjo le recuerda el naranjo que había sembrado y había visto florecer frente a la casa en que vivía antes de mudarse a esta nueva y lejana tierra.

Parafrasear es un buen ejercicio para comprobar si has comprendido lo que leíste u oíste. Si el escritor u orador está presente (por ejemplo, en una conferencia o entrevista en la que participan tus compañeros) parafrasea en voz alta cualquier afirmación que no te haya quedado clara y pregunta al escritor u orador si tu interpretación es correcta.

Resumir significa expresar las ideas de un texto en menos palabras.

Cómo escribir un resumen

1. Ojea el texto para encontrar la idea principal.

2. Vuelve a leer el texto más atentamente y toma nota de los detalles secundarios más importantes.

3. Escribe de nuevo la idea principal y los detalles importantes con tus propias palabras.

4. Asegúrate de que has cubierto los puntos más importantes de la manera más breve.

Para más información sobre resúmenes, ver la página 317.

Hacer generalizaciones

Una **generalización** es una afirmación aplicable a muchos individuos o experiencias. Aquí tienes algunas afirmaciones **concretas** y una generalización basada en ellas.

AFIRMACIONES CONCRETAS:	Las chitas pueden correr a setenta millas por hora.
	Los leones pueden correr a cincuenta millas por hora.
	Los gatos pueden correr a treinta millas por hora.
GENERALIZACIÓN:	Todos los felinos son muy ligeros.

Una generalización se basa en tus propias experiencias y observaciones y abarca un conocimiento mayor, más general. Sin embargo, no todas las generalizaciones son **válidas** o ciertas. No hagas generalizaciones **apresuradas** basadas en unas cuantas observaciones concretas. Imagina que estás leyendo algunos poemas de este libro. Podrías decir:

AFIRMACIONES ESPECÍFICAS:	El poema «Hay un naranjo ahí» es corto.
	El poema «Verde luz» es corto.
	El poema «Caminante, son tus huellas...» es corto.
GENERALIZACIÓN:	Todos los poemas son cortos.

Otras estrategias

Para una discusión de las siguientes estrategias, estudia los ejercicios indicados de ESTRATEGIAS PARA LEER.

- Uso de métodos de comparación y contraste — página 26
- Cómo utilizar las pistas del contexto — página 90
- Hacer predicciones — página 152
- Reconocer relaciones de causa y efecto — página 212
- Hacer una evaluación — página 267
- Hacer un resumen — página 317

¿Es válida esta generalización sobre «todos los poemas»? Si puedes encontrar excepciones, la generalización es incorrecta.

BÚSQUEDA DE INFORMACIÓN

La biblioteca y el centro de medios audiovisuales

La redacción de informes te permite encontrar más y mejor información sobre temas que te interesan para compartir esta información con otros. A veces, podrás escoger tu propio tema, mientras que otras veces, se te asignará. En ambos casos, probablemente necesitarás reunir información de diferentes fuentes.

Puedes encontrar esta información en las bibliotecas de tu escuela y tu comunidad. Muchas bibliotecas tienen ahora centros de medios audiovisuales. No dejes de consultar otros tipos de fuentes que tu comunidad te puede ofrecer: empresas, museos, oficinas de redacción de periódicos, zoológicos, hospitales, grupos cívicos o asociaciones como las sociedades históricas, e individuos bien informados a los que puedes entrevistar personalmente.

Cómo encontrar información

La organización de la biblioteca

Las bibliotecas y los centros de medios audiovisuales asignan un **número de clasificación** (un código de letras y números) a cada libro. El número de clasificación te indica dónde encontrar el libro en la biblioteca y cómo fue clasificado.

La mayoría de las bibliotecas y los centros de medios audiovisuales de las escuelas utilizan el **sistema decimal Dewey** como base para la clasificación. Este sistema clasifica y organiza los libros de acuerdo a sus temas. El número de clasificación indica la materia que corresponde al tema del libro; por ejemplo, un libro sobre motores de aviones estará en la sección de tecnología, en los números 600–699.

Las biografías están, por regla general, en una sección especial de la biblioteca. Se organizan en orden alfabético de acuerdo con el apellido de la persona en la que se basa la biografía. Los libros de ficción tienen generalmente su propia sección, y se clasifican alfabéticamente según el apellido del autor. Dos o más libros escritos por el mismo autor se organizan alfabéticamente según las primeras palabras de sus títulos.

La mayoría de las bibliotecas y los centros de medios audiovisuales tienen una sección aparte para libros de referencia. Además de enciclopedias, tienen índices biográficos, atlas, almanaques y diccionarios. Muchos están clasificados en orden alfabético; el bibliotecario te explicará la organización de esta sección para ayudarte a encontrar lo que buscas.

El catálogo de fichas

Encontrarás el número de clasificación de cualquier libro en la biblioteca o centro de medios, buscando en el catálogo de fichas. Su estructura clásica es la de un mueble con pequeños cajones que contienen las fichas. Éstas están ordenadas en orden alfabético por título, autor o tema. Sin embargo, en muchas bibliotecas la red de catálogos computarizados ha sustituido al tradicional catálogo de fichas y consiste en una estación o terminal de computadora con pantalla y teclado, y provee la misma información que el catálogo de fichas. La única diferencia es que la información se da en forma electrónica en vez de física.

Todo libro de ficción tiene en el catálogo una ficha por título y otra por autor. Si el libro no es de ficción, tendrá también una ficha por tema.

Las fichas del catálogo probablemente estarán en inglés. A la izquierda hay un ejemplo de las fichas de un libro que no es de ficción.

Title Card

305.86872	East Los Angeles: history of a barrio
ROM	**Romo, Ricardo.**

East Los Angeles: history of a barrio/by Ricardo Romo. 1st ed.

Austin: University of Texas Press [c1983]

xii, 220p.; 24 cm.

Author Card

305.86872	**Romo, Ricardo.**
ROM	East Los Angeles: history of a barrio/by Ricardo Romo.

1st ed.

Austin: University of Texas Press [c1983]

xii, 220p.; 24 cm.

Subject Card

305.86872	MEXICAN AMERICANS—CALIFORNIA
ROM	—EAST LOS ANGELES

Romo, Ricardo.
East Los Angeles: history of a barrio/by Ricardo Romo.
1st ed.
Austin: University of Texas Press
[c1983]
xii, 220p.; 24 cm.
ISBN 0-292-72040-8   ISBN 0-292-72041-6 (pbk.)
1. Mexican Americans—California—East Los Angeles—Social conditions. 2. Mexican Americans—California—East Los Angeles—History. 3. East Los Angeles (Calif.)—Social conditions. 4. East Los Angeles (Calif.)—History. I. Title.

Otras fuentes

Hoy día las bibliotecas tienen muchas otras cosas además de libros. Pregúntale al bibliotecario sobre la disponibilidad de libros en audiocasete, películas en videocasete, discos compactos y otros materiales.

Libros de referencia

La mayoría de las bibliotecas y centros de medios de información tienen una sección aparte para libros de referencia, publicaciones que contienen información ordenada para que sea fácil de encontrar. El bibliotecario te puede explicar cómo está organizada esta sección y ayudarte a encontrar el material que buscas. Generalmente, los libros de referencia no se pueden sacar de la biblioteca.

Bases de datos

Algunas bibliotecas también tienen acceso a bases de datos electrónicas y a amplias colecciones de información en computadora. Los servicios de investigación computarizados te ofrecen acceso a cientos de bases de datos. A veces hay que pagar por estos servicios; pídele a tu bibliotecario que te informe.

Ésta es la información que contiene una ficha:

1.	Número de clasificación	El número asignado a un libro por los sistemas de clasificación de la biblioteca del Congreso de los Estados Unidos o el sistema decimal Dewey
2.	Autor	Nombre completo del autor, comenzando por el apellido
3.	Título	Título y subtítulos completos del libro, si los hay
4.	Editorial	Lugar y fecha de publicación
5.	Tema	Tema general del libro; la ficha del tema puede que tenga un encabezamiento más específico
6.	Descripción física	Descripción del libro: tamaño, número de páginas e ilustraciones
7.	Otras referencias	Indican encabezamientos o temas relacionados bajo los que puedes buscar otros libros en la biblioteca

LIBROS DE REFERENCIA	
Tipo y ejemplos	**Descripción**
Enciclopedias	• Múltiples volúmenes
Enciclopedia Hispánica	• Artículos organizados alfabéticamente por temas
Gran Enciclopedia Visual	• Contiene información general • Puede tener índice en volúmenes separados
Referencias biográficas generales	• Información sobre nacimiento, nacionalidad y logros más importantes de personas sobresalientes
Referencias biográficas especiales	• Información sobre gente conocida por sus logros especiales en diversos campos o por su pertenencia a determinados grupos
Atlas	• Mapas e información geográfica
Almanaques	• Datos actualizados, hechos, estadísticas e información sobre sucesos actuales
Libros de citas	• Citas famosas clasificadas por temas
Libros de sinónimos Diccionarios de sinónimos y antónimos	• Listas de palabras que ayudan a expresar ideas de manera precisa

Internet

Al hacer investigaciones por Internet, ten en cuenta los siguientes cinco criterios:

- El **alcance** se refiere a la extensión y a la profundidad de la información presentada. ¿Tiene el sitio tal alcance que hace que éste sea la mejor fuente? ¿Podrías conseguir mejor información por medio de libros?

- La **exactitud** se refiere a la fiabilidad de la información presentada. Cualquier persona o grupo puede crear su propio sitio Web; por lo tanto, no hay garantía de que la información sea acertada. Compara lo que encuentres en el sitio con otras fuentes.

- La **autoridad** se refiere a la capacitación del autor del sitio. ¿Es experto en el campo? ¿Ha publicado otros materiales relacionados al tema?

- La **actualización** se refiere a las fechas de creación y revisión del sitio. En muchos casos, los sitios Web no indican cuándo se crearon ni cuándo se actualizaron. Si lo indican, generalmente lo hacen al pie de la página inicial.

- La **objetividad** se refiere al propósito del sitio y al grado de prejuicio que pueda haber en la información presentada. Los sitios Web se crean por varios motivos: para repartir información, para vender algo o para promover una idea. El hecho de que un sitio tenga cierto prejuicio no significa necesariamente que se deba descartar por completo lo que dice. Pero sí hay que ser consciente del efecto que pueda tener ese prejuicio en la información que se presenta. Por eso, siempre es aconsejable comparar la información de un sitio Web con otras fuentes. Para evaluar la objetividad de un sitio, considera los sitios resumidos en la tabla siguiente:

Tipos de sitio y dominios	Propósitos y características
Sitios de defensa o de promoción Dominios: .org, .com Ejemplo: www.unicef.org	Influenciar las opiniones del público. Pueden ser informativos, pero hay que evaluar su objetividad y distinguir entre los hechos y las opiniones.
Sitios comerciales Dominio: .com Ejemplo: www.hrw.com	Vender o promocionar productos y servicios. Pueden ser fuentes de información útiles. Al evaluar el sitio, determina quién es el patrocinador y ve si las secciones informativas están separadas de los anuncios.
Sitios informativos Dominios: .edu, .gov Ejemplo: www.lanic.utexas.edu	Proveer información. Generalmente provienen de los servidores de agencias gubernamentales o educativas. Nota que el dominio .edu no garantiza la fiabilidad del sitio Web. Como siempre, se debe evaluar la información presentada.
Sitios noticieros Dominios: .com, .org Ejemplo: www.cnnenespanol.com	Presentar noticias. Al evaluar el sitio, determina quién es el patrocinador y ve si las secciones informativas están separadas de los anuncios. Recuerda que los periodistas no siempre son expertos en los asuntos sobre los cuales escriben.
Sitios personales Dominios: Cualquier dominio se puede dar	Suele variar mucho. A veces proveen enlaces útiles pero en general no se deben usar estos sitios como fuentes fidedignas de información.

Publicaciones periódicas

Los diarios y otras publicaciones también contienen información útil. Pídele al bibliotecario que te muestre la lista de publicaciones periódicas que tienen.

También hay disponibles índices computarizados de artículos de periódicos y revistas. *InfoTrac,* por ejemplo, se actualiza mensualmente y proporciona un catálogo de revistas de interés general publicadas desde 1985. Con frecuencia, la computadora provee titulares y un **sumario** (una breve exposición de las ideas principales del artículo); otras veces, el texto original del artículo de un periódico o revista se puede imprimir o leer en la computadora.

Si el artículo que quieres es de una edición anterior de un periódico o revista, lo puedes encontrar almacenado en microfilm o microficha. Lo puedes leer usando un proyector que aumenta la imagen a un tamaño legible.

Documentación de fuentes y toma de notas

Al realizar un trabajo de investigación reúnes información de muchas fuentes diferentes. Cada vez que cites directamente o parafrasees las ideas de alguien, tienes que documentar tus fuentes, es decir, indicar de qué texto obtuviste la información. Si no lo mencionas, estás cometiendo plagio. Plagiar es usar palabras e ideas de un autor sin mencionar su nombre.

Cuando comiences a investigar para tu trabajo, no pierdas de vista la información que vas encontrando y anótala en **fichas de trabajo.** Éstas son tarjetas de 3" x 5" o media cuartilla de papel de cuaderno. Cuando encuentres un libro, un artículo, una revista, un videocasete u otra fuente de información que quieras usar, dale un número. Empieza con el número uno y escríbelo en la esquina superior derecha de tu ficha. Si tienes cinco fuentes, tendrás cinco fichas, numeradas de 1 a 5. Después de numerarlas, escribe en cada una la información que necesitarás posteriormente para poder documentarla.

La siguiente guía te muestra los datos que necesitas para documentar los diferentes tipos de fuentes. Sigue el uso de mayúsculas y minúsculas, puntuación y orden de la información con exactitud. Usa la información en la ficha de trabajo para preparar una **lista de obras citadas** al final de tu trabajo.

Guía para la documentación de fuentes

Libros: autor, título, ciudad de publicación, editorial y año de edición.
Ejemplo: Fuentes, Carlos. El naranjo. México: Alfaguara Hispánica, 1993.

Revistas y periódicos: Autor, título del artículo, nombre de la revista o el periódico, fecha y números de las páginas. Si no hay autor, comienza con el título.

Ejemplo: Sierra, Robert. «Miguel Induráin... ¿hombre o máquina?» El Especial 3–9 de agosto de 1995: 66–67.

Artículos de enciclopedia: autor, título del artículo, nombre de la enciclopedia, año y edición (ed.). Si no tiene autor, comienza con el título.

Entrevistas: Nombre del experto, las palabras «entrevista personal» o «entrevista telefónica» y fecha.
Ejemplo: Silva, Protasio. Entrevista telefónica. 19 de septiembre de 1995.

Películas y videocasetes: Título de la película o el video, nombre del director o el productor, nombre del estudio y año del estreno.
Ejemplo: Zoot suit. Dir. Luis Valdez. Universal Films, 1981.

Toma de notas

Cuando tomes notas para un trabajo de investigación, prepara un esquema informal o una lista de preguntas de investigación previas que te guiarán a la hora de recopilar información. Recuerda qué preguntas quieres contestar cuando estudies tus fuentes; añade nueva información cuando la encuentres, siempre y cuando esté relacionada con tus preguntas. Estos consejos te ayudarán a tomar buenas notas:

- Usa una ficha o una hoja de papel de 4"x 6" para cada fuente y para cada nota.
- Usa abreviaturas, frases cortas, y haz listas; no tienes que escribir oraciones completas.
- Usa tus propias palabras; si copias las palabras exactas de alguien, ponlas entre comillas.
- Incluye en cada ficha u hoja de papel una palabra o frase clave, en la esquina superior izquierda, que refleje cuál es el tema de la nota. Las palabras o frases clave pueden ser tomadas de tu esquema o lista de preguntas de investigación.
- Pon el número de la fuente en la esquina superior derecha de cada ficha.
- Escribe en la esquina inferior derecha de cada ficha el número de la(s) página(s) donde encontraste la información.

La siguiente ficha contiene información sobre uno de los murales del pintor mexicano, Diego Rivera.

1

El trabajo de Diego Rivera titulado
  «El agua como origen de la vida»

— fue terminado en 1951
— incluye esculturas y murales
— desarrolló una idea única: pintar un mural bajo el agua.

pág. 255

Recursos de la comunidad

Búsqueda y contacto con las fuentes

Después de escoger un tema, piensa en miembros de tu comunidad que te puedan ayudar a investigarlo. Estos expertos se encuentran en empresas locales u organizaciones con diversos intereses. Búscalos también en museos, sociedades históricas, periódicos, universidades y oficinas de gobierno local, estatal y federal.

MODELO Estás investigando una controversia acerca de la calidad del agua de un río local. Este río suministra el agua potable de tu ciudad y es un lugar de recreo frecuentado. Podrías seguir los siguientes pasos:

- **Llama por telefono** o **escribe** una carta a grupos ecologistas, a un laboratorio de análisis de aguas y a una compañía que venda agua embotellada, solicitando información sobre tu tema.

- **Entrevista,** por ejemplo, a un profesor de biología de la escuela secundaria, y a un representante de los departamentos locales que manejan el agua.

- **Averigua** la opinión de la gente que pesca y se baña en el río, y de la gente que bebe su agua.

Entrevistas

Otro modo de recopilar información para un trabajo de investigación es por medio de entrevistas. Una entrevista es una situación especial; a la vez que reúnes información, necesitas escuchar con la mente abierta y tratar de comprender el punto de vista de la persona a quien estás entrevistando. Las entrevistas se pueden realizar en persona o por teléfono.

A la derecha te ofrecemos algunos consejos que te ayudarán a ser un buen entrevistador.

Redacción de correspondencia comercial

A la hora de escribir una carta comercial, ten muy en cuenta su propósito. Puedes estar solicitando información, quejándote sobre un producto defectuoso o pidiéndole a una empresa que te cambie cierta mercancía. Los siguientes consejos te ayudarán a escribir cartas que logren el efecto que deseas.

Cómo escribir buena correspondencia comercial

- **Usa un tono amable, respetuoso y profesional.** Una carta cortés será efectiva.

- **Usa un lenguaje formal.** Evita el lenguaje vulgar y coloquial. El lenguaje informal que podría ser aceptable en una conversación telefónica o una carta personal no es aceptable en una carta comercial.

Antes de la entrevista

- Decide qué información es la que más necesitas.

- Prepara una serie de preguntas para la entrevista.

- Haz una cita para un encuentro personal o telefónico. Sé puntual.

Durante la entrevista

- Sé amable y paciente. Dale a la persona entrevistada tiempo para contestar cada pregunta.

- Después de hacer una pregunta, escucha la respuesta. Si no estás seguro de que la comprendiste, haz más preguntas.

- Si quieres citar directamente a la persona en tu trabajo, pídele permiso.

- Respeta la opinión del entrevistado. Pídele que te explique su punto de vista, y sé amable aunque no estés de acuerdo.

- Al final de la entrevista, agradécele a la persona su ayuda.

Después de la entrevista

- Revisa tus notas tan pronto como puedas, para asegurarte de que sean claras.

- Redacta un resumen de tus notas.

- Escribe una breve nota de agradecimiento a la persona entrevistada.

- **Ve directo al grano.** Plantea clara y brevemente el propósito de tu carta. Sé amable, pero no divagues.

- **Incluye toda la información necesaria.** Asegúrate de que se entienda por qué escribiste la carta y qué es lo que pides en ella.

La presentación de una carta comercial

Sigue estas sugerencias para escribir cartas comerciales de una forma profesional.

- Usa papel blanco, sin rayas, de 8 1/2" x 11".

- Siempre que puedas, escribe la carta a máquina; si no es posible, escribe a mano muy claramente. Usa tinta azul o negra.

- Centra el texto, con márgenes iguales a los lados.

- Usa sólo una cara del papel. Si tu carta no cabe en una página, deja un margen de una pulgada al final de la primera página y escribe por lo menos otras dos líneas en la segunda.

El nivel de formalidad del saludo depende de la relación entre el remitente y el destinatario. Algunos saludos posibles son:

Estimado Sr. Robles:
Apreciada Sra. Ibarra:
Distinguido(s) señor(es):
Muy señor(es) mío(s):

Al igual que el saludo, el cierre o la despedida varía según la relación entre el remitente y el destinatario. Algunas posibilidades son:

Atentamente,
Le(s) saluda respetuosamente,
En espera de sus noticias, quedo atentamente,
Reciba(n) un atento saludo de,
Sinceramente suyo,
Cordialmente,

Encabezamiento	59 Washington Avenue
	Brentwood, New York 11717
	3 de noviembre de 2001
Destinatario	Texas Cultural Society
	521 Laredo Street
	San Antonio, Texas 78205
Saludo	Estimados Señores:
Cuerpo	Les escribo para solicitar ayuda en la preparación de un proyecto escolar sobre los méxicoamericanos de Texas. El tema de mi trabajo es la música popular, en particular la música tejana, que está de moda hoy en día. Por eso, les agradecería me enviaran información, preferiblemente catálogos o material publicitario, de festivales musicales que se hayan celebrado en San Antonio. Les adjunto un sobre predirigido con sello.
Cierre	Atentamente,
Firma	*María Torres*
	María Torres

Las cartas de solicitud de empleo

Las cartas de solicitud de empleo son otro tipo de correspondencia comercial. Se escriben cuando un aspirante, al enterarse de un puesto vacante, manda una carta a la empresa solicitando el empleo. El formato de la carta de solicitud incluye los mismos elementos que otros tipos de correspondencia comercial. Además, es recomendable incluir lo siguiente en la carta:

- el puesto que se solicita
- la fuente de información por la cual se informó del puesto mencionado
- el currículum vitae, adjunto con la carta, y/o los nombres de referencias

---

1558 NW 71st St.
Miami, FL 33142

8 de abril de 2001

Viajes Nuevo Mundo
1231 Hibiscus Court
Miami Beach, FL 33141

Estimados señores:

Les escribo con relación a su anuncio del 6 del presente mes para un puesto de administradora en su sucursal del centro. En el anuncio se especifica que necesitan a alguien que tenga dos años de experiencia, sea bilingüe y que esté en disposición de trabajar por medio tiempo.

Creo reunir todos los requisitos y les agradecería vieran el currículum que me he permitido adjuntar. Durante los últimos dos años, he trabajado como administradora para una empresa de contabilidad. Actualmente estoy buscando un puesto de tiempo parcial que me permita seguir con mis estudios universitarios.

Me crié en Estados Unidos pero aprendí el español como lengua materna. En mi presente trabajo, atiendo diariamente a clientes hispanohablantes y estoy a cargo de redactar toda la correspondencia en español. Durante mis dos años con la empresa, he ampliado nuestra clientela hispanohablante y he traducido nuestra página Web al español. Les remito dos cartas de referencia, una de mi supervisor y otra de mi profesora de español.

Les agradecería se comunicaran conmigo sobre las posibilidades de empleo en su empresa.

Agradeciéndoles por anticipado la atención que se sirvan prestar a la presente,

Les saluda atentamente,

Elena Victoria Peñas

Elena Victoria Peñas

El cuerpo de la carta generalmente empieza con una frase hecha. Algunas expresiones que suelen usarse en esta sección son:

En contestación a su atenta carta del...

Tengo el gusto de comunicarle(s) que...

Acusamos recibo de su atenta (carta) del...

Con relación a su carta del..., le(s) informamos que...

Acabamos de recibir su atenta (solicitud) de...

Me dirijo a usted(es) para preguntar...

Le(s) ruego me informe...

Le(s) agradecería me mandase(n)...

Le(s) adjunto un(a)...

Cómo hacer un currículum vitae

El primer requisito que se va a presentar en cualquier oferta de trabajo es el del **currículum vitae.** Este término, que viene del latín, significa «curso de la vida». También se le llama **hoja de vida** a este tipo de documento. El currículum vitae es el resumen de la preparación académica y la experiencia laboral del aspirante. Generalmente incluye los datos personales, el puesto que se solicita y la formación y experiencia. En algunos casos, también puede incluir más información personal, cartas de referencia y una lista de publicaciones y/o trabajos realizados por el aspirante. Hay dos formatos comunes de currículum vitae: el formato **cronológico** y el formato **funcional.** A continuación se presentan dos modelos:

El **currículum cronológico** es el modelo más utilizado. Se puede organizar partiendo de lo más antiguo a lo más reciente o viceversa.

Además de la expresión «Formación académica», también se suele usar:

Estudios realizados
Escolaridad
Antecedentes académicos

Además de la expresión «Experiencia laboral», también se puede usar:

Antecedentes profesionales
Experiencia profesional
Antecedentes laborales

CURRÍCULUM VITAE

María Eugenia Morales Santiago

Datos personales

Apartado 43078	Teléfono: (58)(2) 976-3586
Caracas 1081-A	E-mail: mems@telcet.net.ve
Venezuela	

Objetivo profesional

Aspiro al puesto de investigadora para la Fundación Biosfera Centroamericana.

Formación académica

1996–2000	<u>Licenciada en Biología.</u> Universidad Simón Bolívar
1991–1996	<u>Bachillerato en Ciencias.</u> Colegio Sta. Rosa de Lima

Formación complementaria

julio–agosto 2000	Curso: Manejo de Áreas Silvestres y Áreas Protegidas
1999	Participante en Congreso de Manejo de Fauna Amazónica

Idiomas

Español	Lengua materna
Inglés	Alto nivel oral y escrito
Francés	Conocimientos básicos

Informática

Nivel Usuario	Windows: Word, Excel, PowerPoint

Experiencia laboral

octubre 2000–enero 2001	<u>Investigadora y docente.</u> Asociación para la Conservación de Áreas Naturales Funciones: Investigar la densidad de murciélagos en la Cueva Alfredo Jahn. Educar a habitantes de la zona de los beneficios de los murciélagos. Mantener datos de visitantes a la cueva.
octubre 1999–febrero 2000	<u>Práctica profesional.</u> IMPARQUE Funciones: Preparación de folletos educativos sobre la flora y fauna de los parques nacionales con instrucciones para el usuario sobre su protección.

CURRÍCULUM VITAE
Jaime Raúl Santander Velutini

Datos personales

Apartado 4598

Ciudad de Panamá

Panamá

Teléfono: (507) 239-9855

E-mail: jaimesv@orb.net

Objetivo profesional

Aspiro al puesto de reportero para el noticiero matutino en Radio Mía.

Experiencia profesional y laboral

Medios de comunicación

Diseñador de Página Web en *El Siglo* (2000–2002). Funciones: Diseñar, construir y mantener páginas para *El Siglo Digital.* Resolver problemas técnicos. Formular índice digital.

Periodista en *El Siglo* (1998–2000). Funciones: Compilar noticias de la capital. Colaborar con colegas en el desarrollo del enfoque diario de la plana. Escribir artículos. Coordinar con fotógrafos.

Diseño Gráfico

Diseñador Gráfico en Imágenes, S.A. (1996–1998). Funciones: Encargado del diseño de publicidad para importantes empresas nacionales.

Antecedentes académicos

Licenciado en Ciencias de la Comunicación Social

Especialización: Periodismo

Universidad Católica de Santa María La Antigua (1996)

Formación complementaria

Curso de Diseño de Páginas Web (2000)

Curso de Diseño Gráfico (1996)

Idiomas

Inglés   Alto nivel oral y escrito

Informática

Nivel Usuario

Sistema Operativo: Mac OS-8

Word, Photoshop, QuarkXPress,

Adobe GoLive, Dreamweaver

El **currículum funcional** se escribe pensando en un puesto determinado. También es aconsejable usar este modelo si la situación laboral ha sido inestable o con lagunas o periodos de paro.

En Latinoamérica se suele incluir en el currículum vitae el estado civil, la fecha de nacimiento, la nacionalidad y a veces el número de cédula de identidad.

Existen varios términos para el grado de estudios superiores realizados. Varían por país y tienen diferentes significados. Algunos ejemplos son:

Bachiller
Licenciado(a)
Profesor(a)
Ingeniero(a)

LAS VOCES DEL HABLA

Los sustantivos

Los sustantivos son esas palabras que señalan a una persona, un lugar, una cosa o un concepto:

el **profesor**	la **clase**
el **libro**	la **verdad**

El género y el número

Todo sustantivo tiene **género,** el cual puede ser **masculino** o **femenino.** El género de un sustantivo se indica por medio del artículo que le corresponde. Los artículos *el, los, un* y *unos* señalan sustantivos masculinos. Los artículos *la, las, una* y *unas* señalan sustantivos femeninos. El **número** indica si el sustantivo se refiere a uno **(singular)** o a más de uno **(plural):**

	Masculino	**Femenino**
Singular	el profesor un libro	la profesora una clase
Plural	los platos unos bolígrafos	las puertas unas plumas

- La mayoría de los sustantivos de personas son masculinos cuando se refieren a varones *(el profesor)* y femeninos cuando se refieren a hembras *(la profesora).*

- Son masculinos la mayoría de los sustantivos que terminan en **-o, -aje, -ón** (menos **-sión** y **ción**), **-al, -és, -ín, -or** y **-ma** (si éste de de origen griego):

el cas**o**	el ingl**és**
el pais**aje**	el bolet**ín**
el avi**ón**	el ol**or**
el per**al**	el proble**ma**

Algunas excepciones notables son *la mano* y *la labor.*

- Son femeninos la mayoría de los sustantivos que terminan en **-a, -dad, -tad, -tud, -is, -ie** y **-umbre:**

la cas**a**	la dos**is**
la ver**dad**	la ser**ie**
la liber**tad**	la muche**dumbre**
la vir**tud**	

Algunas excepciones notables son *el día, el mapa, el planeta* y *el brindis.*

- Los sustantivos que terminan en las consonantes **-l, -n, -r** y **-z** o en las vocales **-e, -i** o **-u** pueden ser masculinos o femeninos. Hay que aprender de memoria el género de estas palabras:

el árbol	la piel	el aceite	la calle
el corazón	la razón	el buey	la ley
el crimen	la imagen	el espíritu	la tribu
el arroz	la paz		

- Algunos sustantivos que se refieren a personas pueden ser o masculinos o femeninos. El género de estas palabras se determina por medio del contexto o de los artículos que las acompañan, siendo las terminaciones invariables:

  el artista   **la** artista

  el adolescente   **la** adolescente

- Los sustantivos femeninos que empiezan con **a-** o **ha-** tónicas llevan los artículos **el** o **un.** Sin embargo, el plural de estos sustantivos lleva los artículos **las** o **unas:**

  el agua fría   **las** aguas frías

  toda **el** alma   **las** almas

  un hada madrina   **unas** hadas madrinas

- Los sustantivos adoptan una forma **diminutiva** por medio de las terminaciones **-(c)ito** o **-(c)ico** si son de poco tamaño o si el hablante siente cariño por ellos:

  un moment**ito**   un vaso de agü**ita**   un rincon**cito**

  una tac**ita** de té   una pregunt**ica**

  a la vuelte**cita**   mi hij**ito**

- Los sustantivos adoptan una forma **aumentativa** por medio de las terminaciones **-(z)azo, -(z)aco, -ón** o **-(z)ote** si son de gran tamaño o para dar una connotación despectiva o de menosprecio. A veces, los aumentativos dan una connotación positiva:

  un perr**ote**   un amig**azo**

  un dolor**zazo** de cabeza   un tip**azo**

Los artículos definidos e indefinidos

Los **artículos definidos e indefinidos** señalan sustantivos y tienen cuatro formas que concuerdan en género y número con el sustantivo al que preceden:

	artículos definidos		artículos indefinidos	
	masculino	**femenino**	**masculino**	**femenino**
Singular	el	la	un	una
Plural	los	las	unos	unas

El **artículo definido** señala un sustantivo específico ya mencionado dentro del habla o un sustantivo en un sentido general:

El libro de que hablas es poco interesante.

La democracia se originó en Grecia.

Los pronombres

Los **pronombres** son esas palabras que toman el lugar de un sustantivo para evitar la repetición de éste:

> El primer obstáculo fue convencer a mi padre. **Él** había dicho que no quería que mi madre trabajara. No me puedo explicar cómo **lo** convencimos. Luego **se** ofreció a terminar el trabajo.

Los pronombres personales

Los **pronombres personales** designan a las personas de quienes se habla. Toman el lugar de la persona que habla *(yo)*, la persona a quien se habla *(tú)* o la persona de quien se habla *(él, ella)*.

- Los **pronombres de sujeto** señalan a la persona que realiza la acción en una oración. En algunos casos concuerdan en género y número con la persona a la que reemplazan:

  > ¿Quién habla? **Yo.**
  > ¿Quién hizo la cena? **Él.**

	primera persona	
	masculino	**femenino**
Singular	yo	
Plural	nosotros	nosotras

	segunda persona				
	Latinoamérica			**España**	
	informal	**informal** (algunos países)	**formal**	**informal**	**formal**
Singular	tú	vos*	usted	tú	usted
Plural	ustedes	ustedes	ustedes	vosotros, vosotras	ustedes

*El uso común de **vos** en Latinoamérica se limita a varios países de Centroamérica, Argentina, Uruguay y Paraguay, y a zonas de otros países.

	tercera persona	
	masculino	**femenino**
Singular	él	ella
Plural	ellos	ellas

- El **complemento directo** recibe la acción de un verbo transitivo. Lo puede reemplazar un **pronombre de complemento directo:**

  > ¿Quién hizo la sopa? **La** hizo Juan Antonio.
  > Escribo muchas cartas y **las** escribo a menudo.

	Singular		Plural	
	masculino	femenino	masculino	femenino
primera persona	me		nos	
segunda persona	te		os (Esp.)	
tercera persona	lo	la	los	las

- El **complemento indirecto** recibe el complemento directo o el efecto de la acción verbal. Lo acompaña o lo puede reemplazar un **pronombre de complemento indirecto:**

> Yo **le** escribo cartas a mi prima. Generalmente **le** escribo todas las semanas.
>
> Es imposible que **te** hayan cancelado el vuelo.
>
> A mis hermanos **les** gusta escuchar música.

	Singular	Plural
primera persona	me	nos
segunda persona	te	os (Esp.)
tercera persona	le (se)	les (se)

- Los pronombres **le** y **les** cambian a **se** cuando van seguidos por uno de los pronombres de complemento directo **lo, la, los** o **las:**

> ¿Qué hiciste con esos libros y juguetes viejos? **Se los** di al hospital.

- Los **pronombres prepositivos** son los pronombres personales que se usan después de las preposiciones:

> Echo de menos a mis primos. Hace mucho que no salgo **con ellos.**
>
> Mis tías me escriben muchas cartas **a mí** aunque yo no les escribo **a ellas** casi nunca.

	Singular		Plural	
	masculino	femenino	masculino	femenino
primera persona	mí		nosotros	nosotras
segunda persona	ti usted		ustedes vosotros (Esp.)	ustedes vosotras (Esp.)
tercera persona	él	ella	ellos	ellas

- Nota que la preposición **con** se combina con los pronombres **mí** y **ti** para formar las palabras **conmigo** y **contigo:**

> Salgo ahora. ¿Vienes **conmigo?**

- Los **pronombres reflexivos (me, te, se, nos, os, se)** señalan un complemento cuando éste es el mismo que el sujeto. Pueden funcionar como complemento directo o indirecto:

> Olivia **se** peinó. (pronombre reflexivo como complemento directo)
>
> **Nos** compramos un refresco. (pronombre reflexivo como complemento indirecto)

- Los **pronombres posesivos** toman el lugar de un sustantivo a la vez que se refieren al dueño del mismo. Concuerdan en género y número con el sustantivo que reemplazan:

	Singular		Plural	
	masculino	femenino	masculino	femenino
primera persona	mío(s)	mía(s)	nuestro(s)	nuestra(s)
segunda persona	tuyo(s)	tuya(s)	vuestro(s)	vuestra(s)
tercera persona	suyo(s)	suya(s)	suyo(s)	suya(s)

- Los **pronombres demostrativos** señalan sustantivos con relación específica a la persona que habla. Concuerdan en género y número con el sustantivo que reemplazan. Siempre llevan acento ortográfico:

   No quiero **éste** sino **ésos.**

   Aquéllas son buenas pero **éstas** son mejores.

	próximo al hablante		próximo al oyente		próximo a ninguno	
	masculino	femenino	masculino	femenino	masculino	femenino
Singular	éste	ésta	ése	ésa	aquél	aquélla
Plural	éstos	éstas	ésos	ésas	aquéllos	aquéllas

- Los demostrativos adoptan una forma neutra cuando se desconoce el género del sustantivo al que se refiere o cuando se refiere a un concepto abstracto. Éstos nunca llevan acento ortográfico:

   ¿Qué es **esto?**

   Eso no se puede hacer.

   Aquello fue horrible.

- Los **pronombres interrogativos** son los que reemplazan un sustantivo desconocido acerca del cual se hace una pregunta. Siempre llevan acento ortográfico:

   ¿Qué pasó?

   ¿Cuál es tu teléfono?

   ¿Quiénes son esos muchachos?

- Los **pronombres relativos** introducen una cláusula de relativo a la vez que reemplazan el sustantivo al que se refieren. Concuerdan con el sustantivo que reemplazan en género y en número:

   El plato sabe riquísimo. Tú preparaste el plato.

   El plato **que tú preparaste** sabe riquísimo.

   Mis abuelos son profesores. Quiero mucho a mis abuelos.

   Mis abuelos, **a quienes quiero mucho,** son profesores.

   Las bellas artes son fascinantes. Se aprende mucho por medio de las bellas artes

   Las bellas artes, **por medio de las cuales se aprende mucho,** son fascinantes.

- Los pronombres relativos pueden introducir una **cláusula explicativa** (también llamada **no restrictiva**), la cual presenta información adicional sobre el sustantivo:

   Mi clase de física, **que se reúne a las tres,** es muy difícil. (Sigo una clase de física y esa clase es difícil.)

También pueden introducir una **cláusula especificativa** (también llamada **restrictiva**), la cual restringe el sustantivo a uno específico:

*Mi clase de física **que se reúne a las tres** es muy difícil. (Sigo varias clases de física. La que se reúne a las tres es la difícil.)*

	cualquier sustantivo		personas	
	masculino	**femenino**	**masculino**	**femenino**
Singular	(el) que el cual	(la) que la cual	quien	quien
Plural	(los) que los cuales	(las) que las cuales	quienes	quienes

Los pronombres relativos **lo que** y **lo cual** pueden referirse tanto a un sustantivo individual como a una cláusula entera. También pueden referirse a un sustantivo que todavía no se haya mencionado:

__Lo que__ vamos a hacer ahora <u>es estudiar para el examen</u>.

*<u>Juan no estudió para el examen</u>, **lo cual** explica la mala nota que sacó.*

- Los **pronombres indefinidos y negativos** se refieren a una cosa o a una persona indefinida o no existente:

*Tenemos que hacer **algo**.*   ***Algunos** dicen que es bueno.*

*No tiene **nada** que ver.*   ***Alguien** me dijo que había un examen hoy.*

*No hay **nadie** en la cafetería.*

Los adjetivos

Los **adjetivos** modifican un sustantivo. Concuerdan con el sustantivo en género y en número.

- La mayoría de los adjetivos tienen cuatro formas:

	Masculino		**Femenino**	
Singular	francés mandón	bueno conversador	francesa mandona	buena conversadora
Plural	franceses mandones	buenos conversadores	francesas mandonas	buenas conversadoras

- Otros adjetivos tienen dos formas:

	Masculino y Femenino						
Singular	leal	gris	feliz	azteca	fuerte	iraní	cortés
Plural	leales	grises	felices	aztecas	fuertes	iraníes	corteses

- Los adjetivos se colocan después del sustantivo para referirse a un sustantivo específico dentro de un grupo:

  > un carro **rojo** (no uno blanco)
  > las ciudades **pequeñas** (no las grandes)

- Los adjetivos se colocan antes del sustantivo para señalar una cualidad inherente o para describir un sustantivo que es único. También se colocan así en frases o expresiones exclamativas:

  > la **blanca** nieve (siempre es blanca)
  > mi **querido** abuelo (abuelo, sólo hay uno, y es querido)
  > ¡**Buena** idea!
  > ¡Qué **lindo** día!

- Los adjetivos que señalan orden (*primero, segundo,* etc.) o cantidad (*mucho, poco, pleno, tanto,* etc.) siempre se colocan antes del sustantivo. También se colocan antes los artículos definidos e indefinidos, los demostrativos y los posesivos:

  > **plena** luz   **nuestras** casas
  > **ambas** cosas   **aquellos** días

- Los **adjetivos indefinidos y negativos** se refieren a una cosa o a una persona indefinida o no existente. Por la mayor parte, se colocan antes del sustantivo:

  > No tengo **ninguna** prisa.
  > **Algunas** personas dicen que es bueno.

- Algunos adjetivos tienen connotaciones distintas según su posición:

	posición anterior	posición posterior
pobre	infeliz, desafortunado	humilde, sin mucho dinero
viejo	conocido desde hace mucho tiempo	entrado en años
ese	demostrativo	de mala fama
gran(de)	muy bueno	de gran tamaño
puro	sólo, nada sino	claro y no contaminado
nuevo	distinto	no usado
alto	de rango superior, digno de respeto	de gran estatura

- Algunos adjetivos tienen formas abreviadas cuando se colocan antes de un sustantivo masculino singular:

  > un **buen** amigo   el **tercer** examen
  > un **mal** ejemplo   **algún** día
  > el **primer** día   **ningún** lugar

- El adjetivo *grande* se abrevia antes de cualquier sustantivo singular:

  > la **gran** ciudad
  > el **gran** premio

- Los **adjetivos posesivos** preceden a un sustantivo a la vez que se refieren al dueño del mismo. Concuerdan en género y número con el sustantivo que reemplazan:

	Singular		Plural	
	masculino	**femenino**	**masculino**	**femenino**
primera persona	mi(s)	mi(s)	nuestro(s)	nuestra(s)
segunda persona	tu(s)	tu(s)	vuestro(s) (Esp.)	vuestra(s) (Esp.)
tercera persona	su(s)	su(s)	su(s)	su(s)

- Los **adjetivos** describen un sustantivo en sí. Los **adjetivos comparativos** lo comparan con otro sustantivo. Pueden hacer comparaciones de igualdad o de desigualdad. La forma comparativa de desigualdad de la mayoría de los adjetivos se forma por medio de las palabras *más* o *menos*. El sustantivo al que se compara algo se señala por medio de las palabras *que* o *de* (ésta se usa si se compara algo con un número específico):

    *Los perros son **más activos que** los gatos.*
    *Los perros **son menos ágiles** que los gatos.*
    *Las vacunas para los perros cuestan **más de** cincuenta dólares.*

- La forma comparativa de igualdad de la mayoría de los adjetivos se forma por medio de las palabras *tan* y *tanto(a)(s)*. El sustantivo al que se compara algo se señala por medio de la palabra *como*:

    *Mi perro tiene **tantos juguetes como** mi gato.*
    *Los perros chicos no necesitan **tanta comida como** los grandes.*
    *Los perros son **tan inteligentes como** los gatos.*

- Se señala la comparación de cantidades mediante *de*:

    *Tiene más **de** cincuenta años.*
    *Hay menos **de** diez estudiantes en la clase.*

- Si la cantidad la expresa una cláusula (en vez de por un número), para hacer la comparación se utilizan entonces las formas *del que, de la que, de los que y de las que*, correspondientes en género y número de la cosa que se compara:

    *Mateo tiene **más** exámenes este semestre **de los que** tengo yo.*
    *Carla trabaja **más** horas **de las que** trabaja Marta.*

- La forma comparativa *de lo que* se emplea al comparar cantidades abstractas:

    *Los loros son **más** inteligentes **de lo que** tú crees.*

- El **adjetivo superlativo** destaca un sustantivo por encima de todos en un grupo:

    *Boris es el perro **más travieso de** todo el barrio.*
    *Sara es la estudiante **más aplicada de** la clase.*

- Algunos adjetivos adoptan formas comparativas y superlativas irregulares:

adjetivo	**comparativo**	**superlativo**
bueno	mejor que	el mejor de
malo	peor que	el peor de
viejo	mayor que	el mayor de
joven	menor que	el menor de

- La **forma intensiva de un adjetivo** pone énfasis en la cualidad del mismo. Se forma añadiendo la terminación *-ísimo:*

  > Estuve **contentísimo** *con mi nota en el examen.*
  >
  > *La película estuvo* **buenísima.**

El verbo

El **verbo** es la palabra de una oración que expresa una acción o un estado. Así sirve como el núcleo de una frase. El verbo consta de una raíz, que transmite su sentido semántico, más varias terminaciones, las cuales expresan las seis características gramaticales del verbo: **persona, número, tiempo, modo, aspecto** y **voz.** El proceso de modificar un verbo para expresar estas seis características se conoce como **conjugación,** la cual sigue varios patrones, algunos completamente regulares y predecibles y otros no.

Los verbos se clasifican en tres categorías (o conjugaciones) según la vocal de su infinitivo; es decir, su forma terminada en **-r.** La primera conjugación abarca todos los verbos cuyo infinitivo termina en **-ar,** como *hablar.* Los verbos de la segunda conjugación tienen el infinitivo en **-er,** como *comer.* La tercera la forman los verbos en **-ir,** como *escribir.*

- La **persona** es el sujeto que realiza la acción del verbo. La **primera persona** se refiere al hablante *(yo hablo).* La **segunda persona** se refiere al oyente *(tú hablas).* La **tercera persona** se refiere a una persona o cosa distinta al hablante y al oyente *(él o ella habla).*

- El **número** indica si el sujeto que realiza la acción es singular *(yo hablo)* o plural *(nosotros hablamos).*

- El **tiempo** se refiere al momento en que se realiza la acción. El tiempo abarca el **pasado** *(ayer hablé),* el **presente** *(hoy hablo),* o el **futuro** *(mañana hablaré).*

- El **modo** expresa la manera en que se presenta la acción. El **modo indicativo** expresa los hechos concretos que quedan dentro del conocimiento del hablante. El **modo subjuntivo** ocurre en cláusulas subordinadas para presentar información con un matiz de duda, juicio, conjetura o emoción. El **modo imperativo** expresa un mandato.

  > *Juan siempre* **tiene** *cuidado.* (indicativo)
  >
  > *Es importante que Juan* **tenga** *cuidado.* (subjuntivo)
  >
  > *Juan,* **ten** *cuidado con los platos.* (imperativo)

- El **aspecto** expresa la duración, el desdoblamiento o los límites de una acción o estado. El **aspecto progresivo** señala una acción que se está desarrollando o que está en progreso. El **aspecto imperfectivo** señala una acción habitual o no concluida en el presente, el pasado o el futuro. El **aspecto perfectivo** expresa acciones o estados que comenzaron o terminaron en un punto específico en el pasado.

  > *Juan* **está comiendo.** (aspecto progresivo)
  >
  > *Juan* **come** *una manzana cada día.* (aspecto imperfectivo en el presente)
  >
  > *Juan* **comía** *una manzana cada dia.* (aspecto imperfectivo en el pasado)
  >
  > *Juan se* **comió** *una manzana.* (aspecto perfectivo)

- La **voz** indica si el sujeto realiza o recibe la acción de un verbo. La **voz activa** indica que el sujeto realiza la acción. Por otro lado, la **voz pasiva** indica que el sujeto gramatical no realiza la acción, sino que la recibe.

  > *El terremoto* **destruyó** *la ciudad.* (voz activa)
  >
  > *La ciudad* **fue destruida** *por un terremoto.* (voz pasiva)

Los tiempos sencillos del indicativo

El **tiempo presente** abarca el momento del habla o el futuro inmediato:

> Me **siento** mal ahora mismo.
> Mañana **salgo** para Madrid.

• Se forma el tiempo presente de los **verbos regulares** añadiendo a la raíz las siguientes terminaciones, correspondientes a persona y número, según la vocal del infinitivo:

	infinitivo en -ar		infinitivo en -er		infinitivo en -ir	
	singular	plural	singular	plural	singular	plural
primera	habl**o**	habl**amos**	com**o**	com**emos**	escrib**o**	escrib**imos**
segunda	habl**as**	habl**áis**	com**es**	com**éis**	escrib**es**	escrib**ís**
tercera	habl**a**	habl**an**	com**e**	com**en**	escrib**e**	escrib**en**

• En el tiempo presente, algunos verbos sufren una **alternancia de la raíz** entre una vocal sencilla y un diptongo (combinación de dos vocales en una sílaba), u otra vocal. La alternancia entre **e ↔ ie** y entre **o ↔ ue** puede ocurrir en verbos de cualquiera de las tres categorías. El infinitivo y la primera y segunda personas del plural comparten la misma vocal. Las demás formas contienen el diptongo.

Verbos con alternancia entre e ↔ ie

	infinitivo en -ar		infinitivo en -er		infinitivo en -ir	
	singular	plural	singular	plural	singular	plural
primera	p**ie**nso	p**e**nsamos	qu**ie**ro	qu**e**remos	m**ie**nto	m**e**ntimos
segunda	p**ie**nsas	p**e**nsáis	qu**ie**res	qu**e**réis	m**ie**ntes	m**e**ntís
tercera	p**ie**nsa	p**ie**nsan	qu**ie**re	qu**ie**ren	m**ie**nte	m**ie**nten

Algunos verbos de uso frecuente que siguen este patrón son *cerrar, comenzar, empezar, perder, preferir* y *recomendar*.

Verbos con alternancia entre o ↔ ue

	infinitivo en -ar		infinitivo en -er		infinitivo en -ir	
	singular	plural	singular	plural	singular	plural
primera	rec**ue**rdo	rec**o**rdamos	m**ue**vo	m**o**vemos	d**ue**rmo	d**o**rmimos
segunda	rec**ue**rdas	rec**o**rdáis	m**ue**ves	m**o**véis	d**ue**rmes	d**o**rmís
tercera	rec**ue**rda	rec**ue**rdan	m**ue**ve	m**ue**ven	d**ue**rme	d**ue**rmen

Algunos verbos de uso frecuente que siguen este patrón son *acostar, almorzar, costar, doler, encontrar, llover, poder* y *soñar.*

- La alternancia entre **e** ↔ **i** sólo ocurre en verbos en **-ir**. El infinitivo y la primera y segunda personas del plural emplean la **e**. Las demás formas emplean la **i**:

	singular	plural
primera	mido	medimos
segunda	mides	medís
tercera	mide	miden

Algunos verbos de uso frecuente que siguen este patrón son *pedir, reír, seguir, servir* y *vestir*.

- Algunos verbos siguen uno de los patrones anteriormente mencionados, pero cuentan con una forma **irregular en la primera persona del singular:**

	infinitivo en -ar		infinitivo en -er		infinitivo en -ir	
	singular	plural	singular	plural	singular	plural
primera	doy	damos	tengo	tenemos	vengo	venimos
segunda	das	dais	tienes	tenéis	vienes	venís
tercera	da	dan	tiene	tienen	viene	vienen

Algunos verbos de uso frecuente con formas irregulares en la primera persona del singular son:

caber: **quepo**	*hacer:* **hago**	*salir:* **salgo**	*ver:* **veo**
conocer: **conozco**	*poner:* **pongo**	*traer:* **traigo**	
decir: **digo**	*saber:* **sé**	*valer:* **valgo**	

- Algunos verbos cuyas raíces terminan en **i-** o **u-** sufren una **alternancia entre i- y u- tónicas y átonas,** lo cual exige el uso del acento ortográfico en todas las formas del presente menos las primera y segunda personas del plural:

	singular	plural
primera	envío	enviamos
segunda	envías	enviáis
tercera	envía	envían

	singular	plural
primera	gradúo	graduamos
segunda	gradúas	graduáis
tercera	gradúa	gradúan

Algunos verbos de uso frecuente que siguen este patrón son *confiar* y *continuar*.

- Además de las posibles alternancias anteriormente mencionadas, algunos verbos también sufren **cambios ortográficos** en la conjugación:

	infinitivo en -ger		infinitivo en -gir	
	singular	plural	singular	plural
primera	escojo	escogemos	elijo	elegimos
segunda	escoges	escogéis	eliges	elegís
tercera	escoge	escogen	elige	eligen

Algunos verbos de uso frecuente que siguen estos patrones son *proteger, corregir, parecer* y *reconocer.*

infinitivo en -uir (menos -guir)		
	singular	**plural**
primera	influ**y**o	influimos
segunda	influ**y**es	influís
tercera	influ**y**e	influ**y**en

Algunos verbos de uso frecuente que siguen este patrón son *construir, contribuir* y *huir.*

- Un pequeño número de verbos de uso frecuente no siguen ninguno de los patrones ya mencionados. Así se consideran completamente **irregulares:**

	ser		**ir**	
	singular	**plural**	**singular**	**plural**
primera	soy	somos	voy	vamos
segunda	eres	sois	vas	vais
tercera	es	son	va	van

El **tiempo imperfecto** (también conocido como el **pretérito imperfecto** y el **copretérito**) se refiere a una acción o estado en progreso, no concluida o habitual, del pasado:

> **Hacía** la tarea cuando me llamaste.
> Siempre **veía** la televisión los sábados.

- Se forma el tiempo imperfecto de los **verbos regulares** añadiendo a la raíz las siguientes terminaciones, correspondientes a persona y número, según la vocal del infinitivo:

	infinitivo en -ar		infinitivo en -er		infinitivo en -ir	
	singular	**plural**	**singular**	**plural**	**singular**	**plural**
primera	habl**aba**	habl**ábamos**	com**ía**	com**íamos**	escrib**ía**	escrib**íamos**
segunda	habl**abas**	habl**abais**	com**ías**	com**íais**	escrib**ías**	escrib**íais**
tercera	habl**aba**	habl**aban**	com**ía**	com**ían**	escrib**ía**	escrib**ían**

- Los verbos **ser** e **ir** tienen las siguientes formas en el tiempo imperfecto:

	ser		**ir**	
	singular	**plural**	**singular**	**plural**
primera	era	éramos	iba	íbamos
segunda	eras	erais	ibas	ibais
tercera	era	eran	iba	iban

El **tiempo pretérito** (también conocido como el **pretérito simple**) se refiere a una acción o estado en el pasado ya concluida, o que se inició o terminó en un momento específico, o que duró un periodo determinado:

> Ayer **hice** toda la tarea.
> Cuando me lo **dijeron, me puse** contento.
> **Estudié** tres horas.

- Se forma el tiempo pretérito de los **verbos regulares** añadiendo a la raíz las siguientes terminaciones, correspondientes a persona y número, según la vocal del infinitivo:

	infinitivo en -ar		infinitivo en -er		infinitivo en -ir	
	singular	**plural**	**singular**	**plural**	**singular**	**plural**
primera	habl**é**	habl**amos**	com**í**	com**imos**	escrib**í**	escrib**imos**
segunda	habl**aste**	habl**asteis**	com**iste**	com**isteis**	escrib**iste**	escrib**isteis**
tercera	habl**ó**	habl**aron**	com**ió**	com**ieron**	escrib**ió**	escrib**ieron**

- El tiempo pretérito de algunos verbos sufre una **alternancia de la raíz** entre **e ↔ i** y entre **o ↔ u.** Esta alternancia sólo ocurre en los verbos terminados en **-ir** que sufren un cambio de raíz en el tiempo presente. Las formas de la tercera persona singular y plural emplean la **i** o la **u.** Las demás formas emplean la **e** o la **o:**

	alternancia e ↔ i		alternancia o ↔ u	
	singular	**plural**	**singular**	**plural**
primera	s**e**rví	s**e**rvimos	d**o**rmí	d**o**rmimos
segunda	s**e**rviste	s**e**rvisteis	d**o**rmiste	d**o**rmisteis
tercera	s**i**rvió	s**i**rvieron	d**u**rmió	d**u**rmieron

Algunos verbos de uso frecuente que siguen estos patrones son *pedir* y *divertirse*.

- Además de las alternancias anteriormente mencionadas, algunos verbos también sufren **cambios ortográficos** en la conjugación:

	infinitivo en -car		infinitivo en -gar		infinitivo en -zar	
	singular	**plural**	**singular**	**plural**	**singular**	**plural**
primera	bus**qué**	bus**c**amos	lle**gué**	lle**g**amos	re**c**é	re**z**amos
segunda	bus**c**aste	bus**c**asteis	lle**g**aste	lle**g**asteis	re**z**aste	re**z**asteis
tercera	bus**c**ó	bus**c**aron	lle**g**ó	lle**g**aron	re**z**ó	re**z**aron

Algunos verbos comunes que siguen estos patrones son *sacar, pagar, comenzar* y *empezar.*

	infinitivo en -uir (menos -guir)	
	singular	**plural**
primera	influí	influimos
segunda	influiste	influisteis
tercera	influyó	influyeron

- El tiempo pretérito de algunos verbos utiliza una **raíz irregular** junto con terminaciones algo distintas a las que usan los verbos regulares:

	andar		**dar**		**decir**	
	singular	**plural**	**singular**	**plural**	**singular**	**plural**
primera	anduve	anduvimos	di	dimos	dije	dijimos
segunda	anduviste	anduvisteis	diste	disteis	dijiste	dijisteis
tercera	anduvo	anduvieron	dio	dieron	dijo	dijeron

	estar		**hacer**		**poder**	
	singular	**plural**	**singular**	**plural**	**singular**	**plural**
primera	estuve	estuvimos	hice	hicimos	pude	pudimos
segunda	estuviste	estuvisteis	hiciste	hicisteis	pudiste	pudisteis
tercera	estuvo	estuvieron	hizo	hicieron	pudo	pudieron

	poner		**querer**		**saber**	
	singular	**plural**	**singular**	**plural**	**singular**	**plural**
primera	puse	pusimos	quise	quisimos	supe	supimos
segunda	pusiste	pusisteis	quisiste	quisisteis	supiste	supisteis
tercera	puso	pusieron	quiso	quisieron	supo	supieron

	tener		**traer**		**venir**	
	singular	**plural**	**singular**	**plural**	**singular**	**plural**
primera	tuve	tuvimos	traje	trajimos	vine	vinimos
segunda	tuviste	tuvisteis	trajiste	trajisteis	viniste	vinisteis
tercera	tuvo	tuvieron	trajo	trajeron	vino	vinieron

• Los verbos **ser** e **ir** comparten las mismas formas en el pretérito:

	singular	plural
primera	fui	fuimos
segunda	fuiste	fuisteis
tercera	fue	fueron

El **tiempo futuro** se usa para referirse al futuro o también para expresar la probabilidad en el presente: *Mañana* **saldré** *para Madrid. Alguien llama. ¿Quién* **será?**

• Se forma el tiempo futuro de los **verbos regulares** añadiendo las siguientes terminaciones al infinitivo, correspondientes a persona y número:

	infinitivo en -ar		infinitivo en -er		infinitivo en -ir	
	singular	**plural**	**singular**	**plural**	**singular**	**plural**
primera	hablar**é**	hablar**emos**	comer**é**	comer**emos**	escribir**é**	escribir**emos**
segunda	hablar**ás**	hablar**éis**	comer**ás**	comer**éis**	escribir**ás**	escribir**éis**
tercera	hablar**á**	hablar**án**	comer**á**	comer**án**	escribir**á**	escribir**án**

• Se forma el tiempo futuro de los **verbos irregulares** añadiendo las mismas terminaciones no al infinitivo, sino a estas **raíces irregulares:**

	caber		decir		haber	
	singular	**plural**	**singular**	**plural**	**singular**	**plural**
primera	**cabr**é	**cabr**emos	**dir**é	**dir**emos	**habr**é	**habr**emos
segunda	**cabr**ás	**cabr**éis	**dir**ás	**dir**éis	**habr**ás	**habr**éis
tercera	**cabr**á	**cabr**án	**dir**á	**dir**án	**habr**á	**habr**án

	hacer		poder		poner	
	singular	**plural**	**singular**	**plural**	**singular**	**plural**
primera	**har**é	**har**emos	**podr**é	**podr**emos	**pondr**é	**pondr**emos
segunda	**har**ás	**har**éis	**podr**ás	**podr**éis	**pondr**ás	**pondr**éis
tercera	**har**á	**har**án	**podr**á	**podr**án	**pondr**á	**pondr**án

	querer		saber		salir	
	singular	**plural**	**singular**	**plural**	**singular**	**plural**
primera	**querr**é	**querr**emos	**sabr**é	**sabr**emos	**saldr**é	**saldr**emos
segunda	**querr**ás	**querr**éis	**sabr**ás	**sabr**éis	**saldr**ás	**saldr**éis
tercera	**querr**á	**querr**án	**sabr**á	**sabr**án	**saldr**á	**saldr**án

	tener		valer		venir	
	singular	**plural**	**singular**	**plural**	**singular**	**plural**
primera	**tendr**é	**tendr**emos	**valdr**é	**valdr**emos	**vendr**é	**vendr**emos
segunda	**tendr**ás	**tendr**éis	**valdr**ás	**valdr**éis	**vendr**ás	**vendr**éis
tercera	**tendr**á	**tendr**án	**valdr**á	**valdr**án	**vendr**á	**vendr**án

El **condicional** se usa para referirse a acciones o estados potenciales que pueden ocurrir o no, pero que dependen de ciertas circunstancias. También expresa la probabilidad en el pasado:

> *Viajaría a Madrid pero no tengo suficiente dinero.*
> *Alguien llamó. ¿Quién sería?*

• Al igual que el tiempo futuro, se forma el condicional de los **verbos regulares** añadiendo las siguientes terminaciones al infinitivo, correspondientes a persona y número:

	infinitivo en -ar		infinitivo en -er		infinitivo en -ir	
	singular	**plural**	**singular**	**plural**	**singular**	**plural**
primera	hablar**ía**	hablar**íamos**	comer**ía**	comer**íamos**	escribir**ía**	escribir**íamos**
segunda	hablar**ías**	hablar**íais**	comer**ías**	comer**íais**	escribir**ías**	escribir**íais**
tercera	hablar**ía**	hablar**ían**	comer**ía**	comer**ían**	escribir**ía**	escribir**ían**

• Se forma el condicional de los **verbos irregulares** añadiendo las mismas terminaciones no al infinitivo, sino a estas **raíces irregulares:**

	caber		decir		haber	
	singular	**plural**	**singular**	**plural**	**singular**	**plural**
primera	**cabr**ía	**cabr**íamos	**dir**ía	**dir**íamos	**habr**ía	**habr**íamos
segunda	**cabr**ías	**cabr**íais	**dir**ías	**dir**íais	**habr**ías	**habr**íais
tercera	**cabr**ía	**cabr**ían	**dir**ía	**dir**ían	**habr**ía	**habr**ían

	hacer		poder		poner	
	singular	**plural**	**singular**	**plural**	**singular**	**plural**
primera	**har**ía	**har**íamos	**podr**ía	**podr**íamos	**pondr**ía	**pondr**íamos
segunda	**har**ías	**har**íais	**podr**ías	**podr**íais	**pondr**ías	**pondr**íais
tercera	**har**ía	**har**ían	**podr**ía	**podr**ían	**pondr**ía	**pondr**ían

	querer		saber		salir	
	singular	**plural**	**singular**	**plural**	**singular**	**plural**
primera	quer**r**ía	quer**r**íamos	sab**r**ía	sab**r**íamos	sal**dr**ía	sal**dr**íamos
segunda	quer**r**ías	quer**r**íais	sab**r**ías	sab**r**íais	sal**dr**ías	sal**dr**íais
tercera	quer**r**ía	quer**r**ían	sab**r**ía	sab**r**ían	sal**dr**ía	sal**dr**ían

	tener		valer		venir	
	singular	**plural**	**singular**	**plural**	**singular**	**plural**
primera	ten**dr**ía	ten**dr**íamos	val**dr**ía	val**dr**íamos	ven**dr**ía	ven**dr**íamos
segunda	ten**dr**ías	ten**dr**íais	val**dr**ías	val**dr**íais	ven**dr**ías	ven**dr**íais
tercera	ten**dr**ía	ten**dr**ían	val**dr**ía	val**dr**ían	ven**dr**ía	ven**dr**ían

El participio y los tiempos compuestos del indicativo

El **participio pasado** es la forma del verbo que puede servir como adjetivo y que, junto con las formas del verbo auxiliar **haber,** forma los tiempos compuestos:

> un perro **perdido** en el parque
>
> unas composiciones **escritas** a máquina
>
> ¿Dónde **has puesto** las llaves?
>
> No sabía que Tomás ya **había llegado.**

- El **participio pasado de los verbos regulares** se forma quitando la terminación del infinitivo para luego añadir **-ado** si el infinitivo termina en **-ar** o **-ido** si termina en **-er** o **-ir:**

infinitivo en -ar	infinitivo en -er	infinitivo en -ir
hablar → habl**ado**	comer → com**ido**	vivir → viv**ido**

- Algunos verbos tienen **participios pasados irregulares.** Los de uso más frecuente son:

abrir: **abierto**	poner: **puesto**
decir: **dicho**	resolver: **resuelto**
descubrir: **descubierto**	revolver: **revuelto**
escribir: **escrito**	romper: **roto**
freír: **frito**	satisfacer: **satisfecho**
hacer: **hecho**	ver: **visto**
morir: **muerto**	volver: **vuelto**

El tiempo **presente perfecto** (también conocido como el **pretérito perfecto** y el **pretérito compuesto**) expresa acciones o estados que comienzan en el pasado pero cuyo efecto llega justo al momento del habla:

> Hasta la fecha no **hemos recibido** ninguna noticia de los viajeros.

- Se forma el tiempo presente perfecto uniendo el tiempo presente del verbo auxiliar **haber** y el participio pasado del verbo:

	infinitivo en -ar		infinitivo en -er		infinitivo en -ir	
	singular	plural	singular	plural	singular	plural
primera	**he** habl**ado**	**hemos** habl**ado**	**he** com**ido**	**hemos** com**ido**	**he** viv**ido**	**hemos** viv**ido**
segunda	**has** habl**ado**	**habéis** habl**ado**	**has** com**ido**	**habéis** com**ido**	**has** viv**ido**	**habéis** viv**ido**
tercera	**ha** habl**ado**	**han** habl**ado**	**ha** com**ido**	**han** com**ido**	**ha** viv**ido**	**han** viv**ido**

El tiempo **pluscuamperfecto** expresa acciones o estados que comienzan y terminan en el pasado, anteriormente a otra acción o estado: *Llegué a las seis, pero ya se **habían ido.***

• Se forma el tiempo pluscuamperfecto uniendo el tiempo imperfecto del verbo **haber** y el participio pasado del verbo:

	singular	plural
primera	había hablado	habíamos hablado
segunda	habías hablado	habíais hablado
tercera	había hablado	habían hablado

El **futuro perfecto** expresa acciones o estados que terminan en el futuro, anteriormente a otra acción o estado en el futuro, o para expresar la probabilidad en el pasado inmediato:

> *Cuando llegue Esteban, ya **habremos comido.***
> *Se me **habrá caído** la billetera en el camino.*

• Se forma el tiempo futuro perfecto uniendo el tiempo futuro del verbo **haber** y el participio pasado del verbo:

	singular	plural
primera	habré hablado	habremos hablado
segunda	habrás hablado	habréis hablado
tercera	habrá hablado	habrán hablado

El **condicional perfecto** expresa acciones o estados en el pasado que ocurrieron o no, debido a las circunstancias. También expresa la probabilidad en el pasado:

> ***Habría ido** a Madrid, pero no tenía suficiente dinero.*
> *Se me **habría caído** la billetera en el camino.*

• Se forma el tiempo condicional perfecto uniendo el tiempo condicional del verbo **haber** y el participio pasado del verbo:

	singular	plural
primera	habría hablado	habríamos hablado
segunda	habrías hablado	habríais hablado
tercera	habría hablado	habrían hablado

El modo de los verbos

El modo **indicativo** presenta hechos concretos de una manera directa:

> Juan **habla** español e inglés.

El modo **imperativo** presenta mandatos e instrucciones directas. Pueden ser afirmativos o negativos:

> **Hábla**me en español.
> No me **hables** así.
> Niños, **hablen** en voz baja.

- El modo **imperativo de los verbos regulares** se basa en la raíz del verbo más las siguientes terminaciones, correspondientes a persona y número:

	infinitivo en -ar		infinitivo en -er		infinitivo en -ir	
	afirmativo	negativo	afirmativo	negativo	afirmativo	negativo
tú	habl**a**	no habl**es**	com**e**	no com**as**	escrib**e**	no escrib**as**
usted	habl**e**	no habl**e**	com**a**	no com**a**	escrib**a**	no escrib**a**
nosotros	habl**emos**	no habl**emos**	com**amos**	no com**amos**	escrib**amos**	no escrib**amos**
vosotros	habl**ad**	no habl**éis**	com**ed**	no com**áis**	escrib**id**	no escrib**áis**
ustedes	habl**en**	no habl**en**	com**an**	no com**an**	escrib**an**	no escrib**an**

- Algunos verbos tienen formas del imperativo irregulares en el afirmativo de la segunda persona del singular informal *(tú)*:

decir: **di**	ir: **ve**	salir: **sal**	tener: **ten**
hacer: **haz**	poner: **pon**	ser: **sé**	venir: **ven**

- Todos los cambios de raíz y de ortografía que ocurren en el tiempo presente del indicativo y del subjuntivo ocurren en el imperativo:

	cambios de raíz				irregulares en la primera persona singular	
	afirmativo	negativo	afirmativo	negativo	afirmativo	negativo
tú	pru**e**ba	no pru**e**bes	p**i**de	no p**i**das	tra**e**	no tra**i**gas
usted	pru**e**be	no pru**e**be	p**i**da	no p**i**da	tra**i**ga	no tra**i**ga
nosotros	pro**b**emos	no pro**b**emos	p**i**damos	no p**i**damos	tra**i**gamos	no tra**i**gamos
vosotros	pro**b**ad	no pro**b**éis	p**e**did	no p**i**dáis	tra**e**d	no tra**i**gáis
ustedes	pru**e**ben	no pru**e**ben	p**i**dan	no p**i**dan	tra**i**gan	no tra**i**gan

El modo **subjuntivo** ocurre en cláusulas subordinadas o de relativo para presentar información con matices de duda, emoción, juicio, conjetura, posibilidad u opinion. Una **cláusula subordinada** es una oración que se ha unido a otra oración por medio de una conjunción:

> *Juan estudia mucho.*
> *La profesora cree **que Juan estudia mucho.***

- Una **cláusula nominal** es cualquier cláusula subordinada que funciona como sustantivo en la oración. El verbo de la cláusula subordinada puede estar en indicativo o subjuntivo:

> *La profesora cree que Juan estudia mucho.*
> *Es importante que Juan estudie mucho.*

El modo subjuntivo en cláusulas nominales resulta cuando el verbo de la cláusula principal expresa influencia, voluntad, duda, negación, emoción, juicio u opinión:

> *Es necesario que todos **estudien.***
> *Es imposible que **llueva** hoy.*
> *Me alegré de que **saliéramos** ayer.*
> *Parece raro que nadie **haya llegado.***

- Una **cláusula adverbial** es cualquier cláusula subordinada que sirve como adverbio en la oración. El verbo de la cláusula subordinada puede estar en indicativo o subjuntivo:

> *Comemos **cuando llegan** todos.*
> *Vamos a comer **cuando lleguen** todos.*

El modo subjuntivo en cláusulas adverbiales ocurre después de las conjunciones condicionales *a menos (de) que, con tal (de) que, en caso (de) que, para que, a fin de que y sin que*:

> *Te ayudo ahora **con tal de que** me **ayudes** después.*
> *Llegó la fecha límite **sin que** nos **diéramos** cuenta.*

También ocurre después de las conjunciones temporales *cuando, después de que, en cuanto, hasta que, mientras y tan pronto como,* si la cláusula adverbial modifica a una acción futura. Si la cláusula adverbial trata de una acción cumplida o habitual, entonces se emplea el indicativo:

> *Voy a salir **cuando** me **llame** Pati.*
> *Salgo **cuando llega** Juan.*
> *Salí **cuando llegó** Juan.*
> *Podemos ver el video **después de que termines** de lavar los platos.*
> *Vimos el video **después de que terminé** de lavar los platos.*

Si la conjunción **si** introduce la cláusula adverbial, le sigue el pasado del subjuntivo para indicar algo que es **lo contrario de la verdad.** Si la cláusula adverbial es introducida por la conjunción *como si,* le sigue el pasado del subjuntivo, expresando la manera en que se realiza algo:

> ***Si fuera** presidente, trataría de proteger el medio ambiente.*
> *Nos habla **como si fuéramos** tontos.*

- Una **cláusula de relativo** introduce información adicional sobre un sustantivo en la oración. Así sirve como adjetivo. Siempre la introduce un pronombre relativo, el cual se refiere al sustantivo al que modifica la cláusula:

> *El profesor **que enseña inglés** es de Irlanda.*

El modo subjuntivo en cláusulas de relativo ocurre si el sustantivo al que modifica la cláusula es indefinido o no existe:

> *Busco a **alguien que** me **pueda ayudar.***
> *En esta clase no hay **nadie que sepa** hablar ruso.*

Los tiempos sencillos del subjuntivo

Se usa el modo subjuntivo en dos tiempos gramaticales. El tiempo del subjuntivo que se usa se basa en el tiempo de la cláusula principal y el momento en que ocurre la acción. (Ver también **Secuencia de tiempos verbales.**)

- El **presente del subjuntivo de los verbos regulares** se forma quitando la **-o** final de la primera persona del singular del presente del indicativo y añadiendo a la raíz las terminaciones correspondientes a persona y número, y cambiando la vocal del infinitivo (**a → e; e/i → a**):

	infinitivo en -ar		infinitivo en -er		infinitivo en -ir	
	singular	**plural**	**singular**	**plural**	**singular**	**plural**
primera	hable	hablemos	coma	comamos	escriba	escribamos
segunda	hables	habléis	comas	comáis	escribas	escribáis
tercera	hable	hablen	coma	coman	escriba	escriban

El tiempo presente del subjuntivo de los verbos que sufren una **alternancia de la raíz** entre **e ↔ i** sigue la regla anteriormente mencionada. Además, si el verbo tiene una forma irregular en la primera persona del singular, esa irregularidad se traslada a todas las formas del presente del subjuntivo:

	alternancia en la raíz entre e ↔ i		irregular en la primera persona singular	
	singular	**plural**	**singular**	**plural**
primera	mida	midamos	traiga	traigamos
segunda	midas	midáis	traigas	traigáis
tercera	mida	midan	traiga	traigan

- El tiempo presente del subjuntivo de los verbos que sufren una **alternancia de la raíz** entre **e ↔ ie** y entre **o ↔ ue** sigue el mismo patrón de diptongos que el presente del indicativo, con la excepción de los verbos en **-ir** de esta clase. En la primera y segunda personas del plural de estos verbos, la vocal de la raíz cambia a **i** o **u**:

	mentir		dormir	
	singular	**plural**	**singular**	**plural**
primera	mienta	mintamos	duerma	durmamos
segunda	mientas	mintáis	duermas	durmáis
tercera	mienta	mientan	duerma	duerman

Hay un pequeño número de verbos irregulares que no siguen las reglas anteriormente mencionadas:

	dar		estar		haber	
	singular	**plural**	**singular**	**plural**	**singular**	**plural**
primera	dé	demos	esté	estemos	haya	hayamos
segunda	des	deis	estés	estéis	hayas	hayáis
tercera	dé	den	esté	estén	haya	hayan

	ir		saber		ser	
	singular	**plural**	**singular**	**plural**	**singular**	**plural**
primera	vaya	vayamos	sepa	sepamos	sea	seamos
segunda	vayas	vayáis	sepas	sepáis	seas	seáis
tercera	vaya	vayan	sepa	sepan	sea	sean

El **imperfecto del subjuntivo** se forma quitando la **-on** final de la tercera persona del plural del pretérito del indicativo y añadiendo las siguientes terminaciones a la raíz. Esta regla se emplea con todo verbo sin ninguna excepción, aun en los verbos que tienen cambios de raíz o de ortografía:

	infinitivo en -ar		infinitivo en -er		infinitivo en -ir	
	singular	**plural**	**singular**	**plural**	**singular**	**plural**
primera	habla**ra**	hablá**ramos**	comie**ra**	comié**ramos**	escribie**ra**	escribié**ramos**
segunda	habla**ras**	habla**rais**	comie**ras**	comie**rais**	escribie**ras**	escribie**rais**
tercera	habla**ra**	habla**ran**	comie**ra**	comie**ran**	escribie**ra**	escribie**ran**

En la forma alternativa del imperfecto del subjuntivo, se quita la **-on** final de la tercera persona del plural del pretérito del indicativo y se añaden a la raíz las siguientes terminaciones, correspondientes a persona y número:

	infinitivo en -ar		infinitivo en -er		infinitivo en -ir	
	singular	**plural**	**singular**	**plural**	**singular**	**plural**
primera	habla**se**	hablá**semos**	comie**se**	comié**semos**	escribie**se**	escribié**semos**
segunda	habla**ses**	habla**seis**	comie**ses**	comie**seis**	escribie**ses**	escribie**seis**
tercera	habla**se**	habla**sen**	comie**se**	comie**sen**	escribie**se**	escribie**sen**

Los tiempos compuestos del subjuntivo

- El tiempo **presente perfecto del subjuntivo** se forma uniendo el tiempo presente del subjuntivo del verbo **haber** y el participio pasado del verbo:

	singular	plural
primera	**haya** hablado	**hayamos** hablado
segunda	**hayas** hablado	**hayáis** hablado
tercera	**haya** hablado	**haya** hablado

- El **tiempo pluscuamperfecto** se forma uniendo el tiempo pasado del subjuntivo del verbo **haber** y el participio pasado del verbo:

	singular	plural
primera	**hubiera** hablado	**hubiéramos** hablado
segunda	**hubieras** hablado	**hubierais** hablado
tercera	**hubiera** hablado	**hubieran** hablado

La secuencia de tiempos verbales

La **secuencia de tiempos verbales** se refiere a la concordancia temporal y gramatical entre el verbo de la cláusula principal y el de la cláusula subordinada. El tiempo del verbo de la cláusula subordinada depende del tiempo del verbo de la cláusula principal y también de si la acción es simultánea, posterior o anterior a la del verbo de la cláusula principal. Por ejemplo, es imposible narrar en el pasado sobre un acontecimiento del futuro:

*La profesora **supo** que **estaré** enfermo. (El asterisco indica que la oración no es correcta).

En este ejemplo hay falta de concordancia temporal; es imposible que la profesora supiera en el pasado sobre algo que todavía no ha pasado. También falta concordancia gramatical, porque el tiempo pretérito no concuerda con el tiempo futuro.

Cuando la acción de la cláusula subordinada es **simultánea** o **posterior** a la de la cláusula principal, la secuencia a seguir es:

	Cláusula principal		Cláusula subordinada (Acción simultánea o posterior)
Presente	**Dice** **Dirá** **Ha dicho** **Dile**	que	**sale**. **saldrá** mañana. **salgamos** ya.
Pasado	**Dijo** **Decía** **Había dicho** **Diría** **Habría dicho**	que	**salió** entonces. **salía** de allí. **saldría** al día siguiente. **saliéramos** ya.

Cuando la acción de la cláusula subordinada es **anterior** a la de la cláusula principal, la secuencia a seguir es:

	Cláusula principal		Cláusula subordinada (Acción anterior)
Presente (indicativo)	Dice Dirá Ha dicho Dile	que	ha salido ya. salió ayer. salía ayer.
Presente (subjuntivo)	Le extraña Le extrañará Le ha extrañado	que	hayamos salido ya. saliéramos tan temprano.
Pasado (indicativo)	Dijo Decía Había dicho Diría Habría dicho	que	salió de allí en seguida. salía de allí siempre. había salido corriendo. habría salido ya.
Pasado (subjuntivo)	Le extrañó Le extrañaba Le había extrañado Le extrañaría Le habría extrañado	que	hayas salido ya. hubieras salido ya.

El aspecto

Las formas del verbo también expresan **aspecto.** El aspecto define los límites de la acción o del estado en el tiempo.

- El **aspecto imperfectivo** indica que una acción o estado es habitual o que no tiene límites definidos dentro del tiempo. Los tiempos presente e imperfecto transmiten aspecto imperfectivo:

  Héctor **trabaja** todos los días.

  Beatriz y yo **íbamos** con nuestros hijos al parque los fines de semana.

- El **aspecto perfectivo** indica que una acción o estado ya concluyó, que duró un periodo definido o que comenzó en un momento específico. El aspecto perfectivo lo comunican el tiempo pretérito y los tiempos compuestos con **haber:**

  Isabel **ganó** el campeonato y desde aquel día **fue** la mejor atleta del equipo.

  Mi tía siempre **ha sido** buena conmigo.

- El **tiempo imperfecto y el tiempo pretérito** se pueden combinar en una oración para presentar una imagen detallada y descriptiva del pasado. En este caso, el imperfecto presenta la escena o el ambiente y el pretérito presenta los sucesos dentro de ese ambiente. El imperfecto también puede presentar acciones en desarrollo y el pretérito presenta los acontecimientos que las interrumpen:

> **Hacía** muy buen tiempo cuando **llegué** a la costa.
>
> Todos **veían** televisión cuando alguien **tocó** la puerta.

El gerundio y el aspecto progresivo

El **gerundio** es una forma no personal del verbo que se usa como complemento en una oración, para presentar una acción o estado simultáneo o anterior al verbo principal, o para indicar la manera en que se realiza una acción:

> Lavo los platos **escuchando** música.
>
> Saco buenas notas **estudiando** un poco todos los días.

- El **gerundio de los verbos regulares** se forma quitando la terminación del infinitivo para luego añadir **-ando** si éste termina en **-ar** o **-iendo** si termina en **-er** o **-ir:**

infinitivo en -ar	infinitivo en -er	infinitivo en -ir
habl**ar** → habl**ando**	com**er** → com**iendo**	escrib**ir** → escrib**iendo**

- El **gerundio de los verbos con cambios de raíz o cambios ortográficos** se forma de la misma manera que los verbos regulares, pero también sufren los mismos cambios que sufren en la tercera persona del tiempo pretérito:

> dormir: **durmiendo**
>
> pedir: **pidiendo**
>
> leer: **leyendo**

El **aspecto progresivo** expresa el desarrollo o el desdoblamiento de una acción en el tiempo al que se refiere el verbo auxiliar: *Juan **está** comiendo el almuerzo.* Se forma juntando una forma de uno de los verbos auxiliares *andar, continuar, estar, ir, llevar, pasar, seguir* y *venir,* más el gerundio:

> Todos **andan diciendo** que vas a ganar el premio.
>
> Ana **continuó trabajando** hasta la medianoche.
>
> Carlos **está descansando.**
>
> **Seguirán insistiendo** en sus reclamos.
>
> **Vengo aprendiendo** francés poco a poco.

Las voces activa y pasiva

La forma de **voz activa** de un verbo indica que el sujeto de éste realiza la acción: *El terremoto **destruyó** la ciudad.* La forma de **voz pasiva** de un verbo indica que el sujeto de éste recibe la acción: *La ciudad **fue destruida** por el terremoto.* Por medio de la voz pasiva se pone énfasis no en el actor (agente) de la acción, sino en el receptor. El agente se expresa por medio de la preposición *por,* o se omite por completo.

- La **voz pasiva con *ser*** se forma con la secuencia *sujeto* (**La ciudad**) + *ser* (**fue**) + *participio pasado* (**destruida**) + *por* (agente: **el terremoto**). Con esta forma de la pasiva se pone énfasis en el receptor o en el agente de la acción, o en ambos.

- Otra manera de expresar la voz pasiva es mediante **la voz pasiva con «se»** más la forma activa del verbo: *Se cerró la tienda a las nueve.* En este caso, el agente o se desconoce o no importa.

- También se expresa **la voz pasiva mediante la tercera persona del plural,** que sirve como sujeto no definido: *Cerraron la tienda a las nueve.*

El infinitivo

El **infinitivo** es la forma verbal invariable (siempre termina en **-r**) que no especifica a la persona, el número, el tiempo, el modo ni el aspecto de una acción o un estado. Así sirve como sustantivo y, por lo tanto, como complemento de una preposición o de un verbo transitivo auxiliar: *Los alumnos quieren **salir** para **jugar**.* Cuando sirve como sustantivo, se considera masculino y singular: *El **hacer** ejercicio todos los días es bueno.*

Las conjunciones

Las **conjunciones** son palabras que se utilizan para juntar una palabra a otra, o una oración a otra.

Las conjunciones coordinantes

- La conjunción **y** liga palabras u oraciones para que éstas se consideren un sólo elemento gramatical. También puede ligar dos oraciones si los conceptos de éstos se pueden relacionar. La conjunción **y** se realiza como **e** cuando va seguida por cualquier palabra que comience con **i** o **hi** (menos **hie-**):

    > *El perro **y** el gato son animales domésticos.*
    > *Marta se comió todo el pastel **y** luego se sintió mal.*
    > *Roberta es cómica **e** inteligente.*

- La conjunción **pero** contrasta la palabra u oración que le sigue con la palabra u oración que le precede: *Quiero ir a Perú **pero** no me alcanza para pagar el viaje.*

- La conjunción **sino** contrasta la palabra que le sigue con una negativa que le precede: *No busco las revistas **sino** los periódicos.* La conjunción **sino que** contrasta oraciones de la misma manera:

    > *El desconocido no se quedó mucho en la plaza, **sino que** se marchó casi en seguida.*

- La conjunción **o** liga palabras u oraciones para presentar opciones: *Podemos ir al centro en auto **o** en metro.* La conjunción **o** se realiza como **u** cuando va seguida por cualquier palabra que comience con **o** u **ho**: *Hay diez **u** once estudiantes en la clase.*

- Otras conjunciones coordinantes de uso frecuente son *así que, ni* y *pues.*

Las conjunciones subordinantes

Las **conjunciones subordinantes** introducen cláusulas subordinadas, de modo que éstas funcionen como sustantivos o adverbios en una oración.

- Una cláusula nominal puede ser introducida por la conjunción *que*:

    > *Ramón me dijo **que** iba a venir.*
    > *El profeso insistió en **que** todos entregaran sus trabajos ayer.*

- Una cláusula adverbial puede ser introducida por estas conjunciones de uso frecuente:

a fin de que	como	después de que	porque
a menos que	como si	hasta que	puesto que
antes de que	con tal de que	mientras	si
aunque	cuando	para que	sin que

Los adverbios

Los **adverbios** modifican a un verbo, a un adjetivo o a otro adverbio. Contestan en general las preguntas «¿cómo?», «¿cuándo?», «¿dónde?» y «¿cuánto?»:

Los obreros trabajaron **incansablemente.** (¿Cómo trabajaron?)

Pronto llegaremos a casa. (¿Cuándo llegaremos?)

Martín vive **lejos.** (¿Dónde vive Martín?)

Nunca he visto esa película. (¿Cuántas veces?)

El trabajo es **muy** duro. (¿Cuán duro es?)

- Algunas palabras son **adverbios inherentes:**

ahora	entonces	más
apenas	hoy	mejor
ayer	igual	muy
bien	luego	peor
casi	mal	siempre
despacio	mañana	ya

- Otros adverbios se derivan añadiendo el sufijo **-mente** a la forma femenina singular de un adjetivo:

absolutamente	evidentemente
actualmente	fácilmente
constantemente	perfectamente
desgraciadamente	rápidamente
directamente	sinceramente

Al añadir el sufijo **-mente,** el acento ortográfico, si lo hay, permanece en su posición original:

fácil → fácilmente, rápido → rápidamente.

- Las **frases preposicionales** (compuestas de una preposición más complemento) pueden cumplir la función de adverbio:

Vamos **después de la fiesta.**

Saltó **por encima de la valla.**

Las preposiciones

Las **preposiciones** son las palabras o locuciones que sirven para definir las relaciones espaciales y temporales de un sustantivo y otra parte de la oración.

- Las **preposiciones temporales** expresan relaciones de tiempo:

    la clase que tengo **antes del** almuerzo

    la fiesta que dieron **después de** clases

    el partido que jugaste **durante** el fin de semana

- Las **preposiciones locativas** expresan relaciones espaciales entre sustantivos:

    las flores que están **encima de** la mesa

    el libro que encontré **debajo del** escritorio

    el paraguas que dejé **al lado de** la puerta

- Las **preposiciones direccionales** expresan el movimiento de un sustantivo a otro o vice versa:

    el regalo que compramos **para** mi hermano

    el camino **a** San Antonio

- Las **preposiciones** por y para tienen usos y significados distintos:

por	para
Espacio (lugar de tránsito): Caminamos **por** la playa.	Espacio (dirección, destino): Salieron **para** la playa esta mañana.
Tiempo (duración o cantidad de tiempo): Trabajaré **por** la tarde. Vivió en Chile **por** tres años.	Tiempo (fecha límite): ¿Lo vas a tener listo **para** mañana? **Para** esas fechas, ya estaremos en México.
Causa o motivo: **Por** ser tu cumpleaños, preparé este pastel.	Propósito u objetivo: Preparé este pastel **para** tu cumpleaños.

LA ACENTUACIÓN

La sílaba

La **sílaba** es la unidad de sonido más pequeña de una palabra que se pronuncia con un solo golpe de voz. Cada sílaba contiene por lo menos una vocal. También puede contener consonantes antes y después de la vocal:

me-sa	ca-ra
ha-bla	be-so
o-la	mien-tras
siem-pre	a-ú-lla
cuen-tan	frí-o

La división de palabras en sílabas

El saber cómo se dividen las palabras en sílabas ayuda a deletrearlas y pronunciarlas correctamente, y a entender mejor la colocación del acento ortográfico. Se dividen las palabras en sílabas según las siguientes reglas:

- La sílaba generalmente empieza con una consonante: *fe-liz, po-der, cam-pa-na, pe-lí-cu-la*. Si la palabra empieza con una vocal, entonces la primera sílaba empieza con esa vocal: *u-va, on-da, a-fue-ra, e-jem-plo, em-pe-za-ra*.

- En general, cuando hay dos consonantes juntas, la primera consonante va con la sílaba anterior y la segunda consonante va con la próxima sílaba: *gen-te, suer-te, gim-na-sio, e-mer-gen-cia, in-ne-ce-sa-rio, e-lec-ción*. No se puede empezar una sílaba con una **s** seguida por una consonante. La **s** se une a la sílaba anterior: *es-tre-lla, ves-ti-do, es-tor-bar*.

- La **h,** aunque es muda, sigue las mismas reglas que las otras consonantes: *des-hecho, ad-he-si-vo*.

- Hay ciertas combinaciones de letras que nunca se dividen:

bl y **br:** *ha-bló, a-brir*	**ll:** *pa-si-llo, ca-lle*
ch: *le-che, an-cho*	**pl** y **pr:** *a-pli-ca-da, a-pre-tar*
cl y **cr:** *re-cla-mo, es-cri-to*	**qu:** *que-rer, in-quie-to*
dr: *ma-dri-na*	**rr:** *ca-rre-ra, a-bu-rri-do*
fl y **fr:** *a-fli-gir, o-fre-cer*	**tl** y **tr:** *a-tle-ta, o-tro*
gl y **gr:** *i-gle-sia, a-gra-da-ble*	

- Cuando una palabra tiene tres o cuatro consonantes juntas, se divide según las reglas anteriormente presentadas: *cons-trui-do, trans-por-te, obs-truc-ción, am-plia-ción*.

- Dependiendo de cuál es la sílaba acentuada, las combinaciones vocálicas pueden formar una sola sílaba o pueden dividirse en dos sílabas:

pia-no	*de-cí-a*
pien-san	*rí-e*
bue-no	*con-ti-nú-e*
le-gua	*ac-tú-a*
pei-ne	*in-cre-í-ble*

El acento

El acento ortográfico con palabras agudas, llanas, esdrújulas y sobresdrújulas

Cada palabra tiene una **sílaba tónica;** es decir, una sílaba que se pronuncia con mayor intensidad de voz. Según donde esté la sílaba tónica, las palabras pueden ser **agudas, llanas, esdrújulas** o **sobresdrújulas.**

- Las palabras **agudas** llevan la intensidad de voz en la última sílaba: *común, pared, café.* Llevan acento escrito si terminan en vocal o en la consonante **n** o **s:** *empezó, según, inglés.* Sin embargo, si una palabra aguda terminada en **n** o **s** va precedida por otra consonante, no lleva acento escrito (a no ser que fuera otra **n** o **s** como *Orleáns*): *Casals, Isaacs.* Tampoco llevan acento escrito las palabras agudas que terminan en **y:** *Paraguay, convoy, Camagüey.*

- Las palabras **llanas** llevan la intensidad de voz en la penúltima sílaba: *libro, escuela, lápiz.* Llevan acento escrito cuando acaban en consonante que no sea **n** o **s**: *árbol, huésped, Velázquez, automóvil.* Se acentúan algunos casos de palabras llanas acabadas en **n** o **s** cuando esa letra va precedida de otra consonante (a no ser que sea otra **n** o **s** como *Rubens*): *bíceps, fórceps, tríceps.*

- Las palabaras **esdrújulas** llevan la intensidad de voz en la antepenúltima sílaba: *página, médico, teléfono.* En las palabras **sobresdrújulas,** la sílaba tónica es anterior a la antepenúltima: *repítamelo, llévatelo, demuéstraselo.* Todas las palabras **esdrújulas** y **sobresdrújulas** llevan acento escrito sin excepción: *pájaro, mamífero, electrónica, últimamente, kilómetro.*

Los diptongos y los hiatos

De las cinco vocales, **a, e** y **o** se consideran **fuertes** mientras la **i** y la **u** se consideran **débiles.** Cuando dos vocales se encuentran, puede suceder un **hiato** o un **diptongo.**

- El **hiato** es la pronunciación de dos vocales contiguas en dos sílabas distintas:

ca-er	*que-rí-a*
pro-a	*a-ú-lla*
pe-or	*re-ír*
ca-os	*grú-a*
le-al	

- El **diptongo** es la unión de dos vocales contiguas en una sola sílaba. Hay catorce combinaciones vocálicas que forman diptongo. Nota que un diptongo siempre contiene **i** o **u,** sin acento:

ai, ay: *baile, hay*	**iu:** *viuda*
au: *auto*	**oi, oy:** *heroico, soy*
ei, ey: *reina, ley*	**ou:** *Bou*
eu: *reunir*	**ua:** *agua*
ia: *limpia*	**ue:** *fuego*
ie: *piel*	**ui, uy:** *cuidado, muy*
io: *violento*	**uo:** *cuota*

La acentuación de diptongos y vocales en hiato

- Cuando el acento tónico cae en una sílaba que lleva diptongo, el acento escrito se coloca en la vocal fuerte: *huésped, tráigalo, Juárez.*

- Si el diptongo no contiene ninguna vocal fuerte (es decir, si se compone de **ui** o **iu**) el acento escrito se coloca sobre la segunda vocal del diptongo: *cuídense, sustituí.*

- Cuando el acento cae en una vocal fuerte que está en hiato con otra fuerte, la colocación del acento sigue las reglas generales:

  se-an (palabra llana terminada en vocal)
  fe-o (palabra llana terminada en vocal)
  le-ón (palabra aguda terminada en **-n**)
  pe-or (palabra aguda terminada en consonante no **-s** ni **-n**)
  le-al-tad (palabra aguda terminada en consonante no **-s** ni **-n**)
  po-é-ti-co (palabra esdrújula)
  o-cé-a-no (palabra esdrújula)

- Si la vocal tónica en hiato es una **i** o **u,** siempre lleva acento escrito: *ra-íz, Ma-rí-a, fre-ír, pú-a.*

- Si el diptongo se encuentra en una palabra de una sola sílaba, la tendencia es evitar el uso de acento ortográfico (**fui, hui, dio**), el cual no se debe confundir con el acento diacrítico. (Ver también **El acento diacrítico.**)

El acento diacrítico

El **acento diacrítico** se refiere al acento escrito que se usa para distinguir dos o más palabras que suenan igual pero que tienen significados y usos distintos. El uso del acento diacrítico cambia la función y el significado de las siguientes palabras:

aun (conjunción) aún (adverbio)	***Aun*** *los viejos amigos me han dicho eso.* *Aún es invierno aunque no haga frío.*
de (preposición) dé (del verbo *dar*)	*Juan se mudó **de** Santiago a La Habana.* *Dé un billete de diez.*
el (artículo) él (pronombre)	***El*** *plato que más me gusta son los tostones.* *Fue él quien preparó la cena.*
mas (conjunción) más (adverbio)	*Tengo dulces **mas** no te los puedo dar.* *Hace más calor en la costa que en las montañas.*
mi (adjetivo) mí (pronombre)	***Mi*** *casa estaba en una calle cerca del malecón.* *¿No hay ninguna carta para mí?*
se (pronombre) sé (de los verbos *ser* o *saber*)	*¿Sabes cómo **se** escribe su nombre?* *No sé quién fue el autor de esa novela.*
si (conjunción) sí (pronombre o afirmación)	***Si*** *quieres, te ayudo con los quehaceres.* *Dije que sí, pero no me oyó.*
solo (adjetivo) sólo (adverbio)	*Me concentro mejor cuando estoy **solo.*** *Sólo faltan dos días más.*
te (pronombre) té (sustantivo)	***Te*** *invito a un café, ¿te apetece?* *¿O prefieres tomar té?*
tu (adjetivo posesivo) tú (pronombre)	*Lleva **tu** paraguas, por si acaso.* *Y tú, ¿qué piensas?*

Las siguientes palabras llevan acento diacrítico cuando tienen significado interrogativo o exclamativo:

como / cómo	*Como no sé cómo se hace, no lo hago.*
cual / cuál	*No sé cuál es su trabajo, lo cual me molesta.*
cuando / cuándo	*—¿Cuándo vienes? —Cuando deje de llover.*
cuanto / cuánto	*Te pago en cuanto sepa cuánto costó.*
donde / dónde	*—¿Dónde vives? —En la calle Obregón, donde está la Plaza Cuauhtémoc.*
que / qué	*¡Qué vida es ésta la que tenemos!*
quien / quién	*No importa quién sea. Es con ella con quien queremos hablar.*

Los **adjetivos demostrativos** *este/esta/estos/estas, ese/esa/esos/esas* y *aquel/aquella/aquellos/aquellas* llevan acento diacrítico cuando funcionan como pronombres:

> *Esta casa es suya; aquélla es mía.*
> *Ésos no saben que aquel hombre los persigue.*

■ GLOSARIO

Este glosario contiene las palabras de vocabulario que aparecen en el libro, más otras palabras seleccionadas de las distintas secciones de cada colección. De acuerdo con la Real Academia de la Lengua que ha determinado que la **ch** y la **ll** no son letras independientes, las palabras que empiezan por dichos sonidos se han ordenado bajo las letras **c** y **l**, respectivamente.

Las abreviaturas que se usan en este glosario son:

adj.	adjetivo	*pl.*	plural
adv.	adverbio	*prep.*	preposición
conj.	conjunción	*pron.*	pronombre
f.	femenino	*v.*	verbo
m.	masculino		

El número entre paréntesis al final de cada definición corresponde a la colección del libro donde aparece la palabra por primera vez.

A

a *prep.* expresa movimiento o ubicación de algo en un sentido material o figurado; *at, to, towards, in.* **A grandes rasgos** *expresión adverbial.* sin detalles; *in broad strokes* (2); **a lo sumo** *expresión adverbial.* a lo más, como máximo; *(at) the most* (1); **a pesar de** *expresión adverbial.* sin que lo expresado impida que la cosa de que se trata se realice; *despite, in spite of* (5); **a puño cerrado** *expresión adverbial.* firmemente, con obstinación; *obstinately* (1); **a toda velocidad** *expresión adverbial.* tan rápido como posible; *at top speed* (6); **al unísono** *expresión adverbial.* a coro, al mismo tiempo, simultáneamente; *in unison, all together* (1).

abarcable *adj.* que se puede comprender o incluir; *capable of being encompassed or included* (2).

abarcar *v.* comprender, contener; *to contain, to include* (4).

abismo *m.* sima, gran profundidad; *abyss* (6).

abolengo *m.* ascendencia o herencia que viene de los antepasados; *ancestry, inheritance* (4).

aborigen *m.* persona nativa u originaria de un lugar; *aborigine, aboriginal* (3).

abrazar *v.* estrechar entre los brazos con cariño; *to embrace, to hug* (3).

abrochar *v.* cerrar o ajustar una prenda de ropa; *to fasten, to clasp* (2).

abrumado, -da *adj.* molesto, preocupado; *overwhelmed, overcome* (6).

acaecer *v.* suceder; *to happen* (5).

acaso *adv.* quizás, tal vez; *perhaps, maybe* (5).

aceituna *f.* oliva; *olive* (5).

acero *m.* aleación de hierro y carbono; *steel* (2).

acontecimiento *m.* suceso importante; *event* (5).

acorazado *m.* buque de guerra; *warship* (2).

actualidad *f.* tiempo presente; *present (time)* (3).

actualmente *adv.* en el tiempo presente; *currently* (6).

acuático, -ca *adj.* relacionado con el agua; *aquatic* (6).

acuerdo *m.* armonía o unión entre dos personas, resolución tomada en común; *harmony, accord, agreement.* **Ponerse de acuerdo** *v.* llegar a una resolución tomada en común; *to come to an agreement* (4).

acurrucarse *v.* encogerse; *to huddle up, to cuddle* (1).

adivinar *v.* predecir el futuro; *to foresee, to guess* (3).

admitir *v.* aceptar, reconocer, permitir, tolerar; *to admit, to allow, to suffer* (6).

afilar *v.* sacar filo o punta a un arma o instrumento; *to sharpen* (2).

aflorar *v.* asomar un mineral a la superficie de un terreno; *to outcrop* (6).

agachado, -da *adj.* que tiene parte del cuerpo inclinada o bajada; *bent down, stooped* (1).

agacharse *v.* inclinarse, doblar el cuerpo hacia abajo; *to lower, to bend down* (3).

agitar *v.* mover rápidamente o con violencia; *to move, to shake* (5).

aglomeración *f.* agrupamiento de gente o de cosas; *agglomeration* (6).

agobiado, -da *adj.* que tiene gran molestia o fatiga; *overburdened* (4).

agotamiento *m.* estado extremo de cansancio; *exhaustion* (3).

agrio, -ria *adj.* ácido; *sour, bitter* (6).

agua *f.* líquido incoloro compuesto por oxígeno e hidrógeno combinados; *water.* **Venir a flor de agua** *v.* salir a la superficie del agua, flotar; *to surface, to float* (2). **Agua bendita** *f.* en la Iglesia Católica, agua que se usa para celebrar ciertos ritos; *holy water* (5).

aguantar *v.* tolerar algo molesto o desagradable; *to endure, to put up with* (2).

aguardar *v.* esperar que llegue alguien o que suceda algo; *to wait for, to expect* (1).

aguas termales *f. pl.* fuentes naturales de agua caliente; *hot springs* (6).

agudizar *v.* hacer más agudo; *to sharpen* (6).

agudo, -da *adj.* terminado en punta, afilado; *pointed, sharp* (5).

agujero *m.* abertura más o menos redonda en una cosa; *hole* (2).

ahogar *v.* matar por asfixia; *to drown, to suffocate, to smother* (3).

ahorcarse *v.* quitarse la vida por estrangulación, colgándose con una cuerda pasada alrededor del cuello; *to hang oneself* (1).

aislado, -da *adj.* solo, sin compañía; *isolated, lone* (2).

ajonjolí *m.* sésamo; *sesame plant and seeds* (1).

ala *f.* parte del cuerpo de algunos animales que sirve para volar; *wing* (4). Parte inferior del sombrero; *brim* (5).

alabanza *f.* elogio; *praise* (1).

álamo *f.* árbol de gran tamaño, de hojas ovaladas y madera blanca; *poplar tree* (5).

alarido *m.* grito de dolor o de espanto; *howl, scream* (3).

alba *f.* luz del día antes de salir el sol; *dawn* (6).

albahaca *f.* planta verde de hojas ovaladas y olor aromático; *basil* (6).

albergarse *v.* tomar albergue; *to house, to lodge, to shelter* (6).

alboroto *m.* vocerío, jaleo, desorden; *uproar, noise, excitement* (1).

alborozo *m.* alegría, felicidad, regocijo; *joy, delight* (2).

alcanzar *v.* llegar hasta; *to reach.* Llegar a percibir con la vista, el oído o el olfato; *to manage (to see, hear, or smell)* (3).

alcázar *m.* fortaleza, palacio real; *fortress, palace* (1).

alejarse *v.* irse lejos; *to go away from, to leave* (4).

aleta *f.* apéndice corto y plano que permite nadar a ciertos animales acuáticos; *fin* (2).

alfabetización *f.* capacidad de leer y escribir; *literacy* (2).

algarabía *f.* confusión de voces; *hubbub, uproar* (6).

aliento *m.* respiración; *breath* (6).

alimentación *f.* acción y efecto de alimentar o alimentarse; *feeding, nourishment* (6).

alimentar *v.* sostener, fomentar; *to feed* (4).

alquilar *v.* dar o tomar alguna cosa por tiempo determinado mediante el pago de cierta cantidad; *to rent* (3).

altavoz *m.* aparato que convierte en ondas acústicas las corrientes eléctricas correspondientes a los sonidos musicales o vocales; *loudspeaker* (1).

alucinante *adj.* extraordinario; *fascinating, extraordinary* (6).

aluvión *f.* inundación; *flood* (1).

amar *v.* sentir amor por algo o alguien; *to love* (5).

amargo, -ga *adj.* que tiene un sabor desagradable parecido al de la hiel; *bitter* (6).

amargura *f.* amargor, sabor amargo, aflicción o disgusto; *bitterness* (1).

amarillento, -ta *adj.* que tira a amarillo; *yellowish* (5).

ámbar *m.* resina fósil de color rojizo o amarillo, o el color de la resina; *amber.* Color dorado; *golden, amber-colored* (2).

ambarino, -na *adj.* del color del ámbar; *amber-colored* (5).

amenaza *f.* acción de dar a entender con actos o palabras que se quiere hacer algún mal a otro; *threat* (1).

amenazar *v.* dar a entender que se quiere hacer mal a otro, anunciar la proximidad de algún peligro; *to menace, to warn* (5).

ameno, -na *adj.* grato, placentero; *agreeable, pleasant* (1).

amontonarse *v.* juntarse sin orden; *to pile up* (1).

amor propio *m.* orgullo, vanidad; *self-esteem, pride* (1).

amostazado, -da *adj.* irritado, enojado; *angry, annoyed* (1).

amura *f.* lado de un barco donde éste se empieza a estrechar para formar la proa; *bow* (6).

anárquico, -ca *adj.* sin orden; *anarchic* (4).

ancho *m.* anchura, la dimensión de algo de derecha a izquierda o al revés; *width* (2).

andar *v.* moverse de un lugar hacia otro, ir, caminar; *to walk, to go* (5).

antepasado, -da *m. y f.* ascendiente; *ancestor* (1).

antología *f.* colección de fragmentos literarios o musicales; *anthology* (2).

añejo, -ja *adj.* antiguo, viejo, de muchos años; *old, aged* (4).

añoranza *f.* melancolía que se siente por una ausencia o pérdida; *nostalgia* (5).

apagarse *v.* extinguirse, disminuirse; *to go out, to extinguish* (5).

apasionado, -da *adj.* que siente entusiasmo por algo o que es inclinado a apasionarse; *passionate* (1).

apasionante *adj.* que apasiona; *exciting* (6).

apelativo *m.* nombre o sobrenombre; *nickname* (3).

aplicar *v.* poner una cosa sobre otra, referir a un caso particular, poner diligencia; *to apply (as in a coat of paint), to put to use* (6).

apoderarse *v.* hacerse dueño de una persona o cosa; *to seize, to take possession of* (1).

apodo *m.* sobrenombre; *nickname* (4).

aportación *f.* acción de llevar uno bienes a la sociedad de que es miembro; *contribution* (4).

apoyar *v.* hacer que una cosa descanse sobre otra, patrocinar, basar; *to support* (1).

aprieto *m.* conflicto, apuro; *difficulty, distress, jam* (1).

aprisionar *v.* atar, sujetar; *to shackle, to hold fast* (3).

aprovechar *v.* emplear para su beneficio; *to take advantage of, to benefit from* (2).

aproximarse *v.* estar próximo a suceder; *to approach, to come near* (1).

araña *f.* arácnido de ocho patas que segrega un hilo sedoso; *spider* (3).

arce *m.* árbol de madera dura; *maple tree* (4).

ardid *m.* acto planeado con el propósito de causar mal; *stratagem, trick* (3).

argumento *m.* asunto o materia de una obra, razonamiento que se emplea para demostrar una proposición; *subject matter, reasoning* (6).

aroma *m.* olor muy agradable; *aroma* (4).

arrabal *m.* barrio extremo de una población; *outskirts* (5).

arrancar *v.* sacar, quitar; *to pull out* (5).

arrastrar *v.* llevar a una persona o cosa por el suelo tirando de ella; *to drag* (4).

arrebolado, -da *adj.* de color rojo, especialmente cuando se habla del color de las mejillas; *reddish, rosy-cheeked* (2).

arrepentido, -da *adj.* que se arrepiente; *repentant* (3).

arriesgarse *v.* exponerse al peligro; *to risk* (3).

arrodillarse *v.* ponerse de rodillas; *to kneel* (3).

arrojar *v.* lanzar, echar; *to throw* (3). **Arrojarse** *v.* precipitarse, dejarse ir con violencia de alto a bajo; *to throw oneself (down)* (1).

arrugar *v.* hacer pliegues; *to wrinkle* (1).

asentarse *v.* establecerse; *to settle* (3).

asesor, -ra *m. y f.* persona que asesora o aconseja; *advisor, assessor* (3).

asombro *m.* susto, admiración, sorpresa; *fear, astonishment, surprise* (2).

asombroso, -sa *adj.* que causa asombro o sorpresa; *amazing, astounding* (4).

astilla *f.* fragmento, pedazo o trozo de madera; *splinter* (2).

astuto, -ta *adj.* sagaz; *astute* (4).

asumir *v.* tomar para sí, aceptar; *to assume (responsibilities, command)* (6).

atar *v.* unir una cosa a otra por medio de ligaduras o nudos; *to tie* (1).

atender *v.* cuidar de una persona, acoger favorablemente un deseo o mandato; *to attend to, to heed* (6).

aterrado, -da *adj.* atemorizado; *terrified* (3).

aterrar *v.* causar terror; *to terrorize* (3).

atestiguar *v.* dar testimonio; *to testify* (4).

atónito, -ta *adj.* extremadamente sorprendido; *astonished* (4).

atrapado, -da *adj.* aprisionado, cogido; *trapped* (3).

atrasar *v.* retardar; *to delay, to set back* (1).

atravesado, -da *adj.* penetrado; *pierced, run through* (3).

atreverse *v.* determinarse a algo arriesgado; *to venture.* Insolentarse o descararse; *to dare (to)* (1).

atrevido, -da *adj.* que hace algo arriesgado; *daring* (5).

atropello *m.* agravio ilegal, cometido por abuso de la fuerza o el poder; *abuse, violation* (5).

atroz *adj.* horrible, espantoso; *atrocious* (3).

aturdido, -da *adj.* sin juicio, atolondrado; *stunned, amazed* (6).

aturdir *v.* turbar, molestar la quietud y calma de alguien; *to bewilder, to agitate* (5).

aurora *f.* luz del alba; *dawn* (2).

ausentarse *v.* separarse de una persona o un lugar; *to absent oneself* (4).

austero, -ra *adj.* severo, sobrio; *austere, harsh* (5).

autónomo, -ma *adj.* que goza de autonomía; *autonomous* (4).

avanzar *v.* adelantar, mover una cosa hacia adelante; *to advance* (5).

avaro, -ra *adj.* persona que acumula dinero y que no es generosa; *miserly* (3).

avergonzado, -da *adj.* que siente vergüenza; *embarrassed, ashamed* (1).

avisar *v.* dar noticia de una cosa; *to inform, to warn* (6).

avivar *v.* animar, encender; *to revive, to liven up, to brighten* (5).

azabache *m.* piedra negra semipreciosa, una variedad de lignito de color negro brillante; *jet* (2).

B

babear *v.* dejar salir la saliva de la boca; *to drool* (2).

bacinica *f.* recipiente que se coloca al lado de la cama; *small chamber pot* (3).

balar *v.* dar balidos, como las cabras; *to baa, to bleat* (2).

balbucear *v.* articular mal o dificultosamente; *to stammer, to babble* (1).

ballena *f.* mamífero marino de gran tamaño; *whale* (2).

banco *m.* asiento para varias personas; *bench* (4).

bandeja *f.* plato grande que sirve para presentar algo; *tray* (3).

barril *m.* recipiente de barro o madera; *earthen jug, barrel* (3).

bautizar *v.* administrar el bautismo; *to baptize.* Poner nombre; *to name* (4).

bendición *f.* acción y efecto de bendecir; *blessing* (3).

bermejo, -ja *adj.* de color rubio rojizo; *bright red* (5).

bienes *m. pl.* hacienda, riquezas; *possessions, wealth* (5).

bigotes *m. pl.* pelo sobre el labio superior; *moustache* (2).

blanquear *v.* poner blanca una cosa; *to bleach, to whiten* (5).

blanquizco, -ca *adj.* que tira a blanco; *whitish, off-white* (5).

blindado, -da *adj.* protegida con una cubierta muy resistente; *armored, shielded* (5).

bocana *f.* estrecha entrada a una bahía; *estuary, inlet* (6).

bochornoso, -sa *adj.* que causa vergüenza; *embarrassing* (5).

bofetada *f.* golpe que se da en la mejilla con la mano abierta; *slap* (1).

boquera *f.* llaguita en las comisuras de los labios; *sore at the corner of the mouth* (4).

borda *f.* parte superior del costado del barco; *gunwale.* **Motor fuera borda** *m.* motor que se coloca en la parte exterior de la popa de ciertas embarcaciones; *outboard motor* (6).

bosquecillo *m.* pequeña extensión cubierta de árboles; *grove, woods* (3).

bostezar *v.* aspirar y espirar lenta y profundamente como indicio de aburrimiento o de sueño; *to yawn* (1).

brincar *v.* dar saltos rápidos; *to hop* (2).

bullir *v.* mover(se), agitar(se); *to move, to stir* (1).

buque *m.* barco de gran tamaño; *ship, boat* (2).

butaca *f.* en un cine o teatro, silla de brazos con el respaldo inclinado hacia atrás; *orchestra or box seat* (1).

C

cabalgar *v.* montar a caballo; *to ride a horse* (3).

caballada *f.* manada de caballos; *herd of horses* (5).

caballeriza *f.* lugar destinado para los caballos y otras bestias de carga; *stable* (5).

caballero andante *m.* personaje de las novelas de caballería medievales que cabalgaba por el mundo en busca de aventuras; *knight-errant* (5).

cabecear *v.* moverse la embarcación bajando y subiendo la proa; *to pitch* (6).

cabecera *f.* parte de la cama donde se pone la cabeza; *headboard* (6).

cabildo *m.* ayuntamiento; *town hall, town council* (5).

cacumen *m.* inteligencia, agudeza; *acumen, brains* (1).

cadena alimentaria *f.* conjunto de especies vivas (vegetales, herbívoras o carnívoras), cada una de las cuales se alimenta de la precedente especie; *food chain* (2).

cadencia *f.* sonidos que se repiten con regularidad; *cadence* (6).

caduco, -ca *adj.* decrépito, gastado, obsoleto; *worn-out, spent, obsolete* (2).

cafetal *m.* plantación de cafetos; *coffee plantation* (2).

caja *f.* recipiente de madera, metal, materia plástica; *box.* Tambor; *drum* (3).

calabaza *f.* planta de fruto grande de formas y colores variados; *squash, pumpkin.* **Dar calabazas** *v.* rechazar los intereses amorosos de uno; *to reject the romantic advances of someone* (1).

calceta *f.* trabajo de punto que se hace a mano; *knitting* (4).

caligrafía *f.* arte de escribir con letra clara y bien formada; *calligraphy* (4).

callejero, -ra *adj.* que es de o que vive en la calle; *stray* (2).

cámara *f.* lugar en que se reúnen ciertos cuerpos profesionales; *chamber* (1).

camélido *m.* mamífero como el camello, la alpaca y la vicuña; *mammal of the Camelidae family (group of mammals including camels, alpacas, and vicuñas)* (6).

cancha *f.* campo de deportes; *playing field.* Experiencia; *experience* (3).

candelabro *m.* candelero; *candelabrum* (4).

cañonazo *m.* disparo de cañón; *cannon shot* (2).

caporal *m.* capataz, persona que tiene a su disposición muchos peones; *foreman, overseer* (5).

capote *m.* tipo de abrigo o capa corta; *cloak, cape.* **Para mi capote** *expresión adverbial.* interiormente, para mí mismo; *to myself* (1).

carácter *m.* rasgo distintivo, modo de ser de una persona o pueblo; *character (individuality, distinctive qualities)* (6).

carcajada *f.* risa ruidosa; *guffaw* (3).

cárcel *f.* edificio donde se custodian los presos; *jail* (6).

carcomido, -da *adj.* comido o destruido parcialmente por el uso, por insectos o por sustancias corrosivas; *worm-eaten, decayed* (3).

carecer *v.* faltar, no tener; *to lack* (1).

carga *f.* lo que se transporta a hombros o a lomo; *load* (5).

cargado, -da *adj.* que lleva peso encima; *laden* (2). Lleno, recubierto, pesado; *full, loaded down* (6).

cariño *m.* sentimiento de amor o de afecto; *affection* (5).

cascabeleo *m.* ruido de cascabeles o sonido que se le asemeja; *tinkling, ringing* (2).

cascarrabias *m.* y *f.* persona que se enoja con facilidad; *grouch, irritable person* (4).

castaño *m.* color pardo oscuro, parecido al color de la cáscara de la castaña; *chestnut brown.* Árbol cuyo fruto es la castaña; *chestnut tree* (5).

casualidad *f.* combinación de circunstancias que no se pueden prever ni evitar, suceso inesperado; *chance, accident, coincidence, chance event* (4).

cataclismo *m.* catástrofe o desastre de proporciones inmensas; *cataclysm* (6).

catar *v.* mirar, observar; *to look at, to observe* (1).

catecismo *m.* instrucción religiosa elemental; *catechism* (1).

caudal *adj.* dícese de un río principal, de mucha agua; carrying or holding a lot of water, of great volume (as in a river) (5).

cautivo, -va *adj.* que es prisionero o privado de libertad; *captive* (4).

cavador, -ra *m.* y *f.* persona que cava la tierra; *digger, excavator* (3).

cavar *v.* remover la tierra con una herramienta; *to dig, to hoe* (1).

cazador, -ra *m.* y *f.* que caza; *hunter* (4).

cazar *v.* perseguir la caza; *to hunt* (6).

ceiba *f.* árbol de las Américas cuyo fruto se usa para fabricar una especie de algodón llamado capoc; *kapok or ceiba tree, silk-cotton tree* (6).

celada *f.* emboscada, trampa; *ambush, trap* (5).

célebre *adj.* famoso, reputado; *famous* (4).

celta *m.* y *f.* individuo del antiguo pueblo indogermánico establecido en las Galias (Francia), las Islas Británicas y España; *Celt* (4).

centellear *v.* brillar, despedir rayos de luz; *to sparkle* (6).

centenar *m.* centena; *hundred* (4).

cereza *f.* fruto del cerezo, redondo y comestible, de color rojo y pulpa jugosa; *cherry* (5).

cerezo *m.* árbol que se cultiva por su fruto, la cereza, y por su madera; *cherry tree* (5).

chapado, -da *adj.* que tiene una capa de metal aplicada a la superficie; *plated, coated* (5).

charlar *v.* conversar; *to chat* (4).

chasco *m.* burla, situación embarazosa; *trick* (2).

chicle *m.* goma; *gum* (6).

chochear *v.* actuar como una persona de mucha edad a la cual se le debilitan sus facultades mentales o físicas; *to be senile, to dodder* (4).

ciclópeo, -pea *adj.* monstruoso como los cíclopes mitológicos, que eran gigantes de un ojo; *cyclopic* (6).

cielo *m.* espacio infinito en el que se mueven las estrellas y los planetas; *sky, heaven* (5). **Poner el grito en el cielo** *v.* lamentar o protestar de una manera exagerada; *to complain bitterly, to cry out to heaven* (4).

cifra *f.* carácter que representa un número; *number, figure* (5).

cigarra *f.* insecto que emite un ruido estridente que se oye a muchos metros; *cicada* (3).

cima *f.* parte más alta, cumbre; *summit, top, peak* (3).

cinchado, -da *adj.* que tiene un cinturón que amarra la silla o aparejo de montar al lomo del animal; *cinched, girthed* (2).

citado, -da *adj.* que refiere lo que otro ha dicho o escrito; *quoted* (6).

clandestino, -na *adj.* secreto; *clandestine* (3).

claro *m.* lugar sin árboles dentro de un bosque; *clearing* (3).

clavado, -da *adj.* sujetada, fijada; *stuck, fixed* (5).

clavar *v.* sujetar o fijar con algo puntiagudo; *to nail, to fasten* (2). **Clavarse** *v.* introducirse en una superficie de algo por medio de un clavo o algo puntiagudo; *to pierce, to drive in* (3).

clavellina *f.* planta similar al clavel pero de flores más pequeñas; *pink* (2).

cobarde *adj.* miedoso; *cowardly* (3).

coco *m.* fruto del cocotero; *coconut* (6).

codicia *f.* deseo excesivo de dinero o posesiones materiales; *greed* (3).

codicioso, -sa *adj.* que desea dinero o posesiones excesivamente; *covetous, greedy* (4).

cojín *m.* almohadón para sentarse o arrodillarse; *cushion* (4).

cola *v.* región alargada y flexible al posterior del cuerpo; *tail.* **Hacer cola** *v.* formarse una hilera de personas que esperan su turno; *to wait in line* (4).

colmo *m.* satisfacción completa, último extremo o grado máximo; *fill, limit, crowning* (1).

colorido, -da *adj.* que tiene diversos colores; *brightly colored* (5).

coloso *m.* estatua muy grande; *colossus* (6).

combustible *m.* sustancia que puede arder o quemarse; *combustible, fuel* (6).

compañerismo *m.* relación amistosa entre compañeros; *companionship* (2).

compinche *m. y f.* amigo, camarada; *comrade, buddy* (3).

componer *v.* constituir un todo con diferentes partes, hacer una obra literaria o de música; *to compose* (4).

composición *f.* manera en la que diferentes partes forman un todo, proporción de los elementos que forman parte de un cuerpo compuesto; *composition* (4).

comprobar *v.* verificar, confirmar algo; *to verify, to check* (4).

conciencia *f.* conocimiento; *understanding, awareness, consciousness.* **Tomar conciencia de** *v.* darse cuenta de; *to realize* (3).

condenado, -da *adj.* que sufre castigos después de la muerte; *condemned, damned* (3).

confianza *f.* seguridad que uno tiene en sí mismo o en otra persona, familiaridad en el trato; *confidence, trust, familiarity* (1).

confiar *v.* tener confianza o seguridad; *to trust* (3).

confines *m. pl.* límites; *confines* (6).

conjurar *v.* exorcizar a los demonios; *to exorcize* (3).

conmiserativo, -va *adj.* que siente compasión; *compassionate, commiserative* (6).

consagrar *v.* lograr fama o reputación; *to become famous or renowned* (5).

cónsul *m. y f.* agente diplomático que trabaja en un país extranjero y que está encargado con la protección de las personas e intereses del país que representa; *consul* (5).

consumidor, -ra *m. y f.* persona que compra en una tienda o utiliza los servicios de un restaurante; *consumer* (1).

contar con *v.* confiar en, depender de; *to count on, to rely on.* Tener presente a una persona o cosa; *to have* (4).

contencioso *m.* algo que se discute en la corte; *point of contention* (6).

contenerse *v.* detenerse, reprimirse; *to contain oneself* (1).

contraseñas *f. pl.* en un cine o teatro, papelitos que se dan a los espectadores que quieren salir durante la función para que puedan volver a entrar; *readmission ticket* (1).

contratar *v.* emplear; *to contract, to hire* (5).

convención *f.* norma o práctica que es costumbre; *convention* (4).

coral *m.* celentéreo cuya estructura calcárea de color blanco, rosado o encarnado se emplea en joyería; *coral* (4).

corpulento, -ta *adj.* que tiene el cuerpo de gran tamaño; *corpulent, bulky* (1).

correa *f.* tira de cuero; *leather strap* (5).

corredor *m.* soldado encargado de descubrir y observar al enemigo; *scout* (5).

corresponsal *m. y f.* periodista que envía noticias a su periódico desde otro país; *correspondent* (1).

corriente *adj.* común, no extraordinario; *common.* Frecuente; *frequent* (3).

cortesano, -na *m. y f.* palaciego que sirve en la corte; *courtier* (5).

corveta *f.* pirueta de los caballos que consiste en pararse en las patas traseras y levantar las extremidades delanteras; *prancing movement* (2).

cosecha *f.* conjunto de frutos que se recogen de la tierra; *crop* (1).

costado *m.* lado; *side* (2).

cotidiano, -na *adj.* diario; *daily, everyday* (1).

crecer *v.* desarrollarse, hacerse más grande; *to grow (up)* (4).

criarse *v.* crecer, hacerse adulto; *to be raised, to grow up* (4).

crujido *m.* ruido que hacen los árboles al contacto con el viento; *creaking, crackling* (3).

cual *pron. relativo.* de uso literario, sinónimo de «como»; *like, as* (2).

cubierta *f.* lo que se pone encima de una cosa para taparla o resguardarla; *cover* (1).

cuenta *f.* cómputo u operación matemática, razón de algo; *count, account.* **Darse cuenta de (que)** *v.* percatarse de o percibir algo; *to realize, to take account of* (4); **tener en cuenta** *v.* tener presente, considerar; *to take into account* (4).

cuerda *f.* unión de hilos de cáñamo, lino u otra materia flexible que torcidos juntos forman un solo cuerpo; *cord* (3).

culpa *f.* responsabilidad por un acto que causa un resultado dañoso; *fault, blame, guilt.* **Tener la culpa** *v.* ser el responsable o el culpable por un acto que causa un resultado dañoso; *to be to blame, to be guilty* (4).

culto *m.* religión, veneración; *cult* (6).

cumplir *v.* ejecutar, llevar a cabo; *to complete, to carry out.* Hacer uno aquello que está obligado a hacer, convenir; *to be one's duty, to be advisable* (5).

cura *m.* sacerdote; *priest* (4).

custodiar *v.* cuidar, guardar, vigilar, observar desde una altura; *to keep watch over* (6).

D

dar *v.* ceder, entregar, hacer, causar; *to give, to deliver, to mean.* **Dar calabazas** *v.* rechazar los intereses amorosos de uno; *to reject the romantic advances of someone* (1); **dar coces** *v.* levantar hacia atrás las patas posteriores; *to kick* (2); **dar la mano** *v.* ofrecerle a alguien la mano para saludarlo; *to shake hands* (4); **dar que hablar** *v.* dar motivo u ocasión para hablar de algo, en especial algo insólito o de mucho interés; *to give reason to talk, to give grounds for talking*

(5); **dar una vuelta** *v.* pasear; *to take a stroll (a turn, a spin)* (4); **darse cuenta de (que)** *v.* percatarse de o percibir algo; *to realize, to take account of* (4); **(No) me da la gana.** (No) lo quiero hacer.; *I (don't) feel like it.* (4).

de *prep.* indica posesión, origen o el modo de hacer una cosa; *of, from.* **De cuajo** *expresión adverbial.* completamente, de raíz, radicalmente; *completely* (6); **de improviso** *expresión adverbial.* inesperadamente, sin aviso; *suddenly, unexpectedly* (4); **de plano** *expresión adverbial.* claramente; *clearly* (1); **de reojo** *expresión adverbial.* disimuladamente, sin volver la cabeza o por encima del hombro; *out of the corner of one's eye* (1).

debido a *expresión adverbial.* a causa de; *owing to, because of* (1).

debilitado, -da *adj.* que no tiene suficiente fuerza física o moral; *weakened, debilitated* (1).

declinar *v.* caer, ponerse (el sol); *to fall, to set (as in the setting sun)* (2).

deducir *v.* inferir, sacar conclusiones; *to deduce, to infer* (5).

dejar de *v.* cesar, parar; *to cease, to stop* (5).

delantero, -ra *adj.* que está o va delante; *front* (1).

demorarse *v.* detenerse en algún lugar; *to linger* (1).

denso, -sa *adj.* compacto, muy pesado en relación con su volumen, espeso; *dense* (3).

depurado, -da *adj.* pulido, trabajado cuidadosamente; *refined, polished, purified* (2).

derrocar *v.* derribar de una posición de poder o autoridad; *to overthrow* (2).

derrotar *v.* vencer a una persona, equipo o ejército; *to defeat* (2).

desafiar *v.* retar a otra persona a pelear para mantener su honor; *to challenge* (4). Resistir con tenacidad; *to defy* (5).

desagüe *m.* conducto o canal por donde sale un líquido de donde está; *drain, channel* (2).

desahogar *v.* aliviar las penas que oprimen a alguien; *to relieve oneself from care, worry* (4).

desarrollo *m.* acción y efecto de ampliar, aumentar o acrecentar; *development* (1).

descifrar *v.* sacar el significado de lo que está escrito en cifra o clave; *decipher* (3).

descubrirse *v.* revelarse; *to reveal oneself* (4).

desdentado, -da *adj.* que no tiene dientes; *toothless* (1).

desdoblar *v.* extender una cosa que estaba doblada; *to unfold* (1).

desempeñar *v.* ejercer, tener a su cargo, hacer el papel de; *to carry out, to play (a part)* (3).

desencanto *m.* desilusión; *disillusionment* (4).

desenterrado, -da *adj.* sacado o descubierto lo que estaba debajo de la tierra; *dug-up, unearthed* (6).

desenvolverse *v.* desarrollarse; *to unfold, to develop* (1).

desertizar *v.* transformar o convertir en un desierto; *to transform into a desert* (6).

desesperación *f.* pérdida total de esperanza; *desperation* (6).

desfallecer *v.* debilitar, disminuir las fuerzas; *to weaken* (5).

desgarrado, -da *adj.* roto, hecho pedazos; *torn, ripped* (3).

desgarrar *v.* rasgar, destrozar; *to tear* (6).

desgraciado, -da *adj.* que no tiene suerte; *unfortunate, unlucky* (4).

deshelarse *v.* derretirse lo que está helado; *to melt* (5).

deshilachado, -da *adj.* que está reducido a hilos; *unraveled* (2).

desmontar *v.* bajarse de un caballo; *to dismount* (3).

desocupado, -da *adj.* vacío, sin nadie; *unoccupied* (3).

desorden *m.* confusión, disturbio, falta de orden; *disorder* (4).

despacho *m.* oficina; *office, study* (4).

desplazamiento *m.* movimiento; *displacement* (6).

desproporcionado, -da *adj.* exagerado, fuera de proporción; *exaggerated, disproportionate* (2).

destacar *v.* sobresalir; *to stand out* (4).

destello *m.* rayo de luz; *sparkle, flash* (3).

destierro *m.* expulsión de un país, residencia de un ciudadano fuera de su país; *deportation, exile* (5).

detenerse *v.* pararse; *to stop (oneself)* (3).

devolución *f.* restitución, reenvío, reembolso; *returning, restitution* (6).

difundir *v.* divulgar, propagar, transmitir; *to diffuse, to spread* (1).

diminuto, -ta *adj.* extremadamente pequeño; *diminutive* (6).

dique *m.* muro o pared para contener el agua; *dike, dam* (2).

discordia *f.* desacuerdo, oposición; *discord, disagreement* (6).

discriminado, -da *adj.* separado, aislado, excluido; *discriminated against* (2).

disimular *v.* ocultar, encubrir algo que uno siente; *to dissemble, to conceal* (1).

disminución *f.* acción de reducirse la extensión, el número o la intensidad de algo; *decrease, decline* (5).

displicentemente *adv.* con una falta de interés y entusiasmo; *indifferently* (1).

disputar *v.* debatir, discutir; *to dispute* (6).

divisar *v.* ver, notar, percibir; *to espy, to perceive at a distance or indistinctly* (4).

divulgación *f.* acción de dar a conocer algo al público; *divulgation, disclosure* (6).

dominio *m.* territorio sujeto a un estado o soberano; *dominion* (6).

doncella *f.* mujer joven; *maiden* (4).

dorado, -da *adj.* del color de oro; *golden* (5).

duelo *m.* combate entre dos personas como consecuencia de un reto; *duel* (4).

durar *v.* existir o estar ocurriendo por algún tiempo, permanecer; *to remain, to last* (2).

duro, -ra *adj.* poco blando, resistente a la presión; *hard* (5).

ebullición *f.* agitación de un líquido por efecto del calor; *ebullition, boiling* (6).

echar a pique *v.* hacer que se hunda un buque; *to sink a ship* (2).

echar mano *v.* agarrar; *to grab* (1).

educado, -da *adj.* correcto, fino, civilizado; *well-mannered* (6).

ejecutar *v.* realizar, llevar a cabo; *to carry out, to accomplish* (5).

ejercer *v.* practicar los actos propios de una profesión, hacer uso de; *to perform, to exert* (1).

elección *f.* acción y efecto de elegir; *election, choice* (6).

elegía *f.* composición poética que expresa sentimientos de tristeza por la muerte de alguien; *elegy* (5).

elogio *m.* palabras empleadas para expresar la admiración que tiene alguien por una acción o persona; *praise* (1).

emanar *v.* salir o desprenderse de un cuerpo; *to emanate* (5).

emancipación *f.* acción de liberar o liberarse de la subordinación o sujeción; *freedom, emancipation* (2).

embarcación *f.* barco sin cubierta, de remo, de velas o de vapor; *ship, vessel* (6).

embestir *v.* atacar o golpear con la cabeza, especialmente con los cuernos; *to charge* (2).

embustero, -ra *m. y f.* mentiroso; *liar* (4).

emisora *f.* estación emisora de radio o televisión; *broadcasting station* (4).

empapado, -da *adj.* humedecido o penetrado por líquido por completo; *soaked, sodden* (2).

emplumar *v.* dar una paliza, castigar; *to tar and feather* (1).

emprender *v.* empezar, dar principio a una obra; *to undertake* (2).

en blanco *expresión adverbial.* sin dormir; *sleepless.* **Pasar la noche en blanco** *v.* pasar la noche sin dormir; *to have a sleepless night* (4).

encadenar *v.* sujetar con cadena; *to chain* (3).

encapotado, -da *adj.* que está cubierto con una capa; *covered by a cape* (3).

encapricharse *v.* adquirir un mal hábito, empeñarse en conseguir un capricho; *to take a fancy or a whim to do something foolish* (2).

encarcelado, -da *adj.* metido en la cárcel; *imprisoned* (4).

encargarse *v.* poner una cosa al cuidado de uno, hacerse uno cargo de algo; *to take charge of, to be in charge of* (2).

encerrarse *v.* meterse en un sitio cerrado; *to shut oneself in* (1).

encierro *m.* acción y efecto de encerrar o encerrarse, sitio donde se encierra; *enclosure* (6).

encina *f.* árbol de tronco grueso cuyo fruto es la bellota; *oak tree* (5).

encuentro *m.* acción de encontrar o encontrarse dos o más personas o cosas; *encounter, meeting* (1).

enderezarse *v.* ponerse derecho, erguirse; *to stand up, to straighten up* (5).

endurecer *v.* ponerse duro algo; *to harden* (2).

energúmeno, -na *m. y f.* persona muy exaltada, furiosa; *energumen, wild or frantic person* (1).

enflaquecer *v.* languidecer, perder expresión y vida; *to languish, to become thin or lean* (3).

enfrentarse *v.* afrontar; *to confront* (2).

engañar *v.* hacer creer algo que es falso; *to deceive* (3).

engañarse *v.* cerrar los ojos a la verdad; *to fool oneself* (5).

engañoso, -sa *adj.* que hace creer algo que no es verdad, tramposo; *deceitful, tricky* (2).

engolfado, -da *adj.* dejado llevar; *deeply engaged or absorbed* (4).

engullir *v.* tragar la comida deprisa; *to swallow, to gulp, to gobble* (6).

enjuiciamiento *m.* procedimiento legal de someter algo o a alguien a examen o juicio; *judgment, prosecution* (5).

enredado, -da *adj.* que está liada o enmarañada una cosa con otra; *tangled up, entwined* (2).

enriquecer *v.* hacer rico, engrandecer o mejorar; *to enrich* (5).

enroscarse *v.* enrollarse; *to coil, to twist* (3).

ensayar *v.* poner a prueba; *to try out, to rehearse* (1).

ensueño *m.* sueño, ilusión, fantasía; *dream or daydream, reverie, illusion* (5).

entablar *v.* emprender, iniciar; *to start* (1).

enterrado, -da *adj.* que se halla debajo de la tierra; *buried* (3).

entorno *m.* ambiente; *surroundings, habitat, environment* (2).

entraña *f.* víscera; *entrails.* Parte más interna; *innermost part* (6).

entremetido, -da *adj.* que interviene en la vida o los asuntos de otras personas; *meddlesome* (4).

entrometer *v.* intervenir, entrar a tomar parte; *to butt in, to meddle* (3).

enturbiarse *v.* oscurecerse; *to become dark, to darken* (5).

envejecer *v.* hacerse viejo; *to grow old* (2).

envidiable *adj.* digno de ser deseado; *enviable* (4).

envidiar *v.* tener envidia; *to envy* (3).

enzarzarse *v.* entrar en pelea, iniciar una discordia; *to get involved (in a dispute)* (4).

equilibrio *m.* armonía; *balance, equilibrium* (2).

equitativo, -va *adj.* en igual proporción; *equitable* (6).

equívoco, -ca *adj.* extraño, dudoso, ambiguo; *equivocal, ambiguous* (2).

erguirse *v.* levantarse, ponerse en posición vertical; *to rise* (3).

escalofriante *adj.* aterrador, asombroso; *terrifying* (3).

escalofrío *m.* contracción muscular breve que se produce como reacción al frío o al miedo; *shiver, shudder, chill* (6).

escarabajo *m.* insecto de color negro; *scarab beetle, dung beetle* (2).

escarapela *f.* etiqueta con el nombre, y a veces con la fotografía, que se lleva en el pecho para identificación; *badge* (4).

escaso, -sa *adj.* poco, insuficiente en cantidad o número; *scarce, scanty* (1).

escenario *m.* lugar en que se desarrolla la acción de una obra de teatro; *stage.* Lugar en que ocurre un suceso; *setting* (2).

escrutar *v.* comprobar un escrutinio, indagar, escudriñar; *to examine, to scrutinize* (6).

escudo *m.* arma para cubrirse el cuerpo que se llevaba en el brazo izquierdo; *shield.* Figura en forma de escudo donde se pintan los blasones de un estado, ciudad o familia; *coat of arms* (4).

escudriñar *v.* examinar, mirar intensamente; *to scrutinize* (1).

espadaña *f.* planta que se usa para hacer telas y tejidos gruesos y fibrosos; *cattail* (2).

espantar *v.* asustar, ahuyentar; *to scare (away)* (4).

esparcirse *v.* echar, derramar; *to scatter, to spread* (6).

especular *v.* reflexionar, desarrollar opiniones e ideas acerca de algo; *to speculate* (5).

esperanza *f.* ilusión, confianza de realizar una cosa deseada; *illusion, hope* (5).

espesarse *v.* juntarse o hacerse más espeso, como hacen las ramas de los árboles; *to grow thicker or denser* (3).

espina *f.* astilla pequeña y puntiaguda, como de madera; *spine, thorn* (5).

espuela *f.* espiga de metal terminada en una pequeña rueda, para picar a la cabalgadura; *spur* (5).

establecimiento *m.* tienda o local donde se sirven bebidas y comidas; *establishment* (1).

estado benefactor *m.* estado que se basa en el principio de que el bienestar del individuo depende del bienestar de la colectividad; *welfare state* (2).

estado tapón *m.* estado o país que sirve de valla entre dos naciones rivales; *buffer state* (2).

estallar *v.* reventar de golpe, ocurrir violentamente; *to explode, to break out, to burst* (2).

estampido *m.* ruido fuerte como el producido por el disparo de un cañón; *crash, report (of a gun)* (2).

estantigua *f.* persona alta, seca y mal vestida; *tall, skinny, badly-dressed person, "scarecrow"* (4).

estela *f.* espuma y agua removida que deja tras sí un barco al moverse por el agua; *wake (of a vessel)* (5).

esterilla *f.* especie de alfombra o tapete hecha generalmente de fibras de árboles; *mat* (3).

estorbar *v.* impedir el paso, molestar, incomodar; *to block, to bother, to hinder* (2).

estrofa *f.* grupo de versos que forman un conjunto; *stanza, strophe* (1).

estropear *v.* maltratar, hacerle daño a; *to mistreat, to hurt* (2).

evitar *v.* impedir que suceda algo, excusar, huir de incurrir en algo; *to prevent, to avoid* (5).

exigir *v.* demandar, obligar; *to demand* (1).

experimentar *v.* conocer por experiencia, sentir; *to experience* (1).

expiar *v.* sufrir un castigo por una falta o delito cometido; *to expiate* (3).

expuesto, -ta *adj.* que está manifiesto a la vista, sometido a la acción de algo, arriesgado; *exposed* (2).

extenderse *v.* propagarse; *to extend, to reach* (4).

extrañar *v.* echar de menos a alguna persona o cosa; *to miss, to pine for* (5).

facciones *f. pl.* las partes del rostro humano; *facial features* (1).

facilitar *v.* hacer fácil o posible; *to facilitate* (5).

faja *f.* tira larga de lienzo que sirve de cintura; *sash* (6).

fajo *m.* haz o atado, paquete; *bundle* (1).

falda *f.* parte del vestido de las mujeres que cubre de la cintura hasta las rodillas; *skirt.* Vertiente, ladera de una montaña; *foot of a mountain* (6).

falta *f.* carencia o ausencia de algo o alguien; *lack, absence.* **Hacer falta (que)** *v.* ser necesario; *to be necessary (to)* (2).

fantasma *m.* espectro, visión; *ghost* (3).

faro *m.* torre elevada con una luz para guiar los barcos; *lighthouse* (3).

farolillo *m.* farol pequeño; *small lantern* (6).

fastidiar *v.* enojar, molestar; *to bother, to irritate* (1).

fatal *adj.* malo, pésimo; *extremely bad.* **Pasarlo fatal** *v.* pasar un mal rato, no divertirse en absoluto; *to have an extremely bad time* (4).

fatídico, -ca *adj.* fatal, de mala suerte; *prophetic, ominous* (1).

fauces *f. pl.* parte trasera de la boca de un mamífero; *fauces, gullet* (6).

fauna *f.* conjunto de animales de una región determinada, reino animal; *fauna* (4).

fechoría *f.* crimen; *misdeed, villainy* (3).

ferrocarril *m.* camino con dos vías o rieles paralelos sobre los cuales ruedan los vagones de un tren; *railroad* (3).

ficha *f.* hoja de papel o cartulina; *(index) card* (1).

filantrópico, -ca *adj.* relativo al amor al género humano; *philanthropic* (4).

filósofo, -fa *m. y f.* persona con sabiduría; *philosopher, wise person* (4).

finca *f.* propiedad rústica o urbana; *country property.* Establecimiento agrícola; *farm* (4).

fingir *v.* disimular, aparentar o engañar; *to pretend* (1).

flamear *v.* parpadear una llama de fuego; *to flame, to blaze* (3).

flamenco *m.* ave zancuda de cuello largo y patas largas y delgadas; *flamingo* (6).

flora *f.* conjunto de las plantas de un país o región; *flora* (4).

florecer *v.* dar flores las plantas, prosperar; *to flower, to flourish, to prosper* (2).

fogón *m.* hoguera, fuego para cocinar o calentarse por la noche; *bonfire, fire* (3).

fomentar *v.* activar, alentar, animar; *to foment* (1).

formidable *adj.* que inspira miedo o admiración; *formidable, tremendous* (2).

frasco *m.* botella alta y estrecha; *bottle, flask, vial* (4).

freno *m.* instrumento de hierro que se mete en la boca del caballo para dirigirlo; *bit* (5).

frescura *f.* calidad de fresco; *freshness* (4).

fronterizo, -za *adj.* que está en la frontera; *from or of the frontier or the border* (5).

frotar *v.* estregar una cosa con fuerza; *to rub* (6).

fuente *f.* monumento en los sitios públicos con caños y surtidores de agua; *fountain.* Origen, causa, documento original; *source* (3).

fugaz *adj.* que desaparece en seguida o rápidamente, de muy poca duración; *fleeting* (2).

gaita *f.* instrumento de viento formado de una bolsa de cuero a la cual están unidos canutos por donde sale la música; *bagpipe* (4).

galán *m.* hombre apuesto, bien parecido u hombre que corteja a una mujer; *gallant man, suitor* (4).

galería *f.* habitación o corredor, generalmente con muchas ventanas o descubierto, sostenido por columnas y pilares; *gallery, balcony, corridor* (2).

gallardo, -da *adj.* valiente, grande, excelente; *valiant, great, excellent* (4).

gallina *f.* hembra del gallo; *hen.* **Se me pone (puso) la piel de gallina** de **ponérsele a uno la piel de gallina** *v.* erizarse los pelos de la piel, ocasionado por el frío o por el miedo; *to get goosebumps* (4).

galón *m.* unidad de medida de capacidad equivalente a 3,78 litros; *gallon.* Etiqueta o distintivo que llevan en la camisa los militares para indicar su rango; *military decoration, military stripe* (2).

gana *f.* deseo, inclinación o voluntad para hacer algo; *desire, wish.* **(No) me da la gana.** (No) lo quiero hacer.; *I (don't) feel like it.* (4).

ganado *m.* conjunto de animales de pasto, especialmente los caballos, reses, ovejas o corderos, criados en una finca o hacienda para la explotación; *livestock* (1).

garantizar *v.* prometer, dar seguridad; *to guarantee* (2).

garduño, -ña *adj.* propio de una garduña, mamífero carnicero pequeño de color pardo y blanco; *weasel-like* (6).

garra *f.* mano o pie de un animal que tiene uñas encorvadas y fuertes; *claw, talon* (6).

garrucha *f.* polea por la que pasa una cuerda o un cable para subir agua o tierra de un pozo o hueco; *pulley* (3).

géiser *m.* corriente de agua caliente o de vapor que sale de la tierra como una fuente; *geyser* (6).

gélido, -da *adj.* muy frío, helado; *chilly, frozen* (6).

gemido *m.* quejido lastimero; *groan, wail* (4).

gentileza *f.* amabilidad, cortesía; *gallantry, courtesy* (5).

gitano, -na *adj.* propio de un gitano, una raza de vagabundos que parecen proceder del norte de la India y se han esparcido por toda Europa; *gypsy* (6).

glotón, -ona *adj.* que come en exceso; *glutton* (4).

golpe *m.* choque que resulta del movimiento de un cuerpo que se junta con otro de manera violenta; *blow.* **Golpe de estado** *m.* acción de una autoridad que viola las formas constitucionales, acción de apoderarse del poder político valiéndose de medios ilegales; *coup d'etat* (4).

golpear *v.* dar un golpe o repetidos golpes; *to beat, to hit* (2).

goma *f.* sustancia mucilaginosa que chorrea de ciertos árboles; *rubber* (6).

gorrión *m.* pájaro pequeño de plumaje pardo, con manchas negras; *sparrow* (4).

gota *f.* pequeña cantidad, en forma de glóbulo, de cualquier líquido; *drop* (5).

gotear *v.* caerse un líquido poco a poco; *to drip* (2).

grabar *v.* fijar profundamente en el ánimo o la memoria un concepto o un recuerdo; *to become engraved in one's memory* (3). Registrar el sonido o la imagen en disco o en cinta magnetofónica; *to record* (4).

grado *m.* centígrado; *degree* (1).

granada *f.* arma de guerra, proyectil ligero que se lanza a corta distancia; *grenade* (2).

granado *m.* árbol de la granada, fruta de color rojo y de sabor agridulce; *pomegranate tree* (2).

granuja *f.* pillo, canalla; *rascal, knave* (4).

grato, -ta *adj.* agradable; *agreeable, pleasant* (1).

gruñir *v.* murmurar entre dientes; *to grumble* (4).

gruta *f.* cueva, caverna; *cave, grotto* (2).

gualdo, -da *adj.* de color amarillo; *yellow, golden* (2).

habitar *v.* vivir en un lugar; *to inhabit* (3).

hacendado, -da *m. y f.* dueño de una estancia; *landholder* (3).

hacer *v.* crear, fabricar, causar, ejercitar, suponer; *to create, to make, to cause, to do, to imagine.* **Hacer cola** *v.* formarse una hilera de personas que esperan su turno; *to wait in line* (4); **hacer como que** *v.* fingir; *to pretend* (2); **hacer de las suyas** *v.* actuar de manera propia de uno mismo; *to be up to one's old (usual) tricks* (4); **hacer falta (que)** *v.* ser necesario; *to be necessary (to)* (2); **hacer leña** *v.* atacar algo y hacerle daño; *to make mincemeat of something* (3); **hacerse el tonto** *v.* aparentar ignorancia o distracción; *to play dumb, to play the fool* (2); **se me hace (que)...** de **hacérsele a uno (que)** *v.* ocurrírsele o parecérsele a uno; *to seem to someone (that)* (2); **se me (nos) hizo un nudo en la garganta** de **hacérsele a uno un nudo en la garganta** *v.* sentir un impedimento para tragar o hablar, por alteración del ánimo; *to get all choked up, to get a lump in one's throat* (4).

hastiado, -da *adj.* disgustado; *disgusted, tired of* (6).

hazaña *f.* acción o hecho heroico; *deed, feat* (2).

hechizo *m.* maleficio, artificio; *spell, trick* (2).

hembra *f.* animal del sexo femenino; *female* (6).

herencia *f.* bienes que se transmiten por sucesión; *inheritance* (1).

herir *v.* causar daño; *to wound, to injure* (5).

hermetismo *m.* cualidad de ser impenetrable, de no dejarse conocer; *secretiveness, secrecy* (6).

hervidero *m.* muchedumbre, multitud, abundancia; *crowd, seething mass* (6).

hiel *f.* bilis; *bile.* Amargura; *bitterness* (6).

hincharse *v.* aumentar de volumen; *to swell* (3).

hocico *m.* parte de la cabeza de los animales donde están la boca y las narices; *snout, muzzle, nose* (2).

hojalata *f.* hoja de lata; *tin, tinplate* (6).

hojear *v.* mover las hojas de un libro o una revista; *to leaf through, to skim* (1).

holgar *v.* descansar, relajarse; *to rest, to relax* (2).

hombre rana *m.* buceador provisto de una escafandra autónoma que le permite realizar ciertos trabajos bajo el agua; *frogman* (6).

horadar *v.* hacer un hueco o un hoyo; *to perforate, to drill* (3).

huella *f.* marca, vestigio; *trace* (4). Señal que deja el pie en la tierra; *footprint, track* (5).

huertano *m.* dícese del habitante de las comarcas de regadío, como Murcia, Valencia, etc.; *inhabitant of some irrigated regions of Spain* (4).

huésped *m. y f.* persona que se hospeda en casa ajena o en un establecimiento hotelero; *guest* (3).

huir *v.* alejarse rápidamente; *to flee* (4).

humanidades *f. pl.* letras; *humanities* (1).

humeante *adj.* que echa de sí humo; *smoky, steamy* (6).

hundirse *v.* meterse en el agua hasta el fondo; *to sink* (2).

idilio *m.* episodio o acontecimiento agradable o placentero; *idyll* (2).

ignorar *v.* no saber, no tener noticia de algo; *not to know, to be ignorant of* (6).

inaudito, -ta *adj.* nunca oído, extraordinario; *unheard of* (1).

incandescente *adj.* candente; *incandescent* (6).

incansablemente *adv.* sin cansarse; *tirelessly* (2).

incertidumbre *f.* duda, falta de certidumbre, indecisión; *doubt, uncertainty* (5).

incomodar *v.* molestar; *to bother* (4).

inculcar *v.* repetirle una cosa a uno para que la aprenda, imprimir algo en el espíritu; *to inculcate* (4).

indispensable *adj.* necesario, algo de lo que no se puede prescindir; *indispensable, essential* (5).

inesperadamente *adv.* de un modo inesperado; *unexpectedly* (6).

infame *m. y f.* persona odiosa, vil, indecente, sin honra; *infamous person, scallywag* (1).

ingente *adj.* muy grande; *huge* (6).

ingrato, -ta *adj.* que no siente o expresa agradecimiento; *ingrate* (4).

iniciar *v.* empezar; *to begin* (2).

inigualable *adj.* extraordinario, sin igual; *unparalled, without equal* (6).

inmejorable *adj.* que no se puede mejorar; *unsurpassable* (6).

innovar *v.* introducir novedades, hacer algo nuevo; *to innovate* (2).

inolvidable *adj.* que no se puede olvidar; *unforgettable* (6).

inquietud *f.* intranquilidad, nerviosismo; *unease, nervousness* (2).

insaciable *adj.* imposible de satisfacer; *insatiable* (3).

insólito, -ta *adj.* contrario a lo acostumbrado; *unusual, unaccustomed* (6).

insulado, -da *adj.* apartado, aislado; *insular, isolated* (5).

integrarse *v.* introducirse en o llegar a formar parte de un grupo; *to form, to integrate onself (into)* (5).

internarse *v.* penetrar, profundizarse en una materia; *to go into the interior of* (6).

interrogar *v.* preguntar; *to interrogate* (1).

inusitado, -da *adj.* raro, fuera de lo común; *unusual* (3).

invasor, -ra *adj.* que invade; *invading* (6).

inversionista *m. y f.* persona que invierte capital en una empresa; *investor* (3).

jabalí *m.* tipo de puerco o cerdo salvaje; *wild boar* (4).

jeroglífico *m.* carácter de la escritura en la que las palabras se representan con símbolos o figuras; *hieroglyph* (3).

jinete *m.* persona que va a caballo; *horseman, rider* (4).

jirón *m.* pedazo, trozo, tira pequeña; *bit, small piece* (1).

jota *f.* la mínima cosa que se puede saber o entender; *jot, bit.* **No saber ni jota de** *v.* no saber nada acerca de algo; *not to know one bit about* (4).

judío, -día *adj., m. y f.* hebreo; *Jewish, Jewish person* (3).

jugar *v.* hacer algo como diversión o tomar parte en un juego; *to play.* **Se las quiere jugar** de **jugárselas** *v.* arriesgar en el juego; *to gamble* (1).

junta *f.* gobierno surgido de un golpe de estado militar; *military junta, military government* (5).

kimono *m.* túnica japonesa larga y ancha, similar a una bata o un vestido de mujer; *kimono* (3).

lacustre *adj.* relativo a un lago; *lacustrine, of a lake* (6).

lágrima *f.* líquido salado que fluye de los ojos al llorar; *tear* (5).

lamentable *adj.* digno de compasión, lastimoso; *lamentable* (4).

lamentarse *v.* quejarse por una pena o desgracia; *to lament* (3).

lanzar *v.* dar impulso a una cosa; *to throw, to hurl.* Divulgar, propagar, dar a conocer; *to launch (a campaign, a product)* (5).

lanzarse *v.* echarse; *to throw oneself, to rush* (1).

lapacho *m.* árbol de las Américas, de madera muy dura; *lapacho tree* (2).

largar *v.* soltar, echar; *to release, to let out* (2).

largarse *v.* marcharse, irse; *to go away, to leave, to sneak away* (4).

latir *v.* dar latidos el corazón; *to beat* (2).

laya *f.* clase o especie; *kind* (3).

lazo *m.* vínculo, enlace, unión; *link, bond* (3).

legado *m.* lo que una generación transmite a las generaciones que le siguen, herencia; *legacy* (3).

legua *f.* medida que marca gran distancia; *league* (4).

lejano, -na *adj.* remota, lejos; *distant, remote* (5).

leña *f.* madera que sirve para lumbre; *kindling.* **Hacer leña** *v.* atacar algo y hacerle daño; *to make mincemeat of something* (3).

letra de molde *f.* letra impresa; *printed letter* (1).

liana *f.* planta trepadora de la selva o tallo largo, delgado y flexible de algunas plantas que se puede usar como soga; *liana, vine* (2).

liberado, -da *adj.* desembarazado de una obligación, de una pena, de una servidumbre; *liberated, freed* (6).

lienzo *m.* tela sobre la cual se pinta un cuadro; *canvas* (2).

ligadura *f.* cualquier cosa que sirve para atar; *tie, bond* (3).

límpido, -da *adj.* claro, limpio, puro; *clear, limpid, pure* (2).

liviano, -na *adj.* de poco peso, ligero; *light* (3).

llamarada *f.* llama grande que brota y se apaga con rapidez; *flare-up, flash* (3).

llevar a cabo *v.* ejecutar, concluir; *to carry out, to perform* (5).

lograr *v.* llegar a obtener o realizar; *to get, to accomplish* (1).

logro *m.* resultado provechoso de una acción o un esfuerzo; *achievement, accomplishment* (5).

lomo *m.* parte inferior y central de la espalda; *back* (2).

luciérnaga *f.* insecto que emite una pequeña luz fosforescente visible en la noche; *firefly* (3).

lugar *m.* sitio, localidad; *place*. **Tener lugar** *v.* ocurrir o suceder algo; *to take place* (4).

lúgubre *adj.* triste, fúnebre; *mournful, dismal* (2).

luna creciente *f.* cuarto de Luna, periodo en el que la Luna parece hacerse más grande; *waxing moon* (2).

lunar *m.* pequeña mancha en la piel humana o el pelo de un animal; *mole, spot* (5).

madre *f.* mujer que ha tenido hijos; *mother*. **Madre naturaleza.** Personificación del mundo natural; *Mother Nature* (6).

magistral *adj.* hecho con maestría, imperioso; *masterful* (1).

maldito, -ta *adj.* abominable, condenado; *accursed, damned* (3).

maléfico, -ca *adj.* que puede causar daño; *harmful, malicious* (3).

malvado, -da *adj.* perverso; *wicked, evil* (3).

mamarracho *m.* persona o cosa defectuosa, ridícula, imperfecta; *grotesque or ridiculous figure or ornament; despicable man* (4).

manada *f.* hato o rebaño, bandada de animales; *herd, flock, pack* (6).

mancha *f.* marca dejada en una cosa por un cuerpo sucio; *stain*. Parte de una cosa de distinto color que el resto de ella; *spot* (4).

manía *f.* obsesión, idea fija, afición exagerada por algo; *mania, obsession* (1).

maniobra *f.* operación que se ejecuta con la ayuda de las manos; *maneuver* (6).

manipular *v.* operar con las manos; *to manipulate* (2).

mantón *m.* pañuelo grande que sirve de adorno y que se echa generalmente sobre los hombros; *shawl* (5).

maña *f.* destreza, habilidad; *skill, dexterity* (5).

marcado, -da *adj.* evidente, notable; *notable* (1).

marea *f.* movimiento periódico y alternativo de ascenso y descenso de las aguas del mar; *tide* (4).

marinero, -ra *m. y f.* persona que se ocupa del servicio de los barcos; *sailor* (3).

matiz *m.* sentido de una palabra; *nuance* (6).

matón *m.* persona que se hace el valiente e intenta asustar a los demás; *bully, troublemaker* (5).

mejilla *f.* parte de la cara entre la nariz y las orejas, debajo de los ojos; *cheek* (1).

mejor *adj.* que es superior o preferible que aquello con lo que se compara; *better*. **Pasarlo de lo mejor** *v.* pasar un buen rato, divertirse muchísimo; *to have a great time* (4).

mendigo, -ga *m. y f.* persona que vive de pedir limosna; *beggar* (4).

menos *adv.* de menor cantidad o intensidad; *less, least, fewer*. **No ser para menos** *v.* modismo que expresa afirmación de o justificación por una actitud o pensamiento; *to be well-founded, to be with good reason, to be not for nothing* (2).

mentir *v.* afirmar lo que se sabe que es falso, negar la verdad; *to lie* (4).

mercader *m. y f.* comerciante; *merchant* (3).

mesura *f.* cautela, precaución, proporción; *moderation* (3).

meta *f.* finalidad, objetivo; *goal* (6).

mezquita *f.* templo donde oran los musulmanes; *mosque* (6).

miguita *f.* migaja, trozo pequeño de una cosa; *crumb* (4).

milenario, -ria *adj.* que tiene mil unidades o mil años, muy antiguo; *millenary, millenial* (6).

mimoso, -sa *adj.* que gusta de recibir mimos; *pampered* (2).

minarete *m.* torre desde la cual se llama a los musulmanes a rezar; *minaret* (6).

miserable *adj.* malvado, infame; *mean, wicked* (3).

mocedad *f.* juventud, adolescencia; *youth, age of youth* (4).

molido, -da *adj.* cansado, fatigado; *exhausted* (5).

molino *m.* edificio donde está instalada una máquina para moler o estrujar; *mill* (3).

momia *f.* cadáver conservado por medio de sustancias balsámicas; *mummy* (3).

mono aullador *m.* especie de mono que habita América Central y América del Sur, caracterizado por una cola alargada y la capacidad de emitir aullidos; *howler monkey* (6).

monólogo *m.* discurso de una persona sin otro interlocutor; *monologue* (4).

montura *f.* conjunto de accesorios de una silla de montar; *saddle, harness* (5).

morada *f.* estancia o permanencia habitual en un lugar; *stay, sojourn* (5).

morder *v.* hincar los dientes en algo; *to bite* (2).

mordida *f.* acción y efecto de morder; *bite* (1).

motor *m.* aparato que transforma en energía mecánica otras clases de energía; *motor.* **Motor fuera borda** *m.* motor que se coloca en la parte exterior de la popa de ciertas embarcaciones; *outboard motor* (6).

muchedumbre *f.* gran cantidad de personas; *multitude, crowd* (6).

mudo, -da *adj.* que no tiene la facultad de hablar, silencioso, callado; *mute, silent* (2).

mueca *f.* gesto o expresión del rostro; *face, grimace* (1).

muestra *f.* prueba, señal, modelo; *proof, sample, model* (2).

murciélago *m.* mamífero volador que sale de noche; *bat* (2).

murmullo *m.* ruido sordo que se hace hablando bajo, rumor del agua que corre, del viento; *murmur, whispering, rustle* (4).

naranjal *m.* terreno plantado de naranjos; *orange grove* (5).

naranjo *m.* árbol cuyo fruto es la naranja; *orange tree* (5).

natal *adj.* propio o relativo del nacimiento; *natal, native* (3).

naturaleza *f.* conjunto de las obras del Universo por oposición a las del hombre, del arte; *nature.* **Madre naturaleza** *f.* personificación del mundo natural; *Mother Nature* (6).

nave *f.* barco, embarcación; *ship, vessel* (2).

navegar *v.* ir por vehículo por el agua o el aire; *to navigate* (2).

necedad *f.* tontería, acción o palabra necia; *foolishness, nonsense* (1).

negruzco, -ca *adj.* que tira a negro; *blackish, darkish* (5).

nevado, -da *adj.* cubierto de nieve; *snow-covered* (6).

nogal *m.* árbol de gran tamaño, de madera muy dura, cuyo fruto es la nuez; *walnut tree* (5).

norma *f.* regla; *norm* (4).

nuca *f.* parte posterior del cuello; *nape of the neck* (3).

nudo *m.* entrelazamiento de cuerda, hilo, etc., que se usa para sujetar o atar algo; *knot.* **Se me (nos) hizo un nudo en la garganta** de **hacérsele a uno un nudo en la garganta** *v.* sentir un impedimento para tragar o hablar, por alteración del ánimo; *to get all choked up, to get a lump in one's throat* (4).

obedecer *v.* hacer lo que otro manda; *to obey* (3).

obra maestra *f.* obra superior; *masterpiece* (2).

obrero, -ra *m. y f.* trabajador manual; *manual or blue-collar laborer* (1).

ocaso *m.* puesta de sol sobre el horizonte; *sunset* (2).

ocultar *v.* esconder, callar; *to hide, to keep from view or knowledge* (2).

ocultarse *v.* esconderse; *to hide oneself* (2).

oído *m.* órgano de audición; *ear.* **Prestar oídos** *v.* hacer caso, prestar atención; *to pay attention to, to listen to* (2).

ola *f.* onda formada por el viento en la superficie del mar; *wave* (5).

oleaje *m.* movimiento ondulatorio, como el de las olas; *motion of the waves* (2).

optativo, -va *adj.* que se puede optar o elegir; *optional* (1).

ordinario, -ria *adj.* vulgar, grotesco; *unrefined, vulgar* (6).

oscurecer *v.* privar de luz o claridad, anochecer; *to darken, to get dark* (2).

otorgar *v.* dar, atribuir; *to grant, to award* (1).

P

palique *m.* conversación de poca importancia; *small talk* (4).

palo *m.* trozo de madera cilíndrico; *club* (3).

pandero *m.* instrumento rústico de percusión formado por un redondel de piel sujeto a un aro con sonajas o sin ellas; *tambourine* (6).

parado, -da *adj.* de pie; *standing* (1).

paraje *m.* lugar, sitio; *place, spot* (2).

paralelamente *adv.* el uno al lado del otro, juntos; *in a parallel way, comparably* (2).

pardo, -da *adj.* color oscuro de la tierra; *brown* (4).

pared *f.* obra de fábrica levantada para cerrar un espacio; *wall* (4).

parición *f.* parto de animales; *parturition, birthing time of animals* (3).

pariente *m.* persona unida con otra por lazos de consanguinidad o afinidad; *relative* (6).

pasar *v.* llevar, conducir, atravesar, trasladar de un lugar a otro; *to pass.* **Pasar la noche en blanco** *v.* pasar la noche sin dormir; *to have a sleepless night* (4); **pasarlo de lo mejor** *v.* pasar un buen rato, divertirse muchísimo; *to have a great time* (4); **pasarlo fatal** *v.* pasar un mal rato, no divertirse en absoluto; *to have an extremely bad time* (4); **pasar por** *v.* ser tenido o considerado en cierta opinión; *to be considered or held to be* (4); **pasar por alto** *v.* no fijarse en algo; *to pass over* (3); **pasarse** *v.* excederse, exagerar; *to get carried away* (4).

pasmo *m.* asombro; *astonishment, wonder* (6).

pastar *v.* comer hierba el ganado en prados o campos; *to graze* (6).

pasto *m.* hierba que pace el ganado; *pasturage, herbage* (6).

patriarca *m.* jefe de familia, hombre con mayor autoridad de una colectividad; *patriarch* (2).

patrimonio *m.* bien que se hereda de los ascendientes; *patrimony, heritage* (3).

patrón, -ona *m. y f.* patrono de un obrero o de un empleado; *landlord, boss* (3).

pechera *f.* parte de la montura que pasa por encima del pecho del caballo; *harness breast strap* (5).

pedrería *f.* conjunto de piedras preciosas; *jewelry, precious stones* (3).

pegado, -da *adj.* fijado; *stuck* (4).

pegajoso, -sa *adj.* adhesivo, que se pega de forma espontánea; *sticky* (3).

pegar *v.* unir o aplicar una cosa a otra por medio de goma, hilo, etc., golpear; *to stick, to fasten, to hit.* **Pegarse un tiro** *v.* disparar un arma de fuego a uno mismo; *to shoot oneself* (1); **pegársele algo (a alguien)** *v.* unirse una cosa, como un nombre o un apodo, a alguien por la naturaleza o por las circunstancias; *to stick with or to (someone)* (5).

peón *m.* trabajador de campo o de rancho; *laborer* (5).

pequeñez *f.* cosa sin importancia; *trifle, unimportant little thing* (4).

peregrinar *v.* andar de un lugar a otro, viajar por tierras extrañas; *to wander, to roam* (6).

perenne *adj.* eterno, de siempre, constante; *perennial, perpetual* (3).

perseguido, -da *adj.* seguido con el objetivo de traer a la justicia o de causar daño o molestia; *pursued, persecuted* (5).

perseguir *v.* seguir al que huye intentando alcanzarle; *to pursue* (6).

perseverar *v.* persistir, mantenerse firme; *to persevere, to persist* (1).

perspicaz *adj.* agudo, sagaz; *perceptive* (5).

pertenecer *v.* ser una cosa de la propiedad de uno, formar parte de; *to belong (to)* (1).

pésimo, -ma *adj.* muy malo; *wretched, awful* (1).

petrificarse *v.* convertirse en piedra o roca, hacerse rígido; *to petrify* (6).

piedra *f.* materia mineral dura y sólida, trozo de dicha materia; *rock, stone* (5).

pieza *f.* habitación, cuarto; *room* (4).

pinar *m.* bosque de pinos; *pine forest* (5).

pincel *m.* instrumento hecho con pelos usado para pintar; *paintbrush* (4).

pisar *v.* poner los pies en el suelo al andar; *to step* (5).

pisotón *m.* pisada fuerte, especialmente sobre el pie de alguien; *heavy tread on someone's foot* (1).

pistolón *m.* pistola grande; *large pistol* (5).

pita *f.* nombre para el agave, planta de hojas largas, triangulares y puntiagudas; *agave* (2).

plancha *f.* utensilio de una superficie de metal que se usa para desarrugar las prendas de ropa; *iron* (5).

plañir *v.* llorar y gemir; *to wail, to lament* (5).

plasticidad *f.* elasticidad, flexibilidad; *plasticity* (6).

platanal *m.* terreno plantado de plátanos; *banana grove, banana plantation* (5).

plateado, -da *adj.* del color de plata; *silvery* (5).

plática *f.* conversación; *conversation* (1).

platónico, -ca *adj.* idealista; *platonic* (4).

poblar *v.* establecer gente, animales o vegetales en un lugar donde no los había; *to populate* (4).

poemario *m.* colección de poemas; *collection of poems* (5).

poesía cancioneril *f.* varios géneros de poesía de los siglos XIII–XV, escrita mayormente por los nobles de las cortes, generalmente de tema amoroso; *court poetry* (5).

polvoriento, -ta *adj.* que está lleno de polvo; *dusty* (5).

poner *v.* colocar, disponer, preparar; *to put, to place, to set, to lay.* **Poner el grito en el cielo** *v.* lamentar o protestar de una manera exagerada; *to complain bitterly, to cry out to heaven* (4); **ponerse al día (al tanto)** *v.* enterarse, informarse; *to bring oneself up to date* (4); **ponerse de acuerdo** *v.* llegar a una resolución tomada en común; *to come to an agreement* (4); **ponerse de veinticinco alfileres** *v.* vestir la mejor ropa; *to dress to the nines* (1); **se me pone (puso) la piel de gallina** de **ponérsele a uno la piel de gallina** *v.* erizarse los pelos de la piel, ocasionado por el frío o por el miedo; *to get goosebumps* (4).

popular *adj.* relativo al pueblo; *of the people* (6).

por *prep.* indica causa, medio, destino o manera; *for, through, by.* **Por milésima vez** *expresión adverbial.* un sinnúmero de veces; *for the thousandth time* (1).

posada *f.* lugar donde los viajeros pasan la noche; *inn* (3).

postergar *v.* hacer sufrir atraso, dejar atrasada una cosa; *to delay, to postpone* (1).

postura *f.* manera de estar, actitud tomada con respecto a un asunto; *position* (2).

pozo *m.* hoyo profundo abierto en la tierra para llegar al agua subterránea; *well* (3).

precursor *m.* que precede o va delante; *precursor* (1).

predilecto, -ta *adj.* preferido, favorito; *preferred, favorite* (4).

presa *f.* cosa apresada, botín; *prey* (6).

presentado, -da *adj.* condición de haberse conocido dos personas; *introduced* (4).

prestar oídos *v.* hacer caso, prestar atención; *to pay attention to, to listen to* (2).

presto *adv.* pronto; *soon* (5).

presto, -ta *adj.* pronto, aparejado, preparado o dispuesto para ejecutar una cosa; *ready, prepared* (6).

pretender *v.* tratar de conseguir, intentar; *to try to get, to seek* (5).

pretendiente *m.* y *f.* persona que intenta asumir el poder real o que pretende tener derecho al trono; *pretender (to the throne)* (5).

prevenir *v.* preparar con anticipación, tomar medidas para evitar un mal, avisar o informar; *to plan ahead, to prevent, to alert, to warn* (2).

primordial *adj.* fundamental; *primordial* (4).

prodigio *m.* cosa que parece en contradicción con las leyes de la naturaleza, milagro; *prodigy, marvel* (6).

profundidad *f.* hondura; *depth* (3).

profundo, -da *adj.* hondo; *deep, profound* (5).

promocionar *v.* dar impulso a cierta acción, idea o producto; *to promote, to foster* (2).

propio, -pia *adj.* característico, particular, que pertenece a uno en propiedad; *own* (3).

proponer *v.* hacer una propuesta; *to propose* (3).

propósito *m.* objeto, fin, meta; *goal, purpose* (5).

provocar *v.* incitar o inducir a uno a que haga algo, desafiar; *to provoke* (4).

puesto que *conj.* ya que; *since* (4).

pulcro, -cra *adj.* muy limpio, impecable; *very neat, tidy* (4).

pulgar *m.* dedo primero y más grueso de la mano; *thumb* (1).

pulido, -da *adj.* pulcro, muy cuidado; *polished, clean, neat* (6).

pulular *v.* abundar; *to be numerous, to teem* (1).

puño *m.* mano cerrada; *fist.* **A puño cerrado** *expresión adverbial.* firmemente, con obstinación; *obstinately* (1).

Q

quebracho *m*. árbol de las Américas, de madera muy dura; *quebracho tree* (2).

quebrada *f*. paso estrecho entre montañas; *gorge, ravine* (6).

quedarse viendo a alguien *v*. estar por algún tiempo mirando a alguien; *to look at, to stare* (1).

quemar *v*. abrasar o consumir con fuego; *to burn* (3).

quilla *f*. casco inferior de un barco; *keel* (6).

quitar *v*. sacar una cosa del lugar en que estaba; *to take away* (4).

R

rabia *f*. enfermedad infecciosa que se transmite al hombre por mordedura de un animal; *rabies*. Ira, cólera, furia; *rage* (4).

rabillo del ojo *m*. ángulo externo del ojo; *corner of one's eye* (1).

rajadura *f*. hendidura; *split, crack* (6).

ramillete *m*. ramo pequeño de flores; *small bouquet of flowers* (1).

ramo *m*. ramillete de flores; *bunch* (4).

rapé *m*. tabaco en polvo que se aspira por la nariz; *snuff* (4).

rapiña *f*. ave que tiene las garras agudas y fuertes para aprehender a sus víctimas y llevarlas al aire; *bird of prey* (5).

rasgo *m*. línea, característica, aspecto; *stroke, characteristic, trait*. **A grandes rasgos** *expresión adverbial*. sin detalles; *in broad strokes* (2).

rastro *m*. pista o señal que se deja en un sitio; *trace, trail* (3).

rayo *m*. descarga eléctrica entre dos nubes o entre una nube y la Tierra, acompañada por truenos y relámpagos; *lightning bolt* (5).

real *adj*. del rey o de la realeza; *royal* (3).

realizar *v*. hacer real, efectuar, llevar a cabo; *to accomplish, to carry out, to realize (a project)* (6).

reanudar *v*. continuar lo interrumpido; *to renew, to resume* (3).

rebaño *m*. conjunto grande de ganado; *herd, flock* (3).

rebuzno *m*. voz del burro; *braying* (2).

rechazar *v*. resistir o contradecir lo que propone u ofrece otra persona; *to reject* (1).

reclamación *f*. queja; *complaint* (1).

reclamar *v*. pedir con instancia, implorar; *to demand, to complain* (6).

reconciliar *v*. restablecer la armonía entre dos personas; *to reconcile, to make up* (4).

recordar *v*. tener o traer algo a la memoria, acordarse de; *to remember* (5).

recorrer *v*. atravesar; *to traverse* (1).

recorte *m*. trozo cortado de un escrito en que hay algo interesante; *cutting, clipping* (4).

recursos *m. pl*. medios económicos; *resources* (3).

red *f*. aparejo que sirve para cazar o pescar; *net* (6).

redactor, -ra *m. y f*. persona que redacta, editor; *writer, editor* (1).

reducir *v*. convertir en una cosa más pequeña o de un valor menor; *to reduce* (2).

refugiarse *v*. retirarse a un lugar para ponerse a salvo, acogerse a un asilo; *to take refuge* (4).

refunfuñar *v*. protestar, quejarse en voz baja; *to grumble* (4).

regir *v*. gobernar, mandar; *to govern, to rule* (1).

registrar *v*. señalar, notar, llevar la cuenta de algo; *to record* (4).

reinado *m*. tiempo en que gobierna un rey o reina, predominio, influencia; *reign* (6).

reino *m*. territorio sujeto al gobierno de un rey; *kingdom*. Cada uno de los grupos estudiados en la historia natural, como el reino animal; *animal kingdom* (2).

reiterarse *v*. repetirse; *to repeat, to reiterate* (5).

reivindicar *v*. reclamar uno lo que le pertenece o aquello a que tiene derecho; *to claim, to revindicate* (6).

relato *m*. obra narrativa no muy extensa; *report, account, story* (3).

remo *m*. instrumento plano, generalmente de madera, que sirve para mover las embarcaciones; *oar* (6).

remolino *m*. movimiento circular y rápido, confusión, torbellino; *whirlpool, commotion* (2).

rendir *v*. dar fruto o utilidad una cosa; *to yield* (3).

rengloncito *m*. breve línea escrita o impresa; *short written line of text* (1).

reñir *v*. disputar, contender de obra o de palabra, regañar; *to quarrel, to dispute, to reprimand* (4).

reponerse *v*. recobrar la salud o la fuerza; *to recover, to recuperate* (5).

reproducción *f.* copia o imitación de una obra literaria o artística; *reproduction* (4).

resignarse *v.* conformarse ante una situación que no tiene remedio; *to resign oneself* (1).

resonar *v.* percibirse un sonido con mayor intensidad; *to resonate, to echo* (3).

resoplar *v.* dar resuellos fuertes; *to breathe noisily or hard, to snort* (6).

responder *v.* dar una respuesta, obrar de cierta forma; *to respond* (3).

restituido, -da *adj.* repuesto, restablecido; *restored* (5).

retar *v.* desafiar; *to challenge* (5).

reticencia *f.* reserva, desconfianza; *reticence* (6).

retrato *m.* foto que representa el rostro o la figura entera de una persona; *portrait* (1).

reventar *v.* romperse por un exceso de contenido; *to explode, to burst* (2).

reverencia *f.* inclinación del cuerpo o de la cabeza en señal de respeto o cortesía; *bow* (5).

revisar *v.* examinar una cosa para ver si está bien o completa; *to check, to inspect* (5).

riachuelo *m.* pequeño arroyo; *brook, stream* (6).

rienda *f.* correa sujeta al freno en la bocada de las caballerías que sirve para conducirlas; *rein* (6).
A rienda suelta *expresión adverbial.* de manera descontrolada, sin freno ni regla; *at full speed, without restraint* (5).

rígido, -da *adj.* sin movimiento, inflexible; *rigid* (5).

rito *m.* ceremonia, costumbre; *rite* (5).

roce *m.* acción y efecto de tocar suavemente la superficie de una cosa; *graze, light touch* (4).

rodaja *f.* estrellas de las espuelas; *rowel of a spur* (5).

rojizo, -za *adj.* que tira a rojo; *reddish* (5).

romance *m.* composición poética de versos de ocho sílabas, de rima asonante en los versos pares; *Spanish ballad* (4).

rondar *v.* andar de noche, dando vueltas alrededor de un lugar; *to prowl, to make the rounds* (4).

rosáceo, -cea *adj.* de color algo rosado; *rose-colored, rosy* (5).

rosal *m.* arbusto de rosas; *rosebush* (1).

rozar *v.* pasar algo ligeramente sobre la superficie de otra cosa; *to brush lightly against* (2).

rumbo a *expresión adverbial.* en camino a un lugar, hacia; *bound for, on the way to, in the direction of* (1).

rumoroso, -sa *adj.* que produce rumor o ruido; *noisy* (4).

saber *v.* ser docto en una materia, tener habilidad; *to know.* **No saber ni jota de** *v.* no saber nada acerca de algo; *not to know one bit about* (4); **Que yo sepa...** *expresión adverbial.* Según entiendo...; *As far as I know . . .* (4); **¿Qué sé yo?** No sé qué decirte.; *How should I know?* (4); **saber de memoria** *v.* tener algo memorizado; *to know by heart* (4).

sabiamente *adv.* de modo sensato, astutamente; *wisely* (5).

sabido, -da *adj.* que sabe o entiende mucho; *clever* (3).

sable *m.* arma parecida a la espada, pero de un solo corte; *sabre* (3).

saborear *v.* deleitarse o recrearse en algo, disfrutar; *to savor, to enjoy* (5).

sagrado, -da *adj.* que recibe culto religioso o que está dedicado al culto divino; *sacred* (2).

sake *m.* bebida alcohólica de Japón, hecha de arroz; *sake* (3).

salitre *m.* nombre del nitrato de potasio; *potassium nitrate, saltpeter* (5).

salvaje *adj.* que no está domesticado; *wild, savage* (2).

saqueo *m.* acción y efecto de saquear, robo; *sacking, pillaging* (3).

se *pron. personal.* pronombre de tercera persona que puede funcionar como complemento directo o indirecto, para indicar intransitividad o para marcar la voz pasiva; *himself, herself, oneself, itself.* **Se las quiere jugar** de **jugárselas** *v.* arriesgar en el juego; *to gamble* (1); **se me hace (que)** de **hacérsele a uno (que)** *v.* ocurrírsele o parecérsele a uno; *to seem to someone (that)* (2); **se me (nos) hizo un nudo en la garganta** de **hacérsele a uno un nudo en la garganta** *v.* sentir un impedimento para tragar o hablar, por alteración del ánimo; *to get all choked up, to get a lump in one's throat* (4); **se me pone (puso) la piel de gallina** de **ponérsele a uno la piel de gallina** *v.* erizarse los pelos de la piel, ocasionado por el frío o por el miedo; *to get goosebumps* (4).

secundar *v.* ayudar, colaborar con; *to second, to aid, to support* (6).

sedentario, -ria *adj.* que permanece en su lugar o país de origen; *sedentary* (2).

seguido *adv.* con frecuencia; *frequently* (4).

selva *f.* bosque extenso, muy poblado de árboles; *woods, jungle* (2).

sembrar *v.* plantar; *to sow, to plant* (5).

sencillez *f.* calidad de sencillo, de simple; *simplicity* (4).

sendero *m.* camino, vereda; *path* (5).

senectud *f.* vejez; *old age* (5).

seno *m.* parte interna de una cosa, pecho; *bosom* (1).

señita *f.* pequeño gesto que sirve para atraer la atención de alguien; *little sign, signal* (3).

señorío *m.* territorio perteneciente al señor, conjunto de personas de distinción; *domain, nobility* (5).

ser *v.* existir, haber; *to be.* **No ser para menos** *v.* modismo que expresa afirmación de o justificación por una actitud o pensamiento; *to be well-founded, to be with good reason, to be not for nothing* (2).

serpear *v.* moverse formando vueltas y ondulaciones, como una serpiente; *to wind, to meander* (5).

serrucho *m.* herramienta con un borde dentado; *saw* (2).

seso *m.* buen juicio; *brains, common sense* (5).

setentón, -ona *m. y f.* persona de 70 años aproximadamente; *septuagenarian, a "seventy-something" person* (4).

seudónimo *m.* nombre ficticio; *pseudonym, false name* (5).

severo, -ra *adj.* estricto, exigente; *severe, strict.* Sobrio, austero, sin adornos excesivos; *austere, simple* (4).

shamizen *m.* instrumento japonés de tres cuerdas; *samisen* (3).

siega *f.* acción de cortar las mieses, plantas o hierbas, o tiempo en que se siega; *harvest, harvest time* (2).

siembra *f.* acción de esparcir las semillas en las tierras de cultivo, o época en que se siembra; *planting, sowing time* (2).

sigla *f.* letras iniciales que se usan como abreviatura; *sigla, abbreviation* (6).

siglo *m.* cien años; *century* (5).

silbar *v.* hacer un sonido muy agudo; *to whistle* (2).

silvicultura *f.* cultivo y explotación de los bosques; *forestry* (2).

sindicato *m.* grupo de personas que se organizan para defender intereses profesionales comunes; *syndicate, labor union* (2).

soberbio, -bia *adj.* magnífico, grandioso; *magnificent, lofty* (3).

sobrar *v.* haber más de lo que se necesita; *to have to spare* (4).

sobrenatural *adj.* que no sucede según las leyes de la naturaleza; *supernatural* (1).

sobresalir *v.* ser más importante o tener en mayor grado una cualidad; *to stand out, to excel* (2).

sobresalto *m.* temor, susto repentino; *shock, sudden alarm* (3).

sobreviviente *m. y f.* persona que queda viva después de un accidente o catástrofe; *survivor* (2).

sobrevivir *v.* quedar vivo después de un accidente o catástrofe; *to survive* (3).

sombra *f.* la silueta no iluminada de un objeto entre la luz y el espacio; *shadow* (2).

sometido, -da *adj.* sujetado, subyugado, dominado, vencido; *subjected, subjugated, subdued* (6).

sonar *v.* producir un sonido; *to sound* (2).

sonarse *v.* limpiar de mocos las narices; *to blow one's nose* (4).

sonrojarse *v.* subirse el color al rostro por la vergüenza, ruborizarse; *to blush* (1).

soñar *v.* imaginar como verdaderas y reales cosas que no lo son, fantasear; *to dream* (1).

sorbo *m.* cantidad pequeña de un líquido; *sip* (5).

sordomudo, -da *adj.* que no oye ni habla; *deaf-mute* (3).

sosegadamente *adv.* tranquilamente; *peacefully, calmly* (6).

sótano *m.* parte subterránea de un edificio; *basement* (4).

suceso *m.* cosa que sucede, acontecimiento; *event, happening* (6).

sudor *m.* transpiración; *perspiration* (1).

suelo *m.* tierra, terreno; *ground* (4).

sufrir *v.* padecer; *to suffer.* Aguantar, tolerar; *to put up with* (2).

sumo, -ma *adj.* supremo, muy elevado; *greatest, highest.* **A lo sumo** *expresión adverbial.* a lo más, como máximo; *(at) the most* (1).

suponer *v.* dar por sentada una cosa, poner por hipótesis; *to suppose* (6).

surubí *m.* nombre genérico de diversas especies de peces grandes que habitan los ríos de Argentina, Uruguay y Paraguay; *river fish* (2).

sustento *m.* lo que sirve para sustentar, alimento; *sustenance* (3).

susurrar *v.* murmurar, hablar en secreto o en voz muy baja; *to whisper* (1).

sutil *adj.* delicado, suave, ingenioso; *subtle* (2).

tacón *m.* pieza con forma de semicírculo, unida a la suela del calzado; *heel* (5).

taconear *v.* pisar fuertemente con el tacón, causando ruido; *to tap one's heels, to strut* (5).

táctica *f.* conjunto de medios que se emplean para conseguir un resultado; *tactics* (1).

tajo *m.* división o corte abrupto y profundo; *cut, incision* (6).

tallar *v.* esculpir, labrar piedras preciosas; *to carve, to cut* (6).

tambaleante *adj.* inestable, que se mueve; *staggering, tottering* (1).

tapial *m.* trozo de pared que se hace con una mezcla de tierra amasada; *mud wall* (5).

tararear *v.* «cantar» una melodía o canción con la boca cerrada; *to hum* (1).

techo *m.* parte superior que cubre un edificio o una habitación; *roof* (6).

tejer *v.* entrelazar regularmente hilos para formar un tejido, trencillas, esteras; *to weave* (6).

temido, -da *adj.* que causa miedo; *feared* (1).

temor *m.* miedo; *fear* (1).

temperamental *adj.* del temperamento, dícese de la persona de reacciones intensas y que cambia a menudo de estado de ánimo; *temperamental* (6).

tempestad *f.* fuerte lluvia acompañada de relámpagos y truenos; *storm* (3).

temporada *f.* espacio de tiempo de cierta duración, época; *season* (4).

tenaz *adj.* persistente, perseverante; *tenacious, persistent* (5).

tener *v.* poseer, guardar; *to have, to hold.* **Tener buen tino** *v.* tener juicio o facilidad para hacer una cosa; *to have a knack for doing something* (5); **tener en cuenta** *v.* tener presente, considerar; *to take into account* (4); **tener la culpa** *v.* ser el responsable o el culpable por un acto que causa un resultado dañoso; *to be to blame, to be guilty* (4); **tener lugar** *v.* ocurrir o suceder algo; *to take place* (4); **tener que ver** *v.* tener alguna relación una cosa con otra; *to have to do with* (4).

tercamente *adv.* de modo obstinado o tenaz; *obstinately, stubbornly* (5).

termal *adj.* relativo a los baños calientes de aguas medicinales; *thermal.* **Aguas termales** *f. pl.* fuentes naturales de agua caliente; *hot springs* (6).

terrateniente *m. y f.* propietario de tierras rurales; *landowner* (2).

terreno *m.* tierra destinada a un uso concreto; *terrain.* Campo de acción o conocimiento en que se ejerce un poder o influencia; *ground, territory, sphere* (2).

tesoro *m.* conjunto de dinero, alhajas u otras cosas de valor que se guarda en un sitio seguro; *treasure* (3).

testarudo, -da *adj.* que se mantiene en una actitud u opinión a pesar de tener en contra razones para desistir; *stubborn, pig-headed* (2).

testuz *f.* frente o parte superior de la cara de un burro o caballo; *forehead* (2).

tez *f.* cutis, superficie de la piel del rostro; *complexion (of the face)* (1).

tibiamente *adv.* cálida y suavemente, delicadamente; *softly, gently* (2).

tibio, -bia *adj.* templado, ni caliente ni frío; *tepid, lukewarm* (4).

timbre *m.* aparato para llamar a la puerta; *doorbell, buzzer* (3).

tino *m.* habilidad, destreza, juicio; *knack, skill, good judgment.* **Tener buen tino** *v.* tener juicio o facilidad para hacer una cosa; *to have a knack for doing something* (5).

tintineo *m.* sonido que se produce al sonar una campanilla o al chocarse los vasos; *tinkling* (5).

tiro *m.* disparo de un arma de fuego; *gunshot.* **Pegarse un tiro** *v.* disparar un arma de fuego a uno mismo; *to shoot oneself* (1).

tironear *v.* jalar con fuerza; *to pull, to jerk* (3).

titánico, -ca *adj.* inmenso, gigantesco; *titanic* (6).

tomar *v.* coger, asir, recibir; *to take, to take hold of.* **Tomar conciencia de** *v.* darse cuenta de; *to realize* (3).

tonto, -ta *m. y f.* necio, estúpido; *silly, dumb.* **Hacerse el tonto** *v.* aparentar ignorancia o distracción; *to play dumb, to play the fool* (2).

toparse *v.* encontrar casualmente algo o a alguien; *to run into* (1).

torcer *v.* encorvar, doblar, retorcer; *to twist* (5).

tragar *v.* hacer que algo pase de la boca al estómago; *to swallow.* **Tragarse la píldora** *v.* aceptar una situación sin protestar; *to grin and bear it* (1).

traidor, -ra *adj.* que no es de confiar o que es infiel; *treacherous, false* (5).

trampa *f.* ardid, estratagema con el que se engaña una persona; *trap* (3).

tras de *prep.* detrás de; *behind* (5).

trascordarse *v.* confundirse, trastornarse, perder la memoria; *to be confused, to get upset, to be disturbed* (4).

trasladarse *v.* mudarse de lugar; *to move* (4).

trasnochar *v.* acostarse muy tarde o pasar la noche sin dormir; *to stay up late, to stay up all night* (2).

trato *m.* acuerdo o convenio; *pact, agreement, deal* (3). Acción de tratar o tratarse, tratamiento de cortesía; *treatment* (6).

trigo *m.* planta cultivada cuyo grano da origen a la harina; *wheat* (3).

trinchera *f.* muro, pared o canal hecho de tierra o sacos de arena para proteger a los soldados de la infantería; *trench* (4).

tropezar *v.* perder el equilibrio al toparse con algo; *to stumble, to trip* (5).

tunante *m.* bribón, pícaro; *rascal, rogue, scamp* (4).

turquesa *adj.* de color azul verdoso; *turquoise* (5).

tutelar *adj.* que protege o ampara; *tutelar, tutelary* (6).

ubicación *f.* posición, situación; *location, position* (1).

ungüento *m.* sustancia con la que se unta el cuerpo, pomada, crema; *ointment* (4).

unísono, -na *adj.* que tiene el mismo sonido o tono, o que suena en la misma altura; *unison.* **Al unísono** *expresión adverbial.* a coro, al mismo tiempo, simultáneamente; *in unison, all together* (1).

vacío, -cía *adj.* que no contiene nada; *empty* (3).

vacuna *f.* cultivo microbiano para inmunizar a una persona contra una enfermedad; *vaccine* (2).

vago, -ga *adj.* indeterminado, confuso, indeciso; *vague.* Ocioso, perezoso; *idle, loafing* (4).

vaina *f.* funda para proteger y llevar una arma cortante; *sheath* (3).

valiente *adj.* que está dispuesto a enfrentar los peligros; *valiant, brave* (3).

vals *m.* baile de origen alemán; *waltz* (2).

vapor *m.* barco que se propulsa con vapor; *steamboat* (2).

vela *f.* lona fuerte que se ata a los mástiles y a las vergas de un barco para recibir el viento y hacer adelantar la nave; *sail* (6).

velar *v.* permanecer despierto o estar de guardia por la noche; *to keep vigil.* Cubrir con un velo; *to drape, to veil* (2).

veleidoso, -sa *adj.* que cambia, inconstante; *capricious, inconstant* (4).

velocidad *f.* ligereza, rapidez; *speed, velocity* (6).

venir a flor de agua *v.* salir a la superficie del agua, flotar; *to surface, to float* (2).

venta *f.* acción y efecto de vender; *sale* (2).

ventilador *m.* aparato eléctrico para poner en movimiento el aire; *fan* (2).

verdín *adj.* del color verde de las plantas nacientes; *bright green* (5).

veredilla *f.* pequeña senda, camino estrecho; *path* (4).

vericueto *m.* camino por el que es difícil andar; *rough path* (6).

vertiginoso, -sa *adj.* que causa sensación de pérdida del equilibrio; *vertiginous, dizzy.* Muy rápido, muy veloz; *rapid* (6).

vicuña *f.* mamífero rumiante andino, similar a la llama, de lana muy apreciada; *vicuña* (6).

vid *f.* planta arbustiva cuyo fruto es la uva; *grapevine* (5).

viña *f.* terreno plantado de vides; *vineyard* (5).

visaje *m.* gesto, expresión de la cara; *face, grimace* (4).

vista *f.* facultad de ver; *sight* (4).

viudez *f.* condición de viudo(a), persona cuyo cónyuge ha muerto; *widowhood* (4).

vocación *f.* inclinación, tendencia que se siente por cierta clase de vida, por una profesión; *vocation* (4).

vocerío *m.* gritería, confusión de voces altas; *shouting, clamor* (3).

voluntad *f.* deseo para lograr algo o aquiescencia ante cierto hecho o idea; *wish, choice, disposition* (2). Facultad de determinarse a ciertos actos; *will* (6).

vorágine *f.* remolino impetuoso que forma el agua; *vortex.* Intensidad, fuerza o vigor; *intensity* (6).

vuelta *f.* paseo; *stroll, turn, spin.* **Dar una vuelta** *v.* pasear; *to take a stroll (a turn, a spin)* (4).

ya que *conj.* puesto que, dado que; *since* (3).

yacaré *m.* caimán; *alligator, caiman* (2).

yacer *v.* estar echada o tendida una persona, estar enterrado en una tumba; *to lie prone* (1).

zafíreo, -rea *adj.* del color de zafiro; *sapphire blue* (5).

zaguán *m.* entrada de una casa; *doorway, entry* (5).

zambullir *v.* meter o introducir la cabeza en el agua; *to plunge, to duck, to dive* (2).

zonzo, -za *adj.* tonto; *silly, simple* (3).

zumbar *v.* hacer un ruido bronco y continuo; *to buzz* (6).

ACENTO DIACRÍTICO El **acento diacrítico** es el acento escrito que se usa para diferenciar una palabra de otra que se escribe igual, pero cuyo significado es diferente: *No **sé** si Martín **se** va de viaje el martes o el miércoles.* Se les pone el acento diacrítico a ciertas palabras cuando se usan en frases interrogativas o exclamativas: *—¿**Dónde** nos encontramos? —¿Qué tal en ese café **donde** vimos a Esteban la vez pasada?*

Ver las páginas 48 y R66.

ACENTO ESCRITO El **acento escrito** es el acento ortográfico que a veces se le pone a una palabra para indicar cuál es la sílaba tónica: *El s**á**bado sal**í** con Jos**é**. Vimos una película con un título raro: «El **á**rbol japon**é**s».* Al acento escrito también se le llama el **acento ortográfico.** El uso del acento escrito depende de la ortografía de la palabra y de las reglas de la acentuación.

Ver las páginas 48, 174, 234, 294 y R64.
Ver también *Acento diacrítico, Acento tónico, Palabra aguda, Palabra esdrújula, Palabra llana* y *Palabra sobresdrújula.*

ACENTO TÓNICO En palabras de más de una sílaba, la sílaba que se pronuncia con mayor énfasis (la que recibe el «golpe») es la que lleva el **acento tónico.** A veces, dependiendo de la ortografía de la palabra y de las reglas de la acentuación, hay que marcar el acento tónico con un acento escrito.

Ver las páginas 174 y R64.
Ver también *Palabra aguda, Palabra esdrújula, Palabra llana, Palabra sobresdrújula* y *Sílaba.*

ADJETIVO El **adjetivo** modifica al sustantivo. Siempre concuerda en género y número con el sustantivo al que modifica: *una profesora **simpática**, los perritos **traviesos**.* El adjetivo puede colocarse antes o después del sustantivo o formar el predicado: *El rey fue un **gran** hombre; y también un hombre **grande**. Sus vecinos son **entrometidos**.* Los **adjetivos descriptivos** expresan el aspecto físico o moral, o cualidades como la nacionalidad, la religión y la afiliación política. Van después del sustantivo para distinguirlo dentro de un grupo. Por ejemplo, si se habla de *un carro **azul**,* el adjetivo *azul* sirve para señalar el carro del que se habla y distinguirlo de otros carros. A veces los adjetivos descriptivos van antes del sustantivo para referirse a una cualidad inherente del mismo, o para describir algo que es único. Esto produce muchas veces un sentido dramático o poético: *la **dulce** miel, su **largo** pelo, los **aburridos** discursos de ese político, nuestra **querida** profesora.* Estos adjetivos también se usan como predicado: *Nuestra ciudad es **bonita**.* Otra categoría de adjetivo son los **adjetivos determinativos.** Éstos no contrastan el sustantivo con otro, sino que precisan su significado u ofrecen información como orden o cantidad. Incluyen los números ordinales (*primero, segundo,* etc.), los artículos definidos e indefinidos (*el, las, una, unos,* etc.), los adjetivos posesivos (*mi, tus, nuestro,* etc.) y los demostrativos (*este, esa, aquel,* etc.). También incluyen las formas de *mucho, poco, ambos, otro, pleno* y *tanto.* Generalmente van antes del sustantivo: *los niños, **primera** vez, **otro** día, **esta** palabra, **nuestros** problemas.*

Ver las páginas 43 y R41.
Ver también *Concordancia, Género* y *Número.*

ADVERBIO El **adverbio** modifica a un verbo (*Caminó **deprisa***), a un adjetivo (*Es **bastante** joven*) o a otro adverbio (*Se portó **muy** mal*). Se coloca después de la palabra a la que modifica cuando ésta es un verbo. Si modifica a un adjetivo o a otro adverbio, entonces va antes. Hay **adverbios de modo** (*bien, lento, rápido*), de los cuales muchos terminan con **-mente** (*cuidadosamente, totalmente*). También hay **adverbios espaciales** (*cerca, afuera*), **adverbios temporales** (*ayer, ahora*) y **adverbios de cantidad** (*mucho, poco*). Hay también ciertas cláusulas y sintagmas que cumplen las funciones de un adverbio (*cuando vayamos a clase, por encima de la montaña*).

Ver la página R62.

ANTECEDENTE El **antecedente** es el sustantivo o pronombre al que se refiere un pronombre relativo:

Los únicos programas que veo son los buenos. *Las tiendas* a las que entramos no tenían película. *El que está a la derecha es mi papá.*

Ver la página R41.

ARTÍCULO Los **artículos definidos** (*el, la, los, las*) señalan sustantivos específicos y sustantivos en un sentido general: —¿Has visto *el* artículo sobre *las* elecciones en *el* periódico de hoy? —Para decirte *la* verdad, no me interesa mucho *la* política. Los **artículos indefinidos** (*un, una, unos, unas*) señalan sustantivos no específicos: *Hace* **unos** *meses, Talía hizo* **un** *viaje al Perú. ¡Sacó* **unas** *fotos extraordinarias!*

Ver las páginas 41, 45 y R37.
Ver también *Concordancia* y *Sustantivo.*

AUMENTATIVO Los **aumentativos** son sufijos especiales que el español usa para darles ciertas connotaciones a las palabras. En general, el aumentativo expresa grandeza pero también se puede usar para darle una connotación exagerada o sarcástica a una palabra: *el carr***azo,** *el hombr***ón,** *una cas***ona,** *una mes***ota.**

Ver la página R37.
Ver también *Diminutivos.*

CLÁUSULA Las oraciones compuestas constan de dos partes que se llaman **cláusulas.** La **cláusula principal,** también llamada la **cláusula independiente,** tiene sentido completo e independencia sintáctica, y no tiene que ser introducida por adverbios o conjunciones, ni vinculada con otros elementos. En el ejemplo que sigue, las palabras en negrilla forman la cláusula principal: ***Me aconsejó Ramón*** *que solicitara ese puesto.* Por el contrario, la **cláusula subordinada,** también conocida como la **cláusula dependiente** , está integrada dentro de la oración principal y tiene una función específica dentro de ella. La cláusula subordinada no tendría sentido ni independencia sintáctica si se presentara en forma aislada. En el ejemplo que sigue, las palabras en negrilla forman la cláusula subordinada: *Me aconsejó Ramón* ***que solicitara ese puesto.*** Las cláusulas subordinadas siempre tienen un verbo, su propio sujeto y sus complementos. Generalmente las cláusulas subordinadas están introducidas por pronombres relativos, conjunciones,

preposiciones o adverbios. Hay distintas clases de cláusula subordinada: **cláusula nominal, cláusula adverbial, cláusula adjetiva, cláusula de infinitivo** y **cláusula de relativo.**

Ver las páginas 162, 165, 168, 222, 282, 287 y R54.
Ver también *Oración, Secuencia de tiempos verbales* y *Subjuntivo.*

COGNADO Los **cognados** son palabras que comparten el mismo origen, se escriben de una manera similar y tienen significados parecidos en dos idiomas, como *accept* y **aceptar** o *professor* y **profesor.** Los **cognados falsos,** también llamados **términos equívocos,** son las palabras cuya ortografía es muy parecida pero cuyos significados son diferentes en los usos más frecuentes, como *parent* y **pariente,** o *success* y **suceso.**

Ver la página 340.

COMPLEMENTO Un **complemento** es una palabra o grupo de palabras que se añade a otras palabras para completar su sentido. El **complemento directo** es la persona o cosa que recibe la acción del verbo transitivo: *Vi* **el avión.** También se dice que es el **receptor** de la acción del verbo. Puede ser reemplazado por un **pronombre de complemento directo** (*lo, la, los, las*): *Lo vi.* El **complemento indirecto** es la persona o cosa que recibe el complemento directo o el efecto de la acción verbal: *Le compré la cartera a* **Pedro.** En esta oración, **Pedro** es el complemento indirecto y **le** es el **pronombre de complemento indirecto.** Complemento también es cualquier elemento que sigue a una preposición: *Esto es para* **mis amigos.** Un **pronombre de complemento preposicional** es un pronombre que se une al resto de una oración mediante una preposición: *Esto es para* **ellos.** *¿Vas* **conmigo?**

Ver la página R38.

CONCORDANCIA La **concordancia** es la correspondencia que tiene que haber entre dos o más elementos en una oración. Entre un artículo o un adjetivo y el sustantivo modificado debe haber concordancia de género y número: *la nueva edición,* **los** *archivos* **corruptos,** *una risa* **atractiva.** Entre el verbo y el sujeto debe haber concordancia de persona y número: —¿Cuál **prefieres** tú? —**Prefiero** la roja pero todos los demás **prefieren** la azul. En las oraciones compuestas, debe haber concordancia de los tiempos verbales entre el verbo de la cláusula principal y el de la cláusula subordinada: *Elena* **dice** *que* **va** *a venir. Elena* **dijo** *que* **iba** *a venir. Samuel me* **asegura** *que la carta ya* **llegó.** *Samuel me* **aseguró** *que la carta ya* **había llegado.**

Ver también *Adjetivo, Artículo, Género, Número, Secuencia de tiempos verbales, Sustantivo y Verbo.*

CONJUGACIÓN La **conjugación** es el conjunto de las terminaciones de un verbo. Mediante la conjugación, los verbos marcan la persona, el número, el tiempo, el modo, el aspecto y la voz.

Ver las páginas 104 y R44.
Ver también *Modo, Número, Persona, Raíz, Tiempo y Verbo.*

CONJUNCIÓN La **conjunción** es un elemento invariable *(como o, y o que)* que une dos palabras o cláusulas. Se une una cláusula principal a una cláusula subordinada mediante una **conjunción subordinada.** La conjunción subordinada *que* une una cláusula principal a una cláusula subordinada nominal: *Me dijeron* **que** *tenían hambre. Me pidió* **que** *le ayudara.* Hay varios tipos de conjunción subordinada. Las cláusulas adverbiales van unidas a la cláusula principal por una **conjunción temporal** o una **conjunción condicional.** Unas temporales muy frecuentes son *antes (de) que, cuando, después (de) que, en cuanto, hasta que, mientras* y *tan pronto como.* Con éstas, se usa el indicativo para las acciones cumplidas o habituales, y el subjuntivo para las acciones futuras (a excepción de *antes de que,* que siempre requiere el uso del subjuntivo): *Nos va a llamar* **cuando llegue.** *Siempre nos llama* **cuando llega.** *Lo acabamos* **antes que llegaran** *los invitados.* Algunas conjunciones condicionales muy comunes son *en caso (de) que, a menos que, para que, a fin de que* y *sin que.* Siempre van seguidas por un verbo en el subjuntivo: *Vamos hoy* **a menos que** *no quieras.*

Ver las páginas 162 y R61.
Ver también *Cláusula y Oración.*

CONSONANTE Las **consonantes** son las letras del alfabeto que sólo se pronuncian combinadas con una vocal. Hay 21 consonantes en el alfabeto español, más las dos combinaciones consonánticas **ch** y **ll**: *b, c, d, f, g, h, j, k, l, m, n, p, q, r, rr, s, t, v, w, x, z.*

Ver también *Vocal.*

DEMOSTRATIVO Los **demostrativos** se usan para señalar y especificar la situación física o temporal de una cosa. Los **adjetivos demostrativos** se anteponen al sustantivo que señalan, con el que concuerdan en género y número: **esta** *película,* **esas** *señoras,* **aquellos** *árboles.* Los **pronombres demostrativos** señalan un sustantivo sin nombrarlo. Llevan acento escrito y concuerdan con el sustantivo omitido en género y número: **Ésta** *es la última vez que venimos acá.* **Aquéllos** *no quisieron ayudar.* Los **pronombres demostrativos neutros** son los que señalan una idea o situación de la que se ha hablado. No llevan acento escrito: **Eso** *que dices es una tontería.* **Aquello** *de ir a la playa todos los días fue estupendo.*

Ver la página R40.

DIÉRESIS La **diéresis** son los dos puntos que se colocan sobre la **u** de las sílabas **gue** y **gui** para indicar que se pronuncia la **u**: *bilingüe, pingüino.* En los casos en que la **u** debe ser pronunciada, entonces lleva diéresis: *vergüenza, güero, argüir.*

DIMINUTIVO Los **diminutivos** son sufijos especiales que el español usa para darles ciertas connotaciones a las palabras. El diminutivo generalmente expresa pequeñez o cariño o las dos cosas: *el perr***ito,** *la cas***ita,** *el calor***cito,** *la gallet***ica.** El diminutivo también puede dar una connotación despectiva; por ejemplo, *un hombre***cillo.** También se emplea para suavizar el significado: *Tuve un problem***ita.** Se usan los diminutivos con adjetivos y también con adverbios: *Es pequeñ***ito.** *Anda despac***ito.**

Ver la página R37.
Ver también *Aumentativos.*

DIPTONGO El **diptongo** es la combinación de dos vocales que se pronuncian en una sola sílaba: *lim-pia, au-to, vio-lín.* Los diptongos resultan cuando se combinan dos vocales débiles o una vocal fuerte con otra débil. Si el acento tónico cae en un diptongo formado con una vocal fuerte y otra débil, el acento escrito se coloca en la vocal fuerte. Si el acento tónico cae en un diptongo formado con dos vocales débiles, el acento escrito se coloca en la última vocal.

Ver las páginas 354–355.
Ver también *Acento tónico, Hiato, Sílaba* y *Vocal.*

ENCLÍTICO Un **enclítico** es un pronombre que se une al final de un infinitivo, un mandato o un gerundio que le precede: *Devuélve**melas**. Está acostándo**se**. Voy a contár**telo**.*

ESPAÑOL ANTIGUO Se le llama **español antiguo** al castellano que se habló desde el siglo XI hasta mediados del siglo XVI.

ESPAÑOL OFICIAL El **español oficial** es la variante del idioma castellano que se habla y se escribe conforme a las normas establecidas por la gente culta en los países de habla hispana.

FRASES COMPARATIVAS Se forman **frases comparativas** para hacer comparaciones usando adjetivos, adverbios, sustantivos o frases: *Marta es **más alta que** su hermana. Bailas **mejor que** yo. Víctor tiene **tantos libros como** Lourdes. Paz tiene **menos de** cien euros. Hay más árboles **de los que** había antes. Esto es más difícil **de lo que** piensas.*

Ver la página R43.

FRICATIVO Un **fricativo** es un sonido consonántico que se produce dejando que el aire salga de la boca constreñido, lo cual produce un sonido de fricción. Fricativas son la **d**, o /đ/, de *canta**d**o* (pero no la **d** de *an**d**ar,* la cual es oclusiva) y la **b/v**, o /ƀ/, de *canta**b**a* y *nue**v**e* (pero no la **b** de *am**b**os* ni la **v** de *en**v**iar,* las cuales son oclusivas).

Ver *Oclusivo.*

GÉNERO El **género** son las categorías en que se clasifican los sustantivos. En español, todos los sustantivos tienen género gramatical. Se clasifican como **masculinos** *(el escritorio, el tema, el parque)* o **femeninos** *(la computadora, la imagen, la universidad).* Los artículos que se usan para referir a sustantivos y

los adjetivos que los modifican tienen que concordar en género con el sustantivo modificado: *la música ga**llega**, **los** carros italiano**s**, **un** día precios**o**, **unas** ideas rarísim**as**.*

Ver las páginas 38, 41 y R36.
Ver también *Adjetivo, Concordancia* y *Sustantivo.*

GERUNDIO El **gerundio** es una forma impersonal del verbo que no especifica a la persona, el número, el tiempo, el modo o el aspecto de la acción o el estado. Generalmente el gerundio se usa para expresar acciones que están en progreso: *Los peregrinos vinieron **cantando** villancicos. Vamos a perder el comienzo de la película **saliendo** tan tarde.*

Ver las páginas 345 y R60.
Ver también *Verbo.*

HIATO El **hiato** es la combinación de dos vocales contiguas que se pronuncian en dos sílabas distintas: *pa-e-lla, le-ón, rí-o, gra-dú-e.* Los hiatos resultan cuando se combinan dos vocales fuertes o una vocal fuerte con una vocal débil tónica. Si un hiato se forma con una vocal débil tónica, ésta siempre lleva acento escrito.

Ver las páginas 354–355.
Ver también *Acento escrito, Diptongo, Sílaba* y *Vocal.*

IMPERATIVO El **imperativo** es el modo que se usa para expresar mandato y ruego. Tiene las formas de segunda persona, singular y plural, y de primera persona plural: ***Dame** una mano. No **olvides** el dinero. **Pase**, por favor. No se **preocupe**. **Venid** todos. **Pónganse** cómodos. No se **vayan** todavía. **Hagámos**lo ahora.*

Ver las páginas 104, 162 y R54.
Ver también *Indicativo, Modo* y *Subjuntivo.*

INDICATIVO El **indicativo** es el modo que se usa para referirse a acciones o estados basados en la realidad, o que son una realidad en la opinión del que habla, ya sea en pasado, presente o futuro: ***Llovió** toda la noche. En el otoño **llueve** mucho. ¿**Lloverá** todo el fin de semana?*

Ver las páginas 104, 162 y R44.
Ver también *Imperativo, Modo* y *Subjuntivo.*

INFINITIVO El **infinitivo** es una forma verbal invariable que no especifica la persona, el número, el tiempo, el modo, el aspecto o la voz de una acción o un estado. En español, los verbos se clasifican en tres grupos: los que tienen infinitivo en **-ar** *(pintar)*, los que tienen infinitivo en **-er** *(vender)* y los que tienen infinitivo en **-ir** *(batir)*. El infinitivo puede usarse como sujeto o complemento en una oración: *Vivir en la capital me encanta. Te recomiendo **tomar** vitaminas. ¿Piensas **acompañarnos** mañana? Estos problemas son fáciles de **resolver**.*

Ver las páginas 104, 343 y R61.
Ver también *Conjugación, Terminación y Verbo.*

LOCUCIÓN Una **locución** es un grupo de palabras, las cuales expresan en su conjunto un sentido que no refleja el sentido normal de sus componentes. Las unidades *antes de que, puesto que, por encima de* y *por los cuales* son ejemplos de locuciones.

Ver también *Cláusula, Frase, Oración y Sintagma.*

MAYÚSCULA y MINÚSCULA Las **mayúsculas** son las letras que son de mayor tamaño que las otras en un mismo contexto: *Puerto Rico, Juan Pedro.* A las letras de menor tamaño se les denomina **minúsculas:** *Yo nací en Santiago.*

MODAL Los **modales** son verbos que se usan para formar los tiempos compuestos de otros verbos. También se usan con un verbo para cambiar sutilmente el pensamiento que se expresa. Los modales del español son *poder, saber, querer, deber* y *soler: No sé esquiar. No creo que **puedan** venir.* En inglés los modales son *will, shall, would, should, might, may, can, could* y *must.*

MODISMO Los **modismos** son expresiones del lenguaje coloquial propias a un idioma, como «He's a chip off the old block» o «Estoy hasta las narices». Generalmente, no se puede deducir el significado de un modismo de las palabras individuales que lo forman; por lo tanto, los modismos no se traducen palabra por palabra a otro idioma.

Ver las páginas 75, 141, 201, 219, 255 y 315.

MODO El modo expresa la manera en que se presenta la acción o la actitud del hablante frente a la acción. Hay tres modos en español: **el indicativo, el subjuntivo** y **el imperativo.** Las terminaciones del verbo indican el modo:

*Me sorprende que Yoli te **diga** eso.*
(subjuntivo)
*Mi abuela siempre **decía** lo que pensaba.*
(indicativo)
*Chicos, no me **digan** que no quieren ir.*
(imperativo)

Ver las páginas 104, 162 y R54.
Ver también *Imperativo, Indicativo y Subjuntivo.*

NÚMERO En español, los sustantivos, adjetivos y verbos indican el **número** (singular o plural) mediante sus terminaciones. Los sustantivos y adjetivos plurales se marcan con las terminaciones **-s** o **-es:** *la revista francesa→las revistas francesas; el gato gris→los gatos grises; el papel amarillo→los papeles amarillos; la nueva imagen→las nuevas imágenes.* Los verbos tienen tres personas del singular y tres personas del plural. Las terminaciones del verbo indican el número:

***Hablo** inglés y español.* (singular)
*¿Con quién **hablas** por teléfono?* (singular)
*Julio **habla** como un loro.* (singular)
***Hablamos** mañana.* (plural)
*¿De qué **habláis?*** (plural)
***Hablan** de comprarse una casa.* (plural)

Ver las páginas 41, 43, 104 y R36.
Ver también *Adjetivo, Concordancia, Persona, Sustantivo, Terminación y Verbo.*

OCLUSIVO Un **oclusivo** es un sonido consonántico que se produce cortando la corriente de aire que se emite de la boca. La letra **d** se realiza como oclusiva cuando va al prinicipio de una frase y tras **n:** *andar, ¿Donde?* Las letras **b** y **v** se realizan como oclusivas (/b/) al principio de una frase o tras **m** o **n:** *¡Vente!, Bertín, cambio, envidia.*

ORACIÓN Las **oraciones simples** son las que tienen un solo verbo con su correspondiente sujeto: *Luis se levanta temprano todos los días.* En las oraciones compuestas, hay dos cláusulas, cada una con su propio verbo, sujeto y complementos: *Luis quiere que **todos nos levantemos** temprano mañana.*

Ver también *Cláusula, Locución y Sintagma.*

ORACIÓN IMPERSONAL

Una **oración impersonal** es una oración en la que el énfasis cae en la acción y no en el agente. Hay varias maneras de expresar esto: ***Se habla** francés y holandés en Bélgica. **Uno puede contar** con ella. **Alguien** lo **dejó** sin cerrar. **Pusieron** toda la ropa a precios rebajados.*

PALABRA AGUDA

Las **palabras agudas** son las palabras que llevan el acento tónico en la última sílaba: *dur-**mió**, te-**naz**, si-**llón**, pe-re-**jil**, em-pe-**zar**.* Se les añade un acento escrito a las palabras agudas que terminan en vocal, **-n** o **-s**: *des-per-**té**, bo-**tín**, de-**trás**.*

Ver las páginas 294 y R64.
Ver también *Acento tónico, Palabra esdrújula, Palabra llana, Palabra sobresdrújula y Sílaba.*

PALABRA COMPUESTA

Las **palabras compuestas** son las que se forman uniendo dos palabras o más para formar una unidad significativa: *vicepresidente, mediodía, abrelatas.*

PALABRA ESDRÚJULA

Las **palabras esdrújulas** son las palabras que llevan el acento tónico en la antepenúltima sílaba: *te-**lé**-fo-no, **llá**-ma-me.* Todas las palabras esdrújulas llevan acento escrito.

Ver las páginas 294 y R65.
Ver también *Acento tónico, Palabra aguda, Palabra llana, Palabra sobresdrújula y Sílaba.*

PALABRA LLANA

Las palabras llanas son las palabras que llevan el acento tónico en la penúltima sílaba: ***cua**-dro, es-**bel**-to, dic-cio-**na**-rio, com-pu-ta-**do**-ra.* La mayoría de las palabras en español son llanas. Las palabras llanas llevan acento escrito si terminan en consonante que no sea **-n** o **-s**: ***hués**-ped, **ár**-bol, **ám**-bar, **lá**-piz.*

Ver las páginas 234 y R64.
Ver también *Acento tónico, Palabra aguda, Palabra esdrújula, Palabra sobresdrújula y Sílaba.*

PALABRA SOBRESDRÚJULA

Las **palabras sobresdrújulas** son las palabras que llevan el acento tónico en la preantepenúltima sílaba: *mos-**trán**-do-se-lo, ex-**plí**-ca-me-la.* Las palabras sobresdrújulas resultan al combinarse formas verbales con pronombres enclíticos, pospuestos al verbo. Todas las palabras sobresdrújulas llevan acento escrito.

Ver las páginas 294 y R65.
Ver también *Acento tónico, Palabra aguda, Palabra esdrújula, Palabra llana y Sílaba.*

PAR MÍNIMO

Un **par mínimo** es un par de palabras que suenan casi igual, diferenciándose por un solo sonido en la misma posición, pero que no tienen el mismo significado: *pero y perro, capa y tapa, comes y comen.* Hay numerosos pares que se distinguen únicamente por la posición del acento: *vera y verá, tomo y tomó.*

PARTICIPIO PASADO

El **participio** es una forma impersonal del verbo que no especifica a la persona, el número, el tiempo o el modo. El participio se usa con las formas del verbo **haber** para formar los tiempos compuestos: *¿Has **sabido** algo de Iván? Me frustra que no hayan **instalado** la nueva computadora todavía.* También se usa como adjetivo: *La mesa está **puesta** y la comida está **preparada.***

Ver las páginas 280 y R52.

PERSONA

La **persona** es el sujeto que realiza la acción de un verbo. Hay tres personas: la primera *(yo, nosotros)*, la segunda *(tú, usted, vos, vosotros, ustedes)* y la tercera *(él, ella, ellos)*. El verbo indica la persona por medio de las terminaciones:

> ***Almuerzo** a la una.* (primera)
> *¿Por qué no **vamos** ya?* (primera)
> *¿Me **haces** un favor?* (segunda)
> *¿**Recibió** Ud. la carta ayer?* (segunda)
> *Chicos, ¿**están** listos?* (segunda)
> *Luis **dice** que no va.* (tercera)
> *Los exámenes **son** horribles.* (tercera)

Ver la página 104.
Ver también *Conjugación, Número, Terminación y Verbo.*

POSESIVO El **posesivo** expresa posesión, pertenencia o dependencia. Los **adjetivos posesivos** van delante de la cosa o persona a la que se refieren: *mi libro, nuestra ciudad, sus padres*. Los **adjetivos posesivos tónicos** son los que van detrás del objeto que señalan: *la casa nuestra, no la casa suya*. Los **pronombres posesivos** son los que se usan cuando se omite el objeto que se posee: *Ésta es mía. La suya está en la mochila.*

Ver las páginas R40 y R43.

PREFIJO Los prefijos son letras o grupos de letras que se ponen al comienzo de una palabra o raíz para modificar el sentido de una palabra y así formar una nueva palabra: *com*padecer, *des*organizado, *en*vejecer, *im*portar, *mal*educado, *pre*ludio, *re*animar.

Ver la página 34.
Ver también *Raíz* y *Sufijo*.

PREPOSICIÓN Las **preposiciones** son palabras que relacionan dos unidades gramaticales en una oración: *las escuelas en Miami, arroz con pollo*. Una **locución preposicional** (o **locución prepositiva**) es la combinación de una preposición con otra preposición u otras palabras, que cumple las mismas funciones que una preposición sencilla: *Leí el trabajo en frente de la clase*. Una **frase preposicional** es una frase introducida por una preposición o locución preposicional: *Lo puse en mi mochila.*

Ver las páginas 347 y R63.

PRONOMBRE Un **pronombre** es una palabra que toma el lugar de un sustantivo y cumple las mismas funciones de éste. Los **pronombres personales** son aquellos que indican a la persona de quien se habla; toman diferentes formas al realizar distintas funciones en la oración. Los **pronombres de sujeto** señalan a la persona que realiza la acción del verbo o de la cual se expresa algo: *Él la llamó a su casa*. El **pronombre de complemento directo** es el que se usa para reemplazar a la persona o cosa que recibe la acción de un verbo transitivo: *No te vi en la fiesta. Las dejé en la mesa*. El **pronombre de complemento indirecto** es el que se refiere a la persona o cosa que recibe el complemento directo: *Le dije la verdad a Pablo. Nos trajo comida*. El **pronombre de complemento**

preposicional es la forma que adopta un pronombre personal después de las preposiciones: *Esas galletas son para nosotras. Se despidieron de mí*. El **pronombre reflexivo** se usa cuando el sujeto es el mismo que el complemento: *Juan se despertó. Tienes que peinarte*. El **pronombre posesivo** se usa en vez de la fórmula *sustantivo + adjetivo posesivo tónico*, cuando el sustantivo es conocido: *Mis padres están aquí y los tuyos también*. El **pronombre demostrativo** toma el lugar del sustantivo precedido por un adjetivo demostrativo: *¿Te gustan estos zapatos?→¿Te gustan éstos?* El **pronombre relativo** une la cláusula subordinada adjetiva a la oración principal. Se refiere a un sustantivo al que sustituye (el **antecedente**): *Los chicos que estudiaron conmigo salieron bien en el examen*. Algunos pronombres relativos concuerdan con su antecedente: *Las amigas de las que te hablé van a estar en la fiesta*. Algunos ejemplos de pronombres relativos son: *que, el/la que, los/las que, el/la cual, los/las cuales, quien, quienes, donde, lo que, lo cual.*

Ver la página R38.

RAÍZ La **raíz** de una palabra lleva su significado básico. Por ejemplo, la raíz de las palabras *pescador, pescar* y *pesquero* es *pez*. A las raíces de artículos, adjetivos, sustantivos y pronombres se les pueden añadir terminaciones para indicar género y número (*una niña alta, unos niños altos*). A los sustantivos y adjetivos se les pueden añadir prefijos y sufijos para formar palabras nuevas (*forma, fórmula, uniforme*). A la raíz de un verbo se le añaden las terminaciones de las distintas conjugaciones para indicar la persona, el número, el tiempo, el modo y el aspecto de la acción.

Ver las páginas 100, 104 y R44.
Ver también *Conjugación, Familias de palabras, Prefijo, Sufijo* y *Verbo.*

REGIONALISMO Un **regionalismo** es una palabra o expresión que se usa en una región y que no se entenderá en otra parte.

Ver las páginas 75, 141, 201, 255 y 315.

REGISTRO El **registro** se refiere al nivel de formalidad del lenguaje hablado o escrito. Generalmente los discursos, las presentaciones, las cartas de negocio o las invitaciones formales se caracterizan por el empleo

RELATIVO Un **relativo** es un elemento gramatical que une dos cláusulas refiriéndose a un sustantivo en la cláusula principal. Una **cláusula de relativo** es una cláusula subordinada que modifica a un sustantivo de la cláusula principal. También se le llama **cláusula adjetiva:** *Daniel es el chico* **con el que hablaste ayer.** *El pueblo* **donde vivía mi abuela** *no queda muy lejos.*

Ver *Cláusula.*

SECUENCIA DE TIEMPOS VERBALES La **secuencia de tiempos verbales** se refiere a la concordancia que tiene que haber entre el verbo de la cláusula principal y el verbo de la cláusula subordinada. El tiempo del verbo de la cláusula subordinada se determina por el tiempo del verbo de la cláusula principal. Por lo tanto, cualquier cambio de tiempo en la cláusula principal afecta el tiempo verbal de la cláusula subordinada:

Me **promete** *que lo* **hará.**
Me **prometió** *que lo* **haría.**
Me **promete** *que lo* **ha hecho.**
Me **prometió** *que lo* **había hecho.**
Me **promete** *que lo* **sabe** *hacer.*
Me **prometió** *que lo* **sabía** *hacer.*
No **creo** *que lo* **pueda** *hacer fácilmente.*
No **creía** *que lo* **pudiera** *hacer fácilmente.*
No **creo** *que lo* **haya** *hecho.*
No **creía** *que lo* **hubiera** *hecho.*

Ver las páginas 287–288 y R58–R59.
Ver también *Cláusula, Tiempo, Oración* y *Verbo.*

SÍLABA La **sílaba** es la letra o grupo de letras en una palabra que se pronuncia con un solo golpe de voz. Las sílabas contienen siempre o una vocal o un sonido vocálico: *i-ban, gran-de, pro-fun-do.* Las palabras se pueden clasificar según el número de sílabas que tienen: las **monosílabas** (de una sílaba, como *mí* o *es*), las **bisílabas** (de dos sílabas, como *ham-bre* o *pues-to*), las **trisílabas** (de tres sílabas, como *la-gar-to* o *re-co-ger*) y las **polisílabas** (de cuatro sílabas o más,

como *te-rri-to-rio* o *je-ro-glí-fi-co*). En palabras de más de una sílaba, la **sílaba tónica** es la sílaba que se pronuncia con más fuerza o intensidad que las otras: *rí-o, cru-zar, rá-pi-do, mi-lí-me-tro.*

Ver las páginas 116, 174, 234 y 294.
Ver también *Diptongo, Hiato, Palabra aguda, Palabra esdrújula, Palabra llana, Palabra sobresdrújula* y *Sílaba tónica.*

SINTAGMA Un **sintagma** es una palabra o un grupo de palabras que cumple las funciones de una unidad sintáctica elemental como un sustantivo, un verbo, un adjetivo, un adverbio o una preposición. **Los sintagmas adjetivos** son los sintagmas que actúan como adjetivo, como *un parque* **bonito,** *un parque* **con muchas flores** *o un parque* **que tiene árboles.** *Diego es* **escritor.** Un **sintagma nominal** cumple las funciones de un sustantivo; es decir, puede actuar de sujeto, complemento o atributo: **Este vaso** *está roto.* **Éste** *está roto.* *Quiero* **otro vaso.** *Quiero* **que me des otro.** *Diego es* **escritor.** Un **sintagma adverbial** es un sintagma que hace de adverbio: *Lo hago* **esta noche.** *Lo hago* **cuando tengo tiempo.** *Lo hago* **cuando quieras.**

Ver también *Cláusula, Locución* y *Oración.*

SUBJUNTIVO El **subjuntivo** es el modo que se usa para referirse a acciones hipotéticas o futuras, o a acciones que uno quiere que sucedan. Generalmente las acciones posibles, o de deseo, creencia o duda se expresan mediante el modo subjuntivo: *Me alegro que ya* **hayan terminado** *el trabajo. Era normal que* **estuvieras** *un poco triste. Te llamaré tan pronto como* **tenga** *la información. No había nadie que* **supiera** *la respuesta.*

Ver las páginas 104, 162, 222, 282 y R54.
Ver también *Cláusula, Imperativo, Indicativo* y *Modo.*

SUFIJO Los **sufijos** son letras o grupos de letras que se agregan al final de una palabra o su raíz, modificando así su significado original. Generalmente los sufijos se usan para formar sustantivos y adjetivos: *licenc**iado,** pion**ero,** novel**ista,** universi**dad,** locura, esta**ción,** sal**ida,** irracion**al,** ambul**ante,** inigual**able,** juven**il.**

Ver la página 36.
Ver también *Prefijo* y *Raíz.*

SUJETO El **sujeto** es la persona o cosa que realiza la acción o estado indicado por el verbo. Al sujeto también se le llama **agente:** *Mario piensa que sí. Yo lavo los platos. La casa está desocupada.*

Ver también *Oración, Verbo y Complemento.*

SUSTANTIVO Los **sustantivos** designan a personas, lugares, cosas o conceptos en un sentido específico o general: *mi abuelo, el señor, la playa, el mar Caribe, esta manzana, la fruta.*

Ver las páginas 38 y R36.
Ver también *Artículo y Género.*

TERMINACIÓN La **terminación** son las letras o grupos de letras (también llamados **morfemas, desinencias** o **flexiones**) que se agregan a la raíz de un verbo. Las terminaciones de un verbo permiten precisar cinco características de la acción o del estado: **persona, número, tiempo, modo** y **aspecto.**

Ver las páginas 104 y R44.
Ver también *Conjugación, Raíz y Verbo.*

TIEMPO El **tiempo** señala el momento en que se realiza la acción del verbo. Hay tres tiempos básicos: **presente, pasado** y **futuro.** Las terminaciones del verbo indican el tiempo: *Vivo en esa casa azul. Vivimos en Chile por dos años. El príncipe y la princesa vivirán siempre felices.* Los tiempos verbales pueden ser simples *(salgo, salí, salga, saldré)* o compuestos *(he salido, había salido, haya salido, habré salido).*

Ver las páginas 104, 107, 109, 229, 280, 284 y R44.
Ver también *Secuencia de tiempos verbales y Verbo.*

TRANSITIVO Se les llama **transitivos** a los verbos que llevan complemento directo para completar su sentido. Por ejemplo, al tomar un complemento directo, los verbos *decir, probar, abrir y tejer* son transitivos: *Lo dijo Marcos. Probé la sopa. Abrió la puerta. Tejió una*

bufanda. Los verbos transitivos generalmente son los únicos que se pueden expresar en la voz pasiva: *Marta tejió la bufanda. La bufanda fue tejida por Marta.* Por el contrario, los **intransitivos** son los verbos que no llevan complemento directo, tales como *estar, caerse, llegar* o *nadar.*

Ver también *Complemento y Verbo.*

VERBO El **verbo** es la palabra que expresa una acción, un estado físico o mental, o que atribuye una característica a algo o a alguien. Un verbo consta de dos partes: la raíz y la terminación. La conjugación es el conjunto de estas terminaciones. Los verbos se pueden clasificar como regulares o irregulares, según su conjugación. También se pueden clasificar según su función o significado, como los verbos transitivos, intransitivos, copulativos, reflexivos, recíprocos o auxiliares.

Ver las páginas 104 y R44.
Ver también *Conjugación, Modo, Número, Persona, Raíz y Tiempo.*

VOCAL El alfabeto español tiene cinco **vocales:** *a, e, i, o, u.* En ciertas instancias la **y** también puede representar el sonido de la **i.** Las vocales españolas se clasifican en **fuertes** *(a, e, o)* y **débiles** *(i, u).* La combinación de dos vocales resulta en diptongo o hiato.

Ver también *Diptongo y Hiato.*

VOZ La **voz** se refiere a la forma que toma un verbo transitivo según que la acción sea realizada o sufrida por el sujeto. Cuando el sujeto de la oración realiza la acción, la oración está en **voz activa:** *Aníbal pintó el retrato.* La oración cambia a la **voz pasiva** cuando el receptor de la acción se convierte en el sujeto de la oración: *El retrato fue pintado por Aníbal.*

Ver la página R60.

A

acento diacrítico: definición 48, R66–67, R91; palabras que cambian de significado con o sin el acento diacrítico 48, R66–67, R91; en frases interrogativas o exclamativas 48, R67, R91; en ciertas palabras llanas 234; en pronombres interrogatorios R40

acento escrito: definición R91; acento diacrítico 48, R66–67, R91; acento tónico 174, R91; en la sílaba tónica 175; en la forma de **nosotros** del imperfecto del subjuntivo 223; palabras llanas 234, R65, R96; en participios de verbos en **-er** o **-ir** 281; palabras agudas 294, R64, R96; palabras esdrújulas 294, R65, R96; palabras sobresdrújulas 294, R65, R96; diptongos 354–355, R93; hiatos 354–355, R94

acento tónico: definición 174, R64, R91; palabras llanas 234, R65, R96; palabras agudas 294, R64, R96; palabras esdrújulas 294, R65, R96; palabras sobresdrújulas 294, R65, R96; diptongos 354–355, R93; hiatos 354–355, R94

acentuación: acento diacrítico 48, R66–67, R91; división de las palabras en sílabas 116, R63; acento tónico 174, R64, R91; palabras llanas 234, R65, R96; palabras agudas 294, R64, R96; palabras esdrújulas 294, R65, R96; palabras sobresdrújulas 294, R65, R96; diptongos 354–355, R93; hiatos 354–355, R94

activo: voz activa R60–61, R99

adjetivo: definición 43, R41, R91; concordancia entre el adjetivo y el sustantivo 43, R41, R92; adjetivos con cuatro formas 43, R41; adjetivos con dos formas 43, R41; colocación del adjetivo antes del sustantivo 43–44, R42; colocación del adjetivo después del sustantivo 43, R42; sintagmas adjetivos 350; adjetivos posesivos R42–43; adjetivos indefinidos y negativos R42; adjetivos comparativos R43; adjetivos superlativos R43

adverbio: definición 168, R62, R91; cláusulas adverbiales 168, R55; uso de adverbios o frases adverbiales para expresar probabilidad o conjetura 231; uso del presente perfecto con expresiones adverbiales 280; infinitivo en locuciones adverbiales 343; uso del gerundio como adverbio 345; adverbios inherentes R62; el sufijo **-mente** R62, R91

antecedente: definición R91

antónimos: definición 159

artículo definido: definición R37, R92; usos 41, 45; formas 41, R37, R92; omisión del artículo 41; usos del artículo definido en comparación con el inglés 45; uso del artículo **el** con el infinitivo como sujeto de la oración 343

artículo indefinido: definición R37, R92; usos 41, 45; formas 41, R37, R92; omisión del artículo 41; usos del artículo indefinido en comparación con el inglés 45

aspecto: definición 104, R44; de verbos en el imperfecto 107, R47; de verbos en el pretérito 109, R48; usos del imperfecto y del pretérito 111, R47–48, R59; aspecto de estados en el pasado 113; aspecto imperfectivo R44; aspecto perfectivo R44; aspecto progresivo R44

aumentativo: definición R37, R92

auxiliar: verbos auxiliares R52, R60; con el presente progresivo 345, R60

b: reglas para el uso de la **b** 114; palabras homófonas con **b** o **v** 115

c: para representar el sonido /s/ 172; reglas para el uso de la **c** para representar el sonido /s/ 172; palabras homófonas con **c, s** o **z** 173; pronunciación de la **c** en España 201; para representar el sonido /k/ 232; reglas para el uso de la **c** para representar el sonido /k/ 232

cláusula: definición 162, R54–55, R92; cláusula principal 162, R55, R92; cláusula subordinada 162, R55–56, R92; uso del subjuntivo en las cláusulas subordinadas 162, R55–56; cláusula nominal 165, R55; presente del subjuntivo en cláusulas nominales 165, R55; cláusulas principales que exigen el uso del subjuntivo 165–166, R54–55; cláusula adverbial 168, R55; presente del subjuntivo en cláusulas adverbiales 168, R55; cláusulas nominales con un cambio de sujeto 170; cláusulas infinitivas 170; imperfecto del subjuntivo en cláusulas nominales 222; imperfecto del subjuntivo en cláusulas adverbiales 222; uso del presente perfecto del subjuntivo en las cláusulas subordinadas 282; secuencia de tiempos verbales entre la cláusula principal y la

◼ AGRADECIMIENTOS

For permission to reprint copyrighted material, grateful acknowledgment is made to the following sources:

Agencia Literaria Carmen Balcells: "Un cuentecillo triste" from *Obra periodística, Vol. 1, Textos costeños* by Gabriel García Márquez. Copyright © 1981 by Gabriel García Márquez. "La tortuga" and excerpts from *Confieso que he vivido* by Pablo Neruda. Copyright © 1974 by Pablo Neruda and Fundación Pablo Neruda.

Alejandro Balaguer: From "Valle del Fuego" by Alejandro Balaguer from *GeoMundo*, Año XIX, no. 4, April 1995. Copyright © 1995 by Alejandro Balaguer.

Bibliograf, S. A.: Dictionary entry "imagen" from *Diccionario para la enseñanza de la lengua española.* Copyright © 1995 by Universidad de Alcalá de Henares; copyright © 1995 by Bibliograf, S. A.

Bilingual Press/Editorial Bilingüe, Arizona State University, Tempe, AZ: "El forastero gentil" by Sabine R. Ulibarrí from *Primeros encuentros/First Encounters.* Copyright © 1982 by Arizona State University.

Cultural Panamericana, Inc.: From "Mis primeros versos" by Rubén Darío from *Mis momentos literarios: Libro de lecturas 8,* edited by Rigoberto Pérez Vélez. Copyright © 1991, 1993 by Derecho de Propiedad Cult. Panamericana, Inc.

Curbstone Press: "Hay un naranjo ahí" by Alfonso Quijada Urías. Copyright © 1991 by Curbstone Press.

Carmen Álvarez-Quintero Díez: "Mañana de sol" by Serafín y Joaquín Álvarez-Quintero. Copyright © 1905 by Serafín y Joaquín Álvarez-Quintero.

Edebé: Jacket cover and excerpts from *Aydin* by Jordi Sierra i Fabra. Copyright © 1994 by Jordi Sierra i Fabra; Ed. Cast. Copyright © 1994 by Edebé.

Ediciones Primera Plana, S. A.: "Aydin se escapa otra vez y vuelve a Turquía" from *El Periódico,* April 1993. Copyright © 1993 by Ediciones Primera Plana, S. A.

Editores Mexicanos Unidos, S. A.: "Amo, amas" from *Cantos de vida y esperanza* by Rubén Darío. Copyright © 1977 by Editores Mexicanos Unidos, S. A.

Editorial Sudamericana S. A.: From "Cómo y por qué se fábrica el miedo" and "Posada de las Tres Cuerdas" from *La fábrica del terror* by Ana María Shua. Copyright © 1990 by Editorial Sudamericana S. A.

El País International: From *Aydin* by Jordi Sierra i Fabra from *El País,* April 1992. Copyright © 1992 by Diario El País, S. A.

Espasa Calpe, S. A.: From "Coplas por la muerte de su padre" from *Obra completa* by Jorge Manrique. Copyright © 1940 by Espasa-Calpe, S. A.

Fondo de Cultura Económica, S. A. de C. V. México: "Primero de secundaria" from *Béisbol en abril y otras historias* by Gary Soto, translated by Tedi López Mills. Copyright © 1990 by Gary Soto; copyright © 1993 by Fondo de Cultura Económica, México.

The Gale Group: From biography of Gary Soto from *Contemporary Authors,* vol. 30, edited by James Lesniak. Copyright © 2000 by Gale Research, Inc. Translated into Spanish by permission of the publisher.

HarperCollins Publishers, Inc.: From *Paula* by Isabel Allende. Copyright © 1994 by Isabel Allende. Translation copyright © 1995 by HarperCollins Publishers.

Heirs of Juan Ramón Jiménez: "Alegría," "El canario vuela," "Idilio de abril," and "Platero" from *Platero y yo* by Juan Ramón Jiménez. Copyright © 1975 by Heirs of Juan Ramón Jiménez.

William Peter Kosmas, Esq., London, England: From "Romance sonámbulo" from *Federico García Lorca: Collected Poems,* edited by Christopher Maurer, translated by Francisco Aragon et. al. Copyright © 1991 by Herederos de Federico García Lorca.

Antonio Landauro: "La puerta del infierno" by Antonio Landauro from *Mundo 21,* Año 6, March 1995. Copyright © 1995 by Editorial América.

José Rollán Riesco, Agent for the Heirs of Antonio Machado and Espasa-Calpe, S. A.: "Poem XI", "Poem XXIX", "Poem XLIV", and "Poem XLV" from *Antonio Machado Poesías completas,* edición Manuel Alvar. Copyright 1940 by Herederos de Antonio Machado. Copyright © 1978, 1988, 1996 by Espasa-Calpe, S. A.

Siglo Veintiuno Editores, S. A.: "El nahual" by Rigoberta Menchú from *Me llamo Rigoberta Menchú y así me nació la conciencia,* edited by Elizabeth Burgos. Copyright © 1992 by Siglo XXI Editores, S. A. de C. V.

Antonio Cabán Vale: Quote by Antonio Cabán Vale. Lyrics from "Verde luz" by Antonio Cabán Vale.

Dora Varona, Executor of the Estate of Ciro Alegría: "Güeso y Pellejo" by Ciro Alegría. Copyright © 1982 by Dora Varona.

RECONOCIMIENTOS DE FOTOGRAFÍA

ÍNDICE DE ILUSTRACIONES

ÍNDICE DE AUTORES Y TÍTULOS

Los números de las páginas en cursiva se refieren a las biografías de los autores.